KB268107

고려시대 세제의 연구

— 요역제도를 중심으로 —

이정희 著

國學資料院

머리말

　　이 책은 필자의 학위논문인 『高麗時代 徭役制度 研究』를 주된 내용으로 하고 거기에 세제를 이해하는 데 도움이 되는 한 편의 글을 더하여 약간의 수정·보완을 가한 것이다.

　　필자와 요역노동의 인연은 지금 생각해보니 역사 전공과는 무관한 중학교 시절부터가 아닌가 한다. 필자는 60년대 후반인 박정희정권 시절 거창이라는 작은 소읍에서 중학교를 다니고 있었다. 아버지와 형제들은 출타중이거나 외지에 살고 있었던 탓에 집에는 자연히 어머니와 막내인 필자만 살고 있었다. 당시 읍내 외곽은 울퉁불퉁한 비포장 도로였는데, 가끔씩 이른 새벽 洞에서 사람이 나와 집집마다 1명씩 차출하여 길을 고르게 하였다. 동원하는 기준이 남녀 및 연령 제한은 없었기에 아침식사 준비를 해야 하는 어머니를 대신하여 필자가 삽을 들고 읍내에서 제법 멀리 떨어진 곳으로 가 한 두 시간쯤 일을 하고 학교에 가곤 했다. 초여름 집으로 돌아오면서 서두느라 이마에 땀이 송송했고, 사춘기 시절이어서인지 삽을 들고 다니던 것이 부끄럽기도 하여 뇌리에 잊을 수 없는 기억으로 남아 있다. 국가에 의한 무상의 노동력 수취야말로 전근대와 근대사회를 구분짓는 가장 뚜렷한 차이라는 막연한 생각을 하게 된 것도 이 때의 체험 때문이 아닌가 싶다.

　　그러다가 대학원에 입학한 후 잊고 있었던 요역노동에 대한 관심이 되살아나는 계기가 있었다. 우연히 『朝鮮王朝의 勞動法制』(李鍾河 著 ; 博英社)라는 책을 보게 된 것이다. 전공과 무관한 사람에게는 무심히 대할 수도 있겠지만 필자는 표지의 '노동'이라는 제목에 이끌려 책 내용은 따져 볼 겨를도 없이 무조건 산 것이다. 아마도 일반민의 삶이 생생히 드러날 수 있는 것은 요역노동이 아닐까 하는 어렴풋한 기대감이 작용하였던 모양이다. 고려시대에 뜻을 두고 있었던 필자는 고려사회 요역노동에 대한 궁금증을 풀고자 당장 관련 연구

4

들을 찾아보았다. 뜻밖에도 1930년대 나온 백남운의 『朝鮮封建社會經濟史』란 책과 금굴성이의 「高麗賦役考鐶」이라는 논문 외에는 전무했다. 80년대 초 세제전반에 대해 개괄적으로 다룬 강진철 교수의 『高麗土地制度史硏究』가 출간된 것도 석사논문을 준비하는 도중의 일이었기 때문이다. 필자의 석사논문인 「高麗時代 徭役의 運營과 그 實態」는 이렇게 해서 나오게 된 것이다. 그러다보니 다소 제도사적인 측면에 치우치게 된 점도 있고, 세제전반과의 관련성이라든지 고려전후기에 따른 변화가 부각되지 않는 등 여러모로 수정·보완해야 될 점이 많았으므로 이후 요역제와 관련된 부분을 계속 연구하게 되었다.

고려시대 일반민이 부담하는 세제의 핵심은 田租·직물류·공물 등과 같은 현물세와, 노동력 자체를 징발하는 요역노동의 2가지이다. 대표적인 요역노동은 궁궐·관청·사찰 등의 영조, 축성, 토지경작 및 수리시설, 배의 제작, 왕의 행차나 지방관의 취이임에 따른 접대 등과 같은 토목공사가 있었다. 요역노동의 중요성은 토목공사 자체만으로도 국가권력에 없어서는 안될 기반이지만, 이에 국한하지 않고 대부분의 현물세도 요역노동 없이는 이루어질 수 없다는데 있다. 따라서 요역제도의 성립과정이나 운영체계 그 자체는 바로 세제전반의 성립 및 운영과 직결되는 문제이며, 그 중에서도 특히 貢賦制와는 불가분의 관련하에 운용되고 있었다. 이 책의 내용이 요역제도를 중심으로 하면서도 제목을 세제연구라는 포괄적인 용어로 이름 붙인 까닭도 여기에 있다.

한편 요역제도는 단순히 국가에서 일반민으로부터 세금을 징수한다는 실증적인 문제에 그치는 것이 아니라, 정치적 변동 및 경제적 발달단계, 사회·사상적 특성과도 맞물려 있다. 때문에 요역제도의 연구를 통하여 고려 세제의 특성은 물론 고려시기 역사적 성격을 밝혀 보고자 하였다.

이 책의 주된 내용은 고려시기 요역제의 성립과 형태, 요역제의 운영, 그리고 세제전반에 큰 변화가 일어나는 고려후기 요역제의 변화에 대한 것이다. 요역제의 성립과 형태에서는 일반민이 징발되어 부담한 요역노동이 평면적인 것이 아니라 고려의 국내외적인 정치변동, 경제·사상 내지 지역적 특성과 유기적으로 연관되어 운영되고 있음을 해명하였다. 요역의 운영체계에서는 고려시기 일반민이 어떻게 지배당하고 어떤 여건에서 노동을 했는지 살펴보았으며, 통일신라기 호등제의 변모를 통해 고려전기 요역부과의 역사적 의미를 부각시키고자 하였다. 아울러 고려 군현제의 특성인 부곡제민이나, 일반민 외의 요역부담 형태를 검토함으로써 신분계층의 사회경제적 특색을 밝혀 보았다. 그리고 간과할 수 없는 것이 12세기를 전후로 일기 시작한 요역제를 비롯한 세제전반의 변화이다. 그동안 학계의 연구시각이 조선후기 세제 변화에 집중된 나머지 고려시기 세제변화는 주목의 대상이 되지 못했다. 이에 고려후기 공물과 요역제의 대납 및 雇立制, 요역의 자산과세 등과 같은 세제변화를 통해 16세기 이후 조선사회의 지향점이 이 시기부터 전개되고 있었음을 구명하였다. 부록으로 넣은 「고려전기 대요무역의 성격」은 민에 대한 수취가 대외무역의 기반이 됨과 아울러 대외무역의 수요가 민의 수취를 규제하는 측면도 있으므로 세제 연구의 폭넓은 이해를 위해 첨가하였다.

　이상의 의도에도 불구하고 성과가 미흡함을 잘 아는 필자로서는 부끄럽고 두렵기 그지없다. 그럼에도 부족한 글을 출간하기로 한 것은 본서가 세제연구의 밑거름이 되었으면 하는 바램과 아울러 이를 계기로 더욱 노력하고 분발하는 발판으로 삼고자 한 까닭이다.

　그나마 이 정도의 책이 나오는 데도 많은 분들의 도움이 있었기에 가능했다. 이재호 선생님은 석사논문의 지도와 아울러 한문고전강독회에서 사료해독의 가르침을 베풀어 주셨다. 미력한 필자가 어느 정도 사료 해석이 가능하게 된 것은 선생님의 학은에 힘입은 것이다. 특별히 학문적 지도와 자상함을 베풀어 주시던 김석희 선생님, 박용숙 선생님께도 깊은 감사를 드리고 싶다. 학부 졸업반 때 우연히 만난 인연으로 인해 학문적 조언과 많은 도움을 아끼지 않았던 채상식 선생님께도 감사의 말을 드린다. 뒤늦게 박사논문 지도교수를 맡아 어려움이 많았음에도 내색하지 않고 따뜻한 격려와 지도를 아끼지 않았던 김광철 선생님의 은혜는 잊을 수 없다. 부족한 박사논문을 꼼꼼하게 다듬어 주신 문형만, 홍순권, 이훈상, 박종진 선생님께도 감사드린다. 함께 공부하면서 문제점을 지적하고 조언해 준 부산경남역사연구소 중세1분과 연구원들과 한국중세사학회 회원님들께도 감사드린다. 또 중국관계 자료를 입수하는데 많은 도움을 준 전영섭 선생에게도 감사한다.

그리고 양가 가족들의 이해 역시 큰 힘이 되었다. 특히 정규교육을 받지 못했으면서도 뒷바라지 해주신 어머니와 세상을 떠나신 시어머님, 자연과학자인 셋째언니의 은혜에 감사드린다. 불편함을 잘 견디어 준 학문적 선배인 남편과 밝게 자라고 있는 아들에게도 고마운 마음을 전한다.

끝으로 상품가치도 별로 없는 책을 출판하도록 허락하고 어려운 작업을 맡아준 국학자료원 관계자와 편집부 여러분께도 깊은 감사의 말을 전하고 싶다.

2000년 6월

저자 씀

目 次

Ⅰ. 서 론

1. 연구의 현황

전근대사회인 고려정부의 주된 物的 기반은 民으로부터의 수취였다. 국가의 민에 대한 수취는 시기의 진전단계에 따라 수취기준이나 내용, 운영방식 등에 변모를 보이는 만큼 세제의 연구는 고려사회의 성격을 구명하는 주요한 단서가 된다. 더욱이 집권적인 사회에서는 국가권력의 대민 통치방식이 세제수취에 극명하게 표출되므로 세제의 역사적 의미는 더욱 커질 수밖에 없다.

고려 세제는 내용의 성격상 현물세 수취와 노동력 징발이라는 두 형태로 집약할 수 있으며, 노동력 징발의 핵심은 민의 노동력을 무상으로 수취하는 徭役이었다. 이와 같은 민의 요역 수취는 국가권력이 마련하였던 제도적 운영, 즉 요역제도를 통해 실현되고 있었다. 요컨대 국가에서 필요한 노동력의 대부분은 요역제도를 통해 조달하고 있었다. 사실 고려국가를 유지하기 위해서는 막대한 노동력이 필요했다. 이를테면 築城, 궁궐·관청·사찰의 영조, 官船製作, 토지경작 및 제방수축, 국왕·사신왕래로 인한 支待·迎送 등 제반분야에 방대한 인력동원이 소요되었다. 게다가 당시의 기술수준, 도로사정 등 열악한 작업여건의 해결은 상대적으로 보다 많은 인력을 투입하여 대처할 수밖에 없었을 것이다.

또 요역노동은 이처럼 순수한 노동력의 징발에 국한된 것이 아니라, 田租 운반은 물론 공물의 채집·생산·수송 등 현물세의 수취를 위해서도 필수적이었다. 공물의 경우만 보더라도 외형상으로는 군현에 부과하는 현물세지만, 군현 내부에서는 상당부분이 민의 노동력 자체를 징발하고 있었다. 조선전기의 경우도 공물의 많은 부분이 노동력의 직접 동원이라는 형태를 취하고 있다. 하지만 이 시기에는 米·布 등의 代納價를 징수하거나, 어떤 물품은 所耕多少에 따라 토지에 부과하는 등[1] 고려와는 구별되는 점이 있다. 이는 자연경제구조를 바탕으로 하는 농업사회일수록 국가운영상 요역제에 대한 의존도가 높을 수밖에 없기 때문이었다. 따라서 고려에서의 노동력 지배는 노동력 자체의 필요성을 위해서 뿐만이 아니라, 전조·공납 등과 같은 현물세 징수를 위해서도 절대적인 것이었다.

한편 고려시기 役制의 유형은 요역, 職役, 賤役 등으로 대별할 수 있다. 이들은 노동력의 수취라는 측면에서 보면 상통되는 점이 있다. 그러나 요역은 다음과 같은 점에서 직역이나 천역 등의 다른 역과 구별된다.

우선 직역은 雜職·胥吏·工匠 등이 부담하는 역이며, 직역에 복무하는 대가로 別賜라 하여 녹봉이 지급되고 있었다.[2] 서리·공장 외에 鄕吏·其人·軍人·驛吏 등도 직역의 담당자인데, 이들 역시 국가로부터 역의 반대급부를 받고 있었다. 천역의 경우 대표적인 담당자는 노비라 할 수 있다. 노비의 유형은 공노비와 사노비로 구분되며, 국가권력 차원에서 노동력 지배의 대상이 된 것은 공노비일 것이다. 공노비는 크게 供役奴婢와 外居奴婢로 나누어지는데, 공역노비는 역의 반대급부로 일정한 급료를 지급받고

---

1) 田川孝三, 『李朝貢納制の研究』, 東洋文庫, 1964, p.73.
2) 『高麗史』 권80, 食貨3 祿俸, "……以至雜職胥吏工匠 凡有職役者 亦皆有常俸 以代其耕 謂之別賜".

있었다. 즉 노비출신의 御前侍婢는 8석을 받는 양인출신 어전시녀의 절반인 4석의 급료를 받고 있었다.3) 외거노비는 급료를 받는 것은 아니지만 身役의 반대급부로서 농경 일에 종사하여 생계를 꾸려 가고 있었다. 이에 반해 요역은 국가권력이 무상으로 노동력을 수취하고 있었다. 직역 담당자는 그렇다 하더라도, 신분적·경제적인 면에서 지극히 열악한 위치에 있었던 노비마저 무상의 노동력 수취가 아니었던 점에서 요역은 직역·천역과 구분된다.

그리고 요역은 노동력 징발의 대상에서도 직역, 천역과 다르다. 직역·천역 등과 같은 신역은 特定 인신을 대상으로 특정한 역에 부과하는 것인데 비해, 요역은 개별민호에서 불특정의 노동력을 징발하고 있다. 즉 요역은 戶役이어서 역의 징발시 戶 내부의 모든 인정이 차출되지는 않았던 것이다. 요컨대 직역·천역 등의 신역이 특수한 신분만을 대상으로 하는 것과 달리 요역은 원칙적으로 신분의 고하를 불문하고 부과되는 戶役이라는 점에서 구별된다.4)

역제 가운데 고려시기 일반농민이 부담하는 역의 주된 형태는 요역이었다. 이런 점은 조선전기 농민의 주요부담이 요역과 군역이었던 점과 차이가 있다. 고려전기 군제에 대해서 이견이 많지만, 적어도 농민의 군역부담이 조선전기와 달랐다는 데는 거의 일치하고 있다. 이처럼 고려에서의 요역은 일반농민이 부담하는 대표적인 역이었던 만큼, 고려시기 요역제도에 대한 연구는 일반민의 사회경제적 실상을 밝히는데 보다 중요한 의미를 지니게 된다.

---

3) 『高麗史』 권80, 食貨3 祿俸 雜別賜 文宗 30년, "······ 八石 御前侍女·左右番伴中禁 七石 左右伴都智 ······ 四石 御前侍婢 老奴 二石 進房燈燭小奴·小親侍".
4) 尹用出, 『17·18세기 요역제의 변동과 모립제』, 서울대학교 박사학위논문, 1991, p.17. 요역이 戶役이라는 점은 고려나 조선전기가 마찬가지였지만, 신분에 따른 요역의 부과는 고려후기 역제의 변동과 더불어 보다 확대되는 것으로 이해된다. 이에 대해서는 본서 Ⅲ장 2절 참조.

이상과 같은 점을 염두에 두고, 요역제도에 대한 연구성과를 세제전반과의 연관하에 살펴보면 다음과 같다. 세제전반에 대해서는 1930년대 두어편의 선구적인 연구가 나온 바 있다. 민에 대한 국가의 봉건적 수탈을 강조하는 측면에서 세제에 대한 개괄적인 정리가 이루어진 것이라든지,[5] 租·調·役이 고려시기 기본세목임을 해명한 연구[6]가 그것이다. 하지만 1960·70년대까지의 이 분야에 대한 연구는 다만 토지제도에 대한 연구의 일환으로 활발하게 다루어졌던 田租에 대한 연구[7]를 제외하면, 공물에 대한 한편의 연구[8]가 있을 뿐 별다른 진전을 보지 못하였다.

세제에 대한 관심이 커지면서 활발한 연구가 이루어진 것은 80년대 이후의 일이었다. 우선 고려의 기본세목으로 租·布·役 3세와 貢賦(공물)를 설정한 후 이에 대해 개략적인 검토를 한 연구[9]가 있다. 주된 연구 대상이

---

5) 白南雲,『朝鮮封建社會經濟史』上, 改造社, 1937.

6) 今掘誠二,「高麗賦役考廏」『社會經濟史學』9권, 1939, 3·4·5호.

7) 60년대 전조에 대한 연구는 民田에서의 收租率에 대한 문제를 중심으로 이루어졌다(姜晋哲,「高麗前期의 公田·私田과 그 差率收租에 대하여」『歷史學報』29, 1965 ; 旗田巍,「高麗の公廨田」『史學雜誌』77-4, 1968 ; 李成茂,「高麗·朝鮮初期의 土地所有權에 대한 諸說의 檢討」『省谷論叢』9, 1978). 姜晋哲이 1/4의 수조율을 주장한 이래 이를 지지하는 旗田巍의 논문이 발표되었다. 그러나 1/10의 수조율 주장하는 李成茂의 논문이 나온 이후 80년대 중반까지 민전에서의 수조율과 관련된 연구들이 다양하게 이루어졌다. 현재 수조율의 세부적인 면에서는 다소 차이가 있는 경우도 있지만, 1/10 수조율로 정리되어 가는 실정이다. 80년대 이후의 전조에 대한 연구를 보면, 1/4 수조율을 지지하는 연구(洪承基,「高麗前期 家田과 朝家田의 稅額·租額과 그 佃戶의 經濟的 地位」『歷史學報』106, 1985 ; 賓中昇,「高麗の民田租率について」『朝鮮古代의 經濟と社會』, 法政大出版局, 1986)와 1/10 수조율을 지지하는 연구(金容燮,「高麗前期의 田品制」『韓沽劢博士停年紀念史學論叢』, 1981 ; 金泰永,「科田法上의 踏驗損失과 收租」『經濟史學』5, 1981 ; 朴鍾進,「高麗初 公田·私田의 性格에 대한 再檢討－顯宗代「義倉租收取規定」의 해석을 중심으로－」『韓國學報』37, 1984 ; 金載名,「高麗時代 什一租에 관한 一考察」『淸溪史學』2, 1985)로 나누어져 있다. 이 외 전조에 대한 기존의 연구성과에 대해서는 李炳熙,「高麗時期 經濟制度研究의 動向과「국사」教科書의 敍述」『歷史教育』44, 1988 pp.192～197 ; 金載名,「세역제도와 조운－조세－」『한국사』14, 1993, pp.335～348 참조.

8) 鄭亨愚,「高麗貢物制度에 對하여」『史學會誌』5, 1964.

9) 姜晋哲,「農民의 負擔」『高麗土地制度史研究』, 고려대학교출판부, 1980, pp.284～310.

세제가 아니고 토지제도의 일환이었던 만큼, 고려전후기라는 시기상의 변
화가 부각되지 못한 점은 있지만 선구적인 업적이라 할 수 있다. 이와 아울
러 세제전반에 대한 본격적인 연구들이 나오게 되었다. 고려전기 세제는
국가-군현, 군현-村落(민)의 두 단계로 수취된 것이 밝혀졌고,[10] 세제와
재정관서의 운영을 결부시켜 재정운영 체계에 대한 실상이 해명되기도 하
였다.[11]

   고려시기 세목에 대한 용례가 구체적으로 정리되기도 하였다.[12] 사실
고려시기 세제의 기본세목에 대해서는 견해가 일치되지 않아 租·布·役
의 3세, 혹은 3세 및 貢賦로 이해되기도 한다. 이러한 것은 調와 공물의 성
격 내지 관련성에 기인하고 있으며, 결과적으로 한국사에서 유독 고려시기
에만 기본세목에 대해 이견이 존재하고 있다. 고려후기 집중적으로 등장하
는 상요·잡공에 대해 연구자들 사이에 다양한 견해가 존재하는 것도 이와
무관하지 않다. 이른바 3세·상요·잡공을 조용조와 동일한 개념으로 본
다든지,[13] 혹은 상요·잡공이 공부를 구성한다든지,[14] 잡공은 공물이지만
상요는 지방적인 역이라고 한 견해[15] 등이 있다. 이들 연구는 고려전후기
에 따른 변화를 설정하지 않고 상요·잡공이 통시대적으로 존재한 것으로
파악하는 문제점이 있다. 이에 비해 잡공은 공물, 상요는 貢役의 物納이라

---

10) 李惠玉, 「高麗時代 貢賦制의 一研究」『韓國史研究』31, 1980 ; 「高麗時代 三稅制에 대
   한 一考察」『梨大史苑』18·19 합집, 1982 ;『高麗時代 稅制研究』, 이화여자대학교 박
   사학위논문, 1985.
11) 대표적인 논고로는 朴鍾進(「高麗前期 賦稅의 收取構造」『蔚山史學』창간호, 1987 ;
   「高麗前期 中央官廳의 財政構造와 그 運營」『韓國史論』23, 1990 ; 「高麗時期 徭役의
   徵發構造」『蔚山史學』5, 1992 ;『高麗時代 賦稅制度 研究』, 서울대학교 박사학위논
   문, 1993)과 金載名(「高麗時代의 常徭와 雜貢」『清溪史學』8, 1991 ;『高麗 稅役制度史
   研究』, 한국정신문화원 박사학위논문, 1994)의 연구를 들 수 있다.
12) 朴鍾進, 「高麗時期 稅目의 用例檢討」『國史館論叢』21, 1991 ; 金載名, 위의 학위논문,
   1994.
13) 今掘誠二, 앞의 논문, 1939.
14) 姜晉哲, 앞의 책, 1980, pp.279~282.
15) 金載名, 앞의 논문, 1991.

든지,[16] 상요는 역, 잡공은 포의 절납이라 한 견해[17] 등은, 진일보한 점이 있긴 하지만 결론적으로는 후기에 부가된 현물세[18]로 이해된다. 앞에서 지적한 바와 같이 공물의 상납은 요역제와 불가분의 관계를 지니고 있으므로 공물의 내용이나 변화 등에 대한 연구가 병행되어야 한다.

세제 전반에 대한 검토와 병행하여 요역제에 대한 연구도 이루어졌다. 일찌기 고려시기 요역노동은 서구사회에 비해 국가의 專制性, 의무기간의 부정기적 강제, 부역기간의 장기성이라는 특수성을 지닌다는 점이 지적된 바 있다.[19] 국가의 전제성은 고려국가의 중앙집권적인 특성을 강조한 것으로 이해한다면, 고려시기가 국가—농민의 관계를 대전제로 하는 만큼 수용할 수 있는 점도 있다. 하지만 요역제의 수탈성을 부각시키기 위해 민을 사역시키는 기한이 법적으로 정해지지 않았다는 것은 문제가 있다. 비록 使役日限이 실제로 지켜지지 않았다 하더라도 제도적으로는 사역기한이 규정되어 있었던 것으로 파악된다.[20] 사역일한이 삼국시대 이래 축소되어 가는 것은 국가의 인신징발에 대한 감소로 이해되며,[21] 이런 변화는 요역제가 단순히 제도사적인 측면만의 문제가 아니라 국가의 대민 통치방식을 반영하고 있음을 알게 한다.

민을 징발하는 수취구조도 역제의 운영에서 중요한 문제이다. 이에 대해서는 요역과 다른 세목과의 관련 및 요역징발의 수취구조에 대한 면을 고찰한 연구[22]가 주목된다. 국가차원의 役事에서는 군현차원의 역사와 달리

---

16) 李貞熙, 「高麗後期 徭役收取의 實態와 變化」『釜大史學』 9, 1985.

17) 李惠玉, 앞의 논문, 1982 및 앞의 논문, 1985.

18) 朴鍾進, 「忠宣王代의 財政改革策과 그 性格」『韓國史論』 9, 1983 및 앞의 학위논문, 1993. 李貞熙, 「고려후기 수취체제의 변화에 대한 일고찰—상요·잡공을 중심으로」 『釜山史學』 22, 1992에서도 고려후기 부가된 현물세로 이해하고 있다.

19) 白南雲, 앞의 책, 1937, pp.443~445.

20) 李貞熙, 「高麗時代 徭役의 運營과 그 實態」, 『釜大史學』 8, 1984, p.59 ; 金載名, 앞의 학위논문, 1994, pp.115~116.

21) Ⅲ장 1절, 요역의 운영체계 참조.

22) 朴鍾進, 앞의 논문, 1992.

董役官이 파견되어 역사를 감독했다든지, 역의 징발체계를 국가차원과 지방차원으로 나누어 정리함으로써 역제운영의 체계를 구명하고 있다. 다만 요역징발의 구조에 대한 검토가 고려 전시기를 대상으로 하고 있기 때문에 고려중기 이후의 변화된 모습이 부각되지 못한 아쉬움이 있다.

수취구조와 더불어 신분제와 관련한 역제 운영도 중요한데, 이에 대해서는 군현제 및 신분제 전체구조와 관련된 부분으로 나눌 수 있다. 고려의 군현제는 일반군현과 部曲制지역이라는 독특한 구조로 형성되어 있었다. 부곡제 지역의 주민은 특정역을 부담하고 있었던 만큼 이들의 역 부담에 대해서는 구체적 검토가 필요하다. 부곡제민 가운데 향·부곡민에 대한 역의 부담은 일치되고 있으나, 所民을 비롯한 그 외의 부곡민에 대해서는 이견이 있다.23) 요역은 신역과 달리 신분의 高下를 막론하고 부과되는 戶役의 특성을 지니므로24) 신분제 전반적 구조와 관련한 고찰이 필요한데,25) 평면적인 해명에 그친 감이 있다.

국가에서 민을 징발하여 사역시킨 요역종목은 이 시기 노동력의 수요를 가늠케 하는 점에서 주목된다. 그러나 이들에 대한 연구는 요역과 신분과의 관련성에 대한 구체적 검토가 전제되지 않은 채 요역노동을 설정한다든지,26) 다소 개괄적인 설명에 치우쳐 있다.27) 요역제의 내용은 해당사회의 정치, 경제 나아가 사상의 변화와 상응하여 전개되므로 시기상의 변화를 염두에 두어야 할 것이다.

---

23) 李惠玉, 앞의 논문, 1984 ; 李貞熙, 앞의 논문, 1984.
24) 尹用出, 앞의 학위논문, 1991, p.17 ;『조선후기의 요역제와 고용노동』, 서울대학교출판부, 1998 재수록.
25) 李貞熙, 앞의 논문, 1984.
26) 白南雲, 앞의 책, 1937, pp.443~456. 즉 왕실의 토지경작, 籍田에서의 齋米生産, 기인과 外吏의 番役, 津·驛丁의 교통노동, 軍丁의 戌役, 일반농민의 토목노동, 工役(일품군의 役) 등 7가지이다. 그런데 기인과 외리의 번역은 넓은 의미에서는 요역노동에 속하긴 하지만, 제도상의 요역이라기 보다는 職役이다. 일품군의 공역은 군인의 身役이며, 진·역정의 교통노동 역시 일종의 신역으로 보아야 할 것이다.
27) 李惠玉,「高麗時代 庸(役)制 研究」『梨花史學研究』15, 1984 ; 李貞熙, 앞의 논문, 1984.

12세기를 전후로 고려사회는 여러가지 측면에서 큰 변화를 겪는 데도 불구하고 요역제의 연구에서는 이와 같은 점이 간과되고 있었다. 고려시기와 무관한 것으로 간주하여 온 역의 物納과 雇立制 전개를 다룬 연구[28]는 이런 점에서 주목된다. 이에 반해 고려 수취제에 영향을 준 唐의 경우 물납이 보편적이었으므로 고려전기 이래 역의 물납제가 존재했다는 견해[29]도 있는데, 역의 收布制는 적어도 15세기 후반 이후에야 제도적으로 정착된다는 점에서 수긍하기 어렵다. 한편 민을 징발하는 부과기준은, 그 기준이 人丁인가 토지인가에 따라 시대구분의 지표로 간주한 견해[30]가 제기되었을 정도로 국가권력의 대민 지배방식과 직결되어 있다. 수취 양식을 시대구분의 근본적 기준으로 삼는 것은 문제임이 지적되었지만,[31] 수취기준이 해당 사회의 성격을 이해하는 중요한 단서임은 분명하다. 고려전기 요역의 징발기준은 인정다과에 의한 9등호제였는데 그 연원이 되는 신라의 9등호제와는 기능이나 성격에서 차이가 있었다.[32]

이러한 인정다과의 수취기준은 후기에 이르면 토지과세가 적용되는데,[33] 이와 달리 후기에도 변함없이 人身과세라는 반론[34]이 있다. 토지과세의 전제조건인 토지의 常耕化가 조선전기에도 함경도·강원도 등과 같은 일부지방에서는 歲易農法을 극복하지 못해[35] 計丁法이 시행되었던 점[36]을 감안하

---

28) 李貞熙, 앞의 논문, 1985.

29) 金載名, 앞의 학위논문, 1994, pp.121~124 및 pp.142~146.

30) 姜晋哲,「韓國史의 時代區分論에 대한 一試論」『震檀學報』29·30, 1966, p.197.

31) 姜晋哲,「<高麗·李朝社會의 問題點> 再檢討」『斗溪李丙燾博士九旬紀念韓國史學論叢』, 知識産業社, 1987, pp.426~427.

32) 李貞熙,「高麗前期 徭役의 賦課方式 -戶等制의 變遷을 중심으로-」『韓國文化』6, 釜山大學校 韓國文化研究所, 1993.

33) 李貞熙, 앞의 논문, 1985. 한편 李惠玉,「고려후기 수취체제의 변화」『14세기 고려의 정치와 사회』, 민음사, 1994, pp.225~226에서도 필자와 다소 견해의 차이는 있지만, 수취의 기준이 人身이라는 종래의 견해를 바꾸어 자산과세가 적용되는 것으로 이해하고 있다.

34) 金載名, 앞의 학위논문, 1994, pp.220~225.

35)『世祖實錄』권32, 世祖 10년 2월 갑신.

면, 고려후기 전국적으로 또 전 시기에 걸쳐 토지를 대상으로 민을 징발한 것은 아닐 것이다. 하지만 조선초 計田法에 의거한 요역제가 적어도 定宗 즉위(1398) 이후에는 확고히 정착되었다는 연구결과[37]를 수용한다면, 그 제도적 기초는 고려후기 이래의 변화에서 찾아야 할 것이다.

2. 연구의 방향

이상에서 요역제와 관련된 그간의 연구성과를 살펴보았다. 요역은 그 운영의 특성상 당시의 농업 생산력을 비롯한 생산관계나 요역 외의 수취제도, 나아가 신분제도 등과 결부되어 이루어졌다. 그러므로 이들과의 연관하에서 종합적으로 검토할 필요가 있다. 뿐만 아니라 요역은 노동력 징발이라는 점에서 직역이나 군역 등과도 긴밀하게 연결되어 있으므로 요역과 다른 역과의 관계도 살펴보아야 할 것이다. 이러한 점을 염두에 두고 본서의 연구방향을 제시하면 다음과 같다.

제Ⅱ장에서는 고려시기 요역제의 성립과 민을 징발하여 사역시킨 요역노동의 형태에 대해 살펴보았다.

이에 대한 선행작업으로 고려의 세제에 영향을 준 唐制와의 관련하에 요역의 용례에 대해 검토하였다. 요역의 용례는 요역이라는 명칭 외에도 「力役」, 「差役」, 「役」, 「徭」, 「課役」, 「賦役」 등 여러가지로 혼용되고 있다. 이러한 용례는 요역만을 지칭하는 것도 있지만, 세제전반을 의미하거나 요역 외의 役을 뜻할 때도 있다. 따라서 요역의 용례에 대한 분석은 요역제도 운영의 기초작업으로서 검증되어야 할 부분이다.

다음은 고려에서 요역제가 제도적으로 어떻게 성립되어 가는지 고찰한 후, 민이 부담했던 노동구조의 파악을 위해 요역노동의 종목에 대해 살펴

---

36) 『中宗實錄』 권29, 中宗 12년 9월 을미.
37) 姜制勳, 「朝鮮初期 徭役制에 대한 재검토 -徭役의 種目區分과 役民規定을 중심으로-」 『歷史學報』 145, 1995, pp.60~65.

보았다. 요역제의 성립은 戶口·量田制의 정비 및 당의 제도적 수용과 맞물려 있을 것으로 짐작된다. 요역의 형태에 대해서는 토목공사·공물조달·조세운반으로 구분할 수 있는데, 이들은 고려의 정치·사회경제 나아가 사상적 제 문제와 관련되어 전개되었다. 예컨대 고려시기 토목공사의 역이 빈발했던 것은 지리도참설 및 불교의 성행과 연관되어 있으며, 원간섭기와 같은 정치상황에서는 공물조달·조세운반의 요역형태가 두드러지게 나타나는 것 등이 그러한 예이다. 뿐만 아니라 요역부담의 형태는 군현의 지리적 위치와도 상관이 있어 伐木·목재운반의 요역에 교주·양광도민이 집중적으로 동원된다든지, 서해도민에게 迎送·支待 요역이 가중하게 부과되고 있었다.

제Ⅲ장에서는 국가에서 민을 징발하는 방식과 사회신분과 관련하여 요역제의 운영실태를 살펴보았다.

국가권력이 개별민호로부터 민을 동원하는 出丁式이나 민의 작업여건 같은 것은 요역의 운영체계에 전반적 윤곽을 살펴보기 위해 필요한 선행작업이다. 이러한 문제들은 비록 제도사적인 측면이 강한 것이긴 하지만, 고려시기 요역제의 실상을 밝히는데 필요한 작업이다.

그런 다음 요역의 부과방식을 보다 구체적으로 검토하기 위해 인정다과를 기준으로 하는 고려전기 9등호제의 성립과정과 성격을 살피고자 하였다. 고려에서의 요역 징발은 16세 이상 60세 이하의 「丁」을 대상으로 하였지만, 당제와 같이 직접 「丁」에 부과하는 것이 아니라 9등호제에 근거한 「戶」를 대상으로 부과하였기 때문이다. 아울러 고려전기 9등호제의 연원인 신라통일기의 호등제가 고려사회에 계승되면서 그 구분기준과 기능이 어떻게 변모되는지 살펴 볼 것이다. 근래 신라통일기 9등호제의 편제기준이 토지라는 연구결과가 나온 이래 사회발전 논리상 고려전기 인정다과에 의한 9등호제의 시행을 부정하는 경향이 있다. 고려사회에 대한 이와 같은 이해는 통일신라－고려－조선전기를 중세사회로 설정할 경우, 고려국가는 신라와 조선사회의 중간에 존재하는 시기로 인식될 뿐이며 고려사회의 역사적 위상이 불분명하게 될 우려가 있다. 고려전기 9등호제의 검토는 신라사회와 고려사회의 차별성을 구명하는 데 도움이 될 것이다.

요역은 신분의 高下를 불문하고 부과하는 특성이 있으므로, 사회신분 집단과 관련하여 요역의 징발대상에 대해 살펴 볼 필요가 있다. 고려사회는 일반민이라 하더라도 丁戶·白丁戶·雜尺層 등 다양한 구조하에 편제되어 있었다. 다양하게 편제된 이들 민이 군현체제 내부에서 어떤 형태로 요역을 부담하고 있는지 검토가 필요하다. 그런데 요역은 노동력의 징발이라는 점에서 다른 역과도 밀접한 연관이 있다. 때문에 일반민의 요역 부담형태를 보다 구체적으로 파악하기 위한 일환으로, 주현군의 군역과 요역이 어떻게 유기적으로 운영되었는지 살펴보기로 하겠다. 그리고 나서 일반민 외의 다른 신분층, 이를테면 양반이나 향리, 노비 등의 賤類層은 어떤 형태로 역을 부담하고 있었는지 검토해 보았다. 이러한 시도는 요역의 부과대상을 해명하는 것은 물론이거니와, 일반 농민층 외 여타 신분층의 사회경제적 특성을 구명하는 데도 유익할 것이다.

제Ⅳ장에서는 고려후기 세제변화와 맞물린 채 전개되었던 요역제의 변화에 대해 살펴보았다.

요역노동은 현물세의 생산 내지 수송과 긴밀하게 연결되어 있었던 만큼 고려후기에 집중적으로 등장하는 상요·잡공 문제는 요역제의 위상과 변화를 파악하기 위해 해명되어야 하는 과제이다. 본절에서는 상요·잡공의 실체와 변화방향을 살펴 봄으로써 그 역사적 의미를 추적해 보았다.

이와 아울러 필수적인 것이 토목공사에서의 赴役實態와 요역부과의 기준에 대한 것이다. 고려전기의 三稅는 租·布·役으로 지칭되었던 데 비해, 후기에는 租·庸·調로 사용되고 있다. 용은 당에서는 역의 물납으로 사용되었는데, 고려의 경우는 어떠했는지 구체적 고찰이 필요하다. 요역의 형태 가운데 가장 많은 인원이 소요되고 오랜 기간이 걸리는 것은 토목공사의 역이므로, 이 분야에 가장 먼저 역의 물납제가 전개될 것이다. 역의 물납과 雇立制의 시행을 위해서는 민간생산의 성장과 유통경제의 발달이 전제되었던 만큼, 부역실태의 변화를 통해 고려후기 사회경제적 실상을 가늠할 수 있을 것이다.

한편 고려사회는 무신란을 전후로 나타나기 시작한 사회경제적 모순이 원간섭기를 거치는 동안 더욱 심화되고 있다. 요역제는 해당사회의 경제·사회구조와 유기적 관련을 지니며 운영되므로, 후기의 변화된 상황과 수반하여 요역부과의 기준 역시 변질될 수밖에 없을 것이다. 본절에서는 인정을 중시하던 수취양식에서 토지를 중시하는 수취양식으로 이행하고 있었던 점을 밝히고자 하였다. 이러한 시도는 고려후반기 역제 징발의 방식이 조선조 計田法 확립의 근간이 되고 있다는 점에서 의미가 있을 것이다.

II. 요역제의 성립과 형태

1. 요역의 범주와 용례

요역제의 성립을 위해 요역의 범주와 용례에 대한 검토가 선행되어야 한다. 그런데 고려의 정치, 경제, 군제 등 각종 제도는 무조건적인 모방은 아니고 선택적 수용이긴 하지만 중국 특히 唐制를 모방하면서 마련되었음은 주지하는 바이다. 따라서 본서의 논지전개를 위해서는 물론 요역의 범주와 용례 역시 당 세제의 개략을 살펴보고 당제와의 연관 하에 살펴 볼 필요가 있다.

唐의 조용조 세제는 "凡賦役之制有四 一曰租 二曰調 三曰役 四曰雜徭"[1] 에서 보는 바와 같이 租·調·役·雜徭의 4가지가 있는데, 다음의 武德 7년(624)의 賦役令에서 보듯이 균전제의 시행을 전제로 수취되고 있었다. 이를테면 "丁·中男에게 20畝의 영업전과 80畝의 구분전을 지급하고, 每丁마다 粟 2石의 租, 綾·絹·絁 등의 비단 2丈과 綿 3兩 혹은 布 2丈5尺과 麻 3斤의 調를 징수한다. 또 20일의 役(윤년에는 22일)을 징발하는데, 實役 대신에 포나 비단으로 代納하는 것도 허용한다"[2]라고 하고 있다.

---

1) 『唐會要』 권83, 租稅上).

당제에서 토지분급의 대상은 18세 이상의 中男이지만, 실제로 中男의 연령은 16~20세까지였다.[3) 中男은 잡요만을 부담하므로 실질적인 면에서 과세의 대상은 丁男이었다. 그러므로 토지수급에 대한 반대급부로서 부담하는 것은 잡요를 제외한 租·調·役 3세였다. 수취의 대상이 당에서는 丁이었지만, 고려는 每丁이 아니라 군현제하의 戶를 대상으로 하고 있다. 이와 같은 차별성은 고려에서의 요역제 운용이 당과 다르리라는 것을 예견해 준다.

役과 雜徭는 전자가 중앙적인 역인데 비해 후자는 지방에서 부과되는 역이라는 점에서 구분되고 있었다. 역은 대체로 물납으로 징수하였고, 잡요는 물납이 허용되긴 했지만 實役이 원칙이었으며 사역일수는 40~50일 정도였다.[4)

그런데 당의 잡요에는 지방에서 부과되는 요역의 의미로도 사용되었지만, 동시에 雜役으로 호칭되는 특수한 역도 포함되어 있었다. 잡요는 당의 조용조 세제가 양세법으로 통합된 뒤에도 그대로 남아 「職役」으로 불리면서 宋代 역제의 중요한 세목이 되고 있다. 정남이나 중남이 雜役을 부담한 경우에는 역의 輕重에 따라 기본세목의 일부 혹은 전부를 면제하였다.[5) 이와 같이 당제에서 직역의 상당부분이 민에게 지방에서 부과되는 민의 요역이었던 것은 주목된다.

왜냐하면 당에서 丁·中이 부담했던 雜役은 고려에서는 일반민의 요역이 아니라 일종의 직역 내지 부곡제민이 부담하던 역이었다. 예를 들면 燧

---

2)『舊唐書』권48, 食貨 上 武德 7년.

3) 濱口重國, 「唐に於ける雜徭の開始年齡」『東洋學報』23-1, 1935.

4) 曾我部靜雄은『均田法とその稅役制度』, 講談社,1953, pp.216~217에서 40일로 이해하고 있지만, 50일로 보는 견해도 있다(濱口重國, 「唐の雜徭の義務日數について」『秦漢隋唐史研究』, 東京大學出版會, 1980 ; 古賀登, 「唐代賦役制度の再檢討」『日野開三郎博士頌壽記念論集中國社會制度文化史の諸問題』, 中國書店, 1980).

5) 잡역의 내용은 門夫, 燧長·燧子, 驛長·驛子, 丁匠, 각종 관청의 使役人, 里正·坊正·村正, 防戍의 병사 등이 있었다. 잡역에 대해서는 曾我部靜雄, 앞의 책, 1953, p.227 및 p.245 ; 西村元佑, 「唐律令における雜任役と色役資課關にする一考察」『中國經濟史研究』, 京都大學 東洋史研究會, 1968 ; 古賀登, 위의 논문, 1980. pp.185~186.

長·驛長·丁匠, 각종 관청의 使役人, 里正·坊正·村正, 防戍의 병사 등은 일반민의 역이 아니라 직역담당자가 부담하던 것이다. 燧子나 驛子 등의 역은 부곡제에 준하는 雜尺人이 부담하던 역이었다. 고려사회는 국가의 성립과 더불어 민의 계층구조에 직역담당자가 확보되었고, 身役 역시 일반민이 아닌 부곡제하의 주민이 부담하고 있었다.6) 당의 경우 요역노동에 속했던 신역이나 직역이 고려에서는 일반민의 요역노동에 빠져 있는 것은, 역제전반에서 나타나는 고려와 당제의 차별성으로 주목되어야 한다.

이러한 기본세목 외에 貢獻·戶稅·地稅가 있었다. 공헌은 지방관청이 과세대상이었으며, 지방의 특산물을 바치는 것이었다. 공헌은 대체로 丁·中男 등 민의 지방적인 역인 잡요를 동원하여 조달하였다. 공헌이 지역특산물의 징수라는 점에서 調와 통하는 부분도 있지만 실체가 다른 세목이었다. 조는 직물류의 수취에 한정된 것인데 비해, 공헌은 직물류를 포함하여 다양한 지역특산물의 수취였다.7) 따라서 공헌은 고려의 공물에 비견할 수 있다. 고려에서도 공물의 상당수가 지방관의 주도하에 부과되던 요역에 의해 조달되고 있었던 것이다.8)

戶稅는 관리의 녹봉이나 관청의 경비 등을 위해 9등호에 징수하는 세였다. 조용조의 세목이 丁을 대상으로 하되 감면의 특혜대상이 있는데 비해,

---

6) 고려의 직역체계에 대해서는 Ⅲ장-1절-나, 부곡제하의 거주민이 부담하는 역에 대해서는 Ⅲ장 2절 참고. 身役은 직역이 일정한 보수를 받는 점에서 직역과는 구별된다. 신역은 무상의 수취라는 점에서 넓은 의미에서 요역에 속한다. 그러나 요역은 일반민이면 누구나 부담해야 하지만, 신역은 특정인에 한해 부과된다는 의미에서 요역과 구별하여 사용하고자 한다.

7) 이러한 것은『大唐六典』권3, 尙書戶部에 직물류는 "厥賦"로 지역특산물은 "厥貢"으로 구별되어 있는 점에서 확인된다. 공헌에 대해 자세한 내용은 曾我部靜雄, 「均田法と班田收授法の稅役一種·調の性格について」『中國律令史硏究』, 吉川弘文館, 1971 및 「唐の貢獻制度」『中國社會經濟史の硏究』, 吉川弘文館, 1975 참조.

8) 이런 점에서 당제의 공헌을 고려의 공물에 비긴 金載名,『高麗 稅役制度史 硏究』, 한국정신문화원 박사학위논문, 1994, p.32의 견해에 필자도 동감한다. 공물과 관련된 요역노동에 대해서는 본장 3절－나 참고.

호세는 호를 대상으로 하며 王公庶士에 이르기까지 균등하게 징수하였다.[9] 호를 나누는 기준은 일차적으로 토지의 다과였지만, 당의 호등제 역시 호의 등급이 높을수록 인정의 수도 많을 정도로 토지와 丁·中의 수는 대응관계에 있었다.[10] 이와 같은 특징 때문에 당의 9등호제 역시 토지 외에 丁男은 물론 牛까지 편성기준이 된 것으로 파악하는 견해[11]도 있다.

그러나 당의 9등호제는 조용조 세제의 붕괴이후 그 기능도 변질되고 있다. 물론 송대까지 호등제의 형식은 존재하고 있지만, 그 기능이 직역담당자의 차정 뿐이며 세액수취의 의미는 소멸되게 된다.[12] 송대에 이르면 모든 과세가 토지를 대상으로 부과되었기 때문에 더 이상 호를 매개로 세제를 수취할 필요가 없게 된 때문이었다.[13] 이에 비해 고려의 9등호제는 당의 호등제와 연결되지만, 그 기준이나 기능은 당제와 다르다. 즉 고려전기의 호등제는 당과 달리 인정만을 기준으로 하며, 그 기능도 세제수취의 참고를 위해서가 아니라 요역징발이 목적이었다.[14]

마지막으로 지세는 義倉米의 확보를 위해 농민은 토지에, 상인은 호를 대상으로 부과하는 세목이었다.[15]

이와 같이 토지분급을 기반으로 하는 당의 세제는 균전제의 붕괴와 더불어 德宗 원년(750년)에 兩稅法으로 이행하고 있다. 양세법은 조용조의 항

---

9) 戶稅에 대해서는 曾我部靜雄, 앞의 책, 1971 ; 鈴木俊, 『均田·租庸調制度の研究』, 刀水書房, 1980, pp.152~162 ; 鄧海波編著, 『中國歷代賦稅思想及其制度』上, 正中書國, 1984, pp.552~554 참조.

10) 船越泰次, 「唐代戶等制雜考」 『日野開三郎博士頌壽記念論集中國社會制度文化史の諸問題』, 中國書店, 1987, p.265 ; 西村元佑, 앞의 책, 1968, pp.671~672.

11) 鈴木俊, 위의 책, 1980, pp.159~161.

12) 船越泰次, 위의 논문, 1987, pp.213~214.

13) 이에 대해서는 Ⅳ장 2절 참조.

14) 본서 Ⅲ장 –1절– 나 참조.

15) 堀敏一, 『均田制の研究』, 岩波書店, 1975, pp.270~275. 고려에서도 토지를 대상으로 의창미를 확보하는 '義倉租收取規定'이 마련되어 있었다. 고려의 경우 자세한 것은 朴鍾進, 「高麗前期 義倉制度의 構造와 性格」 『高麗史의 諸問題』, 三英社, 1986 참조.

목 가운데 용조를 합쳐 호세를 징수함으로써, 세목의 근간은 호세와 지세
가 되었다. 이 때의 과세대상은 人丁이 아니라 資産이었다. 즉 지세는 당연
히 토지를 기준으로 하지만, 호세의 경우도 종래와 같이 인정을 참조하는
것이 아니라 자산만을 기준으로 구분하게 된다.16)

　이상에서 본서의 전개와 관련되는 내용을 중심으로 당의 세제에 대해
정리해 보았는데, 이를 염두에 두고 고려시기 요역의 용례에 대해 살펴보기
로 하겠다. 고려에서 요역의 용례는 요역만을 사용한 것이 아니라, 「力役」
「差役」「役」「徭」「課役」「賦役」 등 여러 가지 명칭으로 사용하고 있었다.
이들 용례들 중에는 요역의 의미만으로 쓰인 경우도 있지만 직역이나 세제
전반을 의미하는 廣意의 뜻으로 사용되는 예도 많다. 따라서 요역제에 대
한 연구는 우선 그 용례부터 구체적인 검토가 요구된다.

　고려의 세제는 위에서 지적한 바와 같이 唐制의 영향을 받고 있으므로,
당의 부세제도에 대한 세목을 살펴보면 다음과 같다.

　① 「凡賦役之制有四 一曰租 二曰調 三曰役 四曰雜徭」(『大唐六典』 권3)
　② 「賦役之制四曰 一曰租 二曰調 三曰役 四曰徭」(『代唐傳載』)
　③ 「賦役之制有四曰 一曰租 二曰調 三曰役 四曰課」(『舊唐書』 職官志)

　당에서의 「役」은 중앙정부에서 주관하는 노동력의 징발일 때 사용되었
던 용어로서, 지방에서 주관하는 용어와는 구별하여 사용하고 있는 점이 주
목된다. 예컨대 지방관청에서 징발하는 노동력의 경우에는 「雜徭」·「徭」·
「課」의 용어로 사용하고 있다. 고려의 경우 특별히 중앙적인 역인지, 지방
적인 역인지 구별하여 사용되는 용례가 없는 점과 비교된다. 당제에서의
賦役·役·徭의 용어는 개념에서 차이가 나기도 하지만, 용어 자체는 후술
하는 바와 같이 고려에서 그대로 사용되고 있다.

---

16) 上野直明,『唐代社會經濟の構造的研究』, こだま社, 1982, pp.59~66. 고려시대 수취기
　　준의 변화에 대해서는 본서 Ⅳ장 2절 참조.

고려에서 徭役이라는 용례는 ②의 「役」과 「徭」를 합칭한 것이다. 고려에서 중앙적인 역과 지방적인 역의 용례를 구별하여 사용하고 있지 않은 것은, 아마도 요역의 개념이 이 양자의 의미를 다 내포하고 있기 때문이 아닌가 한다. 이러한 것은 ③의 「役」과, 「課」의 合稱인 課役의 경우도 마찬가지인 것으로 생각된다. 즉 課役 역시 고려에서는 중앙주체인지, 지방주체인지 구별 없이 요역과 동일한 의미로 사용되는 용어이다. 이상 요역에 대한 용례는 力役을 제외하고는 모두 당의 기본세목에서 유래된 용어임을 알 수 있다.

우선 고려에서의 力役이 요역의 뜻으로 사용된 경우를 살펴보면 다음의 사례가 주목된다.

> 가 <1> 祭祀之費 皆出於民之膏血與其力役 臣以愚爲若息民力 而得歡心 卽
> 　　　　其福 必過於所其之福 (『高麗史節要』 권2, 成宗 원년 6월)
> 　　<2> 督責之令 疾於風雨 中外之民 困於力役 三農失時 老弱失農 而父母
> 　　　　妻子 不相自保 (『高麗史』 권120, 列傳33 尹紹宗)

가 <1>의 成宗 원년조(982)에서 "제사의 비용은 민의 고혈과 역역에서 나온다"고 하고 있는데, 이때의 力役은 민의 노동력 동원을 뜻하므로 요역의 용례가 분명하다. 또 가 <2>에서 "중앙과 지방의 민이 力役에 시달려 三農의 시기를 놓쳤다"라는 恭愍王 23년조(1374)의 기사에서도 力役이 요역과 동일한 의미로 사용되었음을 알 수 있다.

이와 같이 力役은 수취제도의 한 형태인 요역의 뜻으로도 사용되었지만, 이 외에 법제상 요역대상자가 아닌 경우의 노동력 징발에 일반적으로 쓰이는 용어이기도 하다. 이것은 군인을 사역시키는 경우에 역역이라는 용례가 나타나는 데서 알 수 있다. 예컨대 "國家之制 近仗及諸衛每領 設護軍一 中郎將二 …… 凡扈駕內外力役 無不爲之"[17]라 하고 있다. 여기서의 군인은 지

---

17)『高麗史』 권81, 兵1 兵制 靖宗 11년 5월.

방군이 아니라 京軍을 말하는데, 무릇 경군이 내외의 力役을 하지 않는 것이 없다고 하고 있다. 이 때의 역역은 일반민이 부담하는 요역과 같은 의미가 아니라, 군역의 일환으로 노동력에 동원되는 형태로 파악된다.[18)

役의 용례는 당의 경우 중앙적인 요역으로 사용되었다. 그에 비해 고려에서는 특별히 지방적인 요역의 명칭이 없는 점을 고려해 보면, 굳이 중앙적 혹은 지방적인 요역으로 구별하여 사용하지 않았음을 알 수 있다. 역의 용례는 요역과 같은 의미로 사용하기도 했지만, 양반에서 노비에 이르기까지 신분의 고하를 막론하고 부담하고 있던 本役으로 통용되던 용어이다.[19) 역이 요역의 뜻으로 사용된 것은, 토지의 피해가 4분 이상일 때는 租를, 6분 이상일 때는 租·布를, 7분 이상일 때는 租·布·役 모두를 면제하도록 한 사례[20)에서 역이 요역을 지칭함을 알 수 있다. 이와 같이 역이 조, 포 등 다른 세목과 함께 사용될 때는 요역의 의미가 확실하지만, 그 외의 경우는 사료의 검토가 필요하다.

差役은 요역의 용례와, 역을 부과하는 두 가지 뜻으로 사용되고 있으며, 고려후기에 주로 나타나고 있다. 차역이 요역의 뜻으로 쓰여진 사례로는 禑王 5년의 기사가 있다. 즉 서북면에서는 익군에게 군무를 맡기는 대신 군량으로 충당하기 위해 전조는 부과하되 貢賦는 모두 면제케 했는데, 他道에서는 대소의 공부나 차역도 모두 부담하는 외에 익군의 군역까지 담당하도록 하여 농민이 실업하게 되었다는 것이다.[21) 여기서의 공부는 서북면

---

18) 이러한 예는 다음의 기사에서도 볼 수 있다.『高麗史』권81, 兵1 兵制 靖宗 11년 5월 "……丁人所爲賤役 使祿官六十代之 因此 領役艱苦 爭相求避 伍尉隊正等 未能當之 若有國家力役 乃以秋役軍 品從五部坊里 各戶刷出 以致騷擾".

19) 역이 양반의 역으로 사용된 예는 "兩班奴婢 以其主役各別 自古 未有公役雜斂"(『高麗史』권85, 刑法2 奴婢 忠烈王 24년 정월)이라 한 것을 들 수 있다. 또 역은 노비의 역을 뜻하기도 했지만(『高麗史』권85, 刑法2 奴婢, "公賤 年滿六十 放役"), 흔히 직역을 의미하기도 했다(『高麗史』권85, 刑法2 禁令 忠烈王 11년 3월, "……又公私處久遠接居人內 人吏之避役者 勿論久近 皆還本役").

20)『高麗史節要』권2, 成宗 7년 10월, "是歲蝗 蠲減財賦 田損 四分以上免租 六分免租布 七分租布役俱免".

의 예에서 보는 바와 같이 田租와는 구별되는 세목으로 사용된 것으로 미루어 공물만의 의미로 한정되어 쓰인 것이다. 따라서 他道의 공부나 차역은 일반민에게 부과되던 공물과 요역을 지칭하고 있음을 알 수 있다.[22]

그러나 差役은 역에 差定한다는 의미로도 사용되고 있다. 이를테면 서해도안렴사 李茂가 水尺 30餘人을 포획하여 諸州에 分置하여 평민과 마찬가지로 역을 차정토록 한 사례[23]가 있다. 평민의 역이란 다름아닌 요역이므로 이 때의 차역은 실질적인 역의 내용에 있어서는 요역의 의미이긴 하다. 그러나 「差」가 역을 차정한다는 동사의 뜻으로 해석될 수 있다는 것을 반영하는 만큼,[24] 차역에서의 역이 요역인지 신역인지에 대한 사료의 검토가 병행되어야 한다.

요역은 당의 경우와 마찬가지로 「徭」로 약칭되기도 했다. 이것은 "下敎申誡牧民之官 無滯獄訟 懋實倉廩 賑恤窮民 勸課農桑 輕徭薄賦"[25]라는 사례에서 알 수 있다. 「輕徭薄賦」에서의 「徭」는 요역을 뜻하고 있는데, 이러한 것은 조선시대의 기록에 「輕其徭 薄其賦 罷不急之貢」[26]이라 한 것과 연결시켜 볼 때 더욱 분명해진다. 즉 이 때의 요는 요역을, 賦는 전조를, 貢은

---

21) 『高麗史』권81, 兵1 五軍 辛禑 5년 윤5월, "憲司上訴 論五道新置翼軍之弊曰……若西北面 則全委軍務 貢賦一皆蠲免 特置各翼 收其田租 悉充軍餉 以故軍政無缺 他道則不然 大小貢賦差役 皆由以出 加以翼軍 農民失業".

22) 이 외에 『高麗史』권85, 刑法2 禁令 辛禑 원년 2월, "閑散之人 托名各愛馬稱爲通糧 規避徭役 致使齊民 勞逸不均 今後司憲府巡問 按廉所在官司 盡行推刷 以當差役"의 경우도 차역이 요역과 같은 뜻으로 사용된 예이다..

23) 『高麗史節要』권31, 辛禑 8년 4월, "西海道按廉使李茂 獻所獲水尺三十餘人 馬百匹……分置水尺于諸州 比平民差役 有不從令者斬之".

24) 『高麗史』권84, 刑法1 職制 恭愍王 20년 12월, "民之流離 蓋爲官吏無良 苟當差役 寧有彼此 今後各處流移人口 除鄕吏官寺津驛人外 餘竝仍舊當差"라 한 데서 역을 차정하는 동사로 사용되고 있음이 확인된다. 예컨대 역의 차정에 있어서는 피차가 없으니 각처의 유리인구로 하여금 향리, 진역인을 제외하고는 전과 같이 차정하도록 하고 있다. 「差役」이 「差」로 약칭되고 있는 데서 「差」의 해석이 '차정한다'는 동사로 사용되었음을 알 수 있다.

25) 『高麗史節要』권2, 成宗 5년 9월.

26) 『成宗實錄』권67, 成宗 7년 5월 정사.

공물의 뜻으로 사용된 것이다. 본래 요의 용례는 당의 경우 중앙정부 차원의 요역을 지칭했지만, 고려에서는 요역의 용례에 있어서 중앙적인 요역인지 지방적인 요역인지 구별하여 사용하지는 않고 있다. 위의 성종대의 기사도 지방관에 내린 교서인 만큼, 여기서의 요는 지방관부 주체의 요역임이 분명하다.

한편 課役은 당에서는 「課」와 「役」의 통칭으로 중앙과 지방관청 주도의 요역이었다. 이에 비해 고려에서 과역은 요역만을 지칭하기도 하고, 세제일반으로 쓰이기도 했다. 과역이 요역으로 사용된 것은 家長이 人丁 수를 누락시키거나 나이를 증감시켜 과역을 면제받도록 한 경우, 1명이면 징역 1년을, 2명이면 1년 반 등의 벌을 내리도록 규정한[27] 기사를 들 수 있다. 고려에서 요역의 부과는 정남의 다과를 기준으로 하기 때문에 여기서의 과역은 요역임을 알 수 있다. 과역이 세제일반의 뜻으로 사용되기도 한 것은 다음 사례가 참고된다.

> 가<3> 三司奏 東京管內州郡 鄕部曲十九所 因去年久旱 民多飢困 乞依令
> 文 損四分以上 免租 六分以上 免租調 七分以上 課役俱免(『高麗史
> 節要』권6, 肅宗 7년 3월)
> <4> 判 田一結 率十分爲定 損至四分 除租 六分除租布 七分租布役俱免
> (『高麗史』권78, 食貨1 田制 沓驗損失 文宗 4년 11월)

가<3>의 기사는 정해진 법에 의거하여 토지의 손실이 4분 이상일 때는 租를, 6분 이상일 때는 租·布를, 7분 이상일 때는 課役을 모두 면제하도록 하고 있다. 여기서의 과역은 세제일반을 의미하고 있음이 분명하며, 면제의 기준이 된 「法令」은 가<4>에 나타나고 있다. 즉 가<4>에서 손실이 7분 이상일 때 「租·布·役」을 모두 면제하라고 한 것이 가<3>의 사료에서는 「課役」을 모두 면제하도록 하고 있다.

---

27) 『高麗史』 권84, 刑法1 戶婚.

마지막으로 賦役의 용례를 살펴보면 당에서는 세제전반의 의미였지만, 고려에서는 다음의 3가지로 사용되고 있다.

> 가 <5> 京畿八縣 徭役甚煩 然非正官之所統 官察之所理 又無守令之宣化
>   故科斂不均 賦役無藝 民不聊生 無所控告(『高麗史』 권118, 列傳31
>   趙浚)
> <6> 皆曰 上下皆撤處干 委以賦役可也 處干耕人之田 歸租其主 庸調於
>   官 即佃戶也 時權貴多聚民 謂之處干 以逋三稅 其弊尤重(『高麗史』
>   권28, 世家 忠烈 4년 7월 을유)
> <7> 下敎 鄕驛吏及公私奴隷 規避賦役 擅自爲僧 戶口日蹙 自今非受度
>   牒者 毋得私剃(『高麗史』 권85, 刑法2 禁令 恭愍王 5년 6월)

가 <5>의 내용에서는 부역이 요역과 같은 의미를 지닌 경우이다. 예컨대 경기8현은 요역이 매우 번거롭지만 관찰사의 다스림이 없는데다 수령의 교화도 없어 과렴이 고르지 않고 부역의 한도가 없다고 한 데서 요역과 부역이 혼용되고 있음을 알 수 있다. 경기는 왕도인 개성을 비롯하여 문무관료와 궁궐·종묘·관사 등이 존재하므로 본래부터 많은 노동력이 필요했다. 경기주현의 민이 요역의 煩重함을 견디지 못하여 도피하는 사례가 속출한 것도 이를 반영하고 있다.[28]

이와 같이 부역이 요역을 지칭하긴 했지만, 고려에서의 부역 역시 당제와 마찬가지로 주로 세제전반의 의미를 지니고 있다. 그 대표적인 것이 가 <6>에서 權貴가 민을 모아 삼세를 포탈하니 이들을 파하여 부역을 맡기도록 한 사례이다.[29]

---

28) 『高麗史』 권78, 食貨1 貢賦 睿宗 3년 2월.

29) 이 외에 『高麗史』 권80, 食貨3 賑恤 災免之制, "肅宗 六年 六月 以長湍縣 頻年水旱 免賦役三年"의 기사도 가뭄 때문에 3년간 부역을 면제하라는 내용이므로, 여기서의 부역도 세제전반을 의미함이 분명하다. 이 외 『高麗史』 권80, 食貨3 賑恤 災免之制 文宗 8년 11월 ; 『高麗史』 권80, 食貨3 賑恤 恩免之制 文宗 10년 11월 ; 『高麗史』 권19, 世家 忠烈王 11년 정월의 기사도 세제전반으로 사용된 사례들이다.

드물긴 하지만 賦役은 세제와 무관하게 직역이나 천역 담당자가 부담하는 본래의 역이라는 의미로도 사용되고 있다. 가령 가<7>에서 향리·역리 및 공사노예가 부역을 피해 함부로 승려가 되니 호구가 날로 줄어든다고 한 것이 그런 사례이다. 향리·역리 및 공사노예들은 본래의 역이 있으므로 우선 그들 고유의 역을 수행하는 것이 급선무였을 것인 만큼, 국가에서 이들이 도피할 정도로 요역을 부과했으리라고는 생각되지 않는다.30) 그러므로 여기서의 부역은 '賦'를 동사로 해석하여 부과된 역으로 보아야 할 것이다.

이상에서 고려에서 사용된 요역의 용례는 「力役」을 제외하고는 대부분 당제를 수용한 것이었음을 알 수 있다. 그러나 실질적 내용에 있어서는 다소 차이가 있었다. 즉 당의 경우 중앙적인 요역인지 지방적인 요역인지에 따라 요역의 용례가 구별되어 있었지만, 고려에서는 별다른 구분없이 쓰이고 있었다. 또 「課役」이나 「賦役」의 용례도 보다 다양한 의미를 내포하고 있었다. 고려에서 「요」를 제외한 다른 용례들은 요역만을 뜻할 때도 있지만 요역 외의 역 또는 세제일반을 의미하는 경우도 있으므로, 사료의 이용에 있어서 신중한 검토가 필요하다.31)

2. 요역제의 성립

고려의 국가성립은 신라 하대의 사회모순을 극복하고 이루어졌으므로 고려초 요역제의 정비과정 역시 이와 무관하지 않을 것이다.

통일신라의 집권체제는 景德王代(742~764년)에 이미 일련의 정치개혁32)을 시행해야 할 정도로 서서히 한계가 드러나기 시작하다가, 혜공왕대

---

30) 신분체제와 관련시킨 요역대상자에 대해서는 본서 Ⅲ장 2절 참조.
31) 조선초기의 경우 요역의 용례는 '徭' '賦役' '差役' '力役'이 있다. 이 가운데서 요역 다음으로 많이 사용된 것은 '賦役'이며, 그 다음은 '差役'이라고 한다(有井智德, 「李朝初期の徭役」『朝鮮學報』30, 1964 ;『高麗李朝史の研究』國書刊行會, 1985). 고려에서 빈도가 희박한 '徭'의 용례가 많다든지, '賦役'이나 '差役'의 의미가 주로 요역의 뜻으로 사용되고 있는 것은 고려와 다른 점으로 주목된다.

(765~780년) 이후 중앙 정치세력의 분열이 본격화되었다.[33] 이러한 집권체제의 이완과 더불어 경제적으로 심화되는 토지소유의 불균형 및 과중한 수취부담은 향촌사회의 변동을 야기시켰다. 이를테면 단순히 민의 유망에 불과했던 것이 元聖王代(785~799) 이후에는 盜賊이 되는 현상으로 나타나고[34], 憲德王代(809~826)부터는 전국적 규모로 草賊이 되는 현상이 전개되게 되었다.[35] 게다가 농민의 자립재생산을 고려하지 않은 채 이루어진 중앙의 과도한 소비풍조는[36] 수취를 통하여 민에게 전가됨으로써 眞聖女王 3년(899)에는 신라 전역에 貢賦拒納이 일어났는데, 이에 대해 국가에서 근본적인 모순에 대한 해결책 없이 강제력을 강화하자 농민봉기의 도화선이 되었다.[37]

이런 상황에서 유민과 도적을 기반으로 독자적 정치세력이 형성되어 갔

---

32) 『三國史記』권9, 新羅本紀9 景德王 6년 정월에는 국학에 諸業博士와 助敎를 두어 유학교육을 강화하였으며, 7년 8월에는 백관을 糾正하는 貞察員을 설치하였다. 그리고 경덕왕 16년 12월에는 전국적인 지방제도의 개편이 시행되었는데, 이것은 단순히 名號만의 개정이 아니라 州·小京·郡·縣의 영속관계를 재조정한 것이었다(木村誠, 「新羅郡縣制の確立過程と村主制」『朝鮮史硏究會論文集』13, 1976, pp.8~10).

33) 『三國遺事』권2, 紀異2 惠恭王, "大恭角干賊起 王都及五道州郡并九十六角干 相戰大亂"에서 보는 바와 같이 신라의 모든 귀족이 참여한 대규모의 爭亂이 발생했다.

34) 『三國史記』권10, 新羅本紀 元聖王 4년 가을에 "나라의 서쪽지방이 가뭄과 누리(蝗)의 해가 있고 도적이 많으므로, 왕이 사자를 보내어 安撫하게 했다"라 한 데서 알 수 있다.

35) 『三國史記』권10, 新羅本紀10 憲德王 7년 8월의 기사에서 '서부 변경의 주군에 큰 기근이 들어 도적이 벌떼처럼 일어나 군사를 보내어 討評했다'든지, 헌덕왕 11년 3월에는 '草賊이 곳곳에서 일어나 주군의 都督과 太守에게 명을 내려 잡게 했다'라 하고 있다.

36) 『三國史記』권10, 新羅本紀10 哀莊王 7년에 金繡로써 佛事하는 것과 金銀으로 器物 만드는 것을 금지한 것이라든지, 고려 성종대 건의한 崔承老의 時務策 18조에서 '신라말기에 불경과 불상에 모두 금은을 사용하여 사치함이 정도에 지나쳐 멸망하였으며, 장사치들이 불상을 훔쳐 부수어 매매하여 생계를 도모하게 까지 되었다'라고 한 사례는 이를 반영하고 있다(金哲俊, 「新羅 下代社會의 動搖」『한국사』3, 1975, pp.442~443).

37) 『三國史記』권11, 新羅本紀11 眞聖王 3년, "國內諸州郡 不輸貢賦 府庫虛竭 國用缺乏 王發使督促 由是 所在盜賊蜂起".

으니, 國用이 궁핍할 정도로 貢賦가 수납되지 않는 이면에는 상당량의 공부가 지방세력의 경제적 재원으로 충당되고 있음을 의미하는 것이기도 하다. 당시 지방세력은 독자적 영역 내에서 공부뿐만 아니라 민으로부터 노동력도 수취하고 있었던 만큼, 고려의 성립 당시 민의 사회경제적 처지는 중앙정부와 지방세력의 이중적 수탈로 매우 열악한 상황이었다. 즉 泰封代의 과중한 요역징발과 수취로38) 백성들이 밭갈고 베짜는 일을 그만 두고 잇달아 유망했다든지,39) 심지어 길에서 굶어 죽는 자가 허다하고 몸을 팔아 노비가 되기도 했다는 것이다.40) 이것은 前王인 궁예의 실정을 비방하려는 의도가 있는 만큼 다소 과장된 표현이 있을 수 있겠지만, 상당부분은 사실적인 기사로 보아도 좋을 것이다.41)

따라서 고려사회는 신라의 수취체제상의 모순이 공부의 거납, 민의 초적화를 초래하였던 상황을 경험하고 성립되었던 만큼, 태조대부터 각별히 '取民有度'에 신경을 썼을 것이다. 이 과제는 신라 하대 형성된 호족들의 독자적 기반이 중앙정부하에 편제되는 것과 병행하여 추진될 수밖에 없으며, 이는 동시에 고려시기 지방제도의 성립과정과 맞물려 있는 문제이기도 했

---

38)『高麗史』권1, 世家 太祖 원년 6월 정사, "詔曰……徭煩賦重 人耗土虛 而猶宮室宏壯 勞役不止".

39)『高麗史』권78, 食貨1 田制 租稅 太祖 원년 7월, "謂有司曰 泰封主 以民從欲 惟事聚斂 不遵舊制 一頃之田 租稅六碩 管驛之戶賦絲三束 遂使百姓輟耕廢織 流亡相繼 自今 租稅征賦 宜用舊法".

40)『高麗史』권1 世家 太祖 원년 8월 신해, "詔曰 前主視民如草芥 而惟欲之 從乃信讖緯 遽棄松嶽 還居斧壤 營立宮室 百姓困於土功 三時失於農業 加以飢饉薦臻 疾疫仍起 室家棄背 道殣相望 一匹細布 直米五升 至使齊民 賣身鬻子 爲人奴婢".

41)『三國史記』권10, 新羅本紀10 憲德王 13년 봄에 백성들이 굶주림을 이기지 못해 자손들을 팔아 생활하였다고 하고 있다. 또 興德王 8년에는 봄에 큰 기근이 들었는데, 10월에는 백성들이 나쁜 병으로 많이 죽었다고 한다. 신라 하대 만성적인 기근과 전염병까지 유행하고 있었는데, 계속 전란이 일어나고 있던 후삼국 시기도 이와 크게 다를 바 없을 것이다. 본문 기사에 대해서는 安秉佑(「高麗初期 財政運營體系의 成立」『高麗史의 諸問題』, 三英社, 1986, p.390)도 '一匹細布 直米五升'이나, '賣身鬻子' 등은 사실적인 기록으로 이해하고 있다.

다. 태조대는 건국 직후인 태조 원년 7월에 租稅征賦의 징수를 舊法에 따라
서 하라든지,[42] 8월에 민의 租·役을 3년간 면제하도록[43] 한 조처를 보면
이때부터 민에 대한 수취는 있었던 것으로 볼 수 있다.

그러나 당시의 상황으로 보건대 고려 독자적인 세제의 정비가 아직 이
루어지지 않은 시점이므로 노동력의 징발 역시 일정한 규정이 없었을 것이
다. 이런 실정은 태조 17년 경우에도 州·鎭의 성책을 수리하는데 남자는
전부 군대 갔으므로 여자들까지 부역에 동원되어 고통을 참지 못한다[44]는
사례에서 짐작할 수 있다. 본래 요역은 특별한 경우 외에는 삼국시대나, 통
일신라기나 원칙상 男丁을 대상으로 하는 것이었으므로[45] 이와 같은 일은
아직 요역제를 제대로 운영할 수 없었던 상황을 반영하고 있다. 이는 태조
18년 개국사의 창건시 征役이 겨우 평정되고 만사가 초창기라는 이유로 卒
伍를 모집하여 工徒로 삼았다는 내용[46]이 참고된다. 이 때의 정역은 태조
17년 후백제와 運州 전투에서 甄萱을 격파하고 熊津이북 30여성의 항복을
받은 사건[47]을 의미하고 있다.

말하자면 태조 15년까지는 여자를 賦役에 동원할 정도였다가 후백제로
부터 상당한 전과를 올린 이후 비로소 군인을 역사에 동원시킴으로써 민에
대한 수취상의 배려를 하고 있다. 사실 태조 13년까지는 고려와 후백제가
치열하게 교전 중이었으며, 전투에서의 대세도 고려보다는 오히려 후백제
가 유리할 정도였다. 따라서 고려가 정면에서 후백제를 공격하면서 후백제

---

42)『高麗史』권78, 食貨1 田制 租稅 太祖 원년 7월.
43)『高麗史』권80, 食貨3 賑恤 恩免之制 太祖 원년 8월.
44)『高麗史』권2, 世家 太祖 17년 5월.
45) 삼국시대 역역징발에 있어서 여자는 원칙적으로 제외되었다는 것은 金錫亨,「三國
    時代の良人農民」『古代朝鮮の基本問題』學生社, 1957, p.93에서 지적한 바 있다. 이
    러한 것은 통일신라에서도 마찬가지였다(金基興,『삼국 및 통일신라 세제의 연구』,
    역사비평사, 1991, p.188).
46)『新增東國輿地勝覽』권5, 開城府 下 淸泰 18년(필자 주 ; 太祖 18년), "名之曰開國寺
    時征役甫定 萬事草創 募卒伍爲工徒".
47)『高麗史』권2, 世家 太祖 17년 9월 정사.

의 東進政策을 좌절시킨 것은 태조 15년 이후였다.[48] 이러한 점을 고려해 볼 때 태조 18년의 개국사 창건시 卒伍를 동원한 것은, 후삼국 통일과정에 서 고려에 유리하게 전개된 상황을 기반으로 하고 있다.

이상과 같은 점을 미루어 보면 본격적으로 수취제도를 정비한 것은 역 시 후삼국 통일 이후로 볼 수 있겠다. 이런 점에서 태조 23년(940)은 주목 되는 시점이다. 『高麗史』 권56, 地理志1에 의하면 지리지의 撰者는 고려시 대 군현제 전개를 태조대, 성종대, 현종대의 3시기로 구분하고 있다. 태조 23년 군현의 名號가 개정되어 지리지에 나타나는 것은 16개지만, 이 외에 '高麗初'라든지 태조 23년으로 추정되는 사례를 합하면 실제로 현종대까지 명호가 개정되는 442 군현 가운데 240여 개가 된다.[49] 태조 23년의 군현제 개편은 단순히 字意 그대로 군현의 명칭을 개편하는 것도 있었지만, 고려 군현제의 영역에 대한 실질적 개편도 하게 된다. 예컨대 후삼국 통합 중 호족세력의 向背와 해당 지역의 중요성에 따라 군소 군현을 주현에 來屬시 켜 군현제 영역을 성립시킴과 아울러 부곡제 영역을 개편하는 등 고려 군 현제의 제도적 조치를 마련하였던 것이다.[50]

요역제도 또한 이와 같은 지방제도의 정비과정과 궤를 같이 하여 성립 되었을 것이다. 왜냐하면 요역의 수취가 군현을 매개로 이루어졌기 때문인 데, 이에 대해 다음의 기사가 참고된다.

나 <1> 나라의 제도에 민의 나이 16세를 丁으로 삼아 비로소 國役에 복무

---

48) 고려와 후백제는 신라정부의 쇠약으로 인해 신라의 세력권을 점령하는 것이 쉬웠 던 만큼, 신라의 외곽지대 점령을 위한 고려의 南進政策과 후백제의 東進政策이 충 돌하여 치열한 전투가 전개되었다. 이 때부터 후백제의 내부정세도 고려에 유리하 게 작용하고 있었다(朴漢卨, 「後三國의 成立」『韓國史』 3, 1975, pp.645~649).

49) 李樹健, 「土姓의 形成過程과 內部構造」『韓國中世史研究』, 一潮閣, 1984, pp.64~65. 이 외에도 지리지에 나타난 '고려초' 군현개편의 시기가 태조대라 하여, 군현제 개 편에서 태조 23년을 주목한 연구로는 朴宗基, 「高麗 太祖 23년 郡縣改編에 관한 研究」『韓國史論』 19, 1988 및 「高麗時代 郡縣 支配體制」『國史館論叢』 4집, 1989가 있다.

50) 朴宗基, 앞의 논문, 1989, pp.63~66.

> 하게 하고, 60이 되어 나이가 들면 免役케 했다. 州郡은 매해마다
> 計口하여 민을 편적시켜 戶部에 바치면, 호적을 근거로 徵兵과
> 調役을 抄定하였다(『高麗史』 권79, 食貨1 戶口).
>
> <2> (辛禑 14년 8월) 大司憲趙浚이 상소하여 말하기를 "(중략) 원하건
> 대 지금 量田을 함에 있어 경작하는 토지를 조사하여 경작하는 바
> 의 많고 적음에 따라 戶의 上中下를 三等으로 나누고, 良賤生口를
> 분간하여 호적을 만드십시오. 수령이 按廉使에게 바치면, 안렴사
> 는 版圖使에게 바쳐 조정에서 徵兵과 調役하는데 근거할 만한 문
> 건이 있게 됩니다."라고 하였다(同上).
>
> <3> 編戶는 人丁의 많고 적음에 따라 9등급으로 나누어 부역을 정하였
> 다(『高麗史』 권84, 刑法1 戶婚).

나 <1>의 내용은 호적을 작성할 때 주군에서 '計口籍民'하여 호부에 바치
면, 호부에서 징병·조역을 할 때 호적을 근거로 抄定한다는 것이다. 이 기
사의 작성시기는 없지만 고려전기의 사례를 의미하고 있는 것은 분명하다.
왜냐하면 고려전기 중앙의 주현에 대한 파악은 특별한 경우를 제외하고는
直牒관계였는데,51) 나 <1>은 호부와 주군이 중간기구의 매개없이 직접 연
결되고 있다. 그러나 나 <2>에서 보는 바와 같이 고려후기에는 수령-안렴
-중앙의 세 단계를 거치고 있으며, '道'가 중간기구로 등장하고 있다52). 고
려 전후기에 따라 '道'를 매개로 하느냐의 여부는 다르지만, 여기서 공통된
것은 調役의 일차적 근거는 주현에서의 호적작성 즉 호구조사라는 것이다.
이는 요역제가 주현제의 파악을 기반으로 하고 있었음을 보여 준다.

---

51) 고려시기 주현은 京·都護·牧의 主牧과 州府郡縣의 領郡으로 구성되어 있었다. 중
   앙과 주현과는 직첩관계였지만, 주목을 통해 제한된 중간기구의 기능 즉 예를 들면
   上表陳賀, 鄕貢選上, 外官推獄을 담당하게 하였다(邊太燮, 「高麗前期의 外官制」『高
   麗政治制度史硏究』, 一潮閣, 1971, pp.136~140).

52) 고려의 主牧制는 인종조를 고비로 중간기구로서의 기능이 점차 소멸되어 가고 道按
   察使制가 그 기능을 대신해 갔다. 그리고 전기의 주목제가 제한된 기능만을 담당하
   는 미숙한 제도였음에 비해 중기 이후 등장하는 按察使道制는 완전히 중앙과 주현
   사이의 행정구획으로 자리잡게 된다(邊太燮, 위의 논문, 1971, pp.145~147).

　상당수의 군현개편이 태조 23년대 이루어졌다면 고려시기 호적의 작성
은 언제부터 있었을까. 단편적이기는 하지만 태조 26년에 작성된 靑道郡司
의 호적과53) 3년 후인 定宗 1년(946) 康州界의 柱貼에서54) 호적작성을 엿
볼 수 있다. 고려에서의 호적이 3년마다 작성되었던55) 점을 고려하면 태조
당시 부분적이나마 호적이 작성되었음을 추측케 한다. 나<1>에서 보이는
매년 '計口籍民'은 당제의 計帳에 해당하는 것인데, 호적은 이를 기반으로
3년마다 작성되었다. 당에서도 매년 計口하여 計帳을 만들어 尙書省에 보
내면, 度支에서 이를 근거로 課役을 정하고 있었다.56)

　이상에서 본 바와 같이 요역의 징발은 주군에서 計口한 자료를 토대로
(나<1>) 인정의 다과에 따라 編戶하여 이루어졌다(나<3>). 하지만 태조대
역의 수취도 있었고 호적의 작성도 있었지만, 나<3>에서 보이는 9등호제
를 매개로 하는 요역제의 성립은 완비되지 못했을 것으로 추측된다. 왜냐
하면 편호에 의거한 요역제의 성립은 먼저 전국적인 호구조사가 선행되어
야 하기 때문이다. 고려초의 경우에는 집권력이나 행정력의 미숙으로 단시
일에 전국적으로 양전과 호구조사를 시행한다는 것은 불가능했을 것이다.
따라서 호등제에 의거한 요역의 징발은 국가권력의 지방통제 강화를 바탕
으로 가능했을 것이다.

　고려의 지방통제는 군현의 名號를 개편하고 군현으로부터 공물을 수취

---

53)『三國遺事』권4, 義解5, 寶壤梨本.

54)『三國遺事』권3, 伯嚴寺石塔舍利, "開運三年丙午十月二十九日 康州界任道大監住貼云
　　伯嚴禪寺 坐草八縣(今草溪) 寺僧 侃遊上座 年三十九云 寺之經始則不知". 여기서의 住
　　貼이란 作文(질문), 件記(발기) 등 고문서로 역시 호적을 의미할 수 있다고 한다. 특
　　히 이 사료에서 상좌의 나이를 '三十九歲'라 하지 않고 '年三十九'라 한 것은 호적의
　　기재방법이라고 한다(金英夏·許興植,「韓國中世의 唐宋 戶籍制度의 影響」『韓國史
　　硏究』19, 1978, pp.37～38).

55)『高麗史』권79, 食貨2 戶口 恭讓王 2년 7월, "舊制 兩班戶口 必於三年一成籍 一件納於
　　官 一件藏於家".

56) 崔弘基,『韓國戶籍制度史硏究』, 서울대학교출판부, 1975, pp.29～31 ; 曾我部靜雄, 앞
　　의 책, 1953, pp.309～310 참조.

하는 등 토지를 비롯한 稅源을 파악했던 태조 23년부터 본격적으로 이루어
졌다. 토지를 비롯한 稅源의 파악은 태조 원년 8월조의 기사에서도 본 바와
같이 고려 건국 직후부터 이루어졌지만, 본격적인 것은 후삼국 통일이후로
써 태조 23년에 役分田이 설치된 것이 이를 입증하고 있다. 또 공물의 수취
를 위해 지방에 파견되었던 今有·租藏, 轉運使가 태조대부터 존재한 점으
로 미루어 공물도 태조 23년 이후부터는 본격적으로 수취되고 있었다.[57]
이를 기반으로 光宗대에는 공물의 수취를 보다 구체화할 수 있었다. 광종
즉위년(949)에 고려시대 공물제의 기틀이 되었던 주현의 공물을 정하였을
뿐만 아니라[58] 고려의 양전과 호구조사도 광종대에 집중적으로 이루어
져[59] 대략의 파악이 이루어졌던 것으로 추정된다.

왜냐하면 광종 死後 불과 7년 남짓한 성종 2년에 州·府·郡·縣·館·
驛에 '丁'의 수에 따라 공해전 지급을 규정하고 있는 것[60]을 보더라도 그렇
다. 이 때의 '丁'은 이미 지적되고 있는 바와 같이 토지와 인정의 결합이므
로,[61] 주부군현에 공해전을 지급했다는 것은 주부군현의 호구조사가 선행

---

57) 朴鍾進, 『高麗時代 賦稅制度 硏究』, 서울대학교 박사학위논문, 1993, pp.26~27.

58) 『高麗史』 권78, 食貨1 田制 貢賦 定宗 4년 光宗 卽位, "命元甫式會·元尹信康等 定州
縣歲貢之額".

59) 광종대 量田의 기사로는 6년 見州에서의 양전(『高麗史』 권78, 食貨1 經理 文宗 13년
2월), 7년 若木郡에서의 양전 등에서 확인된다. 景宗代의 전시과가 시행될 수 있었던
것은 광종대의 양전을 바탕으로 가능했던 것이다(朴鍾進, 위의 학위논문, 1993,
pp.27-28).

60) 『高麗史』 권78, 食貨1 公廨田柴 成宗 2년 6월, "判 給諸州府郡縣驛路公須柴地 千丁以
上 八十結 五百丁以上 六十結 五百丁以下 四十結 一百丁以下 二十結 十二牧 勿論丁多
少 一百結 知州事 雖百丁以下 六十結".

61) '丁'에 대한 기왕의 연구는 人丁說, 土地說, 丁戶說로 대립되어 왔는데, 근래 이르러
인정과 토지를 결합한 정호설이 지지를 받고 있는 듯 하다. 기존의 연구에 대한 검
토는 朴鍾進, 앞의 학위논문, 1993, p.95 ; 金琪燮, 『高麗前期 田丁制 硏究』, 부산대학
교 박사학위논문, 1993, pp.1~14가 참고된다. 이들 연구 외에 '丁'을 토지와 호구의
결합인 정호설로 파악하고 있는 논고로는 다음이 있다. 蔡雄錫, 「高麗前期 社會構造
와 本貫制」 『高麗史의 諸問題』, 三英社, 1986, p.378 ; 具山祐, 「高麗前期 鄕村支配體制
의 成立」 『韓國史論』 20, 1988, p.8 ; 安秉佑, 「高麗前期 公廨田의 設置와 運營」 『李載

되지 않으면 불가능한 것이기 때문이다. 한편 성종 2년에 공해전이 분급된 것은 지방제도의 파악이라는 점에서 주목되는데, 사실 이 해에 外官이 파견되고 있다.[62] 또 鄕吏職制를 고쳐 堂大等으로 대표되는 지방세력은 戶長·副戶長을 수반으로 하는 새로운 명칭으로 개편되어 그 세력이 제도적으로 약화되게 되었다.[63]

이상과 같은 점을 감안해 볼 때 성종대의 지방에 대한 파악과 지배를 바탕으로 호등제의 편제가 시행된 것이 아닐까. 이러한 추정은 성종 5년(986)에 전국적인 호구파악이 이루어졌다는 데서 가능할 것이다.[64] 요컨대 고려시기 요역제는 태조대의 수취체제를 기반으로 광종대에 보다 보강되었다가 성종대에 완비되었으며, 적어도 성종 5년 이전에는 호등제를 근거로 요역이 수취되었던 것 같다. 다음의 기사는 이런 점에서 주목된다.

> 나<4> (성종 7년 2월) 判하기를 “水·旱·蟲·霜의 재해로 인해 토지의 손실이 4분 이상이면 租를 면제하고, 6분 이상이면 租·布를, 7분 이상이면 租·布·役을 모두 면제하도록 하라”고 하였다(『高麗史』 권80, 食貨3 賑恤 災免之制).
>
> <5> 무릇 水·旱·蟲·霜의 재해가 10분의 손실을 기준으로 하여 4분이면 租를 면제하고, 6분 이상이면 租·調를, 7분 이상이면 課役을 모두 면제하도록 했다(『通典』 권6, 賦稅 下 大唐 武德 2년).

麟博士還曆紀念韓國史學論叢』 1990.

62) 『高麗史節要』 권2, 成宗 2년 2월에 “始置十二牧 罷今有·租藏”이라 하고 있다. 외관의 성립에 대해서는 邊太燮, 「高麗前期의 外官制」, 앞의 책, 1971 참조.

63) 『高麗史』 권75, 選擧3 鄕職 成宗 2년. 성종대의 향리직제의 개편에 河炫綱, 「地方勢力과 中央統制」 『韓國史』 5, 1975, pp.76~78 참조.

64) 「東都歷世諸子記」 『慶州府尹先生案』에 의하면 成宗 5년 ‘內外戶口施行’이라 하여 전국적으로 호구조사가 시행되었음을 알려 주고 있다. 호등제의 편성이 필자와 같이 成宗 5년에 이루어졌을 것이라는 점은 具山祐, 앞의 논문, 1988, pp.100~101에서도 지적한 바 있다.

나<4>는 재해로 인한 수확의 손실이 생겼을 때, 그 정도에 따라 조·포·역을 면제하도록 하는 災免규정이다. 이것을 당제에서 마련된 나<5>의 기사와 비교해 보면 거의 내용이 일치한다. 고려시기 요역제는 대체로 당의 조용조 세제를 모방하고 있으며, 성종대는 당제를 모방한 유교적 통치체제가 성립되었던 시기이기도 하다.

당제를 채용한 3성 6부체제가 성립된 시기도 성종 원년이었다.[65] 관제의 정비에 있어서도 관부의 명칭을 개정하여 고유한 전통적 명칭 대신에 漢化된 용어를 사용하였고,[66] 성종 11년에는 地名도 漢式으로 개정하였다.[67] 이러한 변화는 지방제도에도 일어나 성종 14년에는 安史의 亂 이후 당제에서 편성된 節度使體制를 도입하고 당의 10道制를 모방하여 10道를 설치하였다.[68] 이 시기 유학적 체제정비의 방법론을 둘러싸고 정치세력간에 나타난 종교적 갈등은 崔承老의 始務策에 잘 반영되어 있다. 최승로가 土風의 상징인 神明을 부정하고 중국적 華風을 모방한 종묘사직의 제사를 강조한 것이라든지, 土風的 성격이 강한 팔관회가 혁파된 것은 이를 대변하고 있다. 이러한 것은 비단 사상적인 분야에 한정된 것이 아니라 성종

---

65) 『高麗史』 권76, 百官志 서문에 의하면 太祖 2년에 3省, 6尙書, 9寺, 6衛를 설치했는데 대체로 당제를 모방한 것이라 하고 있다. 그러나 태조대에는 아직 3성 6부제가 존재하지 않았으며, 성종 원년에 성립된 것이라는 점이 지적된 바 있다(邊太燮, 「高麗時代 中央政治機構의 行政體系」, 앞의 책, 1971, pp.5~6).

66) 이를테면 6부의 전신인 選官·民官·禮官·工官·兵官·刑官의 6官과 같은 중국화된 관호를 사용한 것이 성종 원년대라고 한다. 이들 명칭은 성종 14년 관제개혁때 6부로 개정하였다(李基白, 「貴族的 統治機構의 整備」 『한국사』 5, 1975, pp.31~38).

67) 『高麗史』 권3, 世家 成宗 11년 3월에 "改州府郡縣 及館驛江浦號"라 하고 있다. 당시 개정된 지명은 幸州가 德陽, 永州가 漢南, 廣州가 淮安, 果州가 富安, 牙州가 寧仁과 같이 漢式으로 雅化되어 나타나고 있다(李基白, 위의 논문, 1975, p.33).

68) 邊太燮, 「高麗時代 中央政治機構의 行政體系」 p.125. 고려의 道制가 당제를 모방한 것이라는 점은 河炫綱, 「十道制의 實施와 그 消滅」 『高麗地方制度의 硏究』, 한국연구원, 1977, pp.207~213에서도 지적하고 있다. 또 최근에는 10도제 뿐 아니라 道-州-縣의 관계도 당의 주현제를 모방한 것이라는 점이 지적되고 있다(具山祐, 「高麗前期 鄕村支配體制 硏究」 부산대학교 박사학위논문, 1995, p.73).

15년에는 중국의 **銅鐵錢** 유통책까지 등장할 정도로 당제의 수용이 영향이 심화되고 있었다.[69]

이와 아울러 세제의 수취에서도 당제를 도입하였을 가능성이 충분히 짐작된다. 당제와 거의 일치하는 나<4>의 재면규정이 마련되고 있는 것은 성종대 이루어진 일련의 정치경제적 상황과 같은 맥락이며, 이는 고려시기 요역제의 성립을 입증케 하는 중요한 단서가 될 수 있다. 아울러 성종대의 재면규정은 문종대 재확인되고 있을 정도로[70] 이후 수취제도의 시금석이 되고 있다. 요컨대 성종대 이전에도 요역노동의 징발은 당연히 있었지만, 9등호제를 매개로 하는 고려시기 요역제가 일단락된 것은 성종대였던 것이다.

그런데 고려의 요역제는 9등호제나 재면규정 등에서 보는 바와 같이 당제의 영향이 두드러지고, 송의 영향을 받은 흔적은 보이지 않는다. 주지하는 바와 같이 당의 조용조 세제는 **德宗** 원년(750)에 이미 양세법으로 이행하고 있다. 아울러 고려와 송의 국교관계는 송이 건국한 2년 후인 광종 13년(962)부터 시작되고 있었다.[71] 그럼에도 불구하고 거의 200년이 훨씬 지난 성종대 당의 요역제를 수용하고 있는 것은 무엇 때문일까.

그 원인은 고려가 처하고 있던 사회경제적 단계가 송대와 달랐기 때문이 아닌가 한다. 이러한 것은 고려가 당의 요역제를 모방하고 있으면서도 실질적 운영에서는 당제의 물납제가 시행되지 않고 있던 사정과도 맥을 같이 하는 것으로 생각된다. 당의 역제 운영에서는 역의 물납이 제도화되어 **粟·帛·錢**으로 환산되고 있었다.[72] 이에 반해 고려에서는 노동력의 직접

---

69) 이상 성종대 유학적 체제의 정비에 대한 성격에 대해서는 具山祐, 「高麗 成宗代의 鄕村支配體制 강화와 그 정치·사회적 갈등」『韓國文化硏究』6, 1993, pp.39~45 참조.

70)『高麗史』권78, 食貨1 踏驗損失 文宗 4년 11월, "判 田一結 率十分爲定 損至四分除租 六分除租布 七分租布役俱免".

71) 全海宗, 「對宋外交의 性格」『한국사』4, 1975, p.332.

72)『通典』권35, 職官祿秩에서 "其防閤·庶僕·白直·土力 納課者 每年不過二千五百"이라 하고 있다. 당에서 직역의 일부는 백정이 담당하는 역으로서, 이 기사에서 보

징발이 원칙이어서[73] 고려전기의 경우 당제와 같은 규정이 전혀 보이지 않는다. 이처럼 역의 수취가 노동력의 직접징발로 운영되었던 고려에서는, 이미 토지과세로 이행하고 있던 송의 역제가 수용되기 어려웠을 것임은 충분히 상정할 수 있다.

이상에서 성종 7년까지는 9등호제를 바탕으로 한 요역제가 성립되었을 것이라는 점을 살펴보았는데, 성종대 정비된 요역제가 고려전기 내내 고정불변의 것은 아니었을 것이다. 아마도 고려사회의 진전단계 내지 변화에 따라 요역제의 변화도 수반되었을 것이다. 요역제와 더불어 다른 세제의 수취도 비록 성종대 형성되긴 했지만 靖宗, 文宗대 이후 세제의 수취제도가 개편된다는 점에서 그렇다. 이를테면 정종대 경제제도의 정비과정 속에서 州府의 稅貢額이 재조정되는 등 일련의 增稅조치들이 행해지고 있다. 또 문종대 역시 정치제도라든지 전시과제도의 완비와 수반하여 세제의 면제절차가 규정된다든지, 田稅의 상향조정 등 세제수취의 변화가 일어나고 있다.[74] 특히 문종대는 주현의 常貢 가운데 소의 가죽·힘줄·뼈와 같은 공물의 품목은 平布로의 切價代納을 가능토록 하는 제도가 마련되었던[75] 점에서도 주목된다. 공물과 요역제의 운영은 밀접한 관련이 있었던 만큼

이는 庶僕·白直 등의 番役은 백정의 역이었다. 이들 직역을 물납하는 자는 2500文을 넘지 못하도록 규정하고 있는데, 番役의 日限은 신분에 따라 달랐다. 예컨대 백정의 경우 丁男의 번역일한은 120일 중남은 50일이며, 丁匠은 75일이었다고 한다(古賀登, 「唐代賦役制度の再檢討 -白丁·中男·殘疾·丁匠·散樂の負擔-」『論集 中國社會·制度·文化史の問題』 日野開三郎博士訟壽記念論集刊行會編, 1987, p.185 및 p.194 참조).

73) 이러한 것은 蔡雄錫, 「高麗前期 貨幣流通의 기반」『韓國文化』9, 1988, pp.100~105에서도 지적하고 있다. 이를테면 고려시기 銅·鐵錢 유통정책이 시행되지 못한 것은 수취체제가 현물중심, 노동력 중심의 구조였으므로 소액화폐의 주 사용계층인 직접생산자들의 교환경제가 활성화할 수 없었던 때문으로 파악하고 있다.

74) 정종 및 문종대의 세제개편에 대해 자세한 것은 朴鍾進, 앞의 학위논문, 1993, pp.32~34 참조.

75) 『高麗史』 권78, 食貨1 田制 租稅 文宗 20년 6월. 이 사료와 관련된 내용의 의미에 대해서는 본서 Ⅳ장 1절 참고.

이러한 세제개편과 수반하여 요역제의 수취규정에도 다소의 보완이 따랐을 것이 아닐까 짐작된다.

3. 요역의 형태

전근대사회에서 국가의 노동력지배는 토지의 지배와 함께 국가재정과 직결되는 일이었다. 그러므로 국가권력이 민을 징발하여 어떤 일에 사역시켰는지 살펴보는 것은, 요역제의 운영을 위해서도 필요한 일이거니와 해당 사회의 사회경제구조를 파악하는 일환으로서도 필요한 일일 것이다. 민의 노동력징발은 국가운영과 밀접한 관련을 지니면서 다양한 형태로 이루어졌다. 우선 요역은 징발하는 주체나 범위에 따라서는 중앙에서 주관하는 요역과 지방군현에서 주관하는 요역으로 상정할 수 있다. 그러나 실제로는 요역의 성격상 중앙차원의 요역과 군현차원의 요역은 상호 관련되어 전개되었을 것이며, 군현차원의 요역은 거의 모든 부분에 걸쳐 다양하게 나났을 것이다.

그러면 기존의 연구에서는 민이 사역되었던 요역의 형태를 어떻게 구분하고 있을까. 우선 貢役, 土木工事의 역, 공물이나 조세를 운반하는 輸役, 토지경작 등으로 정리한 연구[76]가 있다. 필자는 이 같은 요역종목 외에 보다 다양한 요역종목이 있기 때문에 貢役, 土木工事의 역, 기타의 역으로 구분한 바 있다.[77] 이들 견해는 요역종목의 내용을 유형별로 구분한 것일 뿐, 특별한 기준을 두었던 것은 아니었다. 또 현물세의 수취와 노동력의 직접 징발이라는 이원적인 구분기준을 토대로 현물부세의 조달과 운반에 관련된 역인 貢役·輸役과, 토목공사의 역으로 나누고 있는 연구[78]도 있다.

---

76) 李惠玉,「高麗時代 庸(役)制 硏究」『梨花私學硏究』15, 1984, pp.20~24. 이 외 특별히 요역종목이라 하여 나누고 있지는 않지만 姜晋哲(「農民의 負擔」『高麗土地制度史硏究』, 高大出版部, 1980)도 대체로 이런 입장에서 설명하고 있다.
77) 李貞熙,「高麗時代 徭役의 運營과 그 實態」『釜大史學』8, 1984, pp.62~69.

한편 조선초기 요역종목에 대해서는 田稅米의 수송, 貢物·進上物·雜物의 조달, 土木工事, 支待迎接의 4가지로 구분한 연구[79]가 있다. 이와 달리 요역부담과 다른 세목과의 연관성 및 부담형태의 차별성을 고려하여 다음과 같이 3가지 유형으로 구분한 연구[80]가 있다. 첫째, 노동력 그 자체를 징발하는 형태(제1형)의 요역으로서 토목공사를 비롯한 각종 지대역 등이 속한다. 둘째, 현물납으로 수취를 실현하는 형태(제2형)의 요역으로서 공물 및 진상과 관련되어 동원되는 요역이다. 셋째, 타세목의 수취를 보조하는 형태(제3형)로서 전세미를 비롯하여 공물 등의 운반과 관련된 요역이다.

이와 같이 요역종목을 3가지로 구분한 것은 특정한 개념을 설정한 후 요역의 형태를 구분하였다는 점에서 주목된다. 고려시기 요역의 내용은 조선초기와 물론 같을 수 없지만 수취의 형태에서는 크게 다를 바가 없으므로, 본논문에서도 이상의 3가지의 유형에 입각하여 土木工事, 貢物調達, 租稅運搬으로 나누어 살펴보도록 하겠다.

가. 토목공사

고려사에서 토목공사의 역은 工役으로 표현되고 있다. 이를테면 "僉議密直司를 왕궁으로 삼기로 했는데 이는 옛 彦昌宮터이다. 처음에는 車信의 집을 왕궁으로 삼으려 했지만, 땅을 상보는 자가 불길하다 하므로 여기를 정하여 크게 工役을 일으켰다"[81]라 하고 있다. 이 외에도 고려사에서는 토목공사와 관계된 역을 공역으로 표현하고 있는 사례가 다수 나타난다.[82]

---

78) 朴鍾進, 앞의 학위논문, 1993, pp.103~104.

79) 尹用出,「15·16세기의 徭役制」『釜大史學』 10, 1986, pp.6~8 ;『조선후기의 요역제와 고용노동』, 서울대학교출판부, 1998 재수록.

80) 강제훈,「朝鮮初期 徭役制에 대한 재검토 - 徭役의 種目區分과 役民規定을 중심으로」『歷史學報』 145, 1995, pp.53~54.

81)『高麗史』 권33, 世家 忠宣1 ; 忠烈王 24년 2월 기사.

82)『高麗史節要』 권8, 睿宗 12년 4월에 "臺諫上訴 請停安和寺工役 從之"라 한 데서도 토목공사의 역을 공역으로 표현하고 있음을 알 수 있다. 토목공사의 역이 工役으로

이와 같은 공역의 내용에는 築城, 宮闕·寺刹·官衙의 營造, 造船의 役, 水利施設의 築造, 迎送, 土地耕作 등 노동력 그 자체를 징발하는 각종 요역종목이 포함되어있다. 공역은 장기간이 소요될 뿐 아니라 대규모의 노동력이 필요하다는 점에서 요역 가운데 대표적인 형태이다.

고려에서 토목공사와 관련된 노동력의 징발이 특별히 많았던 것은 地理圖讖說 및 佛敎의 융성과 깊은 관련이 있다. 사찰이나 궁궐 및 관청을 영조할 경우 대규모의 노동력이 필요한 분야로는 기초공사, 재료를 마련하고 운반하는 작업, 건물조성 등을 들 수 있다. 이 가운데 특별히 기술적인 작업이 필요한 것을 제외한 대부분은 민의 요역에 의해 이루어졌을 것이다. 토목공사 가운데 우선 지리도참설 및 불교와 관계된 요역형태를 먼저 살펴보겠다. 이들 분야는 궁궐이나 사원의 영조라는 점에서 외형적으로는 營建役이라는 공통성이 있고, 사원의 영조가 도참설과 결부되어 운영되는 사례가 많은 만큼 사상적으로 연결되기도 한다. 하지만 도참설이나 불교와 관계된 요역을 따로 구분하여 검토하는 것이 시기상의 변화를 이해하는데 도움이 되므로 구별하여 서술하기로 하겠다. 그리고 나서 築城役, 造船役, 土地耕作 및 水利施設, 迎送·支待의 役 등 기타의 요역형태로 나누어 살펴보겠다.

(1) 지리도참설과 관련된 역

지리도참설이란 개경의 地德이 쇠하면 길지를 택해 離京·離宮을 새로 지어야 국가의 기업이 연장된다는 일종의 延基思想이었던 만큼 토목공사를 많이 일으킬 요인이 될 수밖에 없었다. 고려에서는 후술하는 바와 같이 도참설은 불교와 긴밀하게 결부되어 나타나기도 한다. 그러나 불교와 관련된 것은 따로 구분하여 보기로 하고, 여기서는 離京·離宮에 한정시켜 살펴보고자 한다. 도참설과 무관한 방어적 차원에서 이루어진 築城의 경우도

지칭되고 있다는 것은 李惠玉, 앞의 논문(1984)에서도 지적한 바 있다.

구별하여 검토할 것이다.

도참설에 근거한 營造는 일찌기 고려초인 定宗 2년(947)부터 나타나고 있는데, 왕이 도참설에 의거하여 서경에 도읍을 옮기려 하여 勞役이 그치지 않았으므로 왕이 세상을 떠나자 役夫들이 기뻐 날뛰었다는 것이다.[83] 그러나 고려초의 경우 도참설로 인한 공역은 왕권강화와 관련된 서경천도의 경영 외에는 별다른 문제가 없었다.

그러다가 고려중기인 文宗대 이후부터 고려사회 일각에서는 國運이 쇠퇴하고 있다는 위기의식이 확산되어, 이를 극복하는 방안으로 수도를 옮기거나 새로운 궁궐을 지어 국왕이 거기에서 새로운 법령을 반포하는 등 비상한 조치가 필요하다는 주장이 계속 제기되어 왔다. 이러한 주장은 불교나 仙風 등과 결합되어 나타나기도 했지만, 가장 두드러진 것은 지리도참설과 결부되어 등장하게 된다. 왜냐하면 지리도참설은 건국직후인 태조대부터 사원을 창건하되 道詵의 도참설에 의거하도록[84] 명령할 정도로 강력한 뿌리를 지닌 사상이었기 때문이다. 후술하는 문종대의 남경건설이나, 肅宗대의 남경건설, 睿宗대의 龍堰宮 창건 등은 각기 주장될 당시의 정치적 상황은 달랐지만, 도참설을 토대로 개경을 벗어나 새로운 정치를 하겠다는 근본적인 목적은 일맥상통하다. 따라서 문종대 이후 延基·裨補의 방식으로 사찰의 建造, 이경·이궁의 경영, 국왕의 巡住·移御가 수시로 행해져서 막대한 재력과 노동력이 소모되게 된다.

문종은 지력을 빌어 국가의 기업을 연장하기 위해 餠岳의 長源亭,[85] 남경의 설치와 이궁,[86] 서경에 西京畿를 두고 左右宮[87]을 창건하여 순주하였다.

---

83) 『高麗史』 권2, 世家 定宗 4년 3월 병진.

84) 『高麗史』 권2, 世家 太祖 26년 4월.

85) 長源亭은 도참설에 의거해 문종이 西江 餠岳의 남쪽에 창건했다고 한다(『高麗史』 권56, 地理1 貞州, "道詵松嶽明堂記云 西江邊 有君子御馬明堂之地……文宗命太史令 金宗允等相地 構之於西江餠岳之南"). 장원정을 창건한 후 왕이 여러번 巡住하였는데, 고려사에 나타나는 기록만으로도 14년 2월, 17년 10월, 21년 3월, 23년 5월, 35년 3월 등 5회에 이르고 있다.

  숙종때는 즉위과정에서의 무리와 기상재해에 따른 정치상황을 벗어나기 위한 일환으로, 다시 남경을 경영하여 2년 7개월만인 9년(1104) 5월에 공역을 마치고 있다.[88]

  이와 같은 남경의 공역이 끝난 지 얼마 안 되는 예종 원년(1106)부터 숙종의 남경건설에 비유될 수 있는 龍堰宮을 세우려는 논의가 있게 되었다. 그러자 남경의 역으로 인해 民勞財潰한 형편상의 문제와, 용언의 지세 길흉도 서경의 舊宮과 같으므로 舊宮을 버리고 新宮을 세워서는 안된다는 이견이 있었지만,[89] 예종 2년에 공역을 시작하여 11년에 낙성하고 있다.[90]

  뿐만 아니라 집권세력의 내분이 시작되는 仁宗때부터는 도참설과 정치적 갈등이 얽혀 공역을 급히 하는 탓에 民怨이 높았다. 사실 인종대 전반에는 대외적으로는 金의 위압, 대내적으로는 이자겸의 난이나 빈번한 기상 災異 등으로 개경의 基業이 쇠했다는 위기의식이 고조되었다. 이런 상황에서 측근세력과 서경세력이 결합하면서[91] 서경건설도 무리하게 추진될 수

---

86) 『高麗史』 권9, 世家 文宗 22년 12월 무신.

87) 서경에 西京畿 四道를 두고(『高麗史』 권58, 地理3 西京留守官) 서경에서 각기 동서로 10여리 떨어진 곳에 좌우궁을 창건하고 있다(『高麗史』 권9, 世家 文宗 35년 8월). 그런데 문종이 좌우궁을 창건한 것은 도참설에 미혹되어 영조했다는 것이다(『高麗史』 권96, 列傳6 吳延寵, "延寵駁日 以文宗明睿 猶惑術數 作西京左右 旣以悔悟 以爲無應 從不巡御 虛費財力").

88) 『高麗史』 권11, 肅宗 6년 10월 병신 및 『高麗史』 권12, 肅宗 9년 5월 갑오. 남경건설과 숙종대 정치상황의 상관관계에 대해서는 李丙燾, 『高麗時代의 硏究』, 亞細亞文化史, 1980, p.161에서도 지적하고 있다.

89) 『高麗史』 권96, 列傳9 吳延寵에서 용언궁을 세워서 않되는 이유로 본문의 내용 외에 다음의 두 가지를 더 들고 있다. 그 하나는 문종과 같이 명철한 왕도 술수에 혹하여 서경에 좌우궁을 세웠으나 吉應이 없음을 후회하고 순행치 않아 재력만 낭비했다는 점이며, 또 하나는 남경을 개창한지 7~8년이 지났지만 아무런 吉應이 없다는 것이다. 이런 내용으로 미루어 용언궁 역시 도참설에 근거하여 창건한 것을 알 수 있다.

90) 『高麗史』 권12, 世家 睿宗 11년 4월에 新闕이 낙성했음을 알리는 조서를 내리고 있는데, 이 때의 새로운 궁궐은 용언궁을 말한다(李丙燾, 위의 책, 1980, p.182).

91) 인종의 측근세력은 인종과 함께 이자겸을 제거하는데 중요한 역할을 수행한 金安이 대표적 인물인데, 김안은 정지상 등의 서경세력과 연결을 모색하게 된다. 인종 5년 2월 서경에 행차하여 묘청, 백수한을 가까이 하고 정지상의 상소를 계기로 척준경

밖에 없었다. 따라서 林原驛을 옮기고 新宮을 짓느라 얼음이 얼어붙을 정도의 추운 시기인데도 불구하고 3개월 만에(11월 말~2월) 공역을 빨리 하였으므로 민의 원망이 심했던 것이다.[92]

이러한 예는 毅宗때도 마찬가지였다. 의종이 육성한 내시·환관·술인 등의 측근세력은 의종 즉위초의 불안정을 보완하기 위해 고조된 위기의식을 극복하고 권력의 정당성을 도모하는 방편으로 불교·도교·도참사상 등 초월적인 힘에 의지하였다. 이와 같은 경향이 특히 두드러진 것은 의종 11년 이후로서 이 무렵부터 각종 이궁건설과 종교행사를 자주 열기 시작했다.[93] 대표적인 예는 의종 12년에 도참설에 근거하여 건설한 白州 兎山의 重興闕을 들 수 있다. 백주는 중흥할 땅이므로 이 곳에 궁궐을 지으면 7년 안에 오랑캐를 정복시킬 수 있다 하여 별궁을 짓는데, 기일도 안되어 완성할 정도로 밤낮으로 민을 催督하여 영조하였다.[94] 왕이 陰陽秘祝의 설을 혹신하여 가는 곳마다 승려와 도사 수 백명을 모아 齋醮를 베풀고 私第를 허다하게 빼앗아 별궁으로 삼았던 것은[95] 延基·祈福을 위한 일환이었다.

을 제거하면서 서경세력이 정치적 주도세력으로 등장하게 된다(오영선, 「인종대 정치세력의 변동과 정책의 성격」『역사와 현실』 9, 1993, pp.77~78).

92) 『高麗史』 권15, 世家 仁宗 6년 11월 무신.

93) 정상적인 유교 관료정치 아래서는 권력에 접근하기 어려웠던 환관·술인 등이 의종의 측근세력으로 득세하자 대간들을 중심으로 5년과 6년, 그리고 11년과 12년의 두 차례에 걸쳐 집중적인 대립이 있었다(채웅석, 「의종대 정국의 추이와 정치운영」『역사와 현실』 9, 1993, pp.108~113) 특히 의종의 신임을 얻었던 榮儀는 內侍使令으로 있으면서 나라의 기업과 왕의 수명을 연장하기 위해서는 종교행사를 열심히 하고 순행을 자주 해야 한다고 건의하여 이를 주관하였다. 그리하여 마을의 이름있는 집들을 빼앗아 이궁·별관을 설치하여 왕이 無時로 순행하고, 大小 사찰에는 모두 법회를 개설하였는데 심지어 천일·만일을 기한하는 것도 있어 京外의 국고가 고갈되고 민들이 원망하였다고 한다(『高麗史』 권123, 列傳36 嬖幸1 榮儀).

94) 『高麗史』 권18, 世家 毅宗 12년 9월. 이 외에도 毅宗은 卜者 榮儀가 국가 기업의 장단은 순행을 자주 하는데 있다는 말에 미혹되어 마을의 이름있는 집을 취해 이궁·별관을 지어 수시로 순행하였다. 또 대궐 곁에 翼闕을 새로 지으면 延基된다고 하자 의종 11년 4월에는 심지어 王弟인 翼陽侯의 집을 빼앗아 수덕궁이라는 이궁을 창건하고 있다(『高麗史』 권123, 列傳36 嬖幸1 榮儀).

그러나 도참설을 통해 위기를 극복해 보려는 조치들은 오히려 경비와 노동력을 마련하느라 수탈을 가중시키는 결과를 가져옴으로써 사회모순의 악화를 초래할 뿐이었다.[96]

한편 무신란이 일어나 왕의 존폐가 무신에 의해 자행되고, 아래로는 민의 봉기가 잇따르는 불안한 정국이 닥치면서 도참설이 더욱 횡행하게 됨은 당연한 추세일 것이다. 더우기 무신집권기에는 국가 왕실에 의한 연기도 있었지만,[97] 무신 자신의 권력안정을 위한 연기도 많았다.

이를테면 어떤 사람이 중방에 고하여 대궐 서쪽에 尙藥局이 있으므로 山西의 地氣를 훼손할지 모른다고 하자 중방에서는 왕의 명령도 없이 상약국, 尙衣局, 禮賓省 등 40여 채를 헐고 중방을 옮겨 지었다.[98] 뿐만 아니라 이 시기에 빈번했던 민의 항쟁이 일어난 원인도 지리의 順逆을 따르지 않고 함부로 공역을 한 탓으로 봄으로써, 결함이 있는 곳은 공역을 영조하여 보호하고 지맥을 손상하는 건물이나 제방은 철폐하고 있다.[99] 神宗 원년에 도적이 일어나고 노예가 역모를 한 것은 李義旼이 개성 동남쪽에 쌓았던 제방 탓이라는 術家의 말에 따라 제방을 헐고 있는 것도 마찬가지 예이다.[100] 건물을 영조하는 것도 힘들지만 파괴하는 것도 그에 못지 않게 어려운 작업이었다. 도참설로 인해 건물을 허는 사례는 아니지만, 高宗 46년에 강화의 內

---

95) 『高麗史』 권18, 世家 毅宗 16년 3월, "丙寅 諫官伏閤上疏曰 … 王酷信陰陽秘祝之設 每於行在 集僧道數百餘人 常設齋醮 靡費不貲 帑藏虛竭 又多取私第爲別宮".

96) 채웅석, 앞의 논문, 1993, pp.124~125.

97) 明宗 4년에는 左蘇 白岳山, 右蘇 白馬山, 北蘇 箕達山에 延基宮闕造成官을 두어 三蘇를 경영토록 하고 있다(『高麗史節要』 권12, 明宗 4년 5월). 그런데 고려전기에는 3京의 순행이 주된 것이었지만(특히 서경), 후기에는 3蘇가 순행의 주요지로 등장하고 있으며 이와 더불어 3京 중에서도 전기와 달리 남경이 부각되고 있다(李丙燾, 앞의 책, 1980, p.272).

98) 『高麗史』 권22, 世家 高宗 2년 7월 계미.

99) 『高麗史節要』 권14, 神宗 원년 춘정월 기해의 "置山川神補都監 崔忠獻會宰樞重房術士 議國內山川神補延基事 遂置之"에서 보듯이 이를 위해 산천비보도감을 두기까지 하고 있다.

100) 『高麗史』 권22, 世家 高宗 2년 7월.

省을 허는데 督役이 심하자 고통을 견딜 수 없어 울면서 차라리 성을 쌓지 않는 것이 나았을 것이라고 한 사례[101]가 이를 반영하고 있다.

지리도참에 의한 공역은 몽고의 침입으로 강화에 천도해 있는 동안은 계속되었지만,[102] 몽고의 지배를 받는 시기에는 국가 기업의 연장을 도참설 대신에 몽고에 의존하기 때문인지 도참설로 인한 공역은 恭愍王 初年까지 약 80년간 나타나지 않고 있다.[103] 물론 이 시기에도 忠烈王 4년의 壽康宮, 5년의 竹板宮, 忠宣王 원년의 延慶宮, 忠惠王 후4년의 三峴 新宮 등 토목공사가 있었다. 그러나 이들 궁궐의 창건동기는 도참사상과 관련된 것은 아니고 畋獵이나 遊幸에 있었으며,[104] 토목공사의 양에 있어서도 상대적이긴 하지만 이전에 비해 많은 편은 아니었던 것 같다.

그러나 元·明이 교체되는 시기를 전후로 恭愍王 5년(1356)부터 개혁정책을 시행하는 것과 때를 같이 하여 다시 도참설에 의거한 공역이 나타나기 시작한다. 이 때의 도참설은 한양천도론과 결부되어 일어나고 있는 점이 특징이다. 즉 도참설의 형태가 고려중기와 후기가 각기 달라서 문종대부터 원종대까지는 延基·巡住를 중심으로 한다면, 후기 도참설은 移御·

---

101) 『高麗史』 권24, 世家 高宗 46년 6월.

102) 몽고의 2차 침입 이후 소강상태에 있을 때인 高宗 20년 내지 21년 초에 남경의 假闕을 세운 듯하다. 이것은 남경에 궁궐을 짓고 옮기면 국가의 기업이 800년 연장된다는 말에 남경의 가궐에 御衣를 봉안했다는 내용에서 알 수 있다(『高麗史』 권23, 世家 高宗 21년 7월). 또 왕 46년 2월에는 摩利山 남쪽에 이궁을 세웠고, 4월에는 三郞城(지금의 정족산성 ; 李丙燾, 앞의 책, 1980, p.293)과 神泥洞에 가궐을 세우도록 명령하고 있다(『高麗史』 권123, 列傳 嬖幸1 白勝賢).

103) 李丙燾, 앞의 책, 1980, p.304.

104) 忠烈王 4년 10월 德壽縣 馬堤山에 이궁을 짓고 이름을 壽康宮이라 하였다. 그러나 이것은 11월에 왕이 마제산에 사냥을 갔다든지, 왕과 공주가 수강궁에 가서 사냥하는 것을 관람했다는 내용으로 미루어 도참설과 관련된 공역이 아니라 전렵을 위한 공역임을 알 수 있다. 충렬왕 5년 3월에 착공하여 12년 2월에 완성된 竹板宮도 도참설과는 관계없이 지은 것이다. 忠宣王 원년 3월에 시작하여 5년에 완공된 康安·延慶宮의 공역이나, 또 忠惠王 후4년 三峴의 新宮도 도참설과 관련된 공역은 아니었다(이상의 내용은 『高麗史』 권28·29·30, 世家 忠烈王 4년, 5년, 12년 ; 권33·34, 世家 忠宣王 원년, 5년 ; 권36, 世家 忠惠王 후4년의 기사 참조).

遷都와 관련하여 나타나고 있다.105) 예컨대 왕 5년 12월부터 남경의 궁궐을 修葺케 하고,106) 왕 6년 2월에는 다시 한양궁궐을 大築하여107) 9년 정월까지 계속되어 많은 사람이 凍死하고 민이 괴롭게 여겼다. 하지만 人畜이 모두 피폐할 정도로 힘들게 지은 궁궐이지만108) 太廟卜이 불길하자 천도하지 않고, 같은 해 7월 다시 白岳에 궁궐을 영조하여 11월에 완성하고 있다. 禑王이 즉위하게 되면 천도론의 후보지로 다시 부각된 後蘇·左蘇의 공역이 한창이어서 민이 '將轉于壑'할 정도였다.109)

이와 같이 여말에는 송도 氣衰說이 등장하여 끊임없이 擇地, 造宮, 遷都, 祈禳, 發願, 寺塔重修 등으로써 연기 비보하는 방법으로 삼았기 때문에 막대한 재력과 노동력이 소요되었다. 또 재력도 결국은 그 대부분이 민의 노동력에 의해 조달되는 것이므로, 지리도참설은 공역에 있어서 민의 요역징발이 과중할 수밖에 없는 대표적 요인으로 작용하였다. 도참설과 관련된 공역은 이제껏 살펴 본 바와 같이 국가 왕실 주체로 이루어졌으므로 국가적 차원의 대표적 요역이었다. 도참설과 관련된 공역의 이러한 특징은 다음에 살펴 볼 불교와 관련된 공역에 비해 다른 점이기도 하다.

(2) 불교와 관련된 역

불교와 관련된 토목공사는 사실 그 자체가 도참사상과 긴밀하게 결부되어 나타나는 속성을 지니고 있다. 그럼에도 불구하고 불교와 관계된 공역을 분리하여 살펴보려는 것은 양자의 차별성을 알기 위해서도 필요하거니와, 고려시기는 불교가 가장 융성했던 시기이기도 하므로 편의상 나누어도

---

105) 李丙燾, 앞의 책, 1980, pp.31~32.
106) 『高麗史』 권39, 世家 恭愍王 5년 12월. 이하 전거를 밝히지 않는 공민왕대 기사는 모두 공민왕세가의 기록이다.
107) 『高麗史』 권106, 列傳19 尹諧傳 ; 尹澤, "僧普愚以讖說王曰 都漢陽 卽三十六國 王惑其說 大築漢陽宮闕"이라는 데서 도참설에 의한 영조임을 알 수 있다.
108) 『高麗史』 권114, 列傳27 金先致.
109) 『高麗史』 권134, 世家 辛禑 5년 정월.

무리가 없을 것으로 생각한다.

고려국가는 불교가 융성했던 만큼 수많은 사찰과 불상 및 탑을 조성하고 있다.[110] 태조의 訓要 가운데 제 1조가 "국가의 大業은 반드시 諸佛의 護衛를 입지 않으면 안되므로 사원을 개창하여 업을 닦게 하라"[111]는 것일 정도였다. 주지하듯이 후삼국을 통일하는 과정에서 禪宗계의 전폭적 지원에 힘입었던 태조는 통일 후에도 흩어진 민심을 수습하고 지방세력을 통제해야 하는 사상적, 정치적 목적에서 불교세력의 포용이 필요했다.[112] 그리하여 태조는 수많은 사원을 건립 또는 중수하고 있는데, 불교를 숭상하여 '五百禪宇'를 열었다고 표현될 정도이다.[113] 500개 가량이라는 수가 사실은 아니더라도 상당히 많은 것을 나타냄은 분명한데, 태조대의 사원영조는 고려사 세가에 보이는 것만 해도 다수가 있다. 이를테면 태조 2년 개성에 法王·王輪 등의 十寺, 4년 大興寺, 5년 日月寺, 7년 外帝釋院·神衆院, 19년 廣興寺·興國寺·現聖寺·彌勒寺·四天王寺·開泰寺가 있다. 이 밖에도 廣明寺·興國寺·普濟寺(후의 演福寺)·智妙寺·龜山寺·開國寺·安養寺 등이 태조대에 창건된 것이다.[114]

---

110) 고려시대 사원은 종교적 기능 외에도 군사적, 정치적, 교통기능 등 다양한 기능을 가지고 있었으므로 이들 기능과의 구체적인 검토가 필요할 수도 있다. 그러나 사원의 기능에 대해서는 몇몇 연구가 있으므로 본서에서는 요역제와의 관련에 한정시켜 서술하겠다. 사원의 기능에 대한 연구로는 韓基汶, 앞의 책 ; 박윤진, 「高麗時代 開京一帶 寺院의 軍事的·政治的 性格」『韓國史學報』34, 1988 ; 李炳熙, 『高麗後期 寺院經濟의 研究』, 서울대학교 박사학위논문, 1992 참조.

111)『高麗史』권2, 世家 太祖 26년 4월, "我國家大業 必資諸佛護衛之力 故創禪敎寺院 差遣住持焚修 使各治其業 後世姦臣執政 徇僧請謁 各業寺社爭相換奪 切宜禁之".

112) 태조는 통일후 전국의 5백여 선종사찰을 공인하거나 새로 세우고 격년으로 개경에서 談禪會라는 禪大會를 개최함으로써 전국의 선문세력을 포섭하고 있다. 또 선문의 조사들에게 탑비의 勅建과 贈諡의 은전을 베풀었는데, 신라말에서 고려 광종 때까지의 100년동안 건립된 24개의 현존하는 탑비 중 태조의 칙령으로 건립된 것이 반을 넘을 정도이다. 태조와 선종의 관계에 대한 것은 崔柄憲, 「禪宗九山의 성립과 下代佛敎」『한국사』3, 1975이 있다. 태조대의 불교정책에 대해 자세한 것은 韓基文, 「高麗太祖의 佛敎政策」『大邱史學』22, 1983 참조.

113)『東國李相國集』권25, 大安寺.

그런데 태조대 건립된 사원의 위치는 주로 개성이나 경기 등 중부지역에 집중되고 있다. 당시는 신라하대의 독자적 영역이 재편되어 가는 과정으로 태조 23년에는 군현의 名號가 상당수 개정되는 등[115] 지방에 대한 파악이 어느 정도 이루어지긴 했지만, 아직 전국적인 지방통제까지는 어려웠던 시기였기 때문이다. 또 이들 사원의 영조가 민의 요역징발에만 의존한 것 같지는 않다. 왜냐하면 태조 23년 이전에는 調役규정도 미비했겠지만,[116] 다른 한편으로 신라의 멸망이 민의 재생산이 불가능할 정도로 수탈이 심하게 된 결과임을 인지하고 있던 태조로서는 민의 노동력 징발에 신경을 쓰지 않을 수 없었다. 훈요 7조에서 國富의 원천은 민을 편히 하는데 있으므로, 민을 사역시키되 때를 가려 하고 요역을 가볍게 하도록 경계하고 있는 것이 이를 입증하고 있다. 태조 18년 개국사의 창건시 卒伍를 모집하여 工徒로 삼았다는 사례[117]도 이런 맥락에서 이해할 수 있다. 이 당시 병제가 확립되지 않은 상황으로 미루어 이들 졸오는 태조 휘하의 직계부대였을 것이다. 이들을 사찰의 勞役에 동원하고 있는 것은 민의 요역동원을 자제하려는 배려일 것으로 보인다.

태조는 자신이 많은 사원을 영조하고 있지만, 후대의 국왕·왕족·관인층이 願堂이란 명목으로 사원을 증설하는데 대해서는 크게 우려하였다. 이 때문에 사원의 창건은 道詵의 설에 의거하여 산천의 順逆을 가리도록 명령함으로써, 신라말 경쟁이나 하듯이 사찰을 창건하여 지덕을 쇠하게 하여 멸망한 것을 교훈 삼아 무분별한 사찰의 濫造를 경계하고 있다.[118] 그러나 이러한 훈계에도 불구하고 후대 사원에 대한 영조가 끊이지 않고 있다.

우선 광종대는 즉위초부터 사원의 창건에 관한 기사가 비교적 많이 나

---

114) 李丙燾, 앞의 책, 1980, pp.75~76.
115) 『高麗史』 권2, 世家 太祖 23년 3월.
116) 요역제의 성립과정에 대해서는 본서 Ⅱ장 1절 참조.
117) 『新增東國輿地勝覽』 권5, 開城府 下 開國寺.
118) 『高麗史』 권2, 世家 太祖 26년 4월.

오고 있다. 고려초기의 사료가 매우 소략한 점을 감안한다면, 광종이 고려 초의 왕들 가운데 그만큼 불교에 대한 관심이 컸다는 사실을 반영하고 있다. 이는 사찰이 광종대 왕권강화를 위한 개혁세력의 결집을 위한 구심점이 되었다는 점과 깊은 관계가 있을 것이다.[119] 실제로 광종대는 급진적인 정치개혁을 위해 사상적 통일이 필요하였을 뿐 아니라 불교에 대한 신앙도 돈독하여 신라불교를 한 단계 높은 수준으로 끌어올린 점에서 주목되어 왔다.[120] 광종대의 倉寺는 5년 이전과 14년 이후의 두 시기로 나눌 수 있다.[121] 고려사의 기록에 의하면 광종 2년에 大奉恩寺를 창건하여 태조의 願堂으로 하고, 佛日寺를 건립하여 先妣 劉씨의 원당으로 삼고 있다. 5년에는 先妣의 명복을 빌기 위해 또 崇善寺를 세우고 있다.[122] 이와 같이 광종 5년 이전까지의 사원은 모두 원당이었다는 점이 특징이다. 그러다가 광종 14년 歸法寺를 창건한 이후 불교에 더욱 적극적 관심을 가지게 되었으며,[123] 19년에는 弘化·遊巖·三歸 등의 사찰을 창건하고 있다.[124]

---

119) 韓基汶,『高麗時代 寺院의 運營基盤과 願堂의 存在樣相』, 경북대학교 박사학위논문, 1994, p.128 ;『高麗寺院의 構造와 機能』, 民族社, 1998 재수록.

120) 이를테면 신라시대 대립의 소지를 나타냈던 敎宗과 禪宗을 절충시켜 天台學을 성립시켰고, 法眼宗의 이해체계를 마련하여 후일 중세불교를 대표하는 義天의 天台宗을 수립하는 기반이 되었다(金哲俊,「高麗初의 天台學 研究」『東西文化』 2집, 1967 ;『韓國古代社會研究』知識産業社, 1975 재수록).

121) 金龍善,「光宗의 改革과 歸法寺」『高麗光宗研究』, 一潮閣, 1981.

122)『高麗史』권2, 世家 光宗 2년 및 5년.

123)『高麗史節要』권2 光宗 14년 7월. 후반기에 광종이 불교에 적극적 관심을 보인 이유는 개혁의 추진과정에서 호족의 거센 반발에 부딪치자 개혁을 지지하고 성원해 줄 수 있는 세력이 필요했기 때문이라고 한다. 예컨대 귀법사를 창건함과 동시에 여기에 濟危寶를 설치하고 無遮大會와 水陸會를 개설하고 있다. 제위보는 빈민구제 기관이었고, 무차대회나 수륙회도 피지배층을 위해 개설된 것이었으므로 이들은 호족의 세력에 반발하는 피지배계층을 포섭하려는 조처였다고 한다(金龍善, 위의 논문, 1981, pp.98~99)

124)『高麗史』권2, 世家 光宗 19년. 그런데 광종은 사원의 영조 뿐만 아니라 불교행사도 많이 베풀고 있다. 이를테면 齋會를 廣設하였으므로 무뢰배도 배불리 먹으려 승려로 행세했다든지, 京外의 길거리에서 떡·쌀·柴炭을 나누어 주는 것이 수없이 많았다는 것이다. 또 放生所를 많이 설치해 두고 부근 사원에서 불경을 강연하였으

광종대 불교를 통한 왕권강화와 개혁에 반발이 일어났던 景宗·成宗대의 시기에는 사원의 창건기사가 나타나지 않다가[125] 이후 穆宗, 顯宗대 다시 원당이 건립되고 있다.[126] 그런데 비보사찰설에 의한 사원의 영조는 도참설의 성행과 병행하여 두드러지게 나타난다. 본래 태조가 훈요에서 지리도참설에 의거하여 사원을 건립하라고 당부했던 것과 무관하지 않을 것이다.

도참사상이 부각되기 시작하던 문종대 사원의 창건을 위해 노동력 징발이 많았던 것은 당연한 일이었다. 문종 2년 3월에 御史臺가 大雲·大安寺의 공역이 한창이라 민이 廢農할 지경이므로 농한기를 기다리도록 상주하고 있다.[127] 또 5년 4월에는 重興·大雲·大安寺를 창건 내지 중수하기 위해 工匠과 役夫들은 밤낮없이 일에 시달리고 妻는 음식을 나르느라 바빠, '妻還子去'하는 것이 도로에 줄을 잇고 춘하 이래로 잠시도 쉬지 못할 정도였다. 문종 9년 10월에는 다시 국가의 복리를 위해 사찰을 창건할 땅을 택하도록 명령하였다. 그러자 사직의 장구함은 民力을 해치지 않는데 있지 사원과 불탑의 건립에 있는 것이 아니라는 반대 상소가 심했지만, 10년 2월부터 德水縣에 공역을 시작하였다. 그 결과 12년 만인 21년(1067)에 총 2천 8백간에 달하는 興王寺를 창건하게 되었다. 또 24년 6월에는 홍왕사에

며, 도살을 금지하여 심지어 왕궁에서 쓰는 고기도 시장에서 사게 하였을 정도였다.

125) 韓基汶, 앞의 책, 1998, p.226.

126) 穆宗 2년 秋7월에 태후의 願刹을 眞觀寺를 세우고, 3년 冬10월에는 왕의 원찰을 위해 崇敎寺를 창건하였으며, 10년에는 진관사에 9층탑을 건립하고 있다(이상 『高麗史』권3, 世家 穆宗 2년·3년·10년의 기사). 顯宗대는 왕 3년 12월 重光寺, 9년 6월 玄化寺, 18년 9월 慧日重光寺를 창건하고 있다(이상 『高麗史』권4, 世家 顯宗 3년·9년·18년). 현종대의 현화사 창건은 부모의 원당이라는 명분으로 창건한 것이지만, 현종의 즉위전 현종을 비호해준 유가종단과의 관계 및 문벌과 연결된 교종세력의 등장과 관련이 있다고 한다(崔柄憲,「高麗中期 玄化寺의 創建과 法相宗의 隆盛」『韓沽劤博士停年紀念史學論叢』, 1981).

127) 『高麗史』권7, 世家 文宗 2년 3월 경자. 이하 문종대의 기사는 모두 고려사 世家의 기록인데 문종 원년~10년까지는 권7, 11년~25년까지는 권8, 26년~37년까지는 권9의 기사이다.

성을 쌓고, 32년 7월에는 金塔을 완성하고 있는데 그 내부는 銀 4백 27근을, 밖에는 금 1백 44근을 입히고 있었다.

본래 원당은 왕의 死後에 건립하는 것이 상례였으나, 문종대 원당인 홍왕사를 건립한 것이 자신의 생존기간에 이루어진 것이 계기가 되어 이런 사례가 예종대까지 이어지고 있다. 인종 이후의 원당은 창건보다 기존의 사원이 원당으로 지적되었다.128)

그러나 실제로 원당을 비롯하여 사찰의 확장이나 수리 등 重修의 사례는, 특히 숙종 이후부터 두드러지게 나타나고 있다. 숙종 6년 2월에는 洪圓寺에 가서 大藏堂과 九祖堂의 낙성식을 하고, 7년 9월에 興福寺의 十王堂이 완성되었다. 6년 5월에는 가을에 동원할 秋役夫 6,500명으로 弘護寺를 수리하고, 추7월에 役夫 1,900명으로 國淸寺를 수리하였다.129) 숙종 6년 전후로는 남경의 공역이 한창이었으므로 홍호사나 국청사의 중수에 一品軍을 사역시키고 있다. 민을 징발하기 어려울 때라든지 사찰의 중수 등과 같이 적은 인원수로 가능한 공역에는 일품군만으로 사역시키기도 했던 것 같다.

사실 원당과 관련된 사찰은 능이 개경부근에 소재한 만큼 개경에 집중적으로 위치하고 있었을 것이다. 그러므로 이들과 관련된 노동력은 일품군

---

128) 韓基汶, 앞의 학위논문, 1994, p.115. 또 p.130에서는 인종 이후 무신정권기에는 기존의 문벌과 불교교단체계가 와해되면서 원당은 기존의 사원을 이용하면서 관례를 유지하는 정도라고 한다. 그러다가 원지배기인 충렬왕대부터 원왕실을 배후로 한 원당의 경영이 다시 나타난다고 한다. 이 외에도 중기 이후의 사원조성에 대해서는 李炳熙,「高麗中期 寺院의 造成과 經濟運營」『李元淳敎授停年紀念歷史學論叢』, 1991 참조.

129)『高麗史』권11, 世家 肅宗 6년 5월 갑신 및 7년 秋7월. 이 외 숙종 7년 8월에는 神護寺를 중수하고 있으며, 창건시기는 확실치 않지만 天壽寺의 공역을 시작했지만 완성은 못하고 다음의 예종대에 완성되고 있다(이하 특별히 전거를 제시하지 않는 것은 모두 고려사 世家의 기록임). 예종 원년 봄부터 천수사의 공사를 시작하였지만, 6년 8월에는 천수사의 지형이 좋지 않으니 藥師院을 헐고 옮기라는 상소가 있자, 다시 시작하여 11년 3월에 완공하였다. 예종때의 중수공사로는 2년 10월의 佛頂寺사가 있고, 12년 4월 이전부터 시작되어(중수시기는 알 수 없고, 이 때 공사를 정지하자는 청이 있음) 13년 4월에 낙성식을 하였다.

을 징발하거나, 특히 개경에 가까운 지역민의 요역노동에 의존했을 가능성이 많았으리라 짐작된다. 이를테면 浮圖를 크게 일으켜 交州一道는 나무를 베고 운반하느라 人畜이 병들었다[130]고 하고 있다. 또 演福寺의 塔殿을 세울 때 경기·양광민이 나무 5천 그루를 운반하느라 소가 모두 죽어 민의 원망이 매우 심했다[131]는 사례들이 이를 반영하고 있다.

그런데 민의 요역노동에서 특정지역의 민이 자주 동원될 수 밖에 없었던 것은 비단 원당의 건립에 국한된 문제만은 아니었다. 지리도참설과 관련된 역사도 마찬가지였다. 왜냐하면 개경 자체가 문무백관이 거주하는 王都이므로 노동력의 수요가 타지역에 비해 월등했을 것임이 자명하기 때문이다. 신궁을 건설할 때 서울 근처 군현의 정부를 동원하여 벌목하여 浮江하느라 人馬가 줄을 이어 주군이 소요했다는 충혜왕 후년의 기사[132]도 이를 입증하고 있다. 개경 근처의 민이 타지역의 벌목과 운반에 동원된 점이 주목된다. 물론 사정이 여의치 않을 때는, 각 도의 丁夫를 징발하여 교주도에서 벌목해 서울로 운반하다가 얼어 죽고 굶어 죽은 자가 많았다[133]고 한 내용에서 보듯이 원거리의 민을 징발하기도 하였다. 그러나 여러 도에서 동원하는 것은 개경 주변의 민을 동원하는 것에 비해 번거롭고 시일도 많이 소요되는 만큼, 경중에 가까운 지역민을 징발하는 예가 잦았을 것이다.

또 토목공사에서 재료를 마련하는 요역징발의 경우 경기 주변의 민 외에도 서해·양광·교주민이 많이 동원되고 있다. 이 지역은 경중과 가까울 뿐 아니라,[134] 목재가 풍부하다는 자연적 특성도 갖추고 있었기 때문이다.

---

130) 『高麗史節要』 권35, 恭讓王 3년 5월.

131) 『高麗史』 권119, 列傳32 鄭道傳.

132) 『高麗史』 권124, 列傳37 盧英瑞; 朴良衍, "王又起新宮于三峴……又發近京諸郡丁夫 伐材浮江而下 人馬駱繹 州郡騷然 農者輟耕".

133) 『高麗史』 권33, 世家 忠宣王 원년 3월 갑진, "……是歲發諸道丁夫 伐木交州道界 輸之京城 凍餒多死".

134) 문종 21년 흥왕사가 낙성되었을 때 궁궐에서 흥왕사까지 彩棚을 설치하기 위해 安西都護府, 開城府, 廣州, 水州, 楊州, 東州, 江華, 長湍 등의 민을 징발하고 있다(『고

元의 지시로 100척의 배를 만들었던 충선왕 때의 사실도 이를 반영하고 있다. 당시 康安·延慶宮의 역사가 진행되고 있었는데, 또 造船의 역이 겹치게 되자 서해·교주·양광도의 민은 그 피해를 더욱 심하게 받았다고 한다.[135] 서해·교주·양광의 거주민은 궁궐의 역사를 위한 재료마련을 부담하고 있는 와중에, 조선의 역사를 위해서 또 징발되고 있었던 것이다. 게다가 서해도민은 토목공사에서 재료를 마련하는 역 외에도, 사신이 왕래하는 길목에 위치하고 있었으므로 후술하는 迎送·支待관련의 요역부담도 무거웠다. 예종대 민의 유망을 안무하기 위해 처음으로 監務를 파견한 지역이 서해도였던 것은 이런 사실과 깊은 관계가 있다.[136] 이와 같은 사례들은 지역에 따라 요역부담의 强度가 달랐음을 보여 주고 있다.

한편 불교와 관련된 역사는 위에서 언급한 국가에서 주도하는 역사 외에 지방차원에서 주관하는 역사도 무시할 수 없다. 고려전기에 있어서 군현차원의 역징발은 향리층과 아울러, 불교가 수용된 이후 고대사회의 발전과정 속에서 결성되었던 香徒와도 밀접한 연관이 있다. 향도[137]에 대해서는 본서에서 구체적으로 언급할 게재는 아니므로 요역과 관련된 부분에 대해서만 지적하기로 하겠다. 향도는 승려와 일반신도들로 구성되어 있으며, 그 규모는 수십명으로 구성된 소규모의 향도에서부터 수 천명에 이르는 대규모의 향도가 있는 등 일률적이지는 않았다. 향도를 주도했던 것은 향리층 특히 호장층을 중심으로 하는 지방세력으로서 이들은 고려전기 향도조직을 통해 지역민의 포섭·유대를 강화하고 세력을 과시하였다.[138] 향도의

려사절요』 권5, 文宗 21년 정월 무진).

135) 『高麗史』 권33, 世家 忠宣王 원년 3월 갑진, "…·是時 二宮之役方興 造船之事又急 西海·交州·楊廣之民 尤受其害". 이 외에 충선왕 4년 정월 병자에도 연경궁의 역사에 양광도와 서해도의 장정 1,000명을 징발하고 있다.

136) 『高麗史』 권12, 世家 睿宗 원년 4월 경인, "詔曰 庚寅所司奏 以西海道儒州·安岳·長淵等縣 人物流亡 時差監務官 使之按撫……".

137) 기존의 연구에 대한 성과는 김필동, 「삼국-고려시대 향도와 계의 기원」 『한국전통사회의 구조와 변동』, 한국사회사연구회논문집 4, 1986, pp.68~72 참조.

활동상은 불상·종·석탑·사찰의 조성, 법회 등에 대규모적인 노동력·경제력을 제공하고 이를 매개로 신앙활동을 하는 것이었다. 군현규모를 포괄하는 대규모적 향도의 사례는 현종 원년(1010) 3월에 공사가 시작되어 4월까지 공사기간을 거쳐 완성된 醴泉 開心寺石塔記가 있다. 개심사석탑은 지방의 유력층인 戶長層의 주도하에 光軍조직이 동원되었고, 향도는 임원과 僧俗 1만명이 참여하고 있다.139)

군현차원의 불교역사는 향도 이외 향리층 특히 호장층에 의한 불상·종·석등 등의 조성과도 결부되어 있다. 대표적인 사례로는 若木郡 副戶長의 동생인 光賢이 발원하여 현종 14년(1023)에서 현종 23년(1031)에 걸쳐 완성된 淨兜寺 오층석탑이 있다. 정도사 오층석탑의 노동력은 바위를 채취하여 운반하는데 두 차례에 걸쳐 감독을 제외하면 각기 役夫 348명과 隨院僧俗 1천여인이 참여하였고, 탑의 기초를 마련하는데는 일품군 21명이 참여하고 있다.140) 이 인원은 개심사석탑에 있어서와 같이 공사에 참가한 연인원은 아니고 단기간에 참여한 인원 그 자체만을 나타낸 것이었다.141) 이외에도 향리층에 의한 사찰조성의 역사는 금석문에 현존하는 것만 해도 興海大寺鐘銘(956년 ; 광종7년), 龍頭寺鐵幢記(962 ; 광종13년), 古彌縣西院鐘銘(963 ; 광종14년), 臨江寺鐘銘(1019 ; 현종10년), 靑鳧大寺鐘銘(1032 ; 덕종

---

138) 예를 들면 성종 16년(997) 長命寺 오층석탑은 竹州의 邑司 구성원인 戶長 安帝京과 倉正 崔廉이 향도를 결성하여 만든 것이다. 거의 같은 시기인 성종 12년(993) 인접해 있는 彌勒堂 오층석탑이 중수되고 있다. 이것은 죽주의 土姓인 박씨가 혜공왕 2년(766)에 세운 것인데, 이 때 와서 같은 씨족인 박씨에 의해 중수되었는데, 미륵당은 죽주박씨의 願堂일 가능성이 많다. 죽주내의 토성들 사이의 경쟁관계가 불교역사의 조성으로 나타나고 있었던 것이다(蔡雄錫, 「高麗時代 香徒의 社會的 性格과 變化」『國史館論叢』 2, 1989, pp.98~99)

139) 李泰鎭, 「醴川 開心寺石塔記의 分析」『歷史學報』 53·54, 1972.

140) 「淨兜寺五層石塔造成形止記」『韓國上代古文書資料集成』.

141) 조선조 成宗 23년(1492)에 작성된 金山寺五層石塔重倉記의 경우도 탑을 중수하는데 향도 1만명과 善男信女 1천명이 珍財를 희사하고 赴役하고 있다 (蔡雄錫, 앞의 논문, 1989, p.100 참조).

원년), 仙岳寺鐘銘(1066 ; 문종20년), 川北觀世音寺鐘銘(1107 ; 예종2년) 등이 있다.[142]

그런데 향도는 자발적 불교신앙의 결사단체이므로 이 때의 불교역사는 강제적인 노동력 동원도 있겠지만, 신앙에 의한 자발적인 동원이 많지 않았을까 한다. 하지만 향도 이외에 향리 특히 호장층의 주도에 의한 불교역사는 서민신도층이 참여하긴 했지만 강제적인 노동력 동원이 많았던 것 같다. 당시 개인에 의한 사원의 창건은 功臣과 같은 특별한 경우를 제외하고는 상당히 통제를 가하고 있었다.[143] 개인의 원당창건은 崔承老의 시무책에서 '世俗에서 각기 소원하는 바에 따라 佛宇를 영조하여 그 수가 너무 많다.'[144] 고 지적할 정도로 일찍부터 성행했었다. 권세가에 의한 사찰의 창건 외에 당연히 승려에 의한 사찰의 영조도 예상된다. 將相·群臣과 승려들이 산천의 길흉을 고려하지 않고 願堂을 함부로 세워 地脈을 상할 정도였다.[145]

이들은 대부분 지방관이나 향리와 결탁하여 민의 노동력을 징발하였을 것이다. 최승로의 시무책에 中外의 승려가 경쟁적으로 사원을 영조하면서 주군의 長吏에게 권하여 민을 사역시켰다는 것은 이를 반영하고 있다. 인종대 李資謙이 水州의 弘慶院을 수리할 때 水州使 奉佑로 하여금 주현의 人丁을 동원토록 하였다.[146] 이 외에 '浮圖의 무리가 무슨 영조를 할 때는 반드

---

142) 『朝鮮金石總覽』 上, 및 『韓國金石遺文』 참조.
143) 韓基汶, 앞의 책, 1998, pp.275~276 참조.
144) 『高麗史』 권93, 列傳6 崔承老, "世俗 以種善爲名 各隨所願 營造佛宇 其數甚多 又有中外僧徒 欲爲私住之所 競行營造 普勸州郡長吏 徵民役使 急於公役 願嚴加禁斷 以除勞民力".
145) 『高麗史』 권129, 列傳42 叛逆3 崔忠獻. 그런데 이 기사의 내용에 대해 무신집권기 승려들에 의한 반란이 자주 일어나 최충헌이 이에 대한 보복책을 취한 것으로만 보기는 곤란하다. 왜냐하면 최충헌이 術士의 주장을 받아 들여 국내산천이 背走된 것을 이유로 裨補都監을 12년동안이나 설치하고 국내 곳곳에 造山·築墩 하고 있으며, 경주에는 반란이 자주 일어나 더욱 用心하고 있다는 내용이 權以進의 東京雜記刊誤에 있기 때문이다(李丙燾, 앞의 책, 1980, p.276).
146) 『高麗史』 권98, 列傳11 高兆基.

시 權門豪家의 세력을 빌어 민에게 폐를 끼친다'[147]는 내용도 이런 실정을 대변하고 있다. 당시 원당건립 등의 불교역사가 성행한 것은 신앙을 매개로 하여 지역사회의 통합을 모색했다는 점에서 긍정적인 측면도 있지만,[148] 민의 私役이란 측면에서 본다면 그 사회적 폐단도 무시할 수 없겠다.

불교와 관련된 공역은 지리도참설과 관련된 이경·이궁의 경영에 비해 규모는 작겠지만 양적으로는 방대해 폐단이 컸는데, 그것은 사적인 침탈 소지가 내재되어 있었기 때문이다. 노동력이 사적으로 침탈되는 경우는 공적인 역사보다 더욱 급하여 고통의 강도가 높았으며, 그런 만큼 調役의 규정도 제대로 지켜지지 않았다. 이상에서 본 불교와 관련된 공역은 중앙정부 차원의 요역종목이면서도, 私的인 공역을 포함한 지방군현 차원의 역이 중첩되어 나타난다는 점에서 도참설에 의한 요역과 구분된다.

(3) 축성역

고려시대는 특히 외환이 많았던 시기였으므로 保國의 거점인 성을 위해 자주 노동력을 동원하였다.『高麗史』권82, 兵2 城條條에 의하면 크고 작은 성보의 역사가 170여 회 정도 되는데,[149] 거대한 축성에는 全道의 민이 징발되었다. 현종 20년(1029)에 축조된 개경의 羅城은 丁夫 23만 8천명, 工匠 8천 4백명이 동원되어 20년만에 걸려 완성되고 있다.[150] 당시 丁夫로 차출되는 노동력의 주된 급원은 민의 요역이었을 것이다. 나성에 비해 몇 십배

---

147)『新增東國輿地勝覽』권5, 開城府下 開國寺, “余惟 近世浮圖之流有所經 爲必假權於豪之家 毒民病國 務從亟成 而不知種福爲斂怨也”.

148) 정두사오층석탑의 발원내용을 보면 국가·長吏·郡內老少男女百姓을 위한 세 가지로 나누어 진다. 여기서 국가는 지역공동체의 상부에서 사회적 안정의 기초로 인식되고, 민은 장리층의 보호 아래 안주하는 존재로 인식되고 있다. 특히 원문의 중심은 장리로써 지역사회의 안녕과 질서를 책임지는 위치로 부각되고 있다(蔡雄錫, 앞의 논문, 1989, p.104).

149) 축성과 관련된 내용 중 특별히 전거를 표시하지 않은 기사는 모두『高麗史』권82, 兵2 城堡에 의거한 것이다.

150)『高麗史』권56, 地理1 顯宗 20년.

나 더 큰 천리장성의 축조는 德宗 2년(1033)에 시작하여 靖宗 10년(1044)에 완공되었다. 이 공역에 얼마나 많은 노동력이 동원되었는지 기록에 남아 있는 것은 없지만, 방대한 민의 요역이 부과되었을 것임은 짐작할 수 있다.

축성의 경우 民事的인 것보다 군사적인 성격이 강하기 때문에, 그 규모가 거대한 몇몇 사례를 제외하고는 대부분 군인들이 동원되었을 것이라는 견해[151]도 있다. 하지만 축성에 있어서 군인의 노동력에만 의존했다기보다, 민의 노동력도 투입된 것으로 보는 편이 자연스럽지 않나 생각된다. 다음의 기사는 이런 점에서 시사된다.

> 다 <1> 개성부에서 다음과 같은 글을 올렸다. "첫째, ……우리나라는 태조께서 창업함이 원대하지만 성곽은 쌓지 못하고 현종 때 이르러 처음으로 외성을 쌓고 성 위에 누각을 만들어 굳게 지켜 왔습니다. 세월이 오래 되어서 성이 무너졌지만, 옛 터의 주위와 둘레가 넓고 멀어서 1~2년 사이에는 비록 民力을 다 하여도 중수하지 못할 것입니다. 그러니 군사를 단련시키고 민을 휴식시킴으로써 변을 대비하는 것이 마땅합니다……. 넷째, 牧府郡縣의 축성에 대한 것은 군사와 민을 휴식시키는 것이 나라에서 먼저 해야 할 일입니다. 요새 왜구의 침략이 계속되어 민이 편하게 살수가 없는데, 또 사방의 長城을 증축하니 이는 계축년에 쌓은 東西江 등의 성과 함께 다만 민의 재물만 허비한 것일 뿐입니다……."라고 하였다(『高麗史』 권82, 兵2 城堡 辛禑 3년).

외성이 무너지자 1~2년 사이에는 민의 힘을 다 해도 중수하지 못하니 군사를 단련시키고 민을 휴식시키는 것이 마땅하다고 한 것이라든지, 군·현의 성을 쌓는 것보다 군사와 민을 휴식시키는 것이 先務라고 한 것은 성의 중수에 군사뿐 아니라 민의 요역노동도 징발되고 있음을 보여주고 있다. 이 사료의 시기가 비록 고려말의 것이라는 한계가 있긴 하지만, 축성의

---

151) 朴鍾進, 앞의 학위논문, 1993, p.118.

경우 단시일에 비교적 대규모의 인원이 소요되므로 농번기를 제외하고는 군이 군인에 한정하여 사역시키지는 않았으리라 생각한다. 또 축성은 단순 노동 외에 기술적인 부분도 필요했던 만큼, 현종대의 나성축조에서 보는 바와 같이 군인 및 민과 아울러 공장을 동원하여 축조했을 것이다.

이 같은 축성의 사례는 강화로 천도한 고종대의 몇 가지 예를 제외하고는 태조대부터 의종대까지 한정되어 있을 정도이다. 이 가운데서도 거란의 1차 침공을 경험한 목종대 축성의 사례가 많은데, 이는 거란의 2·3차 침입이 있은 현종대 더욱 강화되고 있다. 이를테면 470년 정도의 고려 전 기간동안 170여 회인 축성의 사례 중에서, 목종과 현종대 34년 동안 47회의 축성이 행해지고 있다.[152] 특히 원지배기에서는 전혀 축성의 예가 보이지 않다가 고려말에 이르러 왜구나 홍건적의 침입에 대비하여 다소 나타나고 있다. 아마도 축성의 대부분이 고려전기까지 거의 완성되어 이후로 특별한 경우 외에는 새로 쌓는 것은 드물었기 때문이 아닌가 생각된다.[153] 이런 점을 고려해 볼 때 축성과 관련된 민의 요역노동은 주로 고려전기에 집중적으로 동원된 것으로 파악할 수 있다.

다<1>에서의 軍丁은 국가에서 사신을 파견하여 수축하는 것으로 미루어 지방의 군인임이 분명하다. 그러나 이 당시는 이미 고려전기 주현병이 붕괴된 이후의 시기였으므로 전기의 주현병과 동일한 존재는 아니었을 것이다. 예컨대 우왕 원년에는 都城 5部의 호에서 20間 이상의 가옥에서 軍 1丁을 내다가,[154] 3년에는 10間에서 1丁을 내는[155] 등 가옥의 간수를 기준으로 삼을 정도로 군정의 신분을 구분하고 있지는 않다. 이러한 점은 외방도 마찬가지여서 우왕 2년 原定別抄 외에 烟戶軍을 抄出하고 또 별초를 초

---

152) 목종, 현종대의 축성에 대한 것은 具山祐, 앞의 학위논문, 1995, pp.181～183 참조.

153) 恭愍王 18년 嘉州에 성을 쌓고, 禑王 3년에는 개성의 內城을 신축한 것 같다. 그리고는 恭讓王 3년 3월 機長郡과 해주, 옹진에 축성한 외에 다른 사례는 없다.

154) 『高麗史』 권81, 兵1 兵制 辛禑 원년 8월.

155) 『高麗史』 권81, 兵1 兵制 辛禑 3년 4월.

출하니 백성들이 失農할 정도였다고 한다.156) 이 때의 연호군이나 별초로 抄定된 사람은 그 주류가 일반농민으로서 당시 군제는 軍民一致의 형태였음을157) 짐작할 수 있다. 우왕 4년의 내용에서 농한기를 기다려 주군의 성을 수축하도록 한 것은, 이상과 같은 고려후기 군제 변화를 전제로 이해되어야 한다.

그런데 고려사 성보의 기록이 고려시기 축성에 대한 전부를 반영한 것은 아니며 군현 주체의 소규모적인 축성이나 축성의 중수는 늘상 있었을 것이다. 하지만 축성역은 원칙적으로 국가에서 주관하는 역사였던 것 같다. 우왕 4년에 축성을 할 때 다시는 사신을 보내지 말고 수령이 책임지도록 하여, 傍郡의 군정을 징발하되 농한기에 수리하게 하고 다 못하면 정지했다가 다음 해에 다시 쌓도록 하자는 상소로 미루어 그렇다.158) 이처럼 축성역을 국가주도로 하다가 수령관할로 넘기고자 하는 것은, 국가차원에서 축성의 역사를 진행하다보니 급박하게 서둘러 부실해지는 폐단이 심했던 때문이었다.

단 축성의 역사에 동원되는 역부는, 대규모적인 역사에는 전국 각지의 민이 징발되었지만, 주군 단위의 축성에서는 비록 국가에서 주도할지라도 우선적으로 축성이 이루어지는 해당지역의 민을 징발하는 것이 상례가 아닐까 한다.

---

156)『高麗史』권81, 兵1 兵制 辛禑 2년 5월.

157) 당시의 군인징발의 주류는 물론 농민이지만, 사실은 위로는 양반에서부터 人吏・才人・禾尺은 물론 驛子・官寺倉庫宮司奴・私奴 등에 이르기까지 명실상부한 군민일치의 형태였다고 한다. 이와 같은 형태의 제도적 조치가 翼軍의 설치이며, 이후에도 고려 군제의 방향은 兵農一致 또는 군민일치를 지향하여 제도화하는 것으로 이어지고 있다. 이에 대해 자세한 것은 閔賢九,「高麗後期의 軍制」『高麗軍制史』, 陸軍本部, 1983, pp.337~339 참조.

158)『高麗史』권82, 兵2 城堡 辛禑 4년 12월, "憲司上訴曰 諸道州郡山城 國家往往遣使修築 多發軍丁 不日畢功 旋致崩毀 其弊甚巨 請自今勿復遣使 令守令徵發傍郡軍丁 農隙修葺 若未畢則停 待明年以爲年例".

(4) 造船役

　토목공사의 역인 工役 가운데는 관선을 제작하는 造船役이 있다. 전함을
수조하기 위해 장정이 다 工役에 나간 탓에 노약자가 농사를 짓는다[159]는
기사가 이를 말해주고 있다. 고려에서 조세나 공부 등을 운반하는 주요수
단은 조운이었으므로 일찍부터 국가에서는 관선제작이 필요했다. 관선 제
작시 전기의 경우는 민의 노동력을 동원하기도 했지만, 다음의 내용에서
보듯이 군인을 동원하여 제작하는 예도 많았던 것 같다.

> 다 <2> 처음 전주의 司錄인 陳大有가 자못 성품이 까다로워 형벌을 내림
> 　　　이 가혹하였으므로 민이 많이 괴로워하였다. 국가에서 정용・보
> 　　　승군을 파견하여 관선을 제작하는데 大有와 상호장 李澤民 등의
> 　　　督役함이 매우 심하였다(『高麗史』 권20, 世家 明宗 12년 3월).

　국가에서 전주로 정용・보승 등의 군인을 파견하여 관선을 건조하였는
데, 전주사록 大有와 상호장 李澤民의 독역이 가혹했다는 것이다. 이 내용
은 전주에서 배를 제작하면서도 그 지역의 민을 동원하지 않고, 군인을 보
내어 사역시켰다는 점에서 주목되는 사례이다. 요컨대 배를 제작하고 있는
지역은 전주지만, 役事의 주체는 전주가 아니라 군인을 파견한 국가인 것
이다. 이것은 고려전기에 국한된 것이 아니고, 후술하는 바와 같이 후기에
도 마찬가지였다. 비록 국가주도의 역이었다 하더라도, 특별한 경우에는
관선제작에 필요한 재료를 마련하는 등의 역사에는 해당지역의 민을 징발
하여 보조토록 했을 가능성은 있다. 그러나 비상시를 제외하고는 고려전기
조선역은 주로 군인의 노동력에 의존하였던 것 같다.

　그러나 원지배 하에서 이르러서는 일본정벌과 관련하여 대량의 전함이
필요한 데다 고려전기 병제의 변질로 인해서인지,[160] 전함제작에서 민의

---

159) 『高麗史』 권28, 世家 忠烈王 원년 정월.
160) 본서 Ⅲ장 2절 참조.

요역징발이 많은 비중을 차지하고 있다. 이 시기 전함건조에 대해 살펴보면, 元宗때 전함을 만들도록 한 원의 요구로 인해 공장과 인부 30,500명을 동원해 300척의 배를 만들고 있다.[161] 원종때 건조한 전함 900척은 충렬왕 즉위년의 1차 일본정벌때 사용되었고,[162] 이후 충렬왕 원년의 기사에서 보는 바와 같이 다시 전함건조를 시작하여 2차정벌인 6년에는 900척을 마련하고 있다.[163] 2차의 일본정벌이 끝난 후에도 원의 전함 요구는 계속되었다. 충렬왕 9년에는 諸道에 사신을 보내 전함을 수리, 건조하는 역부와 공장 중에서 3분의 1은 감하여 歸農케 하였다.[164] 또 충선왕 원년에도 배 100척을 제작하도록 하고 있다.[165]

이 때 조선역에 소요되는 대규모의 노동력을 위해 국가에서는 각도에 사신을 보내 공장과 인부를 징집하여 造船所로 파송하였다. 조선소에 파견된 역부는 공사기한의 촉박함이 마치 우뢰, 번개와 같다고 할 정도로 원의 요구가 급박하여 단시일에 완공하느라 고통을 겪었다.[166] 이처럼 완공시일

---

161) 『高麗史』 권 19, 世家 元宗 15년 2월 갑자.

162) 『高麗史』 권28, 世家 忠烈王 즉위년 10월 기사. 그러나 이 당시 전함은 충렬왕 이전의 원종때 이미 마련된 것이다. 즉 원종 15년 6월 신유에 대소의 전함 900척을 완공하여 金州로 향하게 했다는 기록이 있으며, 뒤이어 원종이 죽고 충렬왕이 즉위하게 된다(『高麗史』 권27 世家 元宗 15년 6월 신유). 아마 처음에는 300척을 만들도록 했다가 다시 300척을 추가하여 제작토록 한 것 같다.

163) 『高麗史』 권29, 世家 忠烈王 6년 11월 기유.

164) 이 때의 전함이 원나라의 요구에 의한 것임은 바로 뒤를 이은 신묘의 기사에서 원에서 塔納阿李禿剌를 보내 전함을 수리, 건조하는 것을 독려하고 있는 데서 알 수 있다(『高麗史』 권 29, 世家 忠烈王 9년 4월 무자).

165) 『高麗史』 권33, 世家 忠宣王 원년 3월 갑진, "於是 遣遼陽省宣使劉顯等來 令本國造船百艘 輸米三千石 弊不可言……".

166) 『高麗史』 권27, 世家 元宗 15년 정월. 처음에는 洪茶丘가 監督造船官軍民總管으로 임명되어 조선의 독촉이 심히 엄격하였다. 그리하여 왕이 정월 3일에 사신을 諸道에 보내어 역도를 징발해야 했다. 예컨대 추밀원 부사 許珙을 全州道 도지휘사로, 우복야 洪祿遵을 羅州道지휘사로 임명하고, 大將軍 羅裕를 전라도에, 金伯鈞을 경상도에, 朴保를 동계에, 國子事業 潘阜를 서해도에, 장군 任愷를 교주도에 보내어 部夫使로 임명하여 공장과 역도를 징집하였다. 정월 15일에 역부를 한 곳에 모으고 16일에 역사를 시작하여, 5월 그믐에 대소 900척의 전함이 완공되고 있다(『高麗

이 촉박하다보니 農務를 그르칠까봐 왕이 매우 근심할 정도로 雙丁戶는 물론이고 單丁戶까지 징발하여 배를 제작할 정도였던 것이다.[167]

(5) 토지경작 및 수리시설

왕실이나 국가 또는 지방관부 소속의 토지경작이나 개간에도 민의 요역노동이 징발되었다. 이러한 토지경작에서의 역은 대체로 지방수령의 주도아래 이루어지므로 군현차원의 요역이라 할 수 있다. 주현관이 宮院田과 朝家田만을 사람을 시켜 경작하고 군인전의 勸稼에는 신경을 쓰지 않아 군인이 逃散하니 군인전부터 佃戶를 정하여 농사를 힘쓰도록[168] 한 기사가 있다. 이 내용은 궁원전, 朝家田, 군인전이 민의 노동력에 의해 경작되었음을 시사하고 있다.

여기서 나타나는 조가전의 실체에 대해서는 연구자에 따라 다양한 견해가 있는데, 대체로 둔전 등과 같은 국가 직속의 토지로 보면 무방하리라 생각된다.[169] 그리고 조가전을 경작한 자는 일반군현민,[170] 공노비 가운데

史』 권27, 元宗 15년 6월 신유).

167) 『高麗史』 권27, 世家 元宗 15년 3월 병술.

168) 『高麗史』 권79, 食貨2 農桑 睿宗 3년 2월, "制 近來州縣官 祇以宮院朝家田 令人耕種 其軍人田 雖膏腴之壤 不用心勸稼 亦不養戶輸粮 因此軍人饑寒逃散 自今先以軍人田 各定佃戶勸稼 輸粮之事 所司委曲奏裁".

169) 조가전의 실체는 다음과 같이 그 견해가 달리 해석하고 있다. ① 문무백관의 과전 ; 李佑成, 「高麗의 永業田」 『歷史學報』 28, 1965, p.12. ② 왕실의 직속지 혹은 국가 직속의 공유지 ; 姜晋哲, 앞의 책, pp.401~402. ③ 국가소유토지 ; 洪承基, 『高麗貴族社會와 奴婢』, 一潮閣, 1983, pp.110~114. ④ 국가직속의 토지 ; 浜中昇, 「高麗前期의 小作制와 그 條件」 『歷史學研究』 507, 1982, p.8 ; 朴宗基, 『高麗時代 部曲制研究』, 서울대학교출판부, 1990, p.146. 여기서 ③과 ④의 차이는 ③의 견해가 국가에서 직접 조를 거두는 토지이며 공해전과 같이 공공기관에 수조권이 위임되어 있는 토지를 제외한 반면에, ④의 견해는 공해전과 같이 공적기관에 분배된 토지를 포함시킨 것이다. 그런데 ③의 연구에서도 둔전은 조가전에 포함시키고 있는데(위의 책, p.136) 둔전이나 공해전은 조의 용도상 큰 차이가 없는 만큼 모두 조가전에 포함시켜도 무방할 것 같다.

170) 군현농민의 요역에 의한 경영으로 파악하는 견해는 姜晋哲, 앞의 책, 1980, pp.254~255도 마찬가지이다. 그러나 洪承基(「高麗時代 奴婢와 土地耕作」 『韓國學報』 14,

농경노비를 들기도 하며,[171] 屯田 같은 경우는 군인·부곡민이 경작에 참여한 것으로[172] 파악하고 있다.

그런데 고려전기 사회에 있어 농경노비가 토지경작 전반에서 차지하는 비중은 매우 낮았던 것으로 보인다.[173] 그런 만큼 토지의 경작은 대체로 부곡민이나 일반민의 요역노동에 의해 이루어졌을 것이며, 특히 향·부곡민의 비중이 높았던 것이 아닌가 생각된다. 왜냐하면 생산기능면에서 향·부곡·소·莊·處로 구분되는 부곡제 가운데, 둔전·공해전·학전 등과 같은 국가 직속지 혹은 국가 공유지를 경작하는 부곡민의 특정역이 576/899로서 절반 이상인 64%를 차지하고 있는 점으로 미루어 짐작된다.[174]

하지만 종래 부곡민에 의해 경작되던 둔전경영은 12세기 이후 부곡제의 해체현상과 더불어 일반 군현민의 요역에 의한 경작방식으로 전환하게 된다. 예컨대 충렬왕 15년에는 왕이 內房庫라는 御庫를 별도로 설치하여 朝臣을 각 도에 分遣해서 권농사라 칭하고 공사의 良田을 택해 민으로 하여

1979, p.111)는 국가전 경작시 민의 징발은 노동력에 대한 보상이 있었던 만큼, 순수한 요역이 아니라 단순한 노동력 동원으로 이해하고 있다. 그 근거로 들고 있는 주요 사료는 『東文選』 권84, 送安梁州序의 "……及李元尹之貶于此也 公知其弊 先相 上田 深其溝洫 而使人必治荒田幾畝 仍出力轉償…… 未及半年 而公召喚 此時公惠未 甚著 而人安舊習 而元耕者 便不種 而種者 亦不樹也"이다. 즉 이원윤이 수령으로 부임하여 황전을 경작할 때 민에게 보상을 해주고 있다는 것이다. 하지만 이원윤이 소환된 후에는 경작이 잘 이루어지지 않은 점을 감안한다면, 당시의 보상은 원칙적인 것이 아니라 민의 의욕을 불러 일으키기 위한 이원윤 개인의 착안으로 보는 것이 자연스럽다. 그러므로 국가전의 경작에 동원되는 노동력은 특수한 경우를 제외하고는 민의 요역노동으로 이해된다. 이 외 조가전의 경작에 대한 견해로는 佃軍인 村留二三品軍(李佑成, 앞의 논문, 1965, p.12), 民田을 경영하는 자소작농에 의한 소작제 형태(濱中昇, 앞의 논문, 1982, p.13)라는 연구 등이 있다.

171) 洪承基, 위의 책, 1983, p.114.
172) 고려전기 둔전은 양계 주진의 경우 둔전군에 의한 전호제적 방식이나 군인, 부곡민, 관노비 등에 의한 직영제적 방식으로 경영되었다(朴宗基, 앞의 책, 1990, p.189).
173) 고려시기 토지경작에서 공노비 가운데 농경노비가 갖는 비중이 일반농민층에 비해 매우 낮다는 것은 洪承基, 앞의 책, 1983, p.138에서 지적한 바 있다.
174) 부곡민의 존재양상이나 토지경작에 대해서는 朴宗基, 앞의 책, 1990 참조.

금 耕種케 하고 있다.175) 이것은 고려후기 군현민이 내방고에 소속된 토지의 경작에 징발되었음을 입증하는 사례이다.

따라서 고려전기에도 일반 군현민이 토지경작에 참여하는 경우가 있었겠지만, 그 비중에 있어서 후기의 경우가 훨씬 높았을 것으로 생각된다. 게다가 12세기 이후 저습지와 연해지역의 개발을 비롯한 토지개간이 활발하게 이루어지는 상황이 전개되면 더욱 그럴 것이다.176) 사실 개간은 고려전기부터 이미 陳田개발이 장려되고 있었지만,177) 고려후기 특히 대몽항쟁 이후에는 황폐화된 농지를 복구해야 하는 일이 급선무였으므로 황무지나 진전개발 등 토지개간이 본격화되고 있다.178)

이와 같은 토지경작이나 개간은 지방수령의 주도아래 이루어졌던 만큼 지방관 개인의 토지도 민을 동원하여 경작시키는 불법을 자행할 소지가 내재되어 있었다. 甫州府使 張悛이 보주 근처의 丹山에 집이 있었는데 보주민으로 하여금 자기집의 토지를 경작시켰다179)는 내용이 입증하고 있다. 불교와 관련된 토목공사에서도 개인적인 사찰건립 등에 민이 私役된 바와 같이, 권세가의 토지경작에도 민의 노동력이 사역되었을 것임은 당연하다. 공해전과 같이 지방관청에 부속된 토지는 해당군현 주체의 요역이다. 하지

---

175)『高麗史』권79 食貨3 科斂 忠烈王 15년 3월, "時王別置御庫 名曰內房庫 使黃門一人 掌之 分遣朝臣于各道 稱爲勸農使 擇公私良田 聚民耕種 除其貢賦".

176) 고려후기 저습지나 연해지역의 개발에 대해서는 魏恩淑,「12세기 농업기술의 발전」『釜大史學』12, 1988, pp.92~93 ; 이평래,「고려후기 수리시설의 확충과 수전(水田)개발」『역사와 현실』5, 1991, p.160 참조.

177)『高麗史』권78, 食貨1 租稅 睿宗 6년 8월, "三年以上 陳田墾耕所收 兩年全給佃戶 第三年卽與田主半分 二年陳田四分爲率 一分田主三分佃戶 一年陳田三分爲率 一分田主二分佃戶".

178)「張文緯墓誌」『韓國金石文追補』, "知水州時 州民飢荒 公省力役 使民服公田不闢者 斬麥苑播 厥穀連歲大穰";『高麗史』권104, 列傳17 金方慶, "高宗時 後爲西北面兵馬判官 蒙兵來攻 諸城入保葦島 島有十餘里平衍可耕 患海潮不得墾 方慶令築堰播種 民始苦之 及秋大熟 人賴以活".

179)『高麗史』권107, 列傳20 權㫜, "嘗按三道……甫州副使張悛 家在丹山與州近 遣州人耕耨其田 㫜幷劾之".

만 그렇지 않은 왕실소유지나 국가전 같은 경우 그 소유의 주체는 해당군
현과 직접적인 관련이 없더라도 실질적인 경작을 책임지고 있다는 측면을
감안하면 토지경작이나 개간은 후술할 공물조달의 역과 더불어 고려후기
대표적인 군현주체의 요역이라 할 수 있겠다.

한편 전근대적인 농업사회에서 토지경작과 더불어 빼놓을 수 없는 것이
수리시설의 축조이다. 고려전기 수전개발은 이 시기에 성행한 柴地개발이
나 산전개발과 관련하여 산곡의 계류를 이용하는 산곡형 제언이었다. 이러
한 수리시설은 고대의 제언과 별반 차이가 없는 형태로서, 그 규모는 국가
적 사업으로 추진해야 할 정도로 대규모의 것이었다.[180] 고려시기는 사료
가 없어 잘 알 수 없지만, 신라나 조선시대의 사례가 참조된다. 신라의 경
우 元聖王 6년의 碧骨堤 증축에 全州 등 7州의 인부를 징발하고 있다.[181]
원성왕 14년 永川 菁堤의 貞元 수리사업에는 法功夫 14,140명이 동원되고
또 助役으로 切火, 押梁郡에서 역부가 징발되고 있다.[182] 조선시대의 기록
으로는 太宗 15년의 벽골제 수축에 여러 군의 농민 2만명이 20일간 동원되
었으며,[183] 世宗 1년의 古阜郡 訥堤의 중수에는 11,580명이 1개월간 동원되
었다.[184]

고려시기에서도 벽골제는 현종때 옛 모습으로 보수되었다가 인종 21년
다시 중수되고 있는데,[185] 신라나 조선시대의 예로 미루어 국가차원에서
민의 요역노동을 징발하였을 것이다. 이 외에 사료상에 나타나는 대규모의
제언은 문종때의 南大池,[186] 명종 때의 恭儉池,[187] 金方慶이 수축한 守山

---

180) 魏恩淑, 앞의 논문, 1988 ; 李平來, 앞의 논문, 1991 참조.
181)『三國史記』권13, 元聖王 6년 정월.
182) 李基白,「永川 菁堤碑 貞元修治記의 考察」『新羅政治社會史研究』, 一潮閣, 1974,
    pp.292~296.
183)『新增東國輿地勝覽』권33, 全羅道 金堤郡 古跡.
184)『世宗實錄』권3, 世宗 원년 2월 경자.
185)『新增東國輿地勝覽』권33, 全羅道 金堤郡 古跡.
186)『新增東國輿地勝覽』권43, 黃海道 延安都護府 山川, "臥龍池 俗名 南大池 在府南三

堤[188] 등이 있다.

이와 같은 수리사업은 노동력이 많이 소요되는 대규모적인 것이었으므로 국가차원에서 노동력을 징발했을 것이다. 노동력 징발의 대상자는 대체로 일반민의 요역동원이었겠지만, 군인을 동원하는 예도 충분히 상정된다. 특히 경중 부근의 제방은 일차적으로 군인의 노동력에 의존했던 것 같기도 하다. 이를테면 의종대 延福亭의 南川제방이 터져서 군졸로 하여금 막도록 했는데, 군졸의 힘만으로 불가능하자 마땅히 坊里의 민을 동원해서 제방을 쌓도록 하고 있다.[189] 경중은 군인을 손쉽게 동원할 수 있었지만, 그렇지 못한 지방에서는 민의 요역노동에 의존하는 예가 많았을 것이다.

그런데 국가주도로 여러 군현의 인력을 동원하여 진행되던 수리사업은, 12세기 이후에는 군현제가 변동되고 지방세력이 성장하면서 그 주체도 지방관 주도로 바뀌게 된다. 이와 더불어 수전농업의 발달이 진행되면서 양적으로도 수리시설이 급격하게 증가되었고,[190] 아울러 노동력 동원은 수전개발이 전개되던 지역을 중심으로 이루어지게 되었다. 예컨대 명종대 葦島에는 10여리나 되는 땅이 있어 경작할만 했지만 해조를 근심하여 개간하지 못했다고 한다. 그러다가 金方慶이 (민들로) 하여금 둑을 쌓고 파종케 하자 처음에는 괴롭게 여겼던 민들도 가을이 되어 크게 풍년이 들자 그것에 의

十里 周二十里一百二步……高麗文宗 以池中膏腴可作田 賜興王寺 其年旱 因邑人翰
林學士李靈幹之奏 還築之”.

187) 『新增東國輿地勝覽』 권28, 慶尙道 尙州牧 古跡, “恭檢池 在州北二十七里 高麗明宗時
司錄崔正份 因舊址築之 堤長八百六十步 周一萬六千六百四十七尺”.

188) 『新增東國輿地勝覽』 권26, 密陽都護府 古跡, “守山堤 在守山縣 周二十里 世傳 金方
慶築此堤灌田 以備征日本軍需”.

189) 『高麗史』 권19, 世家 毅宗 24년 6월, “延福亭南川堤決……詔曰 軍卒力竭 不能堤防
宜發丁坊里築之”.

190) 고려후기 수리사업의 변동은 두 가지로 집약되는데, 하나는 대규모적인 수리사업
에서 소규모의 수리사업으로 변한다는 것과 또 하나는 양적으로 수리시설이 확충
된다는 것이다(魏恩淑, 앞의 논문, 1988, pp.93~94). 이와 비슷한 견해는 이평래, 앞
의 논문, 1991, pp.163~165에서도 지적하고 있다.

지하여 살았다고 한다.[191] 여기서 뚝을 쌓은 민은 수전개발이 이루어지던 위도지역의 사람들이었다. 제언수축의 역이 후기에 이르러 국가주도의 대규모 형태에서 군현주도의 소규모 형태로 전환되었다는 것은, 민의 요역 동원 역시 중앙적인 역이 아니라 지방적인 역으로 바뀌었음을 의미한다. 이러한 변화는 농민경영을 위해 유리한 것임과 동시에 국가주도에 의존하지 않고서도 자연촌별로 제언축조가 가능할 만큼 일반민의 자립성이 제고된 데 기인하고 있다.[192]

(6) 迎送·支待의 역

왕이나 사신 행차 등의 영송 및 물자수송을 위한 노동력 동원이 있다. 즉 왕의 행차가 지나는 곳에는 도로 닦기, 교량설치, 行在所 조성, 접대 등과 같은 인적·물적 부담이 수반되었던 것이다. 『高麗史』 권80, 食貨3 賑恤 恩免之制의 상당부분이 왕의 행차가 지나온 연변의 세제를 감면해 주는 내용인 것은 행차에 따른 인적·물적 부담이 매우 가중했음을 반영하고 있다.

迎送·支待의 역은 그 성격상 지역적 특성에 따라 부담의 강도가 달리 나타나게 될 소지가 있다. 서경이나 남경 등과 같이 정치적 비중이 컸던 지역은 왕의 행차가 잦을 수밖에 없는데, 특히 서경이 그러하다. 왕의 행차로 인해 지나온 군현의 조세를 면제해 준 사례는 성종 16년 8월, 목종 4년 11월·7년 11월·10년 10월, 현종 20년 9월, 문종 11년 4월·36년 9월, 숙종 7년 11월, 인종 7년 3월·8년, 의종 21년 9월·23년 4월, 충숙왕 12년 10월 등에 나타나고 있다.[193] 시기적 특성은 충숙왕대를 제외하면 고려중기까지 집중되어 있으며, 그 대부분이 서경과 관련된 기사이다.

---

191) 『高麗史』 권104, 列傳17 金方慶, "葦島有十餘里 平衍可耕 患海潮不得墾 方慶令築堰 播種 民始苦之 及秋大熟 人賴以活 島又無井泉 常陸汲往往被虜 方慶貯雨爲池 其患遂絶".

192) 이평래, 앞의 논문, 1991, pp.163~164.

193) 이상의 사료에 대한 전거는 『高麗史』 권80, 食貨3 賑恤 恩免之制이다. 또 이하 영송·지대의 역에서 특별히 전거를 기록하지 않은 것도 마찬가지이다.

왕의 서경행차가 고려중기까지 집중되어 있는 것은 서경이 지니는 정치적 의미와 관련되어 있다. 왕실의 독자적 세력기반으로 존재하던 서경은 무신집권과 더불어 통치권력이 왕실에서 무신에게 이양됨으로써, 그 의미를 상실하게 되었다. 이는 원지배기 이후에도 마찬가지여서 원의 세력에 의존할 뿐, 고려왕실에 의한 서경경영의 필요성이 없어지게 되었기 때문이다.194) 의종대 이후 사실상 왕의 서경 거둥이 없어지게 되는 것은 이와 같은 정치적 상황 때문이다. 따라서 개경에서 서경의 沿路에 있는 군현민의 영송·지대와 관련된 역은, 서경경영의 중요성과 궤를 같이 하는 고려중기까지 두드러졌을 것이 짐작된다.

한편 西海道는 서경·남경과는 달리 외국과의 사신이 왕래하는 지역적 특성을 지닌다. 西海道民이 영송·지대의 역을 부담한 것은 고려전기 이래로 계속된 일이겠지만 특히 원지배와 관련하여 보다 두드러지게 나타나고 있다. 즉 원종 10년 12월 서해도의 諸郡이 왕의 행차를 供億하느라 어려움을 겪었다 하여 그 해의 租賦를 면제토록 하고 있다. 원종은 5년에 원에 들어간 이후 가끔씩 원에 왕래하곤 했는데, 이 해도 원에 다녀온 후 이 같은 조처를 내리고 있다. 또 충선왕 24년 정월에 서해도는 원나라를 방문하는 행차가 지나갔으므로 三稅大貢 이외의 상요·잡공과 각 역의 시탄공을 면제하도록 하였던 사례 역시 이를 반영하고 있다.

왕이나 사신왕래로 인한 요역징발은 해당군현 주도로 사역하는 역이긴 하지만, 조세감면 등 국가에서 배려를 하고 있다. 하지만 중앙에서 파견되는 奉命使臣이나 수령의 新舊官 교체와 관련된 요역동원은 이와 달랐다.

---

194) 고려왕실의 서경과 정치적 관련에 대해서는 河炫綱, 「高麗時代의 西京」, 앞의 책, 1977, pp.315~345. 이 외에 간과할 수 없는 것은 고려전기에는 왕실에서 서경경영이 주된 것이지만, 무신집권기인 명종대 이후에는 南京이 부각되고 있다. 공민왕 5년부터 개혁정책의 일환으로 南京을 건설하고, 한양천도론이 대두하는 것은 원의 지배세력이 약화되는 시기라는 점과 아울러 무신집권 이후 남경이 중시되어 온 것을 계승하고 있다는 점에서 주목된다.

특히 고려시기 수령은 임기를 채우기 전에 너무 자주 교체하여 迎送舊官하는 폐단이 많아 비판이 제기되고 있었으며,[195] 심지어 우왕대의 경우는 1년에 3~4번이나 교체되고 있었다.[196] 뿐만 아니라 각 도의 안렴사의 경우도 임기가 6개월에 불과해 착수한 일이 끝나기도 전에 교대하므로 일도 廢弛해지고, 1년에 두 번씩 영송 하는 폐단이 적지 않았다.[197] 그러나 봉명사신이나 영송과 같은 역은 迎送·支待의 역과 달리, 국가적 배려도 받지 못하는 요역노동이었다.

이상에서 토목공사의 역에 대해 살펴보았는데, 마지막으로 빼놓을 수 없는 것이 연등회·팔관회의 개최 및 제사와 관련된 역이다. 이들과 관계된 요역은 물질적 조달과 관계가 깊으므로 후술할 공물의 역과 중첩되어 나타날 수도 있다. 그러나 이들의 준비에는 순수한 노동력의 소요가 포함되어 있으므로 편의상 토목공사에서 서술하기로 하겠다.

연등회와 팔관회는 태조가 훈요 10조를 통해 후세에도 꼭 지키도록 당부한 바 있으므로[198] 특별히 중시되어 성대하게 베풀어졌다. 연등회와 팔관회의 비용 마련과 행사의 주선에는 민의 요역노동이 징발되었다. 그러나 연등회와 팔관회의 개최로 인한 민의 노역이 매우 버거우니 경감하자는 지적[199]도 있어 팔관회는 성종 이후 22년간 일시 중지되기도 했다.[200] 이후 팔관회는 다시 부활되었지만 12세기에 이르러 점차 쇠퇴하게 되었다. 의종대 이미 날이 갈수록 옛 격식이 줄어들고 이전 풍속이 점차 쇠퇴하니 옛

---

195) 『高麗史』 권75, 選擧3 凡守令 恭讓王 2년 12월.
196) 『高麗史』 권75, 辛禑 6년 6월 및 辛昌 즉위년 8월.
197) 『高麗史』 권75, 選擧3 凡選用監司 辛禑 4년 12월.
198) 『高麗史』 권1, 世家 太祖 26년 4월.
199) 『高麗史』 권93, 列傳6 崔承老.
200) 물론 팔관회가 혁파된 것은 요역을 경감하려는 동기만이 아니라 정치적 동기가 내재되어 있었다. 즉 연등회와 팔관회의 폐가 다 같이 지적되었음에도 불구하고 연등회는 순수한 事佛행사이므로 제외되고, 전통신앙과 습합된 팔관회만 혁파되었다(具山祐, 「高麗 成宗代의 鄕村支配體制 강화와 그 정치·사회적 갈등」 『韓國文化硏究』 6, 1993).

풍속대로 부흥시키려는 시도가 있었다는 것이 이를 말해준다.[201] 따라서 팔관회와 관련된 요역징발은 시기적으로는 고려전기에 국한되며, 지역적으로는 팔관회가 열린 지역이 개경과 서경이었으므로 주로 이 주변의 군현민과 결부되어 있을 것으로 짐작된다.

연등회와 팔관회 뿐 아니라 종묘·사직·산악에 대한 제사와 星宿의 醮祭 등 많은 제사가 있었는데, 이러한 제사의 비용을 마련하기 위해서도 민의 요역이 징발되었다. 제사의 비용은 민의 고혈과 요역에서 나오니 民力을 쉬게 하는 것이 복을 비는 것보다 낫다[202]고 한 내용이 그것이다. 여기서의 요역동원은 토목공사의 역에 포함시킬 수 있지만, 제사라는 특성을 고려하면 공물의 납부와도 밀접한 관련이 있을 것이다. 한편 종묘나 사직과 관계된 제사가 행해지는 지역은 경중과 가까운 위치였으므로, 제사와 관련된 요역은 대체로 경기주변의 민이 동원되었던 것이 아닐까 생각한다.

나. 공물조달

고려사에는 이상의 토목공사와 관계되는 工役 외에 또 중요한 역의 내용으로 공물을 조달하는 貢役이 있는데, 다음의 사료가 참고된다.

다 <3> “判 京畿州縣 常貢外徭役煩重 百姓苦之 日漸逃流 主管所司下問界首官 其貢役多少　酌定施行 銅·鐵·瓷器·紙·墨雜所別貢物色徵求過極 匠人艱苦以逃避 仰所司 以其各 所別常貢物多少酌定 奏裁”(『高麗史』 권78, 食貨1 貢賦 睿宗 3년 2월).

다 <4> “下制 諸州·府·郡縣百姓 各有貢役 邇來 守土員僚 斜屬使令 徵

---

201) 『高麗史』 권18, 毅宗 22년 3월 무자. 본래 팔관회의 기능이 국가적 차원에서 지방세력을 포섭, 지배하는 장치로서의 의미를 가지고 있었으므로 그 기능을 다한 12세기에 와서는 舊格을 잃고 쇠퇴하게 된다는 점이 지적된 바 있다. 팔관회의 성격에 대해서는 奧村周司, 「高麗における八關會的秩序と國際環境」 『朝鮮史硏究會論文集』 16, 1979 ; 蔡雄錫, 앞의 논문, 1989 참조.

202) 『高麗史節要』 권2, 成宗 원년 6월.

取役價 其貢賦經年除免 椽吏之徒 幷遵此式 役之不均 貢戶之民 因
此逃流……"(『高麗史』 권78, 食貨1 貢賦 明宗 18년 3월).
다 <5> "判 京畿州縣 常貢外徭役煩重 百姓苦之 日漸逃流 主管所司下問界
首官 其貢役多少 酌定施行"(『高麗史』 권78, 食貨1 貢賦 睿宗 3년
2월).

다 <3>에서 경기주현은 常貢 외의 요역이 과중하니 貢役을 균등하게 하
도록 한 것이라든지, 다 <4>에서 주·부·군·현의 백성이 부담하고 있는
貢役은, 현물세 특히 공물의 조달 및 운반을 위해 동원된 요역이다.[203] 이와
달리 다 <5>의 내용을 인용하여 공역이 상공(공물)과 요역의 약칭으로 파악
하는 견해[204]도 있다. 그렇게 볼 수 있는 소지도 있지만, 해석을 해보면 다
소 무리가 있다. 예컨대 경기주현은 상공 외의 요역이 번중하므로 공역의
다소를 작정 시행토록 한 것인데, 상공 외의 요역은 별공과 관련된 요역이
다. 설령 상공을 공물로 본다 하더라도 해석상 번중한 주체는 '상공 외의 요
역'이므로 공물이 아닌 요역이다. 따라서 작정 시행할 것은 당연히 '요역의
다소'로 하면 되지 '공역다소'로 할 필요가 없으므로 동의하기 어렵다.

이러한 것은 조선초의 경우도 마찬가지였다. 즉 공물을 조달하는 역은
토목공사의 역과 달리 대체로 정해진 수량과 기일이 있었기 때문에, 「常
時雜役」·「常時徭役」·「常例徭賦」 등으로 지칭되고 있다.[205] 이처럼 공물
과 요역은 밀접한 관계가 있기 때문에, 조선조 成宗 2년의 '役民式'에 제시
된 20여 가지의 요역종목 가운데 5종목이 '貢賦之役'이었다.[206] 또 成宗 23

---

203) 貢役을 요역의 범주에 넣고 있는 연구는 다음의 연구가 참고된다. 北村秀人, 「高麗
時代の「所」制度につにて」『朝鮮學報』 50, 1963, p.47 ; 姜晉哲, 앞의 책, 1980, pp.277
~278 ; 이정희, 앞의 논문, 1985, pp.8~9 ; 朴鍾進, 「高麗時期 요역의 徵發構造」『蔚
山史學』 제5집, 1992, p.3.
204) 金載名, 앞의 논문, 1991, pp.101~102.
205) 尹用出, 앞의 학위논문, 1991, pp.17~18 ;『조선후기의 요역제와 고용노동』, 서울대
학교출판부, 1998 재수록.
206) 『成宗實錄』 권9, 성종 2년 3월 임진.

년조의『大典續錄』을 살펴보면 16가지의 요역종목 가운데 6종목이「貢賦之役」으로[207] 설정되고 있다.

이처럼 공역은 공물을 조달하는 역인 만큼 우선 공물의 품목에 대한 것부터 살펴 볼 필요가 있다. 공물은 광종 즉위년에 주현의 歲貢을 정했다는 내용에서 보듯이[208] 중앙정부가 주·부·군·현 등 지방관청을 대상으로 부과하는 현물세이다. 하지만 공물이 농민의 각 호를 직접 부과대상으로 하는 것은 아니라 하더라도, 주현에 부과된 공물의 대부분은 결국 민의 부담이 되었을 것임은 분명하다.

고려사에는 공물에 대한 단편적인 사례만 나타날 뿐이고, 조선초의 사료인 『世宗實錄地理志』와『慶尙道地理志』에 각 지방의 토산물과 수공업품이 잘 파악되어 있다. 고려후기 이후에 대해서는 조선초와 크게 달라진 것은 없겠지만, 전기의 경우는 조선조의 사례를 그대로 적용하는 것에 우려가 있을 수도 있다. 왜냐하면 고려전기는 조선과 달리 전업적으로 수공업품을 부담하는 '소'제도가 있었는 데다가 고려후기 세제변화를 거친다는 점에서 공물의 품목에서 꼭 같을 수 없는 점이 있기 때문이다. 하지만 조선초의 공물이 고려의 貢案을 바탕으로 이루어졌으므로,[209] 소제도나 후기의 변화라는 특수성을 감안하여 이해한다면, 조선조의 품목이 참고될 수 있으므로 정리해 보면 다음과 같다.[210]

<土山物>
① 곡물류 ; 稻,菽,黍,稷,大麥,小麥

---

207)『大典續錄』권22, 戶典 徭賦.
208)『高麗史』권78, 食貨1 田制 貢賦 定宗 4년.
209)『太祖實錄』권2, 太祖 원년 10월 甲申, "貢賦詳定都監上書曰⋯⋯今當更化之日 誠宜改定 臣等謹稽舊籍 判土地之物産 立貢賦之等第 量減前額 定爲常法". 공물을 개정하면서 舊籍을 참고하여 개정하고 있는데, 여기서의 舊籍은 당연히 고려의 貢案일 것이므로 국가에서 필요로 하는 공물의 품목에 있어서 고려시기나 조선초가 별반 차이가 없을 것으로 보아도 무방하다.
210) 조선조의 공물에 대한 품목은 李惠玉, 앞의 논문, 1985, pp.138~140에 의거한 것이다.

② 광산물 ; 金,銀沿,鐵銅
③ 수산물 ; 大口魚,文魚,沙魚,乾水魚,烏賤魚,玉頭魚,民魚,水魚,石水魚,加花
　　　魚,廣魚,古道魚,白魚,金鮑,紅蛤,甘蛤,落地,紅花,石花
④ 과실류 ; 木爪,株實,橡實,粟柿,棗,葡萄,梨,桃,李,石榴,橘乳柑,松子,抽子,榧
　　　子,芥子,子味子,川淑,眞茸,石茸,松茸,鳥足茸,桔便
⑤ 목재류 ; 營繕大木,黃陽木,自作木,椴木,燒木,長木,杏木,黃柔木,櫻木
　　<수공업품>
① 器物類 ; 陶器,磁器,漆器,柳器,木器
② 織物類 ; 苧布,麻布,綿布
③ 紙物類 ; 進獻表紙,國用表紙,表箋紙,咨文紙,奏本紙,白奏紙,常奏紙,副本
　　　單子紙,皮封紙,書契紙,祝文紙,眼紙,狀紙,中幅紙,常表紙,甲衣紙,歲
　　　畫,火藥紙,擣鍊紙,蘆花紙
④ 席子類 ; 黃花席,彩花席,白文席,竹皮方席,簾席,常文上席,別文上席,常文
　　　踏席,莞席,草席
⑤ 기타 ; 草單,莞單,尾帯, 麻索,刷子,筆墨,硯
　　<기　타>
① 獸皮類 ; 牛皮,馬皮,獸肉,獸毛,虎皮,豹皮,熊皮,狐皮,狸皮,鹿皮,水獺皮,狗
　　　皮,貂皮,熊毛,黃毛,猪毛,乾獐,乾鹿,乾猪,獐皮
② 油蜜類 ; 蜂蜜頁,清蜜,燭蜜,石蜜,眞油,法油,蘇子油
③ 기　타 ; 脯肉,鹽炭,山蔘,松烟,松脂,朱上,葛炭

　　이 가운데 직물류의 면포를 제외하고는 고려시기 공물의 품목과 그리
큰 차이는 없을 것으로 생각된다. 고려시기 사료에 나타나는 공물의 품목
에 대해서는 黃金·白金·白赤銅·鐵 등의 광산물, 牛皮·筋·牛角·馬·
酒肉·熊掌·豹胎·맹수의 가죽·밤·잣·목재·약재·생강·柴炭·松
烟 등 동식물에서 얻는 것, 해산물, 종이·기와·먹·도자기·옹기 등의
수공업품, 직물류 등이 나타난다.[211]

____

211) 이상은『高麗史』권78, 食貨1 田制 租稅 靖宗 7년 정월 ; 文宗 20년 6월; 睿宗 9년
　　　10월의 기사를 참조한 것이다. 이 외의 것은『新增東國輿地勝覽』권7 驪州牧 古跡
　　　登神莊를 참조한 것이다. 이 내용에 의하면 金所·銀所·銅所·鐵所·絲所·紬

이와 같은 물품들은 각종 수공업제품을 전업적으로 생산하는 '所'와 일반 군현에 부과되었다. 공물 가운데 고도의 기술이 요구되는 완제품은 소의 匠人에 의해 조달되었을 것이며, 일반 군현민은 중앙의 京匠人에 의해 가공될 수 있도록 原材料나 半製品의 형태로 부담했을 것이다. 예를 들면 일반민의 공물 중에서 대표적인 직물을 살펴보면 마직이나 紵織을 제외하고는 완제품보다는 원료나 반가공형태로 납부하고 있었다. 왜냐하면 마직이나 저직은 관청수공업장이 없으므로 완제품을 부담했지만, 紬 같은 경우는 紬所가 있으며 관청수공업장도 따로 존재하고 있었으므로 완제품이 아닌 眞絲나 絲의 형태로 납부하고 있었다.212)

요컨대 일반 군현민이 부담하는 공물의 품목을 살펴보면 직물류나 과실류, 油蜜類, 席子類와 같이 가내노동만으로 가능한 것도 있지만, 개별적 노동으로 불가능한 것도 상당수 있었다. 광산물이나 자연물의 채취, 獸皮·魚物을 위시한 사냥과 고기잡이, 강원·충청·경상도 등 일부 山郡에서 부담하는 목재 같은 공물의 부담이 그렇다.

공역의 종류에 대해 구체적인 사료는 보이지 않지만 시사하는 기사들은 있다. 諸道의 공물이 정해져 있는 데도 불구하고 또 범·표범·곰가죽을 공물로 바치라고 하자 금지하도록 상소한 이유가 맹수들이 사람을 해칠까 두렵다213)는 이유를 들고 있다. 맹수의 가죽을 바치는 것은 많은 몰이꾼이 필요했으므로 민의 요역노동을 징발했을 것이다. 또 洪州·稷山·旌善 등에서 採金하기 위해서 11,446명의 백성을 70일 동안 사역시켜 7兩 9分을 얻었다는 기사214)가 있다. 이 사례 역시 당시의 기술수준을 감안할 때 광산

所·紙所·瓦所·炭所·鹽所·墨所·藿所·瓷器所·魚梁所·薑所가 있는 만큼, 각기 해당하는 물품을 생산하여 바쳤을 것임을 짐작할 수 있다.
212) 魏恩淑, 「高麗後期의 農業經營에 대한 硏究」, 부산대학교 박사학위논문, 1994, p.153 ;『高麗後期 農業經濟硏究』, 혜안, 1998 재수록.
213)『高麗史』권78, 食貨1 田制 租稅 忠烈王 22년 6월.
214)『高麗史節要』권19, 忠烈王 3년 2월.

물의 채취는 매우 힘든 일이어서 개별적으로 금을 납부하는 것이 아니라, 노동력 그 자체를 동원해야 했음을 반영하고 있다.

자연물의 채취를 위한 요역 동원으로는 다음의 사료가 참고된다.

> 다 <6> 내가 孟城의 수령으로 나가 있을 때, 都督府의 명령을 받들어 御墨 5,000挺을 만들어 먼저 봄까지 바쳐야 했다. 이에 驛馬를 타고 孔 巖村에 가서 민으로 하여금 松烟 100斛을 채취하게 하고, 良工을 모아 몸소 役을 독려하여 2달만에 끝났다(『破閑集』 권上).

李仁老가 孟城의 수령으로 있으면서 御墨 5,000挺을 생산하던 기사이다. 이 때 墨을 만든 것은 良工 즉 공장이었지만, 이에 소요되는 원료인 松烟 100斛은 민의 노동력을 징발하여 채취하고 있는 점이 주목된다. 이것은 墨을 생산할 때 기술이 필요한 부분은 공장이, 원료마련과 같은 단순 노동은 민의 요역노동에 의존하고 있었음을 말해 주고 있다. 이 때의 공암촌에 대해서는 지역촌이 아니라 墨所로 보는 견해[215]도 있지만, 공암촌민이 자연물의 채취를 위해 징발된 예로 보는 데는 지장이 없다.[216]

목재를 마련하기 위해서도 대규모의 노동력이 동원되어야 했다. 궁궐을 영조하기 위해 벌목하던 3道의 민이 역역으로 죽은 자가 아주 많다[217]는 내용이 이를 시사하고 있다. 당시의 기술이나 작업수준으로 미루어 목재를 자르는 것은 매우 힘든 일이었다. 또 벌목 뿐 아니라 운반하는 자체도 매우 어려운 작업이었다. 交州一道가 나무를 베고 운반하느라 人畜이 병들었다든지,[218] 경기·양광민이 나무 5천 그루를 운반하느라 소가 모두 죽어 민

---

215) 자세한 것은 具山祐, 「고려기 부곡제의 연구성과와 과제」『釜大史學』12, 1988 참조
216) 이에 대해서는 朴鍾進, 앞의 학위논문, 1993, pp.93~94에서도 공암촌과 그 주변민 호의 공역으로 파악하고 있다. 즉 소민이 공물을 생산하는 과정은 일종의 공역이라는 것이다.
217) 『高麗史』 권16, 世家 仁宗 9년 6월 경진.
218) 『高麗史節要』 권35, 恭讓王 3년 5월.

의 원망이 매우 심했다[219]는 기사들이 입증하고 있다.

　이상의 사례는 토목공사와 관계되는 역이긴 하지만, 재목을 마련하는 공물에도 마찬가지로 적용될 수 있다. 즉 나무와 돌을 바치지 않는 사람은 포를 징수하거나 섬으로 귀양 보낸다[220]라는 내용이나, 나무를 베고 기와 굽는 역을 3년간 중지하여 민의 힘을 쉬도록[221] 한 예들은 재목마련과 관련된 貢役이 별도로 존재하고 있었음을 보여주고 있다.

　따라서 토목공사 가운데 재료를 마련하는 역과, 공물조달의 역은 상당히 중첩되어 나타날 수밖에 없는 속성이 있음을 알 수 있다. 목재 외에 궁궐·관청·사원이나 불탑의 조성에 필요했던 석재, 벽돌, 기와, 동, 철 등[222]도 마찬가지이다. 이들은 사찰조성이라는 점에서는 토목공사적인 성격을 지니지만, 때로는 貢役에 의해 조달되었을 가능성도 혼재되어 있다. 재료를 마련하는 역이 토목공사와 공물조달의 역 가운데 어디에 속하는가 하는 문제는, 그 역사의 성격이 영조와 관련된 것인지 아닌지에 따라 달라질 것이다. 국가차원에서 본다면 전자의 사례는 재료를 마련하는 토목공사의 역이며, 후자는 貢役으로 구분되는 것이긴 하지만, 개별민호의 견지에서 본다면 양자는 단지 노동력의 징발일 뿐 달리 구별될 수 있는 특징은 없다.

　한편 貢役의 징발에 대한 비중은 지역에 따라 차이가 있었던 것 같다. 앞에서 언급한 예종대 기사에서 경기지방의 백성은 상공 외의 요역이 번중해 민의 도망함이 날이 갈수록 많다고 한 예도 이런 사정을 반영하고 있다. 여기서 상공 외의 요역이란 별공과 관련된 요역이다. 본래 공물에는 정기적으

---

219) 『高麗史』 권119, 列傳32 鄭道傳.

220) 『高麗史』 권36, 世家 忠惠王 後4년 7월, “辛未 元使實德 道見造成都監牓文 有曰 納木石 不及期者 徵布配島……”.

221) 『高麗史節要』 권33, 辛禑 14년 8월, “大司憲趙浚 陳時務曰……以壺串宮闕之材瓦 被罪籍沒之居室 兩江之材 諸窯之瓦 供諸營造 凡斫木瓦窯之役 且停三年 以休民力”.

222) 『高麗史節要』 권35, 恭讓王 3년 5월, “郎舍上疏曰……是役也 聖心或以謂不勞民力 而役遊手 不費國用而資捨施 然木石磚瓦 銅鐵之費 累巨萬 其遊手之食 捨施之物 非吾民之恒産乎”.

로 부과하는 常貢과 수시로 부과하는 別貢이 있었다.[223] 경기지역은 王都인 개성을 비롯하여 문무양반과 궁궐·종묘·관청이 존재했기 때문에 공물의 수요도 다른 지역보다 많았을 것이다. 그러나 주현의 공물액수 즉 歲貢을 정할 때 상공의 경우는 특정지역에 과중한 부담을 지우기보다 어느 정도 均定하게 배려를 했을 것이므로, 지역에 따라 차이가 난 것은 별공으로 인한 부담 때문이었을 것이다. 島民은 先代의 죄로 인해 바다 가운데서 사는 데 光祿寺에서 無時로 징구하여 날로 곤궁해지니, 州郡의 예에 따라 공역을 공평하게 하도록 상소한 성종대의 기사[224]도 이를 뒷받침하고 있다. 즉 이 때의 공역은 수시로 징수한다는 데서 별공으로 인한 공역이다.

공역을 징발하는 시기상의 특징을 보면, 고려후기가 상대적이긴 하지만 전기에 비해 보다 과중했던 것 같다. 이는 전업적으로 공물을 부담하던 '소' 제도의 해체로 종래 소민에 의해 부담되던 공물이 일반민의 공역에 의해 조달되어야 했기 때문이다. 禑王때 壺串의 궁궐에 있는 목재·기와와, 籍沒된 집과 兩江의 재목 및 여러 窯의 기와를 영조에 사용함으로써 나무 베고 기와 굽는 역을 3년간 중지하여 민의 힘을 쉬도록 한 기사[225]가 주목된다. 기와를 굽는 것은 瓦所의 존재에서 알 수 있듯이 이전에는 소민의 부담이 었는데, 후기의 경우 일반민의 공역을 동원하고 있다. 충렬왕대에는 각 군현의 호로부터 은·모시·가죽·비단·기름·꿀 등을 징수하고 있다.[226]

---

223) 상공과 별공의 기준은 연구자에 따라 견해가 다르다(기존의 연구에 대해서는 姜晉哲, 앞의 책, 1980, pp.278~279 참조). 조선초 고려의 貢案을 참고하여 공물을 상정한 조선초에 공물을 개정하면서 "그 당시(공물의 常法을 정할 때) 물품 가운데 상공이 될 수 없는 것은 상공 외에 열거하여 별공이라 했는데, 橘·柚子 같은 종류가 그것이다"(『太祖實錄』권2, 太祖 원년 10월 갑신) 라고 한 기사로 미루어 별공은 정기적으로 수취하지 않는 공물이다. 이에 대해 朴鍾進도 상공은 정기적으로 수취하는 공물이며, 별공은 그 생산이 항상적이지 못해 상공으로 상정되지 못한 공물로 이해하고 있다(앞의 학위논문, 1993, p.94).

224)『高麗史節要』권2, 成宗 원년 6월, "諸島居民 以其先世之罪 生長海中 活計甚難 又光祿寺 徵求無時 日至窮困 請從州郡之例 平其貢役".

225)『高麗史節要』권33, 辛禑 14년 8월.

또 충선왕 원년(1309)에는 鹽전매제를 시행하여 염생산자인 염호를 일반군현민으로 충당하고 있다.227) 이 가운데 은, 비단, 염 등은 銀所·鹽所·紬所가 있는 것으로 미루어 재료를 마련하고 가공하는 데 적합한 자연조건이나 특별한 기술이 필요했을 것이므로 종래에는 주로 소에 부과되었던 품목이다.228) 그러나 이제 일반군현민의 부담으로 대체되고 있다.

또 다른 요인으로 들 수 있는 것은 원의 간섭이다. 원이 요구한 공물 가운데 금·은·동·재목·豹皮·熊皮·虎皮 등229)은 대규모의 노동력이 요구되는 것이었다. 원에서 李樞와 몽고인을 보내어 궁실 건축을 위해 요구한 재목은,230) 앞에서 살핀 바와 같이 대규모의 인원이 동원되어야 조달할 수 있는 역사였다. 또 1만명이 넘는 노동력이 징발되어 금을 채굴한 충렬왕 3년조의 기사231)도 원나라가 요구한 공물을 마련하기 위해서였다. 심지어 고려후기 銀貨의 품질이 조악해질 정도로 원의 요구로 인한 은·동의 유출이 심했다.232)

한편 공물수요의 증대는 왕실의 親朝비용과 관련된 盤纏과도 밀접한 관계가 있다.233) 고려왕의 몽고 친조는 횟수도 많았지만, 在元기간도 몇 개월씩 되었는 데다가, 왕 외에 왕자와 조신들도 자주 入元함으로써 거기에 소용되는 비용이 엄청났다. 『高麗史』 권79, 食貨2 科斂條의 기사가 거의 이

---

226) 『高麗史節要』 권79, 食貨2 科斂 忠烈王 15년 3월.

227) 『高麗史』 권79 食貨2 鹽法 忠宣王 원년 2월.

228) 소민이 부담하던 공물이 일반군현민에 의해 조달되는 것은 朴宗基, 위의 책, 1990, 제4장 중 수취체제의 변질에서도 지적한 바 있다.

229) 金庠基, 『高麗時代史』, 東國文化社, 1961, pp.689~690.

230) 『高麗史』 권27, 世家 元宗 13년 12월 임진.

231) 『高麗史節要』 권19, 忠烈王 3년 2월.

232) 그 결과 여말선초 화폐제도에서 楮貨制를 택할 수밖에 없는 실정이 되었다고 한다 (李泰鎭, 「韓國社會經濟史 연구의 현황과 과제」 『제 30회 全國歷史學大會發表要旨』 pp.43~46).

233) 盤纏에 대한 것은 朴鍾進, 「忠宣王代의 財政改革策과 그 性格」 『韓國史論』 9, 1983, pp.65~67 참조.

시기와 관련된 것이 이를 반영하고 있다. 대원관계에서 기인한 공물은 백
관의 품계에 따라 차등 징수하기도 했지만[234] 일반군현민에게 부가되기도
했다. 경상도에서 갑오년(충렬왕20년)의 조세를 내지 않는 대신 그 조세액
을 군현들에 나누되, 30석대 백금 한 근의 비율로 계산하여 백금을 징수하
는데 그 독촉함이 星火보다 심하여 민이 매우 괴로워했다[235]는 사례가 이
를 시사하고 있다. 즉 군현에 부과된 백금은 민의 부담이 되었으며, 이는
개별민호가 납부하기 어려운 탓에 공역의 형태로 징발되었을 것이다.

다. 조세운반

요역의 형태 가운데는 현물세를 운반하는 輸役이 있었다. 당시의 도로사
정이나 운반수단을 고려해 볼 때 조세의 운반 역시 대규모의 노동력이 동
원되었음을 예견할 수 있다. 왕이 南京에서 돌아와 南京과 廣州의 그 해 조
세를 운반하는 輸役을 면제해 주고, 나머지 주현은 절반을 감해 주도록 한
내용[236]이 이를 보여 주고 있다.

조세는 물론이지만, 공물을 운반하는 수역도 있었다. 왕이 서경에서 돌
아와 지나온 주부군현의 貢稅輸役을 다 면제토록 한 기사[237]의 貢稅는 공
물세의 의미로 해석된다. 공물의 운반도 조세에 비해 규모는 작겠지만, 민
의 요역에 의해 운반되었음을 보여 주고 있다. 또 공부를 징수하고 운반하
는 등 민에게 불편한 것은 모두 면제하도록 한 神宗이 즉위년의 교서[238]

---

234) 백관의 품계에 따라 은이나 모시를 차등있게 징수하고 있는 사례들은 『高麗史』
　　권79, 食貨2 科斂 참조.
235) 『高麗史』 권79, 食貨2 科斂 忠烈王 21년 4월, "……時世子請婚 其費不貲 內則七品以
　　上 科斂白金 外則減慶尙道甲午年租稅 分給郡縣 每白金一斤 折米三十石 徵救急於星
　　火 民甚苦之".
236) 『高麗史』 권80, 食貨3 賑恤 恩免之制 毅宗 21년 9월.
237) 『高麗史』 권80, 食貨3 賑恤 恩免之制 毅宗 23년 4월.
238) 『高麗史』 권80, 食貨3 賑恤 恩免之制 明宗 27년 11월, "神宗卽位詔曰 貢賦徵輸 公私
　　息利 不便於民者 幷放". 여기서의 공부가 공물만으로 한정하여 사용된 것인지 분
　　명치 않지만, 세제일반의 의미로 공부가 사용되었다 하더라도 공물이 포함되어 있

역시 공물의 징수가 군현민의 요역징발에 의해 운반되었음을 보여 주고 있다. 그런데 공물의 운반은 앞에서 살펴 본 貢役과 중첩되어 나타날 수 있는 소지가 있으므로 양자를 구분하기 어려운 점도 있다. 공물을 운반만 하는 것은 수역이지만, 상당수의 공물은 생산과 아울러 운반까지 하는 경우도 있을 것이다. 이런 관점에서 본다면 貢役과 貢稅輸役을 확연히 구분하기 곤란한 점도 있으므로 편의상 공물운반도 수역에 포함시키기로 하겠다.

그런데 현물세의 수송은 조세와[239) 공물의 경우가 서로 달랐다. 예를 들면 조세는 그 물량이 대규모이므로 漕運을 통해 중앙으로 운반했다. 그리고 주군에서 거둔 조세는 일단 근처의 曹倉으로 운반되었다가, 다음해 2월부터 4월(近地) 혹은 5월(遠地)까지 京倉으로 운반하도록 규정이 마련되어 있었다.[240) 따라서 조세운반의 역은 그 성격이 定期·定量的인 것이었다. 이에 비해 공물은 대규모는 아니지만 다양한 물품을 수시로 운반해야 했으므로 驛·館·院 등의 육로를 통해 수송했다.[241) 물론 공물의 경우도 매년 정기적으로 납부하는 常貢의 경우는 정기·정량적인 성격을 지니므로 조운으로 운반하기도 했겠지만, 別貢과 같은 폼목은 수시로 운반했으므로 육로를 이용했을 것이다.[242)

한편 조세와 공물의 수송과정은 생산지에서 관할구역 내의 조창에 일단

을 것임은 분명하다.

239) 조세의 용례는 기존의 연구에 의하면 田租만을 의미하는 것이 아니라, 전조를 포함한 세제일반의 뜻으로도 사용되고 있다. 그러나 토지세라는 의미로 조, 전조, 조세가 구분없이 사용되기도 한다고 하고 있다(朴鍾進, 앞의 학위논문, 1993, p.46). 여기서의 조세는 세제일반이 아니라 토지세의 의미로 한정시키는 것으로 사용하겠다.

240) 『高麗史』 권79, 食貨2 漕運.

241) 朴鍾進, 앞의 학위논문, 1993, p.97.

242) 驛의 기능은 『朝鮮經國典』 권14, 驛傳에 의하면 군사상 위급한 일이나 사신왕래, 迎送과 함께 輸運이 있는 것으로 미루어 공물이 역을 통해서 운반되었음을 알 수 있다. 館이나 院의 경우도 이와 비슷한 기능을 가졌던 것은 조운이 불통하게 되자 원·관을 설치하여 이용하도록 한 사례(『高麗史』 권39, 世家 恭愍王 5년 6월)에서 잘 나타난다.

수집되었다가 다시 조창에서 京倉으로 수송하는 두 단계로 나누어 생각할
수 있다. 민의 수역이 징발되는 것은 생산지에서 조창까지 운반하는 단계
이고, 조창에서 경창까지는 조창주민의 身役에 의해 수송되었다.[243] 공물
의 경우 정기적인 常貢物은 조운에 의해 수송되었지만, 필요할 때 수시로
징수되던 別貢物은 驛·館·院 등 육로를 이용하여 운반하였던 것 같다.
요컨대 별공물은 생산지에서 해당 驛·館·院까지는 민의 수역을 징발하
고, 여기서 중앙까지는 역·관·원에 거주하는 주민의 신역에 의해 운반되
었다.[244]

조세수역은 국가재정을 지탱하는 근간이 되므로 어느 시기에나 늘상 징
발되었겠지만, 식량조달의 부담을 감수해야 했던 원간섭기에는 그 부담이
보다 과중해졌다. 왜냐하면 원의 공물요구 가운데 고려를 가장 괴롭힌 것
이 海東靑을 비롯한 짐승의 요구와 함께 運糧이었기 때문이다. 즉 원은 군
량미 조달, 토목공사나 기근의 대처를 위해 필요한 막대한 양곡을 6事의
하나로 정해 고려에 요구했기 때문이다.[245]

당시의 소요식량은 種子(원종 11~13년 4월[246] ; 15,000석), 주둔군량(원
종 11~13년 4월 ; 109,199석), 왕경사신접대(원종 11~13년 4월 ; 17,151석),
1차 일본정벌 造船時 役徒식량(원종 25년 2월 ; 34,312석), 주둔군량(원종 15
년 ; 12,599석), 주둔군량(충렬왕 3년 ; 18,629석), 2차 일본정벌시 군량(충렬

---

243) 조창은 군현제의 하부조직으로서 조창주민은 조창에서 경창까지 세곡을 운반했는
　　데, 이때의 역은 조창민의 신역으로 보아야 한다는 점이 이미 지적된 바 있다(姜晋
　　哲, 앞의 책, 1980, pp.286~287 ; 崔完基, 「高麗朝의 稅穀運送」『韓國史硏究』 34,
　　1981, p.40).
244) 관·역·원은『高麗史』권3, 世家 成宗 11년 11월에 "改州·府·郡·縣 及關·
　　驛·江·浦號"라고 한 데서 보는 바와 같이 군현제의 하부구조였다. 따라서 이들
　　주민은 조창민과 마찬가지로 물자수송 등 각기 해당하는 신역을 부담했을 것이다.
245) 고려에 요구한 원의 공물에 대해서는 張東翼,『高麗後期外交史硏究』, 一潮閣, 1994,
　　pp.133~138 참조.
246)『高麗史』권27, 元宗 12년 4월 정사. 이하 전거를 밝히지 않는 것은 모두 고려사
　　세가의 기록이다.

왕 7년 ; 123,560석)이 있다.[247] 이상 몽고군대가 들어오는 원종 11년(1270) 부터 2차정벌이 있었던 충렬왕 7년(1281)까지 기록에 나타나는 것만 해도 315,000石에 이르고 있는데, 고려전기 1년 총녹봉액이 157,000餘石인 점을 감안하면[248] 상당히 과중한 부담이었음을 알 수 있다.

이러한 양곡 운반을 위해서는 많은 인력과 선박을 준비해야 했다. 충렬왕 15년 요양의 盖州로 64,000석을 수송할 때 선박이 483척, 인부가 1,314명 동원되었다. 이 중 선박의 파손이 44척, 유실이 9척, 쌀의 침몰이 5,305석, 유실이 908석이었다. 인명피해는 익사자가 119명, 병사자가 14명, 도망자가 67명, 행방불명이 86명이었다.[249] 식량을 수송할 때 일차적으로 배까지 운반하는 것은 민의 요역노동에 의존했을 것이다.

당시 운반하는 방법도 牛畜이 있는 경우에는 役徒가 이를 이용하여 다소 수월하게 운반할 수 있었지만, 대부분은 馬牛가 적어 中外의 식량 수송시 사람들 자신이 지거나 이고 운반해야 했으므로[250] 매우 고역이었다. 아울러 식량운반은 원으로 수송하는 것 외에도 원간섭기라는 특수성으로 인해 고려 국내에서의 식량조달과 관련된 요역동원의 부담도 자연히 커지게 된다. 이를테면 全羅州道에서 전함을 만드는 役徒와 주둔한 군대의 식량이 부족하자 東京·晋州道 내의 癸酉年 녹봉을 운반해 주어야 했다. 이 때문에 왕은 요역도 번거롭고 수송까지 해야 하는 폐단이 있어서 농사일에 방

---

247) 이상의 식량산출은 朴鍾進, 「忠宣王代의 財政改革策과 그 性格」『韓國史論』 9, 1983, p.64에 의거한 것이다. 이때의 石은 漢石으로 高麗石의 2배이다(『高麗史』 권 27, 世家 元宗 12년 8월). 고려의 量制가 원의 영향으로 2倍積化한 것에 대해서는 呂恩映, 「高麗時代의 量制」『慶尙史學』 3, 1987 참조.

248) 李熙德, 「高麗祿俸制의 硏究」『李弘稙回甲紀念韓國史學論叢』 1969, p.190.

249) 『高麗史』 권30, 世家 忠烈王 15년 9월 을축.

250) 『高麗史』 권27, 世家 元宗 13년 4월 정사, "……加以小邦馬牛寡小 凡所輸中外糧餉 人自負載 則其往東眞 輸致甚難……". 그래서 때로는 일반 군현민으로부터 소를 차출하기도 했다 (元宗 12년 3월 계사, "今外方牛畜 悉因全羅道 糧餉轉輸 以至饑困 損失者大半"). 즉 군량을 수송하기 위해 지방의 소와 가축을 전라도로 보내 군량의 수송을 돕도록 하고 있는 것이다.

해되는 것을 걱정해야 했다.[251]

한편 위에서 살펴 본 운량조달 외에도 충렬왕 21년까지는 간혹 운량조달의 사례가 보인다. 충렬왕 15년 3월 군량을 위해 64,000석을 盖州로 수송하고,[252] 충렬왕 21년 3월 정사에 요양의 기근으로 1만석, 4월 기묘에 12,180석을 요양으로 운반하고 있다. 그러다가 왕 21년 4월 계묘에는 장군 柳溫을 원나라에 보내어 요양으로 보내는 양곡을 줄여주도록 청하자 황제가 2만석을 감해 주었는데, 이후 왕 21년 윤4월 계유에 8,568석을 요양으로 운반한 이후로는 운량의 사례가 보이지 않는다. 이는 원의 世祖가 죽고(충렬왕 20년) 일본정벌을 포기한 이후, 경제적 압력이 현저히 줄어들었기 때문이다.[253] 따라서 대원관계로 인한 조세운반의 역은 이러한 정치상황의 변화와 수반하여 충렬왕 21년(1295) 이후부터는 다소 경감되어 갔을 것이다.

그런데 후기에 이르러 군현제의 질적변화와 병행하여 조운제의 성격도 변하게 되고 아울러 국가에서 관장하던 조운을 지방 군현이 주도해 갔다.[254] 왜구의 약탈은 이런 변화에 더욱 박차를 가하여 일부 조창이 혁파되어 조창을 내륙으로 옮기든지,[255] 陸運에 의지하기도 하였다.[256] 그 결과

---

251) 『高麗史』 권27, 世家 元宗 15년 3월 병술, "……時全羅州道 造船役徒三萬五百餘名 洪茶丘所領監造軍 供給不足 輸東京晋州道內 癸酉年祿轉與之 王患徭役之煩 轉輸之弊 有防農務 ……".

252) 『高麗史』 권30, 世家 忠烈王 15년 3월 신묘. 이하 전거를 밝히지 않는 것은 모두 고려사 세가의 기록이다.

253) 朴鍾進, 앞의 논문, 1983, p.68.

254) 조창 중에서 일부는 14세기 河陽倉이 慶陽縣으로 승격한 것처럼 군현으로 승격되기도 하였다(『高麗史』 권56, 地理1 楊廣道 稷山縣). 하양창에서 맡던 조운을 경양현이 맡게 되었던 것이다. 이와 같은 실정에서 바다나 하천에 인접한 군현은 스스로 조선을 구비하고 세곡을 수송하게 되었다. 이렇게 되자 국가가 조운을 관장할 때는 운송비를 받지 않았지만, 군현이 주관하고부터는 운송비를 받게 되는 문제점이 노출되었다(崔完基, 앞의 논문, 1981, p.50). 예컨대 경상도와 같은 곳에서는 운송비가 세곡의 배가 되고 있다(『高麗史』 권78, 食貨1 租稅 恭愍王 11년).

255) 『高麗史』 권39, 世家 恭愍王 7년 4월, "倭寇韓州及鎭城倉 全羅道鎭邊使高用賢 請徙沿海倉廩於內地 從之".

256) 『高麗史』 권39, 世家 恭愍王 5년 6월, "漕運不通 凡所轉輸陸路 宜令有司 量地遠近

조창주민의 신역에 의한 운반이 어렵게 됨으로써 세곡의 수송은 일반민의 수역징발에 의존하는 빈도가 높아졌을 것이다.

이상에서 요역의 용례를 검토한 후 요역제가 성립하는 과정과 요역의 형태에 대해 살펴보았다.

고려의 세제는 개별민호에게 부과되던 租·布·役의 3세와, 지방관청을 대상으로 부과하던 공물이 있었다. 공물은 당제에서의 貢獻에 비교될 수 있는 항목이었다. 고려의 세제는 당제가 직접 丁을 과세대상으로 삼은데 비해, 戶를 과세대상으로 삼고 있었다. 고려사에서 요역을 의미하는 용어로는 요역 외에도「역역」「역」「차역」「요」「과역」「부역」 등 다양한 명칭이 사용되고 있는데, 이들 용례는 당의 용례와 깊은 관련이 있었지만 실질적 내용에 있어서는 차이가 있었다. 용례의 의미는「요」를 제외하고는 요역만을 뜻할 때도 있지만, 요역 외의 역 또는 세제일반을 의미하는 경우도 있으므로 사료의 이용에 있어서 신중한 검토가 필요했다.

요역의 징발은 태조대부터 있었지만, 당제를 모방한 고려 요역제의 정비는 양전과 호구조사가 완비되었고 유교적 통치체제가 성립되었던 성종대, 적어도 성종 7년대까지는 요역제 운영에서 당제를 모방한 9등호제에 의한 제도적 정비를 갖춘 것으로 보인다. 고려의 요역제는 노동력의 직접 징발 형태로 운영해야 했던 사회 발달단계였던 탓에 토지과세로 이행하였던 송의 세제 대신에 당제를 도입한 것으로 생각된다.

민을 동원하여 사역시켰던 요역형태는 노동력이 투여된 종목에 따라 각종 土木工事, 현물을 생산하는 貢物調達, 租稅運搬으로 정리될 수 있었다. 이 가운데 특히 토목공사로 인한 노동력 동원이 빈발했던 것은 집권층의 이데올로기와 정치세력 간의 갈등을 둘러싸고 표출되었던 지리도참설 및 불교와 긴밀하게 연결되어 있었다. 또 요역은 일관되게 균등한 모습으로 부과된 것이 아니라 고려 전후기라는 시기상의 변화, 정치적 변동, 신분 및

營立院館".

지역적 특성에 따라 요역부과의 내용이나 强度에 상당한 차별성이 수반되고 있었다. 한편 요역노동은 징발하는 주체나 범위에 따라 중앙차원의 요역과 지방군현적 차원의 요역으로 나눌 수 있다. 그러나 실제로는 요역의 성격상 중앙적인 요역과 군현적인 요역은 상호 관련된 것이 많고, 또 군현차원의 요역은 거의 모든 부분에 걸쳐 다양하게 나타날 수 있으므로 이들은 상호중첩하여 수행되었다.

이러한 점을 염두에 두고 다음 장에서는 요역이 운영되었던 실태를 보다 구체적으로 검토해 보기로 하겠다.

Ⅲ. 요역제의 운영

　　요역제는 국가권력이 필요한 노동력의 확보를 위해 민을 징발하고, 또 사역시키는 제도적 장치를 통해 운영되었다. 그리고 그 제도적 장치의 일차적 단계는 국가와 지방군현과의 관계를 매개로 실현된다. 고려의 군현제는 군현제 영역과 부곡제 영역, 외관이 파견된 주현지역과 그렇지 못한 속현지역 등 다양하게 편제되어 있었으므로 요역의 부담도 지역에 따라 불균등하게 나타났을 가능성이 있다. 이를 감안하여 우선 국가권력이 지방군현을 통해 요역을 分定하는 체계에 대해 살펴보겠다.

　　그 다음은 군현에서 개별민호에 요역을 부과하는 방식을 살펴보도록 하겠다. 요역이 개별민호에 부과되는 방식은 민을 使役시키기 위한 제반 운영체계가 포함된다. 이러한 문제들은 제도사적인 성격도 강하기는 하지만, 요역운영의 실상을 이해하기 위해 필요한 과제이다. 특히 고려전기 요역의 부과방식을 구체적으로 해명하기 위한 작업으로서, 9등호제의 시행과 관련된 문제를 검토하려고 한다. 주지하듯이 고려전기 민의 동원기준은 16세 이상 60세 이하의 丁이었지만, 모든 인정이 동원되는 것이 아니라 戶를 단위로 부과되었다. 그러므로 9등호제에 대한 검토는 요역의 부과방식을 천착하는데 중요한 단서가 될 것이다. 고려전기 9등호제의 연원은 신라의 9

등호제이므로, 신라 호등제와의 연관하에 살펴보도록 하겠다.

한편 고려전기 요역의 부과대상은 토지가 아니라 人丁이었다. 이와 같은 상황에서의 요역제의 운영은, 필연적으로 역을 부담하는 신분체계의 편제와 직결되게 된다. 이 시기 요역을 부담하는 주된 신분층은 일반민이었다. 하지만 고려 군현제의 독특한 편제상 일반민이라 하더라도 다양한 역을 부담하는 형태를 취하고 있다. 그러므로 일반민의 범주 내에서도 보다 구체적으로 요역의 부담형태를 살펴 볼 필요가 있다. 요역은 원칙상 신분의 高下를 막론하고 부과되는 戶役이라는 성격을 지니고 있는 만큼, 요역제 운영의 실상에 접근하기 위해 일반민 외의 다른 신분이 지는 역은 어떠한지 또 免役대상자는 어떤 신분층이 존재하는지 살펴보겠다.

1. 요역의 부과방식과 戶等制

가. 요역의 운영체계

요역제가 성립된 이후 민의 노동력을 징발하는 체계가 어떠했는지 살펴보고자 한다. 우선 役民의 순서 및 出丁기준에 대한 것을 살펴보고, 그리고 나서 使役日限이나 장비문제 등은 어떠했는지 살펴보겠다.

고려의 군현은 태조 23년, 성종 14년의 개편을 거쳐 군현제의 기반을 확립한 현종 9년(1018)에는 520여개의 군현이 편성되었다. 이들 군현제 영역은 외관이 파견되었던 州縣과, 그렇지 못한 屬縣으로 구성되어 있었다. 현종 당시 외관이 파견된 주현은 87개이며 나머지는 속군현인데, 주현과 속현은 각기 治所, 직할촌, 향·소·부곡·장·처·진·역 등의 부곡제 영역으로 구성되어 있었다.[1] 민을 징발하는 순서는 국가권력이 지방제도를 파악하는 통치체제와 결부되어 있다. 고려전후기 호적작성의 순서를 참고로

---

1) 李樹健, 『韓國中世史研究』, 一潮閣, 1984, pp.71~74 ; 朴宗基, 『高麗時代 部曲制研究』, 서울대학교출판부, 1990, p.100.

하여 이를 살펴보도록 하자.

전기의 경우 호적작성은 주군에서 計口籍民하여 호부에 바치면, 호부에서 이를 토대로 徵兵調役하고 있다.[2] 즉 고려전기의 단계는 민-군현, 군현-중앙정부로 연결되는 단계로 설정되고 있었다. 이와 달리 후기의 경우는 수령이 호적을 안렴사에 바치면, 안렴사는 판도사에게 바침으로써 조정에서 徵兵調役하도록 하고 있다.[3] 이를 테면 군현－도－중앙의 단계로 연결됨으로써 道가 군현을 감독할 수 있는 위치로 등장하고 있다.

그러면 전기와 같이 아직 道制가 확립되지 못한 상황에서 중앙과 군현을 연결해 주는 매개기구는 무엇일까. 이와 관련하여 주목되어 온 것이 界首官體制이다. 그러나 계수관에 대한 정치적 기능의 행사에 대해서는 다소 견해의 차이가 있다. 이를 테면 계수관의 기능은 上表 進賀, 鄕貢의 選上, 外獄囚의 推檢 등의 역할에 한정하는 것으로 파악하는 견해가 있다.[4]

이와 달리 근래에는 계수관이 관내 주현에 대해 명실상부한 중간기구로서의 기능을 보유하고 있었다는 연구[5]가 나오고 있다. 즉 계수관은 종래에 거론되어 왔던 기능 외에 세제의 수취에서도 상당한 역할을 하고 있었던 점이 지적되고 있다. 예컨대 예종대 경기주현의 백성이 常貢외의 요역으로 시달려 유망하자, 계수관에게 下問하여 공역의 다소를 酌定 施行토록 하였던

---

2)『高麗史』권79, 食貨1 戶口, "國制 民年十六爲丁 始服國役 六十爲老而免役 州郡 每歲計口籍民 貢于戶部 凡徵兵調役 以戶籍抄定".

3)『高麗史』권79, 食貨1 戶口 辛禑 14년 8월, "大司憲趙浚上訴曰……願今當量田 審其耕作之田 以所耕多寡 定其戶上中下三等 良賤生口分揀成籍 守令貢于按廉 按廉貢于版圖 朝廷凡徵兵調役 有所憑依".

4) 尹武炳,「高麗時代 州府郡縣의 領屬關係와 界首官」『歷史學報』17·18, 1962 ; 邊太燮,「高麗前期의 外官制」『高麗政治制度史研究』, 一潮閣, 1971.

5) 具山祐,『高麗前期 鄕村支配體制의 研究』, 부산대학교 박사학위논문, 1995, pp.90~98. 이 외 金載名,『高麗稅役制度史 研究』, 한국정신문화원 박사학위논문, 1994, pp.159~160에서도 계수관의 기능에 대해 상당한 역할을 인정하고 있다. 즉 계수관이 稅役수취를 직접 관장하지는 않았지만, 군현에 稅役을 부과하거나 조정하는 일에 간접적으로 관여했던 것으로 파악하고 있다.

것6)을 주목하고 있다. 이 외에도 李奎報가 全州牧의 司錄參軍事兼掌書記로 있을 때 조정의 명을 받들어 扶寧郡의 邊山에서 관내 46개 군현의 군사를 동원하여 벌목을 지휘하였던 것7)도 강조하고 있다. 왜냐하면 扶寧郡은 전주목 관내의 주현인 古阜郡의 속현인데, 전주목이 관할하는 군현의 총수가 46개로서 벌목작업에 동원한 군현의 수와 일치하고 있다는 것이다.8)

이와 같이 계수관의 기능이 세제의 수취에 상당한 역할을 한 것은 인정되지만, 중앙에서 필요한 노동력을 分定하는 것은 직접 주현을 대상으로 한 것으로 보인다. 이러한 사실은 農桑은 의식의 근본이므로 諸道의 州縣官이 三時를 빼앗지 말아 백성을 편안하게 하도록 하라는 교시9)나 올해 비가 오지 않으니 州郡으로 하여금 救荒에 앞서 준비하도록 한 내용10)에서 알 수 있다. 중앙에서 계수관에게 명령을 하달하고 있는 것이 아니라, 중앙의 명령이 수령을 직접대상으로 하고 있는 것이다. 따라서 중앙에서 주현에 노동력을 분정하면, 주현의 수령은 직할촌, 속군현, 부곡제 지역에 재분정했을 것으로 생각된다.11)

이러한 체계는 중기 이후 '道'가 감독기구로서의 기능이 강화되면서12) 역의 분정체계가 달라지고 있다. 중앙에서 道에 필요한 수를 분정하면 도에서 각 군현에 出丁數를 분정하게 되는데, 다음의 사료가 시사하고 있다.

가 <1> (신우 14년) 7월에 司憲府에서 上書를 올려 "(중략) 巡問과 안렴사

---

6) 『高麗史』 권78, 食貨1 田制 貢賦 睿宗 3년 2월.

7) 李奎報, 「正月十九日復到扶寧郡有作」『東國李相國集』 권9.

8) 具山祐, 앞의 학위논문, 1995, pp.94~95.

9) 『高麗史』 권79, 食貨2 農桑 德宗 3년 3월, "敎曰 農桑衣食之本 諸道州縣官 勉遵朝旨 無奪三時 以寧百姓".

10) 『高麗史』 권8, 世家2 文宗 17년 9월 경자, "制曰 今歲雨澤不降 西成未期 其令州郡 豫備救荒".

11) 이에 대해서는 金載名, 앞의 학위논문, 1994, p.161에서도 지적한 바 있다.

12) 邊太燮, 앞의 책, 1971.

가 주군에서 調兵하는 경우 그 주군의 수령에게 辨出토록 하면 호
구의 다과와 丁夫의 壯弱을 수령이 다 아는 바이므로 정예한 兵을
얻을 수 있습니다. 지금 순문과 안렴이 매번 兵을 징발할 때 수령
이 邑의 私情을 염려하여 南軍의 병을 징발하려면 북군의 수령에
게 명하니, 북군의 수령이 남군에 가면 생소하므로 혹 기만을 당
할까 두려워하여 먼저 매질부터 한 후 調兵합니다."라고 했다.
…… (『高麗史』 권84, 刑法1 職制)

가 <1>의 내용은 수령이 비록 군사를 징발하고 있지만, 수령의 군사징발
을 관할하고 있는 것은 도의 순문과 안렴사임을 알려 주고 있다. 중앙에서
민을 징발하는 체계는 군인이나 요역이나 동일한 체계에서 운영되고 있었
던 점을 감안하면,13) 요역의 경우도 이와 마찬가지였음을 짐작할 수 있다.
이 외에도 충선왕대 양광・전라・서해 3도의 丁夫 500명을 징발하여 연경
궁의 역사에 나가게 했다든지,14) 사신을 충청・전라・경상・서해도로 보
내어 貢賦를 작성케 한 것도15) 道단위로 분정되고 있음을 반영한다.16) 이
와 같이 도에서 주현에 出丁數를 분정하는 방법은, 중앙에서 직접 500여개
가 넘는 많은 수의 주현을 대상으로 인정을 抄定하는 것에 비해 보다 합리
적일 것으로 생각된다.

일단 고려전기에 있어서 요역의 수취과정은 중앙에서 군현으로, 군현에
서 민호라는 두 단계로 파악되었다가, 후기에는 중앙－도－군현의 단계로
파악할 수 있겠다. 전후기에 있어서 役民의 순서가 단계별로 구별되긴 하
지만, 군현이 요역제의 분정에서 주된 단위임에는 마찬가지이다.

그런데 같은 군현이라 하더라도 외관이 파견된 주현인지, 그렇지 못한

---

13) 주2)의 내용 가운데 '徵兵調役'한다는 부분으로 미루어 알 수 있다.
14) 『高麗史』 권34, 世家 忠宣王 5년 춘정월.
15) 『高麗史』 권78, 食貨1 貢賦 忠烈王 14년 9월.
16) 이러한 점은 李惠玉, 「高麗時代 庸(役)制 硏究」『梨花史學硏究』15, 1984, p.27에서도
　　지적하고 있다.

속현인지에 따라 요역을 부담하는 강도에서 차별성이 예견된다. 사실 고려 시기에는 주현에 비해 속군현의 수가 압도적으로 많았다. 그 원인에 대해서는 고려정부의 在地勢力에 대한 통제가 불가능했다는 견해와[17] 통치의 효과를 누릴 수 있는 최소한의 수령을 확보하고자 했던 정치적 의도가 있었다는 견해가[18] 있는 등 이견이 있다. 하지만 각 군현이 邑格 高下나 주현·속현에 관계없이 독자적인 통치구역을 가지고 있으며, 중앙에 직결되어 중앙정부의 직접 관장하에 있었던 것은 인정해도 좋을 것이다. 요컨대 속현이나 부곡제 영역은 주현과 마찬가지로 양전의 수취단위로 운영되었으며, 세제를 감면할 때도 속현이나 향·부곡 등이 주현과 같이 독립된 수취단위로 운영되고 있었다.[19]

그러나 양전이나 세제감면에서는 속현이 독자적 단위로 운영되었지만, 요역제의 운영에서 지방관의 역할은 직접적인 것이었다. 다시 말하면 요역제의 운영은 지방관이 파견된 주현을 중심으로 이루어지고 있었다. 이는 수령의 직무 가운데 '均賦役'이 있는 데서도 알 수 있다. 속군현에 거주하는 민의 요역부담이 주현에 비해 그 強度가 높았던 것은 이러한 점과 무관하지 않을 것이다. 속군현의 요역 운영에 대해서는 다음의 기사가 참고된다.

가 <2> 호조에서 아뢰기를 "홍원현을 함흥에 속하게 했을 때는 각사의 공

---

17) 旗田巍, 「高麗王朝成立期「府」豪族」『朝鮮中世社會史研究』, 法政大出版局, 1972, pp.35~37 ; 河炫綱, 「高麗地方制度의 研究」『韓國中世史研究』, 一潮閣, 1978, pp.270~271 ; 李樹健, 앞의 책, 1984, p.368.
18) 李義權, 「高麗의 郡縣制度와 地方統治制度」『高麗史의 諸問題』, 三英社, 1986, p.257 에서 고려 후반기 가장 많은 외관이 增設된 것은 왕권이 미약했던 명종·공양왕대 라든지, 속현의 주현화가 지방통치상의 필요성과는 무관하게 이루어진 일면들을 근거로 들고 있다.
19)『高麗史節要』권3, 顯宗 10년 5월의 "蠣獐山·解顔等縣 今年租稅"에서 보이는 장산과 해안현이 현종 10년 당시 慶州의 속현인 점으로 미루어 속현이 세제 감면 당시 독립된 단위였음을 알 수 있다. 속현이 양전의 단위로 운영되었다는 것은 朴鍾進,『高麗時代 賦稅制度 研究』, 서울대학교 박사학위논문, 1993, pp.59~61 참조.

물을 합쳐서 바치게 했는데, 이제 홍원에 별도로 수령을 두어 一
邑으로 만들었으니 마땅히 공물을 나누어 정하소서"라 하니 이
를 따랐다.(『世宗實錄』 권66, 世宗 16년 12월 경술)
<3> 玄風에 監務를 둔지 오래 되었다. 중간에 密城에 속했을 때는 吏
가 명령을 받들고 현에 나아가면, 필히 土官을 능멸하고 백성을
속이거나 업신여겨 침탈하였다. 또 징발 때문에 오가는 것이 100
리나 되어 인민이 罷하고 전야가 황폐해져서 겨우 縣名만 부지하
고 있을 뿐이었다(『新增東國輿地勝覽』 권27, 玄風縣 樓亭 仰風樓).

가 <2>와 <3>의 시기는 조선초의 기록이긴 하지만 속군현의 실상은 고
려시기와 마찬가지로 보아도 좋을 것이다. 왜냐하면 속군현에서의 정치 ·
경제적 불이익으로 인한 주민의 궁핍화와 이탈을 막기 위해 主邑으로 승격
시킨 사실을 감안하면, 속군현이 감소되는 추세였던 조선초의 실상이 고려
시기에 비해 열악할 것으로 보이지 않기 때문이다. 이런 점을 염두에 두고
위의 내용을 음미해 볼 필요가 있다.

우선 가 <2>에서 함흥의 속현이던 홍원에 수령을 두게 되었으니 공물을
분리하여 정하도록 한 것은, 속군현에 대한 세제수취가 주현을 단위로 파
악되고 있음을 알려주고 있다. 이처럼 세제의 수취가 수령이 파견된 주현
을 단위로 운영되고 있었던 점은 주현의 任內에 대한 침탈을 예견해 준다.
말하자면 주현에 대한 세제수취의 액수만 제시되어 있을 뿐, 이들을 주현
에서 징수하느냐 아니면 속군현에서 징수하느냐 하는 것은, 수령의 임의에
맡겨져 있었던 것이다.

가 <3>에서 밀성의 속현이던 현풍현의 주민이 100리나 되는 길을 오가
며 징발을 당했다는 것은 이런 맥락에서 이해된다. 당시 교통이 불편하고
도로사정이 좋지 않았던 점을 고려하면, 속현과 주현의 거리가 멀리 떨어
져 있다는 자체가 속현인이 불이익을 당할 수밖에 없는 요소이기도 하였
다. 청주의 속현이던 德平民이 당해야 했던 불이익도 이런 점을 반영하고

있다. 예컨대 덕평현민이 주에서 80여리 떨어져 있은 탓에, 요역의 징발을 비롯하여 일이 있으면 식량을 가득 가지고 숙박도 해야 하니 그 폐단을 헤아릴 수 없다고 하고 있다.[20] 명종대 恭檢池가 위치하고 있던 咸昌縣이 尙州의 속현이었던 탓에, 관개의 이익은 상주민에게만 돌아갔다[21]는 예도 속현인이 당했던 불이익을 방증하고 있다.

그러나 이러한 지리적 요소 외에 주현의 州吏에 의한 임의적인 침탈도 컸다. 즉 比安縣이 尙州의 속현일 적에 州吏가 縣吏를 욕보이고 현민에게 독을 끼쳤을 정도로[22] 속현은 주현에 비해 일방적으로 차별을 당하고 있었다. 洪州의 속현인 餘美縣의 향리가 전년에 납부하지 못한 貢賦를 추징당하자 고통을 못 이겨 자살한 예[23]도 이와 무관하지 않다. 이처럼 속현의 향리조차 주현의 향리에게 침탈당할 정도인 점으로 미루어, 요역의 징발에 있어서도 속현인은 주현인에 비해 수탈의 강도가 높았을 것이다.

뿐만 아니라 지방관이 파견되지 않았던 탓으로 속군현 내부에서도 수탈의 강도가 심했다. 예컨대 속군현 내부에서의 실질적인 지배는 戶長들이었는데, 이들 향리세력이 민에게 작폐를 끼치는 것이 이루 말할 수 없었다.[24] 또 속군현에서의 요역이 任內의 吏에게 맡겨져 있는 탓에, 이들이 私情에 치우쳐 侵漁함이 심하므로 민이 매우 원망하고 있었다.[25] 이는 속군현이 주

---

20) 『世祖實錄』 권41, 世祖 13년 3월 무인, "淸州屬縣德平 在全義·木川·燕岐三邑之西 自作一區 距州八十餘里 居民之告糴·徭役·訴訟于州者 贏料宿經宿 弊固不貲".
21) 『新增東國輿地勝覽』 권28 尙州牧 山川 恭檢池 및 권29, 咸昌縣 山川 恭檢池.
22) 『高麗史』 권25, 比安縣 樓亭條 河崙記, "……吾鄕比屋 舊爲尙州屬縣 去州六十餘里 縣吏五日一詣州 廳命奔走 猶恐不急 往往有緩急 州吏到縣則施辱縣吏 流毒縣民 有不可勝言者……諸屬縣與州相阻者 皆置監縣官一人 使自爲治 吾鄕例得官 然後吏民稍至蘇息……".
23) 『高麗史』 권78, 食貨1 田制 貢賦 忠惠王 후4년 7월.
24) 『太宗實錄』 권28, 太宗 14년 7월 을해, "司憲府大司憲柳觀等上訴 一.前朝州府郡縣 又置任內鄕所部曲 一州任內多至十餘縣 大者或過於本官戶數 一二戶長主之 其擾民作弊 何不可勝言 近年以來 州縣可幷者幷之 可置員吏者置之 然米盡革……".
25) 『世宗實錄』 권100, 世宗 25년 5월 경오, "各官任內革去之法 載在六典 間有州郡困仍不革 凡諸賦斂·徭役 一委任內之吏 吏作權宰 逞其己私 務行侵漁 多船作弊 以致民之怨咨

현의 수탈과 아울러 속현 내부의 향리세력에 의한 침탈이 중첩되어 나타나
二重苦를 겪고 있음을 반영하고 있다. 국가에서는 속현에 대한 요역의 침탈
등 수취체제상의 모순을 해소하기 위해 수령을 파견하는 등 대응책을 마련
할 수밖에 없었다. 그러한 정책은 12세기 직후인 고려 예종대부터 나타나
監務를 파견하거나[26] 속현을 主邑으로 승격시키는 조처를 내리게 된다.[27]

　　이상에서 살펴보았듯이 중앙에서 주현을 단위로 수령에게 역을 분정하
면 수령은 각 지역에 역의 대상을 분정하는 것으로 이해할 수 있다.[28] 하지
만 지방관이 파견되지 않은 지역에는 事審官이 그 기능을 대신하고 있었
다. 태조 18년에 설치된 사심관은 성종 15년에는 제도적 정비를 통해, 종래
의 호족적인 것에서 관료적인 것으로 개편하게 된다.[29] 그리하여 사심관은
인민의 宗主, 流品의 甄別, 賦役의 均平, 풍속의 表正 등과 같은 직무를 맡
게 되는데,[30] 이는 지방관의 임무와 별로 다를 바가 없다. 이러한 것은 사

　　願自今一革任內 以爲直村……”.

26) 『高麗史節要』 권7, 睿宗 원년 4월, “詔曰頃以西海道儒州·安岳·長淵等縣 人物流亡
　　始此監務官 使之安撫 遂致流民漸還 産業日盛 今牛峯·兎山等二十四縣 人物亦漸流亡
　　宜準儒州例 置監務招撫”. 이 사료에서 외관이 파견되지 않은 지역의 민이 과중한 수
　　탈로 인해 유망현상이 심화되자 감무가 파견되었음을 보여 주고 있다.

27) 속현의 直村化에 대한 기존 연구로는 李樹健, 「直村考」, 앞의 책, 1984 ; 朴宗基, 「部
　　曲制의 變質」, 앞의 책, 1990 참조.

28) 『高麗史』 권75, 選擧3 銓注 凡選用守令 辛禑 원년 2월, “教 守令考績之法 以田野闢
　　戶口增 賦役均 詞訟簡 盜賊息 五事爲殿最”이라 한 데서 수령이 역을 징발하는 것으
　　로 추정할 수 있다.

29) 『高麗史』 권75, 選擧3 事審官 太祖 18년에 “新羅金傅來降 除新羅國爲慶州 使傅爲本州
　　事審 知副戶長以下 官職等事 於是 諸功臣亦效之 爲其本州事審 事審官始此”라 하고
　　있다. 이러한 사심관은 성종 15년에 사심관의 정원을 500丁 이상의 주에는 4명, 300
　　丁 이상의 주에는 3명, 그 이하의 주에는 2명을 두도록 규정하였다. 그런데 태조대
　　의 사심관은 ‘事審’이라 하고 있지만, 성종대에는 ‘事審官’이라 하여 ‘官’字가 부가되
　　어 있는 것은 ‘事審’을 관료체계에 편입시킨 것이라 하고 있다(旗田巍, 앞의 책, 1972,
　　p.120).

30) 『高麗史』 권84, 刑法1 職制 忠肅王 5년 5월, “事審官之設 本爲宗主人民 甄別流品 均平
　　賦役 表正風俗 今則不然 廣田公田 多匿民戶 若小有差役 例收祿轉 則吏之上京者 敢於
　　私門 決杖徵銅 還取祿轉 擅作威福 有害於鄕 無補於國 已盡革罷 其所匿民戶 推刷復

심관의 작폐를 지적한 것에서도 분명히 나타난다. 즉 사심관의 작폐의 내용은 廣田公田, 多匿民戶, 향리에 대한 私杖·徵銅, 公役의 私取가 있다.[31] 이 내용은 대체로 경제적인 것과 큰 관련이 있다는 것을 보여 주고 있는데, 경제적 작폐는 '多匿民戶'로 미루어 특히 '均平賦役'과 연관된 것이다. 이는 사심관이 가지고 있는 임무 중 가장 중요한 것이 부역에 대한 관리권이라는 것을 보여 주고 있다.[32] 이와 같이 사심관의 직무나 수령의 직무에서 각기 '均平賦役'과 '賦役均'이 있다는 것은 이들이 調役을 관장하고 있었음을 보여주고 있다.[33]

이와 같이 수령이나 사심관이 주현의 조역을 담당하고 있었지만, 군현 내부에서 개별민호에 인정을 징발하는 직접적인 실무자는 역시 향리였다. 향리 가운데서도 역의 징발과 관련된 것은, 명칭상으로 보아 戶正−副戶正−史의 계통이 될 것이다.[34] 현종 22년(1031년)에 戶長-副戶長-戶正-副戶正

舊".

31) 위의 내용과 같음.

32) 李純根,「高麗時代 事審官의 機能과 性格」『高麗史의 諸問題』pp. 197~198과 p.216.

33) 특히 사심관은 속현에 있어서 외관의 기능을 대신하는 존재였다. 이는 고려정권이 외관을 增置하지 않고 관료들로 사심관을 겸무케 한 것은, 재정을 절약하면서 소수의 외관으로 지방통치의 效를 얻으려던 지방통치책의 일환이었다(李義權, 앞의 논문, 1986, pp.252~253). 따라서 사심관의 기능은 상당부분이 외관의 소임이며, 특히 이러한 것은 전기일수록 강하게 나타났다. 따라서 外官制와 按察使制가 강화되는 후기에는 자연히 그 역사적 기능이 소멸될 것이며, 그 결과 忠肅王 5년의 사심관제 혁파로 나타나게 된다(李純根, 앞의 논문, 1986, pp.221~223).

34) 향리의 직제는 다음과 같이 정리된다.

```
                 ┌ ( ? ) − 戶正 − 副戶正 − 史
戶長 −副戶長−┤─(司兵) − 兵正 − 副兵正 − 兵史
                 ├─(司倉) − 倉正 − 副倉正 − 倉史
                 └─(諸壇) − 公須·食祿·客舍·藥店·司獄의 正·副正·史
```

司兵은 군사에 대한 일을, 司倉은 조세에 대한 실무를 맡았다. 이들을 제외하면 명칭상으로도 戶正계열의 향리가 요역에 대한 실무를 담당했을 것이다. 향리의 직제에 대한 연구로는 金鍾國,「高麗時代の鄕吏について」「朝鮮學報』25, 1962 ; 朴慶子, 『高麗時代 鄕吏硏究』, 숙명여자대학교 대박사학위논문, 1987 ; 羅恪淳,「高麗 鄕吏의 身分變化」『國史館論叢』13, 1990 참조.

계열의 향리가 '淨兜寺五層石塔造成形止記'에서 석탑 조성을 주도하고 있
는 것35)이 이를 입증하고 있다. 석탑의 조성은 역의 징발이 선행되어야 한
다는 점을 감안해 볼 때, 戶正계열의 향리가 요역징발의 실무자였음을 알
수 있다.

그러면 향리가 개별민호에서 노동력을 징발하는 기준은 무엇일까. 이는
『高麗史』 호구조의 기사36)에서 보듯이 16세 이상 60세 이하의 丁男이 일차
적 기준이었다. 이에 대해서는 다음의 기사도 시사한다.

> 가 <4> 家長이 인구수를 누락시키거나 나이를 증감하여 과역을 면제시킨
>   자가 1인이면 徒 1년을, 2인이면 1년반, 5명이면 2년에 처한다(『高
>   麗史』 권84, 刑法1 戶婚).
>   <5> 里正이 무의식중에 인구수를 빠뜨리거나 증감한 결과 課役의 출
>   입이 1인이면 笞 40을, 4인이면 50을, 7인이면 杖60을 때린다. ……
>   (同上).

이 사료는 위의 호구조 기사에 뒤이어 나오는 내용으로서 家長이나 里正
이 고의로 丁口라든지, 연령의 증감을 통해 과역을 면제하도록 할 경우를
대비해 마련된 처벌규정이다. 인정의 수나 연령을 증감하는 것이 과역을
면제하는 수단이 되었으므로 인정이 요역징발의 기준이 되었음을 확실히
알 수 있다. 그리고 가 <4>의 내용은 里正이 과역대상을 누락시키거나 증
감시키는 데 대한 처벌규정이다. 이는 군현 내에서 실무자는 향리였지만,
촌락의 실무는 里正의 도움을 받았던 것을 반영하고 있다.37) 里正은 村長·
村正·村典 등 다양한 명칭으로 불리웠는데, 이들은 촌락 내에서 노동력의
징발 뿐 아니라 踏驗損實이나 공부수취 등의 역할도 담당하고 있었다.38)

---

35) 武田幸男, 「淨兜寺五層石塔造成形止記の硏究」『朝鮮學報』 25, 1962, pp.45~47.
36) 『高麗史』 권79, 食貨1 戶口.
37) 朴鍾進, 앞의 학위논문, 1993, pp.113~114.
38) 具山祐, 앞의 학위논문, 1995, pp.203~206.

이상의 사례로 미루어 家長이 개별민호의 정남수를 里正에게 보고하면, 里正은 촌락 내의 정남수를 취합하여 향리에게 보고하고, 수령은 향리의 보고를 토대로 역을 차정하는 근거로 삼았다. 이 때 모든 정남이 차출되었던 것이 아니고 정남의 多少에 따라 9단계로 나눈 호의 등급, 즉 9등호제에 의거하여 인정을 징발하였다.[39]

근래 고려사 호구조의 인정다과에 의한 호등제는 임시과도적이라는 연구가 나온 바 있다. 즉 신라통일기 호등제의 기준은 토지의 다과인데 고려시기에 다시 인정다과로 변하는 것은 시대역행적이라는 것이다.[40] 이러한 견해는 수긍하기 어려운 점이 있다. 인정다과인지 아닌지에 대한 문제보다 중요한 것은, 왜 고려전기 역의 징발이 인정다과를 기준으로 나타나게 되었는가 그 배경을 살펴보는 것이라 생각한다. 단적으로 말하자면, 신라통일기 세제전반의 기준이던 호등제가 요역수취만을 담당하는 기능으로 변모하기 때문으로 생각한다.[41]

그런데 9등호제의 시행을 알려주는 기록은 위의 기사 외에는 없으므로 구체적인 것은 알기 어려운 점이 있다. 다만 고려후기에는 3등호제가 보편

---

39) 『高麗史』 권79, 食貨1 戶口, "編戶 以人丁多寡 分爲九等 定其賦役".

40) 金基興, 『三國 및 統一新羅期 稅制의 硏究』, 역사비평사, 1991, pp.119~120. 이 외 李榮薰, 「朝鮮時代의 社會經濟史 硏究에 있어서 몇가지 기초적 難題들 -小經營의 歷史的 發展過程과 관련해서」, 『國史館論叢』 37집, 1992, p.123에서도 다음과 같은 이유로 9등호제의 시행에 대해 회의적이다. 호등제의 시행조건으로 호구조사가 실시되어야 하는데, 중앙권력의 침투가 완전하지 못했던 사회조건에서 호구조사의 시행이 어려웠을 것이라는 점이다. 또 인정다과에 의한 호등제는 제반과역의 기초인 足·半의 정호제와 모순이 된다는 것이다.

9등호제는 이미 통일신라에서도 시행되었을 정도이며, 호구조사의 시행도 고려사의 여러 사료에 나타나 있으므로 이를 통해 호등제의 시행에 회의적일 수는 없다. 또 주지하듯이 정호제는 직역 차충의 기초이며, 호등제는 요역차충의 기능을 가지므로 이들 사이에는 모순이 없다. 위의 논문에서 제기한 문제들 가운데는 거시적 안목에서 한국사를 이해하는데 시사를 주는 부분도 적지 않다. 그러나 조선후기 전공자의 시각에서 고려시기를 파악하는데 따른 근본적 한계성도 내재되어 있다. 9등호제에 대해서는 본장에서 후술할 것이다.

41) 자세한 것은 본서 Ⅲ장-1절-나 참조.

적으로 시행되게 되었다. 元에서 江南米를 보내자 백성을 구제하는데 大戶
는 3석, 中戶는 2석, 小戶는 1석을 나누어주고 있는 충렬왕 17년(1291)조의
기록이 있다.42) 이것은 3등호제에 대한 최초의 기사이므로 늦어도 충렬왕
17년부터 그 이전 어느 시기부터 3등호제가 채택되었음을 짐작할 수 있다.
이러한 것은 고려시기 요역제의 변화 외에도 고려후기 사회의 변모를 살펴
보는 데도 중요한 단서가 되는 만큼 章을 달리 하여 후술하기로 하고,43) 여
기서는 고려전기 出丁규준에 대해서만 한정시켜 간단히 언급하고자 한다.

9등호제에 입각하여 인정을 징발할 때 사실 그 운영이 어떠했는지에 대
해서도 전혀 기록이 없다. 후기의 경우는 外方의 민호로 하여금 호를 3등으
로 분간하여 中戶는 둘을 합쳐 1丁을, 小戶는 셋을 합쳐 1丁을 내도록 하는
방식이 나타나고 있다. 이는 조선조 태조 때도 마찬가지여서 大·中·小로
나누어 大戶는 1명, 中戶는 둘을 합쳐 1명, 小戶는 셋을 합쳐 1명을 징발하
고 있다.44)

고려전기의 경우는 신라통일기의 9등호제를 계승하였으므로 신라의 사
례가 참고될 수 있다. 신라의 호등제는 호를 9등급으로 편성하되 仲上烟=6
丁을 기준으로 했으므로, 6丁에서 1丁을 내고 있다. 조선초의 경우 出丁기
준은 태조 원년의 경우 10丁 이상을 대호, 5丁 이상을 중호, 4丁 이하를 소
호로 삼아 10丁에서 1인을 내도록 하고 있다. 태조대 출정기준이 10丁으로
대폭 커진 것은 요역징발에서 민의 부담을 경감시키려는 의도 때문인 듯
하다. 이는 경중에서 호등의 기준으로 삼은 家屋의 間數가 고려후기에 비
해 조선초는 2배로 변하고 있는 것에서도 시사된다.45) 이상의 사례를 감안

---

42)『高麗史』권80, 食貨3 賑恤 賑貸之制 忠烈王 17년 6월, "元遣 海道萬戶黃興張侑·千
戶殷實唐世雄等 以船四十七艘 載江南米十萬石 賑飢……於是 頒米四品以下……坊里
大戶三石 中戶二石 小戶一石".

43) 본서 Ⅳ장 2절 참조.

44)『太祖實錄』권2, 太祖 원년 9월 임인, "民丁 自十六歲至六十歲當役 十丁以上爲大戶
五丁以上爲中戶 四丁以下爲小戶 計丁籍民 如有徭役 大戶出一名 中戶幷二出一名 小戶
幷三出一名 以均其役".

하면 고려전기 요역의 출정기준은 6丁을 기준호로 하여 1인을 내는 방식으로 운영되었던 것이 아닌가 한다.[46]

한편 촌락 내에서 요역이 부과되는 호의 규모에 대해서는 자세히 알 수 없지만, 촌락의 상황에 대해서는 명종대 水州 廷谷村의 老嫗에 대한 기록이 참고된다. 당시 노구의 나이가 104세인데 그 자손 95명이 모두 요역에 이바지한다는 말을 듣고 왕이 곡식 30석을 내리고 있다.[47] 요역에 징발된 자손 95명은 여자와 어린이 및 60세 이상의 남자가 제외된 수이다. 노구의 나이가 104세인 점으로 미루어 5~6세손 이내의 후손들을 포함한 것인데, 이들 모두가 정곡촌에 거주한 것이라기보다 정곡촌을 중심으로 하는 주변 촌락에도 살고 있었을 것이다.[48] 물론 정곡촌 자체를 大村으로 파악할 수도 있겠지만, 徐兢이 인종대 자연촌락의 호수가 十數戶의 民家가 모여 취락을 형성하고 있다고[49] 한 점으로 미루어 보면 주변촌락에 거주하는 경우도 있을 것이다. 정곡촌과 같은 현상이 생기는 것은 고려의 친족관계가 아들과 딸이 다양하게 기재되는, 즉 兩側的 친족관계의 특징을 지니고 있기 때문이다.[50]

이런 특징과 더불어 고려에서의 호의 형태는 형제·자매가 분가하는 소가족 단위가 기본형태이지만, 실질적 기재에서는 몇 개의 소가족단위를 하

---

45) 『高麗史』 권81,兵1 五軍 禑王 원년 8월, "改定都城五部戶數 凡家屋間架 二十以上爲一戶 出軍一丁 間架小卽 或幷五架 或幷三四家 爲一戶" ; 『世宗實錄』 권67, 世宗 17년3월 무인, "戶曹啓 各道各官戶籍 以田五十結爲大戶 三十結以上爲中戶 十結以上爲小戶 六結以上爲殘戶 五結以下爲殘殘戶 以爲定式 差等差役 京中五部 卽爲間架爲定 四十間以上爲大戶 三十間以上爲中戶 十間以上爲小戶 五間以上爲殘戶 四間以下爲殘殘戶 差等戶籍·施行". 이 기사들의 내용에 의하면 大戶의 間數가 우왕 원년 8월에는 20間이었지만, 조선시기 世宗 17년 3월에는 고려말에 비해 무려 2배인 40間으로 바뀌고 있음을 알 수 있다.

46) 이에 대해서는 본서 Ⅲ장 −1절− 나 참조.

47) 『高麗史節要』 권13, 明宗 25년 정월.

48) 盧明鎬, 「高麗時代 鄕村社會의 親族關係網과 家族」 『韓國史論』 19, 1988, p.186.

49) 『高麗圖經』 권3, 城邑 國城.

50) 盧明鎬, 위의 논문, 1988, pp.186~187.

나의 戶로 기록하고 있었다는 점이 지적되고 있다.[51] 고려말 李成桂 호적 문서에 의하면, 가족수가 양민호적은 최하 4인에서 최고 16인, 천민호적은 최하 2인에서 최고 6인으로 나타나고 있다. 여기에는 기혼자녀와 배우자 또는 기혼형제와 배우자 등이 포함되어 한 호를 구성하고 있었던 것이다.[52] 예를 들면 국보호적 6폭 1호에 있는 崔得守(56세)의경우, 戶妻(54세)·1男(38세)·2男(33세)·3男(27세)·1女(30세)·2女(24세)·3女(20세)·4男(18세) 및 1男妻(36세)·2男妻(32세)·3男妻(25세)·1女夫(31세)·2女夫(?)·3女夫(?) 등이 함께 기재되어 있다.[53]

이처럼 기혼자녀나 배우자가 하나의 호를 이루고 있는 예는 국보호적에 상당수 나타나는데, 실제로 대가족이라기보다는 소가족단위의 호를 하나의 호로 기록한 형태일 것이다. 고려전기 9등호제에 있어서 호의 파악은 거주형태가 아니라 이와 같이 기재되어 있는 호를 파악하는 형태가 아닐까 한다. 아마도 소가족 단위로 호를 구성하고 있는 경우에는 친속관계에 있는 인근의 戶와 묶어 인정을 징발하는 형태였을 것으로 짐작된다.

한편 개별민호에서 요역에 징발하는 인정수를 부담하도록 하는 出丁기준이 정해져 있었다 하더라도 출정순서 등 役民에 대한 상세한 규정은 마련되어 있지 않았으며, 이 때문에 역의 불균형이 생길 수밖에 없었다. 이것은 조선조의 예이긴 하지만 성종 6년(1475)조의 기록이 시사하고 있다. 즉 "我國은 8結田을 기준으로 出一夫하는 役民式이 정해져 있는 데도 奸吏가 無勢殘戶의 1결을 경작하는 것이 있으면 勢力家의 7결과 합쳐 一夫를 내도록 하는데, 勢家의 奴는 항상 피하고 殘民만 중복해서 부담하니 窮民의 1결이 勢家의 7결역까지 맡게 되어 끝내 廢農하게 되므로 애통할 일이다"[54]라 하고 있다.

---

51) 盧明鎬, 위의 논문, 1988, pp.170~172.
52) 崔弘基,『韓國戶籍制度史研究』, 서울대학교출판부, 1975, pp.69~70.
53) 崔弘基, 위의 책, p.40.
54)『成宗實錄』권57, 成宗 6년 7월 신해.

　고려시기의 出役式도 이와 비슷하지 않았을까 생각된다. 조선조에서 8결을 기준으로 1夫를 내는데 일반민의 경우 대부분 다른 사람의 토지와 합쳐 역을 부담한 것처럼, 출정기준은 다르지만 고려에서도 방식은 비슷했을 것 같다. 즉 6丁을 기준으로 1丁을 내는 형태였으며, 그 이하의 경우는 다른 호와 합쳐서 1丁을 내도록 했을 것이다. 그리고 6丁을 기준으로 한다는 出丁기준이 정해져 있더라도 循環調發에 따른 순서 등 상세한 것은 정해지지 않고 실무자의 임의에 맡겨져 있었으므로, 빈한한 호만 계속 역을 중복 부담하는 사례가 일어날 수 있는 소지가 내재되어 있었다. 사실 대규모 역사가 있을 때를 제외하고는 일시에 민이 징발되기보다는, 대체로 순환조발의 형태로 징발했을 것이다. 요역의 징발시 향리가 뇌물을 받아 富壯한 호의 요역은 면제해주고, 빈약한 호만 담당케 하여 이들이 괴로움을 견디지 못하고 도망하게 된다는 내용[55]이 이런 상황을 입증하고 있다.

　한편 인정을 사역시키는 日限이나 시기에 대한 出丁式의 규정에 있어서 구체적인 언급은 없지만 다음의 기사가 참고된다.

　가<6> 丁夫와 雜匠이 차출을 당하고도 지체하여 나가지 않을 때 1일이면 笞 40을, 2일이면 50을, 7일이면 杖 60을, 10일이면 70을, 13일이면 80을, 16일이면 90을, 19일이면 100을, 23일이면 徒 1년, 지휘하는 主司인 경우에는 1등급을 더한다(『高麗史』 권84, 刑法1 戶婚).

　　<7> 청컨대 古制에 따라 10월에 시작하되 20일을 기한으로, 풍년에는 10일을 더하고 흉년에는 10일을 감하도록 하시고 春節에는 민을 사역시키지 말도록 하소서"라고 하니 이를 따랐다(『世宗實錄』 권 50, 世宗 12년 11월 신미).

　가 <6>의 기사는 丁夫와 雜匠이 역에 징발되고도 赴役하지 않는 데 대한

---

55) 『高麗史』 권79, 食貨2 戶口 辛禑 14년 8월, "大司憲趙浚上訴曰……當徵發之制 鄕吏欺蔽 招納賄賂 富壯免而貧弱行 貧弱之戶 不堪其苦而逃 則富壯之戶 代受其苦 亦貧弱而逃矣 其任徵發者 憤鄕吏之欺蔽 痛加酷刑 割耳劓鼻 無所不知 鄕吏亦不堪其苦而逃矣".

처벌규정이다. 이 때의 丁夫가 직역담당자인 잡장과 함께 표기된 점으로
미루어 일품군을 의미하는 것으로 볼 수도 있지만, 노동력에 동원되는 人
夫의 의미로 보는 것이 타당할 것이다.56) 아마도 요역징발에 있어서도 역
에 차정된 민이 赴役하지 않으면 어떤 식으로든지 제재를 가했을 것이다.
이를 고려해 보면 나<6>에서의 정부에 대한 처벌규정이 일반민의 요역징
발에도 그대로 적용될 수 있지 않을까 한다.

　이런 점에서 가<7>의 조선조 세종대의 기록도 참고된다. 이를테면 古制
와 같이 그 사역기한은 20일을 기준으로 하되, 풍흉에 따라 10일을 가감토
록 하고 있다. 여기서의 古制는 당연히 중국의 제도를 의미할 것이다. 중국
의 기록을 살펴보면, 西魏·北周의 기준은 이와 비슷하여 豊·中·下에 따
라 30·20·10일로 정하고 있으며, 唐의 경우엔 20일을 기한으로 정하고
閏年에는 2일을 加하고 있다.57) 한편 삼국시대의 日限은 2개월이었으며,
신라통일기는 1개월로 축소되고 있다.58) 조선조는 위의 세종대 기록에서
는 20일을 기한으로 삼고 있지만, 8結出1夫制가 성립된 經國大典에서는 6
일로 정착된다.

　삼국시대에서 조선전기의 예를 비교해 보면, 삼국시대에 비해 조선조의
경우는 사역기한이 상당히 축소되었음을 알 수 있다. 이런 점으로 미루어

---

56) 李基白,「高麗州縣軍考」『高麗兵制史硏究』, 一潮閣, 1965, pp.222~223에서 일품군이
　　外方役軍으로도 불려진데 착안하여 役軍을 役夫·丁夫와 같은 의미로 이해하고 있다.
　　하지만 정부나 역부가 力役을 위해 동원된 人夫의 의미로 사용된 사례도 많다. 예컨
　　대『高麗史』권43, 世家 恭愍王 21년 5월, "命起壽陵于正陵之側 百官以秩出役夫"에서
　　의 역부는 분명히 일품군이 아니다. 또 "又令文武 三品以下 權務以上 出丁夫有差"
　　(『高麗史』권79, 食貨2 農商 高宗 43년 2월)이나 "京都羅城成　王初卽位丁夫三十萬四
　　千四百人築之 至是功畢…… 一云 丁夫 二十三萬八千九百三十名 工匠八千四百五十"
　　(『高麗史』권56, 地理1 顯宗 20년)에서의 丁夫도 役事에 동원된 인부로 사용된 것이
　　다. 일품군을 정부나 역부로도 사용한 것은 일품군이 노동부대라는 특성 때문에,
　　'力役을 위해 동원되는 人夫'라는 의미를 지닌 이들 명칭을 사용한 것으로 생각된
　　다.
57) 曾我部靜雄,『均田法とその稅役制度』, 講談社, 1953.
58) 金基興, 앞의 책, 1991, p.106 및 p.198.

고려에서의 사역일한도 1개월이 넘을 것으로 보이지는 않는다. 그렇다면 고려에서의 사역일한은 나 <6>의 기사와 관련시켜 볼 때, 아마도 古制에서와 같이 20일정도가 아닌가 한다. 앞에서도 살펴보았듯이 고려의 요역제가 당제를 모방한 점이 많았던 것을 감안해 보면, 이러한 추론이 가능할 것으로 생각된다.

한편 사역시기에 대해 보면, 조선조에서는 古制와 같이 春節에는 사역시키지 말고 10월에 역사를 시작하도록 하고 있다. 전근대 농업사회에서 가장 중요한 일이 농사를 짓는 것이었던 만큼, 역사의 수행시기는 가급적 농한기를 피하려고 했을 것이다. 農桑은 의식의 근본이므로 주현관은 3時, 즉 봄·여름·가을의 農節을 피하여 사역시키도록 교서[59]를 내리고 있는 것도 이 때문이다. 그런데 조선조에는 古制에 의거해서 春節에 사역시키지 말고, 10월에 역사를 시작하도록 하라는 것이 주목된다.

본래 三國史記에서의 노동력 동원은 2월과 7월에 집중되고 있는데, 특히 2월 동원이 많았다. 2월과 7월에 집중된 것은 기후관리의 측면도 있지만, 이때가 농한기였기 때문이었다. 그러다가 연대가 내려올수록 7월의 인력동원이 점점 증가하여, 고려시기 공역군의 명칭이 春役軍은 보이지 않고 秋役軍만 보이게 되는데 이는 농업기술의 변화와 관련된 것이라고 한다.[60] 말하자면 乾沓法에서 水耕法으로의 확대와 병행하여 春耕이 강조되게 됨으로써, 2월에 인력동원이 어려워질 정도로 農時가 빨라지게 된다는 것이다.[61]

요역동원의 시기가 춘절을 피하는 것은 고려에서 罷役한 시기가 3·4월

---

59)『高麗史』권79, 食貨2 德宗 3년 3월에 "敎曰 農桑衣食之本 諸道州縣官 逸遵朝旨 無奪 三時 以寧百姓"하라고 하고 있다. 여기서의 3時는 농사 짓는데 중요한 세 시기 즉 봄·여름·가을을 가르킨다(『漢韓大字典』民衆書館, 1975, p.16). 이 외 "唯今大雲· 大安寺之役方興 丁匠廢農 一夫不耕 必有飢者 三時之務 安可奪焉……伏望 兩寺之役 須俟農隙 從之"(『高麗史』권7, 世家 文宗 2년 3월 경자)에서 3時를 빼앗아서는 안된 다는 이유로 大雲·大安寺의 역사를 중지하고 있는 것도 마찬가지 예이다.

60) 李基白,「永川 菁堤碑의 丙辰築堤記」『新羅政治社會史硏究』, 一潮閣, 1977, p.307.

61) 魏恩淑,「12세기 농업기술의 발전」『釜大史學』12, 1988, p.102 주43).

에 집중되어 있는 점으로 미루어[62] 고려에서도 어느 정도 참조는 하였던 것 같다. 하지만 춘절이 아닌 7월이나[63] 10월에 역사를 시작하는 사례가[64] 고려사에 보이기는 하지만, 역사의 시기가 모든 달에 걸쳐 있으므로 어떤 원칙이 있었는지 확인하기는 곤란하다. 다만 농업사회에서 가장 중요한 것은 농사였을 것이므로, 어느 정도 농한기를 피하려고 배려하지 않았을까 생각될 뿐이다.

다만 문제는 이러한 배려가 제대로 지켜지지 않았다는 것이다. 더욱이 중앙에서 민을 사역시키는 원칙에는 이러한 규정이 정해져 있었다 하더라도, 지방주체의 잡다한 요역종목에 한정된 군현민을 사역시키기 위해서는 日限의 규정을 따르기 어려웠을 것이다. 고려후기의 사례이긴 하지만 採金하는데 일만 여명의 役夫를 70일간 사역시켰다든지,[65] 궁궐의 新築 역사에 동원된 役徒가 3년이나 동원되어 하루도 쉴 새가 없을 정도로[66] 사역기간이 상당히 길 때도 있었다. 중앙정부 차원의 역사에서 사역기간이 3년이나 되는 경우는 특수한 예이긴 하지만, 70일 정도 사역시키는 일은 간혹 있었을 것이다.

특히 지방에서 주관하는 요역은 수령이 필요할 때마다 민호에 요역을

---

62) 이를테면 고려사 世家의 기록에 의하면 현종 16년 3월, 덕종 원년 3월, 문종 2년 3월, 5년 4월, 29년 4월, 37년 4월, 선종 7년 3월, 예종 12년 4월, 고종 12년 4월 공민왕 16년 4월, 19년 4월 등이 있다(이상 朴鍾進, 앞의 학위논문, 1993, p.121 주310 참조).

63) 광종 14년 7월(『高麗史節要』권2), 목종 2년 7월, 인종 12년 7월, 고종 2년 7월, 충혜왕 후4년 7월, 공민왕 9년 7월 등(이상 『高麗史』世家의 기사) 7월과 관련된 사례가 나타난다.

64) 『高麗史』世家에 의하면 목종 3년 10월, 숙종 6년 10월, 인종 6년 11월, 충렬왕 4년 10월 등 10월 이후의 사례가 나타나고 있다.

65) 『高麗史節要』권19, 忠烈王 3년 2월, "遣國學直講崔諰 採金于洪州·稷山·旌善 役民 一萬一千四百四十六名 七十日間 得七兩九分". 여기서 역부가 교대로 동원된 경우도 있겠지만, 계속 사역된 수도 상당수 포함되었을 것이다. 姜晋哲, 앞의 책, 1980, p.295 에서도 이와 같이 이해하고 있다.

66) 『高麗史』권29, 世家 忠烈王 6년 4월 신묘, "王與公主至新宮 匠者白日 役徒三年不得 一日之息 妻兒何以爲生 今當農時 乞且放歸 不廳".

부과하였으므로 개별민호에 돌아오는 부담은 不定期的·不定量的이었을
것이다. 또 사역시기도 役事를 진행하다가 농사철이라는 이유로 3·4월에
중지시킨 예도 많지만, 역사의 시작과 罷役의 권한이 전적으로 왕에게 있
었으므로 중앙에서 주관하는 역사에서는 규정이 무시되기도 했다.[67] 이를
테면 궁궐을 짓는데 동원된 匠人들이 3년 동안 하루도 못 쉬었으니 농번기
를 맞아 돌아가게 해 달라고 청하지만, 왕이 허락하지 않고 있다.[68] 특히
고려전기에 비해 후기의 경우 役民式이 제대로 지켜지지 않는 경우가 더
많았던 것 같다.

마지막으로 요역노동에 징발된 민이 작업시 부담하는 경비에 대해 살펴
보자. 작업시의 도구는 농민들의 농기구 즉 삽·가래·괭이 등이 이용되었
을 것이며 조선초의 경우처럼 민이 부담했을 것이다.[69] 뿐만 아니라 공물
이나 木石을 운반하는 역사에서는 가축을 부담하는 경우도 있었다.

예를 들면 농사철인 데도 토목공사의 역사가 煩興하여 교주도는 나무를
베고 운반하느라 人畜이 모두 병들었다든지,[70] 演福寺塔殿을 영조하기 위
해 경기·양광민이 나무 5,000그루를 운반하느라 소가 모두 죽어 민의 원
망함이 심했다[71]는 사례가 이러한 것을 반영하고 있다. 12세기를 전후로
생산력발전에서 중요한 몫을 차지하고 있는 것은 施肥術의 발전인데, 이
때 가장 많이 쓰인 비료가 牛馬廏糞이었다고 한다. 따라서 당시 牛馬는 단
순히 경지용으로서만이 아니라 시비라는 차원에서도 매우 중요한 요소였
다.[72] 그러나 京中에는 소를 기르는 자가 적고 지방농민들도 가산이 넉넉

---

67) 이러한 것은 朴鍾進, 앞의 학위논문, 1993, p.121에서도 지적하고 있다.

68) 주66)의 내용과 같음.

69) 尹用出, 「17·8세기의 役夫 募立制의 성립과 전개」『韓國史論』8, 1982, p.115.

70)『高麗史節要』권35, 恭讓王 3년 5월, "成均大司成金子粹 上書曰 …… 今又大起浮圖 煩
　　興土木之役 厥今農務方劇 其交州一道 石斤木輸材 人畜盡悴".

71)『高麗史』권119, 列傳32 鄭道傳, "王欲營演福寺塔殿 今京畿楊廣道民 輸木五千州 牛盡
　　斃 民甚怨之".

72) 魏恩淑, 앞의 논문, 1988, p.106.

한 자라도 한 두 마리에 불과한 실정이어서, 전라도의 군량을 수송하기 위해 다른 지방의 牛馬까지 전라도로 보내고 있으며,[73] 때로는 우마가 적어 수송할 것이 있으면 이거나 지고 운반하기도 했다.[74] 또 이렇게 동원된 가축마저 관리가 소홀해지기 일쑤여서 飢困으로 굶어 죽는 등 손실되는 경우가 태반이어서,[75] 우마를 自辦했던 것은 이 시기 민의 농경생산에 걸림돌이 되기도 한 게 아닐까 싶다.

한편 역사에 징발된 민의 식량부담은 징발된 지역이나 역사의 기간에 따라 달랐던 것 같은데 다음의 기록이 참고된다.

가 <8> 內史門下에서 "大安·大雲 등의 사찰을 重興하느라 옛 것을 보수하거나 새로 지으니 토목공사의 역이 한창입니다. 무릇 영조하는 바가 절박한 일이 아닌데도 공장과 역부는 밤낮으로 시달리며, 식량을 나르는 것도 힘들어 처가 돌아오면 아들이 떠나는 것이 길에 연이어 春夏이래로 거의 휴식이 없습니다……"라고 상주하였다. (『高麗史』 권7, 世家 文宗 5년 4월 경자)

<9> 처음 정자를 지을 때 역졸이 식량을 가져와야 했다. 한 역졸이 매우 가난하여 自給을 못해 역도들이 십시일반으로 도와 먹게 했다. 하루는 그 처가 음식을 마련해 와서 친한 사람들과 함께 먹도록 하니 역졸이 말하기를 "집이 가난한데 어떻게 준비했느냐. 타인과 私通해 얻은 것인가. 남의 것을 훔쳤는가" 하고 물었다. 처가 말하기를 "외모가 추한데 누구와 사통하겠으며, 성질이 옹졸한데 어찌 훔칠 수 있겠습니까? 다만 머리를 짤라 팔아 온 것입니다"라고 하였다.(『高麗史』 권18, 世家 毅宗 21년 3월 신유)

---

73) 『高麗史』 권27, 世家 元宗 12년 3월 계사, "是月 遣殿中監郭汝弼 如蒙古 陳情表 略曰 …… 小邦 京中鮮有畜使者 外方農民 雖産之饒者 畜養亦不過一二頭 貧者多以未耕 或相賃牛而使之 今外方牛畜 悉因全羅道糧餉轉輸 以至飢困損失者大半 ……".

74) 『高麗史』 권27, 世家 元宗 13년 4월 정사, "…… 以小邦馬牛寡小 凡所輸中外糧餉 人自負載 則其往東眞 輸致甚難 ……".

75) 주73)의 내용 참조.

가 <8>은 大安·大雲寺를 지을 때 공장과 인부의 妻子가 식량을 나르느라 '妻還子去'하는 모습이 도로에 줄을 잇는다는 데서 自辦하고 있음을 알 수 있다. 또 의종대 정자를 지을 때 한 역졸이 가난하여 식량을 자급하지 못하고 타인의 도움을 받다가 妻가 剪髮하여 음식을 마련해 왔다는 가 <9>의 기록에서도 역시 그러함을 알 수 있겠다. 이런 사례들은 就役處와 役事에 동원된 민의 거주지가 가까운 거리였음을 짐작케 한다. 교통이 불편했던 당시의 도로사정을 감안해 볼 때, 처자가 음식을 마련하여 날랐다는 것은 취역처와 가까운 거리에서 징발된 경우임을 상정케 한다.

한편 원종 15년(1274) 2월에 원의 명령으로 전함 300척을 만들기 위해서는, 공장과 인부 30,500명의 하루 세끼 식량을 3개월간을 계산한 34,312石 5斗의 식량이 필요하다고 한 기사가 있다.[76] 이 때 전함을 만들기 위해 동원된 30,500명의 인원은, 이에 앞선 정월에 대장군 羅裕 등을 諸道의 部夫使로 삼아 전국에서 徵集된 공장과 인부이다.[77] 따라서 전함건조의 役事는 이미 정월부터 시작되어 식량을 공급하고 있었던 것이다. 3개월간 하루 3끼를 공급하는 것은 이 때 징발된 인부가 취역처에서 3개월간 거주하는 것을 의미하는 것이 아닐까. 왜냐하면 동원된 役夫가 전국에서 징집되고 있기 때문이다. 이와 같이 역사의 규모가 크고 사역기한이 길 경우에는 국가에서 식량을 지급하는 것이 원칙일 것으로 생각된다.

그에 비해 지방주체의 역이나 소규모의 역사는 취역처와 近地에 있는 민을 동원할 것이므로 대체로 식량을 자급했던 것 같다. 이러한 것은 앞에서 살펴 본 청주의 속현이었던 德平縣의 사례에서도 짐작된다. 즉 요역징발을 당하여 80리나 되는 거리의 주까지 왕래를 할 때, 식량이라든지 숙박에 대한 배려가 없었던 점으로 미루어 민의 自給임이 분명하다. 당제의 경

---

76) 『高麗史』 권27, 世家 元宗 15년 2월 갑자.
77) 『高麗史』 권27, 元宗 15년 춘정월, "元遣摠管察忽 監造戰艦三百艘 又令洪茶丘監督 約以正月十五日興役 王乃以侍中金方慶 爲東南都督使……又大將軍羅裕等 爲諸道部夫使 徵集工匠役徒 三萬五百餘人……".

우를 보면 중앙에서 주관하는 역을 징발할 때 취역처에서 식량은 지급되지 않았지만, 대신 취역처까지 왕래하는데 드는 식량은 관에서 지급되고 있었다.[78] 그러나 고려에서는 중앙적인 요역징발의 경우에도, 취역처까지 왕래하는데 드는 식량을 지급한다는 기록이 없는 점으로 보아 당제와 같은 제도적 배려는 없었던 듯 하다.

이상에서 요역의 징발체계에 대해 살펴보았다. 고려의 요역제는 신라하대 수취체제의 모순이 신라 멸망을 초래하였음을 인지하고 있었던 만큼 어느 정도 수취상의 배려를 하였지 않았을까 한다. 그러나 고려전기 수취체계의 제도적인 규정 자체에서 역의 불균형이 심화될 수 있는 소지가 내재되어 있었을 뿐 아니라, 또 이와 같이 법적으로 정해진 원칙도 중간관리의 수탈로 인해 제대로 시행되지 못한 측면이 강했다. 이러한 실정은 충선왕대 "民無恒産 憚於賦役 彼此流移 凡有勢力 招集以爲農場"[79]이라 한 바와 같이 민의 항산이 없고 부역을 꺼린 것이 유리하는 원인이 된다는 결과로 나타나고 있다.

요역제의 징발을 비롯한 수취제도가 민의 자립 재생산을 저해할 정도로 과중하게 되면 국가의 公民까지 포기한 채 소극적인 저항의 형태인 유망으로 대응할 수밖에 없었으며, 고려시기 민의 유망은 사실상 충선왕대 훨씬 이전인 12세기 이전부터 확산되고 있었다. 사실 농장에 초집된 민은 농장주에게 전조를 내겠지만, 국가의 공적인 역은 피할 수 있었으므로 자발적인 투탁마저 불사했던 것이다. 이와 같이 요역제에 대한 민의 저항은 고려후기 세제변화를 가져오는 한 요소로 작용하게 된다.[80]

나. 고려전기의 戶等制

고려에서는 민을 대상으로 요역을 부과할 때 16세 이상 60세 이하의 「丁」

---

78) 이것은 일본의 경우도 마찬가지였다(古賀登, 「唐代賦役制度の再檢討」 『論集 中國社會・制度・文化史の諸問題』, 中國書店, 1986, p.179).
79) 『高麗史』 권84, 刑法1 職制 忠烈王 24년 정월.
80) 고려시기 수취체제가 변화되는 기반과 변모에 대해서는 Ⅳ장 참조.

을 기준으로 삼았다. 丁을 기준으로 삼기는 했지만 균전제가 시행된 唐制
와 달리 每 '丁'에 부과하는 것이 아니라, 기준이 되는 '戶'에서 1인을 내도
록 하는 방식으로 노동력을 징발하였다.[81] 즉 군현－개별민호 단계에서 호
에 대한 역의 差定은 호등제를 매개로 실현되고 있었던 것이다. 그러므로
요역의 부과방식을 보다 구체적으로 검토하기 위해 고려전기 호등제와 관
련하여 살펴 볼 필요가 있다. 동시에 이 문제는 역의 부과방식을 해명하는
데만 국한된 문제가 아니라, 고려전기 역제의 성립과 성격을 밝히기 위해
서도 필요하다. 왜냐하면 고려사회는 신라하대의 사회변동을 겪고 성립되
었던 만큼 고려전기 9등호제가 비록 외형상 신라통일기의 9등호제를 계승
하고 있긴 하지만, 실상에 있어서는 신라사회와의 차별성이 상정되기 때문
이다.

근래 한국사에서 호등제의 역할은 租의 수취가 인두세에서 결부제로 바
뀌는 5~8세기에서 과도기적 기능을 함으로써 완수되었으므로, 고려초의
9등호제의 시행은 회의적이라는 연구가 발표되었다.[82] 그 근거 가운데 하
나가 신라의 호등제를 구분한 기준이 재산이므로, 인정기준의 호등제가 다
시 등장한다면 사회발전단계의 논리로 볼 때 시대역행적인 것이라는 것이
다. 신라의 호등제를 구분하는 기준이 무엇인가에 대한 문제가 학계의 쟁
점이 되었던 것은,[83] 신라사회 자체의 이해를 위해서 필연적인 것이었다.
하지만 이 문제는 신라사회에만 한정되는 것이 아니라, 신라의 9등호제를
계승한 고려사회의 인식과도 직결되어 있다. 현재 고려전기 9등호제와 관
련된 연구는, 신라의 호등제가 토지의 多寡를 기준으로 편제한 것을 옹호

---

81) 『高麗史』 권84, 刑法1 戶婚, "編戶 以人丁多寡 分爲九等 定其賦役".
82) 金基興, 『三國 및 統一新羅 稅制의 硏究』, 역사비평사, 1991, pp.119~120.
83) 학계에서 신라 호등제의 구분기준에 대해 쟁점이 일어난 것은 李仁哲(「新羅 統一期
    의 村落支配와 計烟」 『韓國史硏究』 54, 1986)의 연구가 직접적인 계기이다. 몇 가지
    문제에서 李仁哲에 대한 반론이 제시되었는데, 이러한 반론에 대해서는 李仁哲, 「新
    羅 九等戶制의 再論 -金基興·金鍾璿·安部井正·李喜寬 諸氏의 批判에 答함-」 『歷
    史學報』 133, 1992 참조.

하려는 측면에서 제시된 견해를 제외하면 고려시기 연구자에 의해 이루어진 연구는 거의 없다. 다만 유일하게 ‘고려시대에 9등호제가 시행되지 않았다는 구체적인 자료가 없는 한, 고려시기의 9등호제를 잠정적인 제도로 단정하기 어렵다’고 한 지적[84]이 있을 뿐이다.

본절에서 고려전기 9등호제의 이해를 위해 두 가지 면에서 살펴보려 한다. 첫째, 고려 9등호제의 연원은 신라의 9등호제이다. 따라서 그 질적 계승 내지 변화를 밝히기 위해 신라 호등제를 구분한 기준이 무엇인지에 대한 검토가 필요하리라 본다. 둘째, 왜 고려시기에 인정다과에 의한 9등호제가 성립되었는지를 해명하는 관건은 세제수취상에서 호등제의 기능이다. 요컨대 신라사회에서 호등제의 기능이 무엇이었으며, 그러한 기능이 고려의 성립으로 어떻게 바뀌었는가 하는 것이 관건이다. 이 문제가 해결되면 고려시기 9등호제의 존재 내지 시행여부를 파악할 수 있는 단서가 생기리라 믿는다. 이를 바탕으로 고려에서 요역의 징발이 9등호제와 어떤 연관이 있는지 살펴보겠다.

(1) 통일신라의 9등호제

신라통일기 국가권력의 민에 대한 지배방식을 이해하는 데는 여러가지 방법이 있을 수 있다. 정창원 소장 촌락문서의 분석을 통하여 수취체계를 해명하려는 방법들도 그 하나이다.

촌락문서에 의하면 호를 나눈 등급이 上上烟에서 下下烟에 이르기까지 9등호제로 되어 있다.[85] 그동안 호등제의 존재와 관련하여 그 구분기준은

---

84) 朴鍾進, 앞의 학위논문, 1993, p.115.

85) 촌락문서의 다음 기록을 보면 호등제의 등급연이 9등호제로 되어 있음을 알 수 있는데, 이 부분은 본문을 서술할 때도 중요한 참고자료가 되므로 모두 인용한다.
　[A촌] 合孔烟十一　計烟四余分三　此中仲下烟四　下上烟二　下下烟五
　[B촌] 合孔烟十五　計烟四余分二　此中仲下烟一余子　下上烟二余子　下仲烟五竝余子　下
　　　　下烟六以余子五法私一　三年間中收坐內烟一
　[C촌] 以下仲烟一　下下烟六　三年間中新收坐內烟一
　[D촌] 合孔烟十　計烟一余分五　此中下仲烟一　下下烟九

무엇이며, 거기서 나타나는 孔烟과 計烟의 성격이나 기능이 무엇인가에 대해 학자들간에 이견이 있어 왔다. 맨 처음에 9등호제의 편제기준은 貧富의 차이였다는 견해가 제시되었다.[86] 그러다가 旗田에 의해 호를 나눈 기준이 人丁이며, 이와 같이 인정의 다소에 따라 정해진 계연은 力役징발의 기준이 되었다는 논고가 발표되었다.[87] 이러한 旗田의 견해가 나온 이래로 1980년대 이전까지의 연구자들은 대체로 旗田과 같은 시각에서 연구를 진행시켜 왔다.

그런데 이와는 달리 호등제의 등급평가는 남녀 助·丁의 수를 일차적인 것으로 하지만, 이 외에 각기의 자산상의 조건 즉 耕地의 면적도 참작한 것이라는 李泰鎭의 견해가 제시되었다. 이와 아울러 계연의 기능도 力役징발 뿐만 아니라, 조·용·조 전반에 적용되었던 것으로 추정하였다.[88] 최근에는 이러한 견해에 힘입어 호등제의 구분기준과 계연의 기능에 대해서 보다 구체적으로 고찰한 연구들이 나오게 되었다.[89] 이들 내용 중 본고와 관련하여 필요한 부분만을 정리해 보면 다음과 같다.

우선 李仁哲의 견해는 다음의 두 가지로 요약할 수 있다. 첫째, 신라통일기의 9등호제는 인정수가 아니라 토지결수의 차이에 따라 나누어진 것이다. 즉 국가는 민이 소유하고 있는 烟受有田·畓의 다소에 따라 9등급으로 나누고 있는데, 토지결수의 양은 下下烟은 9결~12결 미만, 下仲烟은 12결~15결 미만, 下上烟 15~18결 미만, 仲下烟 18~21결 미만, 仲仲烟 21~

(여기서 A촌은 當縣沙害漸村, B촌은 當縣薩下知村, C촌은 失名村, D촌은 西原京村을 말한다.)

86) 野村忠夫,「正倉院より發見された新羅の民政文書について」『史學雜誌』62-4, 1953, p.64.

87) 旗田巍,「新羅の村落 -正倉院にある新羅村落文書の研究-」『朝鮮中世社會史の研究』, 法政大出版局, 1972, pp.426~430.

88) 李泰鎭,「新羅統一期의 村落支配와 孔烟 -正倉院所藏의 村落文書 재검토-」『韓國社會史硏究』, 知識産業社, 1986, pp.23~59.

89) 李仁哲, 앞의 논문, 1986 ; 金基興, 앞의 책, 1991.

24결 미만, 仲上烟 24~27결 미만이 된다. 둘째, 토지소유의 다소에 따라 구분한 孔烟을 기준으로 다시 계연을 산출하고 있는 목적은, 역역징발만을 위한 것이 아니라 租·調까지를 포함하여 세제전반의 수취를 위해서였다.

다음 金基興의 연구에 대해 그 핵심을 살펴보면 다음의 세 가지로 집약된다. 첫째, 호를 나누는 일차적 기준은 토지이지만 그 외 牛·馬·奴婢의 수도 참작하고 있다. 둘째, 계연의 본래 목적은 —力役(특수한 力役)징발과 調布의 징수에 참고가 될 수 있지만— 각 행정단위의 경제력을 손쉽게 파악하고자 하는 제도장치이다. 예컨대 계연 1은 仲上烟 1戶의 경제력 즉 18결 내외의 토지이며, 국가에서는 이를 근거로 녹읍이나 공해전을 지급하였다.[90] 이와 같이 경제력의 행정단위가 토지만으로 파악되지 않고 烟과 결부되어 나타나는 것은, 통일신라의 사회발전 수준이 烟을 배제한 토지만으로는 행정단위의 파악이 미흡했기 때문이다. 셋째, 통일신라의 9등호제는 신라 하대의 혼란을 겪으면서 그 형식만 남게 되어, 고려초의 경우 전조는 결부제에 의해 수취되고 역역징발은 손쉬운 인정기준의 9등호제를 적용하게 된다. 그러나 고려의 행정체계가 정비됨에 따라 고려초의 9등호제는 임시적 과도적 기능마저 상실하게 된다.

---

90) 계연의 기능이 국가의 일반적인 정책입안의 기초자료로서 작성된 것이며, 특수한 力役을 제외하고는 조·용·조와 무관한 것이라는 견해는 일찌기 浜中昇에 의해서 제기된 바 있다(浜中昇, 「新羅村落文書にみえる計烟について」『朝鮮古代の社會と經濟』, 法政大出版局, 1986, p.83). 그렇게 이해하는 주된 근거는 주2)의 자료에 의하면 村主位畓이 존재하는 A촌의 計烟이 D촌에 비해 2.5배라는 점이다(仲上烟을 기본수 1로 할때 仲仲烟은 5/6, 仲下烟은 4/6, 下上烟3/6, 下仲烟은 2/6, 下下烟은 1/6이므로, A촌의 계연은 4 나머지 3이어서 4×4/6+3=27/6이 되고 D촌은 1 나머지 5여서 11/6이 되니 2.5배가 됨). 즉 계연을 근거로 세제가 부과된다면 계연이 많은 A촌의 부담이 D촌에 비해 많아지게 되는데, 이러한 점은 용·조가 면제되었을 촌주가 A촌에 존재한다는 것과 결부시켜 볼때 (田租의 경우는 경작면적에 부과되므로 계연과 관련이 없다고 봄) 모순이 생기므로 계연의 기능과 조·용·조의 부과는 무관한 것이라고 한다. 金基興 역시 A촌에 있는 村主位畓의 존재를 문제로 삼고 있는데, 浜中昇과 다른 점은 용·조의 경우는 별 무리가 없지만 당연히 免租되었을 村主位畓이 호등과 계연에 반영되었다는 것이다(金基興, 앞의 책, 1991, p132).

이상은 고려전기 호등제의 역사적 성격을 살펴보는데 필요한 부분만을 요약한 것인데, 이제 신라통일기 호등제의 구분기준과 그 기능에 대하여 살펴보도록 하겠다. 사실 신라 9등호제의 구분기준이 인정이라는 중요한 근거는 고려의 9등호제의 구분기준이 인정다과였다는 데 기인하고 있다. 요컨대 고려사회가 인정을 기준으로 하는 사회이므로, 사회발전 논리상 그 이전인 신라사회는 당연히 인정 중심의 사회가 되어야 한다는 인식이 내재되어 있다. 그런데 신라에서 호를 나눈 기준은, 신라통일기의 호등제에 토지결수가 반영된다는 견해가 타당한 것으로 생각된다. 이를테면 삼국시대 말에 이미 호별분화를 바탕으로 人頭稅的 지배를 극복해 나가고 있었던 역사적 배경이나,[91] 촌락문서에서 토지의 結,負,束까지 파악되어 있을 정도로 토지조사가 세분되었던 점을 감안해 보면 그렇다.[92]

그러나 호등제의 등급평가에서 인정이라는 요소를 어떻게 파악해야 하느냐 하는 것은 좀더 검토의 여지가 있다. 결론적으로 말하자면 旗田巍처럼 인정만을 호등제의 구분기준으로 삼는 것도 확실히 문제가 있지만, 또 신라사회에서 인정을 완전히 무시한 채 토지만으로 호등제에서 기준을 삼았다고 생각하기도 어렵다. 왜냐하면 호등의 편성에서 인정이 철저히 배제된 것으로 보기에는 납득이 가지 않을 정도로 촌락문서에는 인정에 관한 기록이 너무나 상세하다.

이를테면 丁과 丁女로 나누어 각기 助子·追子·小子·除公·老公, 助女

---

91) 삼국시대 租·調를 이해하는 데 중요한 사료가『隋書』권81 高麗傳의 "人稅布五匹 穀五石 遊人卽三年一稅 十人共稅布一匹 租戶一石 次七斗 下五斗" 기사이다. 이 내용에 의거하여 6~7세기에는 사유재산의 발달과 생산력의 발전에 따라 인두세적 지배가 극복되어 간다고 한다(金基興, 앞의 책, 1991, p.78). 여기서 租의 수취가 3등호로 나누어진 戶를 대상으로 이루어진 것을 감안하면, 호별분화를 바탕으로 인신적 수취가 줄어들고 있다는 견해는 옳은 것으로 생각된다.

92) [A촌]의 경우를 예로 들면 다음에서 보듯이 토지의 結 뿐만 아니라 負, 束까지 파악하고 있음을 알 수 있다. "合畓百二結二負四束 以其村官謨畓四結 內視令畓四結 烟受有畓九十四結二四束 以村主位畓十九結七十負 合田六十二結十負五束竝烟受有之 合麻田一結九負".

子·追女子·小女子·除母·老母 등의 6등급으로 나누어 그 인원수를 자세하게 기록하고 있는데,93) 이것은 개개인에게 토지를 지급하기 위해 연령구분이 필요했던 당제보다 세분화되어 있다. 이와 같이 촌락문서에서 인정의 연령구분이 상세한 것은, 비록 당시의 신라사회가 노동력을 중심으로한 人戶지배에서 토지중심으로 바뀌었다 하더라도94) 인정 역시 중요한 요소라는 것을 입증하는 것이다.

이런 점에서 농업기술이 아직도 휴한법의 제약아래 놓인 상태에서는 田品 자체의 분화가 심하지 않으므로 대상경지가 田 또는 畓인 것에 따른 우열은 있을 수 있지만, 같은 종류의 경지에서의 생산량은 대체로 인력의 수에 비례한다는 견해95)가 주목된다. 뿐만 아니라 이 시기의 토지가 상당히 陳田化의 가능성이 높았다는 점도 인정을 배제할 수 없었던 중요한 요소일 것이다. 耕地利用방식에서 8세기를 전후한 촌락문서단계가 토지의 진전화 가능성이 높은 단계라는 것은 당시의 1戶당·1丁당 경지면적이 상당히 넓다는 연구96)로 미루어 보더라도 그렇다. 말하자면 신라사회는 호등의 算定

---

93) 촌락문서에 나타나는 村別烟·人에 대한 구성은 武田幸男,「新羅 村落支配 -正倉院 所藏文書の追記をぐつて」『朝鮮學報』 81, 1976, p.219 참조. 그런데 연령구분이 상당히 세분화되어 있는 만큼 役을 부담하는 인정의 대상에 대해서도 학자들 사이에 다소 이견이 있다. 즉 丁男과 丁女까지로 보든지(明石一紀,「新羅統一期の村別について」『日本歷史』 322, 1975, p.25), 丁男만으로 한정하는 경우도 있고(兼若逸之,「新羅 古文書를 둘러싼 問題에 대하여-計烟計算基本數 및 그 分數化를 批判함-」『韓國 史研究』 14, 1976, p.13), 丁男·丁女·助子·助女子가 모두 호등제에 반영되었다고 보기도 한다(李泰鎭, 앞의 논문, 1986, pp.51~55). 그러나 위의 견해들을 따르면 어느 경우나 모두 촌락의 실제 人丁수와는 차이가 나므로, 課役의 대상을 파악할때 軍役 인지 아니면 力役·貢役인지 구분해서 보아야 한다는 견해도 있다(李仁哲, 앞의 논문, 1986, pp.12~13).

94) 신라사회의 조세제도는 ① 4세기 이전 ; 1단계-노동력 중심→ 2단계-재산 중심 ② 4~6세기 ; 생산력 발전과 대외전쟁의 확대로 토지지배로 변하고 있다(이인재,「신 라통일 전후기 조세제도의 변동」『역사와 현실』 4, 1990).

95) 李泰鎭, 앞의 논문, 1986, p.52. 촌락문서 단계에서 戶當경작면적이 평균 10여결이나 되었던 것은 당시의 농작법이 휴한단계임을 입증하는 것이다(魏恩淑,「나말여초 농 업생산력 발전과 그 주도세력」『釜大史學』 9, 1985, p.125).

에 토지 외에 人戶를 참작 할 수밖에 없는 단계였던 것이다. 이에 대해서는 金基興도 '비록 결부제를 시행하고 있지만, 신라사회가 도달하고 있는 생산관계는 烟을 배제한 토지만의 파악으로는 미흡함이 있는 역사적 발전단계 때문에 계연을 설정하였다.'[97]고 언급하고 있다.

이와 아울러 촌락문서에 孔烟이라는 용례를 사용한 것이 흥미롭다. [A]촌의 예를 들면「合孔烟11 …… 此中仲下烟4 下上烟2 下下烟5」의 기록이 있는데, 이들의 烟을 합치면 11개가 된다.[98] 그런데 여기서 烟을 합친 명칭을 사용하면서 단순히 '합연'이라고 해도 되는데 왜 '合孔烟'이라 하여 孔烟을 사용했을까. 이에 대해 '孔'이 결부제를 기초로 하는, 즉 토지를 뜻한다는 견해[99]가 주목된다. '烟'은 주지하듯이 연기 煙字의 옛 모양으로 밥을 해먹

---

96) 金琪燮,「高麗前期 農民의 土地所有와 田柴科의 性格」『韓國史論』17, 1987, pp.114~120.
97) 金基興, 앞의 책, 1991, p.136.
98) 孔烟은 주지하다시피 각 촌마다「合孔烟 몇개」라는 형식으로 기재되어 있는데 孔烟이 자연호인지 편호인지에 대해서는 이견이 있다. 孔烟이 자연호라는 說은 野村忠夫, 앞의 논문,1953 ; 旗田巍, 앞의 논문, 1972 ; 武田幸男,「新羅の村落支配-正倉院所藏文書の追記をめぐって-」「朝鮮學報」81, 1976이 있다. 孔烟이 편호라는 說은 吳章煥,「新羅帳籍으로부터 본 9세기 前後의 우리나라 社會經濟的 狀況에 관한 몇가지 문제」『歷史科學』(1958年-5號) 와 李泰鎭, 앞의 논문, 1986이 있다. 또 孔烟은 개별자연호를 바탕으로 하고 있지만, 下下烟의 경우는 1개의 자연호도 있고 빈한한 자연호는 2,3개로 묶어 편성하였다는 절충설도 있다(金基興, 앞의 책, 1991, p.132). 그런데 下下烟 중에는 하나의 자연호 만으로 성립이 가능한 호도 있을 것이며, 그렇지 못한 경우도 상정되므로 자연호와 편호가 혼재되어 있을 가능성이 높을 것 같다(金琪燮,『高麗時代 田丁制研究』부산대학교 박사학위논문, 1993, p.28).
99) 兼若逸之,「新羅 '均田成冊'研究-이른바 民政(村落)文書의 分析을 中心으로-」『韓國史研究』23, 1976, p.99 참조. 그런데 '孔'의 용례에 대해서는 고려시기「淨兜寺五層塔造成形止記」(金聖陸編,「吏讀集成」1937 附錄)의 다음 사료가 인용되고 있다.
　　가)代下田 長二七步·方二步 …… 承孔伍百肆拾 結得肆拾玖負肆束
　　나)長拾玖步·東三步 …… 承孔百四 結得玖負伍束
위의 기록에 의하면 가)의 孔은 (27보×20보)인 540보, 나)에서는 (19보×3보)인 57보의 약 2배가 되는 104보로 사용되어 토지와 관련됨을 알 수 있다. 여기서 보이는 '承孔'이 면적을 뜻한다는 것은 金容燮,「高麗時期의 量田制」『東方學志』16, 1975,

는 식구를 뜻하는데 이것이 토지를 의미하는 '孔'과 합쳐 孔烟이 된 것을 고려해 볼 때, 그 용례 자체만으로도 孔烟이 토지와 인정의 결합임을 추측케 하는 게 아닐까 한다.

한편 신라가 수용했던 당의 호등제는 자산에 따라 9등급으로 나누고 있다.[100] 당에서 호등을 나눈 것은 賦役을 위한 직접적인 목적은 아니었다. 왜냐하면 당에서 부역의 대상은 매 丁을 과세대상으로 하고 있었기 때문이다. 그러나 기본세목을 제외한 戶稅를 산정한다든지, 役과 調의 부과시 우선 순위를 결정하는 참고가 되기도 하고, 각종 면세조치의 부과기준이 되는 등으로 활용되고 있었다.[101] 당의 호등제가 자산을 기준으로 구분되긴 했지만, 실질적 운영에서는 인정수가 참작되고 있었던 점이 주목된다.

예컨대 差科에 있어서 富強한 자를 먼저 하고 빈약한 자는 후에 하며, 多丁한 호를 먼저 하되 少丁한 호는 나중에 하도록 하고 있다.[102] 사실 당의 호등제는 1호 내에서 丁이 차지하는 비중이 호의 등급이 놓을수록 많고, 등급이 낮을수록 인정수가 적어서 하하호의 경우는 특히 單丁戶가 많았다.[103] 이런 점으로 미루어 인정이 많은 호에는 重役을 부과하고, 인정이 적은 호에는 輕役을 부과하는 등 어느 정도의 배려가 행해진 것으로 추측되고 있다.[104] 말하자면 당제의 경우도 호등제의 구분은 비록 자산에 의거하고 있지만, 실질적 운영에서는 인정이 함께 고려되고 있었던 사회였다.

뿐만 아니라 호적을 기재하는 양식에서도 참조되는 바가 있다. 당의 세제는 균전제에 입각하여 조용조를 부과했으므로, 호적에서 토지와 호구가 함께 기재되고 특히 호구에서 丁男·丁女의 구분 뿐 아니라 黃·小·中·

---

p.70에서도 지적한 바 있다.

100) 『唐六典』 권3, 戶部郎中 員外郎에 "天下之戶 量其資産 定爲九等"이라 하고 있다.

101) 王曾楡, 「從北朝的戶倒宋朝的五等戶」 『中國史硏究』, 1980-2, pp.52~52.

102) 『唐律疏議』 권13, 戶婚 諸差科賦役違法.

103) 西村元佑, 「唐代敦煌資料を通じてみた唐均田時代の徭役制度」 『中國經濟史硏究』, 京都大東洋史硏究會, 1970, pp.644~645.

104) 西村元佑, 위의 논문, pp.670~671.

老까지 상세하게 기록되어 있었다. 그러다가 균전제가 붕괴되면서 조용조세법은 지방적인 力役을 제외하고는 兩稅法으로 바뀌었는데(建中 원년 ; 780년),[105] 이렇게 되자 호적에서도 중요한 변화가 생기게 되었다. 이를테면 양세법에서의 세제는 토지의 면적에 따라 부과되기 때문에, 토지와 호구가 균전제가 시행되던 때와는 달리 분리되어 나타나게 된 것이다. 또 호구에서도 당제와 달리 지방적인 力役이 부과되는 정남만 기재되어 宋대까지 계승되고 있다.[106] 한편 통일신라의 호적은 토지와 호구가 함께 파악된 점에서 당제와 형식상 공통되어 있다는 견해가 제시된 바 있다.[107] 호적양식에서 나타나는 당제와 송제의 차별성을 감안하면, 촌락문서에서 토지와 인정이 함께 기재되어 있는 것은 신라사회가 당제와 마찬가지로 토지와 인정이 함께 고려된 사회임을 반영하는 것이 아닐까 생각된다.

이상과 같은 상황을 고려해 볼 때 신라사회에서 호를 편제하는 기준이 인정, 혹은 토지만으로 보는 견해는 수긍되지 않는다. 따라서 신라사회에서 호의 편제는 토지와, 이를 경작하기 위한 노동력 즉 인정도 함께 고려한 것으로 이해되어야 할 것이다. 근래 신라의 호등제가 토지와 인정을 함께 고려한 것이라는 견해를 제기하고 있는 연구들은 이런 점에서 주목된다. 하지만 이들 연구 가운데도 다소의 이견이 있다. 이를테면 토지와 인호만

---

105) 당의 부역은 세제전반을 통칭하는 것인데 다음에서 보는 바와 같이 중앙적인 역과 지방적인 역 즉 잡요로 뚜렷이 구분되고 있음이 특징이다. 그런데 양세법의 대상이 된것은 "凡賦役之制有四日 一曰租, 二曰調, 三曰役, 四曰雜徭"(『大唐六典』 권3) 가운데 조·조·역이고, 잡요는 그 대상에서 제외되었다(曾我部靜雄, 「均田法とその稅役制度」 講談社, 1953, p.348).

106) 토지의 면적과 정남의 수만으로도 충분히 國政은 운영되었지만 실질적인 문제가 생긴 것은, 饑饉 같은 문제에서 정확한 사람수를 몰라 완전한 구제가 어렵게 되자 南宋 乾道 11년(1171)부터 老·幼·丁·壯·男·女를 구분하지는 않더라도 그 수는 모두 기재하게 되었다(曾我部靜雄, 앞의 책, 1953, pp.349~353)

107) 金英夏·許興植,「韓國中世의 戶籍에 미친 唐宋 戶籍制度의 影響」『韓國史硏究』19, 1978, p.44 ; 盧明鎬,「高麗時代 戶籍 記載樣式의 성립과 그 사회적 의미」『震檀學報』79, 1995, p.79.

으로 파악하는 연구도 있고,[108) 토지와 인정 외 우마 및 노비까지 포함되는 것으로 파악하는 연구도 있다.[109)

　신라통일기의 호등제에 토지 외에 소·말·노비까지 포함되었다는 견해에 대한 반론은, 이러한 것들을 호등구분에 반영시킬 경우 仲上烟을 기준으로 1/6, 2/6, 3/6, 4/6, 5/6, 6/6 등과 같이 학계에서 공통으로 인식되어 온 等級烟의 기본수설이 무너지게 된다는 것이다. 또 烟受有田畓의 면적이나 牛·馬·奴婢 등의 수가 어떤 비율로 계산되고 어떤 방식으로 호등산정에 반영되었는지 설명이 없다는 점을 비판하고 있다.[110) 이와 같은 문제점들은 토지, 인정, 우마를 참작하더라도 호등을 산출할 수 있는 연구결과[111)가 나왔으므로 해결된 것으로 보아도 좋지 않을까 생각한다. 다만 우·마·노비 등을 참작하여 호등을 산정했다 하더라도, 가장 주된 것은 인정과 토지였을 것으로 생각된다. 따라서 신라의 호등제에 대한 서술은 편의상 인정과 토지의 결합이라는 방식으로 사용하도록 하겠다.

　그러면 신라통일기 호를 편제하는 기준이 전제와 역제가 결합한 형태, 즉 토지와 인정수라는 것을 설정해 두고 다음은 계연을 설정한 동기가 무엇인지 살펴보겠다.

　종래의 계연에 대한 기능은 力役징발을 위한 것이라는 견해가 지배적이

---

108) 이인재, 앞의 논문, 1990.

109) 金琪燮, 앞의 학위논문, 1993, p.37.

110) 李喜寬, 「三國 및 統一新羅時代의 社會經濟史를 바라보는 새로운 視角」『歷史學報』
　　130, 1991 ; 李仁哲, 앞의 논문, 1992, pp.141~42. 양자의 반론은 모두가 金基興이
　　'신라의 호등제의 구분기준은 토지 및 우·마·노비까지 참작하여 산정한 것'이
　　라는 견해에 대한 반론으로 제기된 것이라는 점에서 공통되어 있지만, 호등제에
　　대한 근본적인 시각에서는 큰 차이가 있다. 즉 전자의 견해는 신라의 호등제가 인
　　정구분이라는 점에 입각학고 있으며, 후자는 토지에 의해서만 호등이 산정된 것으
　　로 파악하고 있다.

111) 金琪燮, 위의 논문, 1993, p.43에 일목요연하게 정리되어 있다. 당제의 호등제도 토
　　지를 비롯하여 소가 참작되어 산정되었다는 견해가 있다(鈴木俊,『均田·租庸調硏
　　究』, 刀水書房, 1980, p.160).

었다. 그러다가 계연의 기능이 세제전반에 대한 것이라는 견해가 제시된 이후,[112] 李仁哲에 의해 구체적으로 검토된 바 있다.[113] 이 외에 金琪燮의 견해[114]도 이에 포함시킬 수 있을 것 같다. 계연의 기능에 대해 구체적인 지적은 않고 있지만, 신라가 호등제를 편성한 동기가 고려와 달리 수취에 촛점을 맞춘 것이라는 것을 기본전제로 하고 있는 점에서 그렇다. 계연에 대한 또 다른 견해로는 앞에서 언급한 바와 같이 녹읍이나 공해전을 지급하는 등 국가에서 경제력을 파악하기 위해 정책자료의 역할을 했다는 金基興의 견해가 있다. 기왕의 연구성과를 토대로 필자의 견해를 정리해 보면 다음과 같다.

우선 촌락문서와 전조와의 관련을 보면, 촌락문서를 검토해 볼 때 이 문서가 村政에 대해서는 아주 상세하면서도 조세의 부과와 관련된 기록이 전혀 없으며 이 외의 어떤 사료에도 조세와 관계되는 사료가 없는 점으로 미루어 호등제를 매개로 전조가 수취되었다는 견해[115]는 옳은 것으로 생각된다. 요컨대 토지에 대한 세율이 정해지지 않았다는 것은 토지에 전조가 수취되지 않았음을 단적으로 보여주는 것이다.

하지만 호등제에 입각하여 조세의 부과가 이루어졌다는데 대해서 반론이 없는 것은 아니다. 예컨대 [A]촌에 있는 村主位畓은 연수유답이므로 호등과 계연에 반영되었지만, 실제로 村主位畓은 당연히 免租의 대상이므로 계연치가 그대로 租의 납부기준이 되는 것은 부당하다는 것이다. 따라서 租의 수취는 전답의 結負數와 소·말·노비 등의 소유정도에 따라 부과하였다는 것이다. 물론 소·말·노비 등의 비중은 전답의 결수에 비해 그 비중이 약하긴 했지만, 가진 만큼 정해진 액수를 주인에게 부과했던 것으로 파악하고 있다.[116]

---

112) 李泰鎭, 앞의 논문, 1986, pp.51~55.
113) 李仁哲, 앞의 논문, 1986, pp.11~14.
114) 金琪燮, 앞의 학위논문, 1993, p.201.
115) 李泰鎭, 앞의 논문, 1986, p.51.

　이러한 점은 租가 전답의 결부수 외에 소·말·노비까지 참작하여 수취되는 것으로 파악하면서 왜 토지를 경작하는 인정은 고려하지 않았을까 하는 의문을 낳는다. 신라 호등제 내부에 전답의 결부수에 따른 차이가 반영되어 있는 만큼, 호등의 구분에 따라 조가 수취되었을 가능성을 배제할 수 없다. 사실 중앙의 전조에 대한 수취는 일단 주군을 통해 수행되어 해당군현에서 전조수취를 감독하기는 했지만, 실질적으로 촌주의 관할 하에 각 촌락별로 집행되었으므로 어떤 식으로든지 免租될 수 있는 방법이 있었을 것이다. 가령 국가에서 호등제를 편성할 때는 村主位畓까지 일률적으로 호등에 반영했겠지만, 조의 부과과정에서는 [A]촌의 경우 村主戶가 부담해야 하는 몫만큼 免租시키는 것도 한 방법이 될 것이다.117)

　이와 같이 신라에서 조세의 수취가 토지만을 대상으로 하지 않았다는 것은, 신라의 9등호제가 수용한 당제와 관련시켜 볼 때도 참고되는 바가 있다. 당제는 균전제를 토대로 조용조를 부과하는데, 그 부과기준은 丁男을 대상으로 하는 것이었다. 말하자면 당제에서 균전제의 주대상인 丁·中男 뿐 아니라 老男·篤疾·廢疾·寡妻妾 등 개개인에게 토지를 주고 있지만, 조세의 경우 토지를 대상으로 세율이 정해진 것이 아니라, 정남에게만 粟 2石을 부과하고 있다. 이와 같이 당제에서도 토지에 稅率이 정해지지 않은 채 丁을 대상으로 일률적으로 부과하고 있는 것은, 당제 자체가 완전한 토지과세는 아니었음을 의미한다. 이런 점을 고려해 보면 경지이용방식이 휴한법적인 단계였던 신라사회에서 토지만으로 조세를 부과한 것으로 파악하기보다는, 노동력이 반영되는 호등제에 입각한 수취를 한 것으로 이해하는 것이 보다 합리적이다.

　더욱이 7세기 전후의 고구려의 경우도 인두세적 수취가 호등제에 입각한 조의 수취보다 5배 정도로 높은 비중을 차지하고 있었다.118) 고구려사

---

116) 金基興, 앞의 책, 1991, pp.168~169.
117) 박시형, 「신라장적(新羅帳籍)의 연구」『력사과학』6, 1957, p.16.

회의 상황을 신라사회에 그대로 단순적용 시키는 것은 다소 무리가 있겠지만, 국가의 성장과정에서 가장 선진적인 사회가 고구려였다는 점을 감안해 본다면, 신라사회가 인두세적 수취를 완전히 극복하고 9등호제에 의한 수취를 하게 되는 자체가 한 단계 진전된 것으로 생각한다. 비록 신라에서 호등제를 통해 조의 수취가 이루어졌다 할지라도, 이때의 호등제는 토지의 結·負·束까지 철저하게 파악된 위에 마련된 것이므로 삼국시대의 인두세적 수취에 비해 보다 발전적인 것만은 분명하다.

力役이나 군역은 孔烟에 인정수가 반영되어 있으므로 당연히 호등제에 입각하여 징발을 했을 것이다. 역역이나 군역을 징발할 때 인정을 내는 방식은 대해서는 촌락문서의 余子와 法私가 사람의 수를 의미하는 것인지, 烟의 수를 의미하는 것인지에 따라 이견이 있다. 하나는 余子와 法私를 烟으로 파악함으로써 호등별 구분에 따라 인정을 부담하는 양이 다른 것으로 보는 것이다. 이 견해는 대체로 신라의 호등제가 인정을 기준으로 편제되어 있다는 입장에서 견지되고 있다.[119] 또 다른 하나는 余子와 法私를 烟이 아니라 사람으로 파악하여 역역이나 군역이 각 孔烟별로 균등하게 부과된 것으로 이해하고 있다.[120]

그런데 후자와 같이 余子와 法私를 사람의 수로 보는 데 대해 제시된 비판을 보면, 촌락문서의 [B촌]에서 나타나고 있는 余子와 法私가 사람의 수

---

118) 金基興, 앞의 책, 1991, pp.67~68. 이에 대한 반론도 있다. 이를테면 삼국시대 국가에서 농산물을 수취하는 명목은 여러가지가 있으므로, 戶租에서 보이는 조의 개념에 대해서도 조용조 세제의 개념과 동일한 것인지 애매모호하다는 것이다. 그러나 人稅에 대한 비중이 컸다는 것은 인정하고 있다(李喜寬, 앞의 논문, 1991, pp.200~203).

119) 旗田巍, 앞의 책, 1972 ; 武田幸男,「中古新羅の軍事的基盤 -法幢軍團と展開」『東アジア史における國家と農民』, 1984 ; 安部井正,「新羅村落文書に見える九等戶區分について」『朝鮮學報』 133, 1990 ; 李喜寬, 앞의 논문, 1991.

120) 力役이나 군역이 孔烟에 균등하게 부과된 것이라는 것은 蔡雄錫,「高麗前期 社會構造와 本貫制」『高麗史의 諸問題』, 三英社, 1986, p.339 ; 金基興, 앞의 책, 1991, pp.195~196 참조.

를 나타내는 것으로 보기 어렵다는 언급만 있을 뿐,121) 왜 그런지에 대한 구체적 지적은 없다. 이와 같이 余子와 法私에 대한 해석이 다른 것은 이에 대한 구체적 근거가 없기 때문이다. 신라 호등제의 편제기준이나 호등제의 목적을 어떻게 이해하느냐에 따라 그 해석도 달라질 수밖에 없다. 필자는 고려 호등제와의 연관을 고려해 볼 때 역역이나 군역이 각 공연에 균등하게 부과된 것으로 보는 견해가 합당한 것으로 생각된다. 촌락문서 단계에서 역역이나 군역이 각 孔烟에 균등하게 부과되었다 하더라도 호등제에 입각하여 분정되었던 것은, 삼국시대 직접 人身을 대상으로 징발하던 인두세적 형태와 구분되는 점에서 주목된다.

마지막으로 공물에 대해 보면 桑, 麻, 柏子, 秋子 등이 있는 것으로 미루어 촌락을 단위로 공물이 수취되었음을 짐작케 한다. 촌락마다 직물의 확보를 위해 1결의 麻田과 1,000株 정도의 桑을 재배하도록 하고 있다. 이들의 재배는 麻田이 촌락마다 1結 몇 負로 거의 균등하게 설정되었던 점으로 보아 촌락민들의 공동경작을 통해 이루어지고 있다.122) 이처럼 종래와 같이 인신적인 포의 징수가 아니라 麻田의 공동경작을 통해 포를 확보하고 있었던 점은 주목된다. 요컨대 당시 국가의 입장에서는 麻田을 매개로 한 포의 징수지만, 촌락 내에서는 농민이 공동경작하는 형태를 취하고 있었다. 이 때 동원되는 민의 노동력은 9등호제에 입각하여 징발되었을 것으로 보인다.123) 포의 징수가 삼국시대 말의 경우 앞에서 살펴 본 바와 같이 인두세적 수취였던 것에 비해, 신라에서는 호등제를 매개로 포가 수취된다는 점에서 구별된다. 뽕나무·백자목·추자목의 식수와 관리 등이 내시령에 의해 이루어진 것으로 미루어 麻 외 여타의 공물도 촌락 단위로 부과되어

---

121) 李喜寬, 앞의 논문(說林), 1991, p.206.
122) 이인재, 앞의 논문, 1990, p.109, 安秉佑, 「6~7세기의 토지제도」『韓國古代史學論叢』, 1992, pp.307~313 ; 魏恩淑, 앞의 학위논문, 1994, p.93.
123) 공물생산을 위한 민의 노동력징발이 9등호제에 의거하여 이루어졌을 것임은 金基興, 앞의 책, 1991, p.170에서도 지적한 바 있는데, 필자도 동감이다.

노동력의 형태로 수취되었을 것이다.

이상에서 고려시기 호등제의 질적 변화를 고찰하기 위한 전제조건으로 신라통일기의 9등호제의 구분기준과 기능을 중심으로 살펴보았다. 호등제는 사회경제적 변동의 부산물로 나타나는 만큼 호등제를 바탕으로 한 신라사회의 수취제는 국가의 對民支配의 성격에 있어서 삼국시대에 비해 분명히 진전되었던 일면을 보여주고 있다. 이와 아울러 나말여초라는 사회경제적 전환기를 겪고 성립된 고려사회의 시대적 배경을 감안해 볼 때, 신라사회와 차별되는 고려시기 호등제의 성립이 예견되므로 이에 대해 살펴보도록 하자.

(2) 고려전기의 9등호제

고려전기 9등호제에 대한 유일한 기록은 주지하듯이『高麗史』권84, 형법1 戶婚條의 기사이다. 이를 다시 한번 인용해 보기로 한다. 즉 "編戶 以人丁多寡 分爲九等 定其賦役"이라 하여 인정의 다과에 따라 호를 9등으로 나누어 부역을 정하고 있다. 이러한 9등호제의 시행에 대해 임시과도적인 것이라는 견해가 있다.[124] 그 근거로는 위의 기록이 무편년 기사일 뿐 아니라, 이를 제외하고는 어디에도 9등호제의 시행에 대한 예가 전혀 나타나지 않는다는 점을 들고 있다. 그러나 고려시기 9등호제가 실시되지 않았다는 구체적인 자료가 없는 한 이 기사의 내용을 부정하기도 어렵다.[125] 오히려 이 기록을 적극적으로 수용하여 신라통일기의 호등제와 고려시기의 호등제의 질적인 변화를 검토해 보는 것이 필요하다.

그러면 여기서 말하는 부역의 개념은 무엇일까? 본래 부역이란 용례는 당제에서와 같이 고려에서는 수취전반의 뜻으로 사용되기도 하고, 민의 노동력을 징발하는 요역의 의미로 쓰이기도 했다.[126] 그런데 고려시기의 경

---

124) 金基興, 앞의 책, 1991, p.114 및 p.120 ; 李榮薰, 앞의 논문, 1992, p.123.
125) 朴鍾進, 앞의 학위논문, 1993, p.115에서도 이런 견해를 피력하고 있다.
126) 본서 Ⅱ장 1절 참조.

우 조세는 토지의 결수에 따라 정해졌으므로 조세는 부역 안에 포함되지 않는 만큼, 부역의 중요내용은 貢賦와 力役일 것이라는 견해가 제시된 바 있다.127) 사실 고려에서의 조세는 토지의 田品에 따라 差等收租되었으므로,128) 이 기사의 부역과는 관련이 없다. 이렇게 본다면 위의 기록에서 나타나는 부역은 공물을 비롯하여 요역만으로 한정시킨 종래의 견해는 타당한 것으로 생각된다.

인정과 토지가 결합된 형태였던 신라사회의 호등제가 인정만을 기준으로 삼는 호등제로 변모된 것은 어떤 배경에 기인하는 것일까? 이를 위해 신라하대 사회변동을 거치면서 고려사회가 성립되는 역사적 과정을 살펴볼 필요가 있다.

신라하대에는 다음과 같은 역사적 상황이 전개되고 있었다. 위로는 국가의 지배체제가 약화되고, 골품제도의 운영능력이 상실되어 정치권의 갈등이 빈번해진 가운데 새로운 정치세력으로서 지방세력이 대두하게 된다. 아래로는 개별가호의 성장을 바탕으로 공동체원이 분해되면서 민의 유리와 草賊化 현상이 확산된다. 결국 고려왕조의 성립을 가져왔던 중요한 요소가 바로 지방세력의 성장과 농민층의 저항이었다.

신라하대의 농민은 개별가호의 토지소유가 편중되는 데다, 중앙의 과도한 수취가 농민경영의 존립까지 어렵게 하는 사회적 모순이 격화되자 유리하거나 공부거납,129) 草賊化 현상130) 등을 통해 광범위한 저항을 전개해

---

127) 姜晋哲, 「農民의 負擔」 『高麗土地制度史硏究』, 高麗大出版部, 1980, pp.275~276.

128) 『高麗史』 권78, 食貨1 田制 經理, "文宗八年三月判 凡田品 不易之地爲上 一易之地爲中 再易之地爲下 其不易山田一結 准平田一結 一易田二結 准平田一結 再易田三結 准平田一結"이라 하여 전품이 표기되어 있는 데서 알 수 있다. 이와 같이 전품에 따라 차등수조된 조세의 수조율에 대해서는 『高麗史』 권78, 食貨 租稅의 成宗 11년 기사 참조.

129) 『三國史記』 권11, 新羅本紀11 眞聖女王 3년, "國內州郡 不輸貢賦 府庫虛竭 國用窮乏 王發使督促 由是 所在盜賊蜂起".

130) 신라하대의 향촌사회의 동향과 민의 초적화 현상에 대해서는 具山祐, 「高麗前期 鄕村支配體制의 成立」 『韓國史論』 20, 1988, pp.63~66 참조.

나갔다. 신라하대 지방세력의 상당수는 지방에 대대로 토착하고 있던 촌주계통의 출신이었다. 전통적으로 지방사회의 실질적 지배자였던 촌주세력은 畜力·토지·인력동원 등 농업생산에서 유리한 위치를 차지할 수 있었으므로,[131] 중앙의 끊임없는 수취에도 불구하고 경제력을 높일 수 있었다. 그러나 이들은 중앙귀족의 수취가 최소한의 경제적 기반까지 위협할 정도로 되자 항거하지 않을 수 없었고, 한편으로는 지배질서의 붕괴로 草賊이 확산되어 가자 안전을 위해 자위력을 강화해 나갔다. 즉 그들이 지방에서 가지고 있던 권위와 경제적 기반을 바탕으로 민을 동원하고, 유리민을 招納하여 새로운 정치세력으로 등장하였다.[132]

이와 같이 고려사회는 호족층과 일반민 사이의 이해관계에 따라 통일신라와 다른 사회경제체제로 재편되었다. 요컨대 고려전기의 통치체제는 국가의 지방세력에 대한 파악 및 국역체계의 수립과 밀접한 연관하에서 전개되었을 것이다. 우선 고려왕조와 지방세력의 관계를 보자. 고려국가 성립 초의 왕조는 할거적인 재편된 공동체 내에서 수취대상인 公民과 토지를 파악하는 한편, 국가에서 필요로 하는 직역담당자를 확보하기 위해서, 職役을 매개로 호족층이 지녀 왔던 경제적 기반과 사회적 위치에 정치적 비호를 해줄 필요가 있었다.[133] 그 결과 軍戶·鄕吏戶·其人戶·驛戶 등 직역을 담당하는 정호층이 편성되었다.

이러한 배경하에서 정호층이 성립되었다면, 이들과 백정층의 차이는 무엇일까. 이에 대해서는 이미 정호층과 백정층의 구분이 경제력의 차이에 기인하는 것이라는 연구가 나와 있다.[134] 정호층과 백정층이 경제력에 의

---

131) 魏恩淑, 앞의 논문, 1985, pp.133~135.

132) 金哲俊, 「文人階級과 地方豪族」『韓國史』 3, 1973, p.602.

133) 물론 이들 호족층 내부에서도 세력차이나 이해관계에 차이가 있어서 그에 따라 국가의 호족편제 방향이 달랐다. 즉 일찍 太祖에게 귀부한 대호족의 경우는 중앙으로 상경하여 중앙관인이 되었으며, 그렇지 못한 재지 군소호족은 사심관·향리·기인제도 등을 통해 국가권력에 연결되거나 지방사회에서 지지기반을 인정받았다(蔡雄錫, 앞의 논문, 1986, p.362).

해 구분된다면 가장 중요한 요소가 역시 토지일 것이다. 그러나 토지소유 뿐만이 아니라 토지의 안정적인 경영을 위해 노동력의 확보 또한 필수적인 것이었을 것이다. 이런 점은 기인의 選上規定이 足丁·半丁을 대상으로 하고 있는 데서 짐작되는데,135) 이때의 족정은 17결과 6정으로 결합된 족정호를 의미한다.136)

고려전기에서의 '丁'에 대해서는 앞에서 언급한 바와 같이 종래 인정설, 토지설, 토지와 호구의 결합 등으로 이견이 있어 왔지만,137) 현재는 토지와 호의 결합이라는 설로 정리되어 가는 듯 하다. 이와 같이 전제와 역제의 상호결합인 '丁'수가 其人選上의 규정이나 公須柴地의 결수 뿐 아니라138) 주·부·군·현의 館驛田,139) 事審官의 官員,140) 鄕吏의 定員,141) 등의 기준이 되고 있을 정도로 토지와 인정이 경제력을 파악하는 주된 단서라는 것을 보여주고 있다.

이처럼 고려전기 직역을 담당하는 정호층의 호별편제가 토지와 인정이 결합된 '丁'을 기준으로 실현된 기반은 신라통일기 호등제의 질적 변화에 기인한다. 단적으로 말하자면, 토지와 인정의 다소에 입각하여 편제된 신라 호등제 양식은 정호층에 찾아지고, 본래의 호등제는 변모하게 된다.

이와 아울러 호등제의 기능도 신라사회와 달라지게 된다. 신라사회에서

---

134) 安秉佑, 「高麗의 屯田에 관한 一考察」『韓國史論』 10, 1984, pp.36~37 ; 金琪燮, 앞의 학위논문, 1994, p.84.

135) 『高麗史』 권75, 選擧3 銓注 其人 文宗 31년, "判 凡其人 千丁以上州則足丁 年四十以下三十以上者許選上 以下州則半足丁 勿論兵倉正以下副倉正以上 富强正直者選上".

136) 尹漢宅, 「高麗 田柴科體制下의 農民身分 - 그 제도적 기초로서의 足丁制의 성립과 전개-」『泰東古典研究』 5, 1989 ; 金琪燮, 앞의 논문, 1987, p.129 참조. 양자의 차이는 尹漢宅이 17결과 6정의 編戶均田으로 보는데 비해, 金琪燮은 개별자연호의 토지소유 차에 따른 경영규모의 차이 및 계층의 차이로 파악하고 있다는 점이다.

137) 기존의 연구사 정리는 金琪燮, 앞의 학위논문, 1993, pp.1~14 참조.

138) 『高麗史』 권78, 食貨1 公廨田柴 成宗 12년.

139) 『高麗史』 권78, 食貨1 公廨田柴 成宗 2년 6월.

140) 『高麗史』 권75, 選擧3 事審官 成宗 15년.

141) 『高麗史』 권75, 選擧3 鄕職 顯宗 9년.

호등제의 기능은 조세·역역·군역·조 등 세제전반에 적용되고 있었
다.[142] 이에 반해 고려전기 호등제의 기능을 결론적으로 말하면, 고려사 호
혼조의 기사에서 나타나는 것처럼 역역징발의 기능만을 하게 된다. 우선
신라사회에서 호등의 차등에 따라 이루어진 조세수취는 고려의 성립과 함
께 토지를 부과대상으로 하게 된 것이다. 李仁哲도 이와 같은 견해를 간단
히 피력하고 있다. 씨의 견해는 고려전기 9등호제에 대한 연구가 본래목적
이 아니었고, 토지를 기준으로 편제된 신라사회가 인정기준으로 편제된 고
려사회에 선행될 수 없다는 비판이 제기되자, 이에 대한 해명차원에서 고
려 9등호제와의 차별성을 제시한 것이다.[143] 따라서 왜 고려에서 전조의
수취가 9등호제와 별도로 존재하게 되는가에 대한 배경에 대해서는 구체
적 언급이 없다.

그 직접적인 배경에 대해 필자는 신라사회에서 고려사회로 이행하는 과
정에서 제고된 농업생산력의 발달에 기인한다고 생각한다. 고려전기 경지
이용방식이 휴한법인지 연작법인지에 대해서는 다소 이견이 있으나,[144] 고
려전기 사회의 농업생산력 내지 토지의 중요성은 신라통일기와 달랐을 것

---

142) 李仁哲, 앞의 논문(說林), 1992, pp.152~155 ;『新羅村落社會史研究』, 一志社, 1996 재
    수록.
143) 고려의 9등호제는 인정다과임이 분명한 만큼, 그 이전 시기인 통일신라의 9등호제
    가 토지다과를 기준으로 한다는 것은 논리에 어긋난다는 비판이 제기되자 李仁哲
    은 종래의 견해를 보강하였다(앞의 논문 ; 說林, 1992).
144) 고려전기 경지이용방식에서 平田은 連作常耕, 山田은 휴한단계로 파악하는 연구가
    있는 반면(金容燮,「高麗時期의 量田制」『東方學志』16, 1976 ; 魏恩淑, 앞의 논문,
    1985 및「高麗時代 農業技術과 生産力研究」『國史館論叢』20, 1990 ; 李景埴,「高麗
    前期의 山田과 平田」『李元淳教授華甲記念論文集』1986), 평전도 휴한단계라는 연
    구가 있다(李泰鎭,「畦田考」『韓國學報』10, 1978 및「高麗末·朝鮮初의 社會變化」
    『震檀學報』55, 1980 ; 宮嶋博史,「朝鮮農業史上의 十五世紀」『朝鮮史叢』3, 1980 ; 李
    鎬哲,『朝鮮前期農業史研究』, 한길사, 1986). 이에 비해 金琪燮(앞의 논문, 1987)은 8
    세기를 전후한 촌락문서 단계는 진전화되기 쉬운 불안전한 휴한단계, 나말여초인
    9~11세기는 진전의 개간과 歲易의 안정화 단계로, 12세기 이후 상경화가 이루어
    지는 단계로 이해하고 있다.

임은 인정해도 좋을 것 같다.

신라하대 농업생산력의 발달에 대해서는 8세기 말 9세기에 水利사업이 집중되었다는 것을 근거로 일찍이 제시된 바 있다.145) 수리시설의 개발은 황무지를 可耕地로 만드는데 일조했으며, 경지의 이용방식에서도 連作을 가능하게 하는 농기구나 施肥術 등의 농법개량이 이루어지고 있었다.146) 앞에서 살펴 본 바와 같이 직역의 담당자인 신라의 仲上烟 24결이, 고려시기에는 足丁 = 18결로 나타나는 것은 신라사회의 휴한지가 고려전기 평전에서는 常耕化된 사정을 반영하는 점에서 주목된다. 뿐만 아니라 歲易의 빈도에 따라 不易之地, 一易之地, 再易之地 의 3등급으로 나눈 田品制147)가 고려시기에 등장하는 것도 이런 사정에 기인하고 있다.

이처럼 9세기 이래로 생산력이 점진적으로 발전되게 되면 일차적으로는 이를 주도적으로 수용할 수 있었던 촌주층이나 유력가들에 의한 경영확대가 이루어졌겠지만, 일반농민층의 경우도 빈궁민의 예속화·유리화가 진행되는 가운데 일면에서는 개별농가의 토지소유 가능성이 증대되었다.148) 이와 같은 상황을 배경으로 조세의 수취가 호등제에서 떨어져 나간 것으로 생각한다. 고려에서 토지의 전품제가 정해졌을 뿐 아니라, 사전에 1/2세라든지 민전에 1/10세 등과 같이 세율이 정해지게 된 것은 토지가 과세대상으로 설정되고 있음을 단적으로 보여주고 있다.

이렇게 되면 고려시기에서는 호등제가 더 이상 조세수취의 기능까지 할 필요가 없게 된다. 이에 비해 인정의 노동력에 의존하는 요역징발은 여전히 인정 다과에 의한 호등제가 적용되었다. 말하자면 세제전반의 기능을 담당하던 호등제의 성격에서 조세와 요역의 수취기준이 분화되는 형태로

---

145) 李基白, 「永川 菁堤碑 貞元修治記의 考察」『考古美術』102 ;『新羅政治社會史研究』, 1977, pp.286~287.
146) 魏恩淑, 앞의 논문, 1985, p.125.
147) 『高麗史』 권78, 食貨1 田制 經理 文宗 8년 3월.
148) 金琪燮, 앞의 논문, 1987, pp.107~108.

변모하게 된 것이다. 중국에서도 양세법이 시행되는 9세기 전후를 기점으로 토지와 호구가 분리되어 조세는 토지를 매개로 수취하는 형태로 변하고 있었던 점은 같은 맥락에서 주목된다.

한편 신라사회의 호등제는 세제수취의 기능뿐 아니라 직역체계의 기능까지 가지고 있었다. 이는 중국과 마찬가지로 직역담당자의 하한선이라 할 수 있는 仲上烟의 존재가 포함되어 있었는데다, 또 호등제 외에 특별히 직역을 부과하는 기준이 마련되어 있지도 않았으므로 호등제가 직역체계의 기능까지 담당한 것이라 할 수 있다. 그러던 것이 고려사회가 성립되면서 직역체계는 따로 분리되게 되었다. 요컨대 나말여초 사회변동을 겪으면서 호등제의 질적 변모와 함께 고려시기의 호등제는 정호층과 요역 담당자인 백정층이 따로 편제된 것이다.

이와 같이 고려에서 민의 내부에 직역과 요역 부담계층이 분리되어 민이 부담하는 역의 내용에 차이가 나는 것은 각 驛의 등급을 결정한 사례에서 알 수 있다. 정호를 편성하면서 토지가 남았는데 丁口가 부족하면 본역에 있는 백정의 子技를 보충하도록 하고 있다.[149] 이는 정호와 백정의 토지소유에 따라 역의 내용이 구분되어 있음을 알려 주고 있다. 이처럼 고려에서 경제력의 규모에 따라 민을 따로 편제하였던 것은 시사하는 바가 크다.

왜냐하면 당에서는 고려에서 족·반정호가 부담하던 직역을 일반농민이 부담하고 있었는데, 이는 균전이 지급되고 있었던 점에 기인할 것이다. 앞에서 살펴보았듯이 당제의 경우 민이 부담하는 지방주체의 역인 잡요 가운데는, 잡역으로 불리는 특수한 역이 포함되어 있었다. 각종 관청의 使役人, 里正·坊正·村正, 防戍의 병사, 驛長·驛子, 門夫, 丁匠, 燧長·燧子 등이 그것이다.[150] 정남이나 중남이 잡역에 동원되었거나, 府兵에 차출된 경

---

149) 『高麗史』 권82, 兵2 站驛.

150) 이하 잡역에 대해서는 曾我部靜雄, 앞의 책, 1953, p.227 및 p.245 ; 西村元佑, 「唐律令における雜任役と色役資課關にする一考察」 『中國經濟史研究』, 京都大學東洋史研究會, 1968 ; 古賀登, 앞의 논문, 1986, pp.185~186 참조.

우 역의 輕重에 따라 세제의 일부 혹은 전부를 면제하였던 것은[151] 직역의 부담이 조용조를 부담하는 균전농민에 의해 이루어진 것임을 입증한다.

잡역은 조용조 세제가 양세법으로 통합된 뒤에도 그대로 남아 '직역'으로 불리면서 송대 역제의 중요한 세목이 되고 있는데, 이의 면제를 위해 王安石의 新法에서 免役錢을 징수하는 募役法을 만들었을 정도이다.[152] 고려에서 군인, 향리, 기인, 역리 등의 역이 직역으로 나타나는 것은[153] 송대에서 직역이라는 용어가 등장했던 점과도 무관하지 않을 것이다.

이상으로 미루어 당이나 신라의 호등제는 고려에서와 같이 직역호와 백정호로 따로 구분되지 않았던 만큼 호등제 내에 직역체계까지 함께 편성되어 있음을 추측할 수 있다. 이런 점은 신라의 9등호제에서 1계연이라는 기준호가 되었던 仲上烟(24결=6丁)이 고려에서는 직역 담당자인 정호층(17결=6정)으로 설정되는 점과 결부되는 데서도 나타나고 있다. 신라의 호등제에서 직역체계가 분리된다는 것을 당제의 예까지 들어가면서 다소 장황하게 설명했던 것은, 왜 고려에서 인정다과에 의한 9등호제가 성립되는지 그 배경을 살피고자 함이었다. 이제까지 조용조와 군역을 수취함이 목적이었던 신라 호등제의 기능 가운데 전조, 군역을 비롯한 직역이 분리되어 나갔음을 지적하였다. 그러면 마지막으로 남은 것이 調와의 관련성이다.

調는 당제에서는 인정을 대상으로 직물류를 수취하는 것이며, 공물은 지방관청을 대상으로 직물류를 비롯하여 그 외 지방 특산물을 징수하는 품목이었다. 조의 품목이 직물류와 지역특산물을 납부한다는 종래의 인식은 다음 사료를 볼 때 재검토할 필요가 있다. 즉 "……每丁歲入粟二石 調則隨鄕所産 綾絹絁各二丈 布加五分之一"[154]라 하여 조가 지방에서 생산되는 직물

---

151) 균전농민의 府兵부담에 대해서는 古賀登, 위의 논문, 1986, pp.182~184 참조.

152) 曾我部靜雄, 앞의 책, 1953, p.348.

153) 『高麗史』 권80, 食貨3 祿俸, "高麗之制……以至雜職胥吏工匠 凡有職役者 亦皆有常俸 以代其耕 謂之別賜".

154) 『唐會要』 권83, 租稅 上.

류를 납부한다는 내용이다. 이것은 직물류 가운데 그 지역의 특성에 따라 직물류를 달리 납부한다는 말이지, 지방특산물을 낸다는 말이 아닌 것이다.[155]

그러나 신라에서 조와 공물의 실체가 어떠했는지 구체적으로 알기 어려운데, 고려에서와 같이 별도의 체계를 가지고 있었는지 분명치 않다. 고려의 경우 調布 가운데 가장 기본이 되는 것은 麻布로 만든 平布였다는 점을 감안하면,[156] 신라의 조는 촌락문서에서 나오는 麻, 桑과 연관되었을 것이다. 이를테면 공동으로 마전을 경작한 후 생산한 職布는 조에 해당될 것이다. 나머지 柏子, 秋子 등은 촌락별로 부과된 공물일 것이다. 마전의 경작시 동원되는 노동력은 호등제를 통해 징발했을 것이므로, 이런 측면에서 본다면 신라의 조는 공동경작의 수취라는 특성이 있다.

이와 같은 촌락공동의 麻, 桑재배는 고려시대에 와서는 각 호별로 생산하는 형태로 바뀌고 있다. 태조 원년에 泰封王이 백성을 마음대로 하여 1頃의 토지에 조세가 6碩, 管驛의 호에 賦絲 3束을 징수했다는 내용[157]이 시사하고 있다. 또 현종대 諸道州縣으로 하여금 정호는 20根, 백정은 15根의 桑苗를 심도록 한 것도[158] 이를 입증하고 있다. 즉 공동경작의 유제가 가장 오래 지속되어 오던 포생산이 나말여초를 거치면서 개별민호 단위로 이행하고 있는 것이다.[159]

이처럼 호등제를 통해 공동생산되던 신라사회의 調는 개별민호에 부과되면서 호등제에서 분리된다. 또 고려에서 調布는 인정의 다과를 기준으로 하는 9등호제에 부과하는 것이 아니라, 경제력의 차이에 따른 호별부과로

---

155) 이에 대해서는 金載名, 앞의 학위논문, 1994, p.32에서도 지적한 바 있다.
156) 朴鍾進, 앞의 학위논문, 1993, pp.86～87.
157)『高麗史』권78, 食貨1 田制 租稅 태조 원년 7월.
158)『高麗史』권78, 食貨2 農桑 顯宗 19년 정월.
159) 이러한 변화는 고려시기 소농민경영의 성장에 기인하는 것이라는 견해가 제시된 바 있다(魏恩淑, 앞의 학위논문, 1994, p.94 ;『高麗後期 農業經濟研究』재수록).

바뀌고 있다. 현종대 정호에게는 20근을 심되 백정에게는 15근의 **桑苗**를 심도록 차등을 두고 있는 것은, 調의 수취가 직역부담자와 일반민에게 균등하지 않았음을 보여주고 있다. 신라에서 개별호의 경제력이 고려되지 않은 채 공동경작되던 調의 수취가, 고려에 이르러 경제력을 참작하는 형태로 변모하고 있는 것이다.

공물의 경우는 앞에서도 언급한 바와 같이 지방군현에 부과하되 그 상당부분은 인정을 기준으로 수취되고 있었다.[160] 그러므로 일차적으로 국가에서 각 군현의 토지와 인정을 기준으로 공물의 액수를 결정하면, 군현 내부에서는 호등제에 입각하여 노동력을 징발했을 것이다. 앞에서 인용한 고려사 호혼조의 기사에 의하면 부역이 인정의 다과를 기준으로 구분한 호등제에 의거하여 정해진 것이라고 하였다. 여기서의 부역은 노동력의 징발에 의해 수취되는 세목임을 알려주고 있다. 그렇다면 공물은 인정의 다과에 의해 편제되는 호등제와 별도의 수취체계가 마련될 필요가 없이 호등제에 의거하여 수취하는 형태였음을 짐작할 수 있다.

이상에서 신라사회가 고려왕조로 이행되는 과정 속에서 9등호제는 세제 전반과 군역을 수취하던 형태에서, 노동력을 징발하는 호등제로 변모되었음을 살펴보았다.

그런데 고려에서 인정다과에 의한 9등호등제에 의거해 요역이 징발되었음은 알 수 있지만, 그 구체적인 운영방식에 대한 사료는 없다. 다만 고려 전기에서 인정을 差定하는 방식은 기준이 되는 호에서는 1丁을 내고, 이외의 호는 각기 차등적으로 징발했을 것이라는 사실이 추정될 뿐이다. 앞에서도 언급한 바와 같이 고려후기나 조선초의 경우도 大·中·小로 나누어 大戶는 1명, 中戶는 둘을 합쳐 1명, 小戶는 셋을 합쳐 1명을 내도록 하고 있었다.[161] 그리고 그 기준이 되는 호는 신라와 마찬가지로 6丁이 아니었

---

160) 공물의 상당 부분이 요역노동인 공역의 형태로 수취된다는 것은 姜晋哲, 앞의 책, 1980, p.277 ; 본서 Ⅱ장 ―3절― 나 참조.

을까 생각하였다.[162] 왜냐하면 고려의 9등호제가 신라 9등호제의 형식을 계승한 점을 고려해 보면, 인정을 산정한 기준은 신라와 크게 어긋나지 않으리라는 짐작이 되기 때문이다.

고려에서 보편적인 가족형태가 어떠한 것인가에 대해서는 이견이 있어 크게 대가족설[163]과 소가족이었다는 설[164]로 나누어지고 있다. 고려시기 묘지명 자료에 입각하여 산출한 연구에 의하면 평균 자녀수가 고려전기는 3.08명, 후기에는 3.55명이므로[165] 고려시기 보편적인 가족형태는 5~6人인 정도의 가족규모가 아닐까 한다. 따라서 고려에서 하하연의 丁數는 1인에서 2인 미만, 하중연은 2인에서 3인 미만, 하상연은 3인에서 4인 미만, 중하연은 4인에서 5인 미만, 중중연은 5인에서 6인 미만, 중상연은 6인에서 7인 미만 정도로 산정한 연구결과[166]를 참조해도 좋을 것으로 생각한다. 이러한 것은 당제와 비교해도 크게 어긋나지 않는다는 점에서 주목된다. 8세기 전반대의 敦煌籍에 의하면, 下上戸-下中戸-下下戸의 비율이 1 : 2 : 7로 나타날 정도로 하하호의 비중이 압도적이었다. 그리고 호등별 평균 丁中수는 중하호가 4인, 하상호가 2.5인, 하중호가 2인 미만, 하하호가 1.6인 미만으로 하하호의 경우는 특히 單丁戸가 많았다.[167] 이를 감안하면 하

---

161) 본서 Ⅲ장-1절-가 참조.

162) 金琪燮, 앞의 학위논문, 1993, p.156에서도 기준이 되는 호는 6丁일 것으로 파악하고 있다.

163) 許興植, 『高麗社會史 研究』, 亞細亞文化社, 1981 ; 崔在錫, 「高麗後期 家族의 類型과 構成」 『韓國學報』 3, 1976 ; 權斗奎, 「高麗時代의 別籍異財禁止法과 家族規模」 『慶北史學』 13, 1990.

164) 李佑成, 「高麗時代의 家族」 『東洋學』 5, 1975 ; 崔弘基, 앞의 책, 1975 ; 盧明鎬, 앞의 논문, 1988.

165) 李泰鎭, 「高麗後期의 인구증가 要因 生成과 鄕藥醫術發達」 『韓國史論』 19, 1988, p.230.

166) 金琪燮, 앞의 학위논문, 1993, pp.155~156.

167) 船越泰次, 「唐代戸等制雜考」 『中國社會制度文化史の諸問題』, 1987, pp.205~206 ; 西村元祐, 앞의 책, 1968, pp.644~645. 당제의 호적은 시기적으로 또 호의 편제에서 고려와 차이가 있지만, 고려가 당제를 모방한 점을 고려하면 비교사적인 측면에서

하연의 경우 최소 2호에서 최대 6호 가운데서 1정을 징발하는 식으로 운영되었을 것으로 짐작할 수 있다.

그러면 국가에서 호등제를 편성할 때의 기초자료는 무엇일까. 호등제 편성의 기초자료가 인정의 다과였던 만큼 국가에서 조사한 호구였을 것이다. 고려국가에서는 세제의 수취를 위해 일차적으로 양전과 양안을 마련하고, 동시에 호구조사를 하였을 것이다. 이것은 고려사에서 計口籍民한 것을 徵兵調役하는 근거로 삼는다[168]는 데서도 확인된다. 즉 국가에서 민을 파악하고 통치하기 위한 기초적 조사작업이 호적이었는데, 이를 기초로 國役體系의 효과적인 운영을 위해 이차적으로 지역별[169] · 기능별로 帳籍을 작성하고 있었다.[170] 이러한 것은 고려사회에서 足丁과 半丁도 상호간에 교류할 수 없도록 한 것이나,[171] 직역을 매개로 田丁의 소유 및 연립규정 등을 마련하고[172] 안정적인 통치기반을 확보하기 위해 신분관계도 고정시킨 측면이 있는 점[173]을 고려하면 충분히 납득될 수 있다. 그러므로 양반의 호적이 따로 존재했듯이 軍戶의 경우도 일반 民丁과 별도로 軍籍이 있었던 것이다.[174] 또 工匠의 籍인 百工案,[175] 進士籍[176] · 案籍[177] · 樂籍[178] 등 다양한 籍이 나타날 정도로 호별편제에 의해 籍이 작성되어 있었다.[179]

는 참고될 수 있다.

168) 『高麗史』 권79, 食貨2 戶口.

169) 예컨대 京籍이나, 郡司籍이 있었다고 한다(金琪燮, 앞의 논문, 1987, p.150).

170) 帳籍의 작성을 통해 국역체계와 인신적 지배방식을 확보했다고 한다. 장적의 대상이 된 신분층은 군인, 공장, 승려, 공노비, 倡妓, 문무관료, 胥吏, 과거급제자, 內侍, 왕족, 공신 등이 확인되고 있다(具山祐, 앞의 학위논문, 1995, pp.129~137).

171) 『高麗史』 권78, 食貨1 功蔭田柴 忠烈王 24년 정월.

172) 武田幸男, 「高麗田丁の再檢討」 『朝鮮史硏究會論文集』 8, 1971.

173) 蔡雄錫, 앞의 논문, 1986, pp.380~381.

174) 李基白, 「高麗軍人考」 『高麗兵制史硏究』, 一潮閣, 1968, pp.105~108.

175) 「崔士威墓誌」 『韓國金石文追補』, pp.105~106.

176) 『高麗史』 권21, 世家 康宗 2년 4월.

177) 『東國李相國集』 권31, 乞退表.

178) 李仁老, 『破閑集』 下, 서울아세아문화사, 1972, p.36.

이와 같이 호적을 기초로 다양한 籍이 나타나는 것과 아울러, 주군에서 바친 호적을 토대로 하되 인정의 다과만을 기준으로 노동력을 징발하는 체계를 세운 것이 9등호제였다. 국가에서 각 주현에 세제를 비롯한 제반 행정통치에서 세제부담의 양을 정할 때는 주현의 크기, 이를테면 토지와 인정의 결합인 '丁'을 참작하여 分定할 것으로 생각된다. 그러나 요역을 징발할 경우는 인정의 다과에 의해 편성된 9등호제를 근거로 出丁수를 분정했을 것이다. 다시 말하면 고려전기 사회가 신라와 달리 직역체계와 요역체계가 분리되는 등 진전된 면모를 나타내고 있긴 하지만, 아직은 노동력징발에서 토지를 참작하는 단계에 도달한 것은 아니라고 보기 때문이다. 이러한 것은 고려후기 이후에야 나타나는 현상으로 생각되며, 고려후기의 그와 같은 변화를 바탕으로 조선초에 이르러 완전히 노동력 징발에서 토지과세가 정착되는 것으로 본다.[180]

한편 고려에서 9등호제에 편제된 신분층은 어떻게 되어 있을까. 아마도 일반민 가운데서도 백정층이 아니었을까 생각한다. 왜냐하면 고려에서 일반민은 직역호와 요역을 부담하는 백정호로 구분되어 있었기 때문이다. 심지어 같은 직역호라 하더라도 족정호와 반정호는 그 내부에서 상호교류가 안되도록 구분되어 있었다. 충렬왕대 공신의 가문 가운데 1戶 모두를 자기 것으로 한 자가 있으면, 족정인지 반정인지 변별하여 균급하도록[181] 하고 있는 것은 그러한 예이다.

현재 9등호제에 백정호만이 편제되어 있는지 아니면 족정, 반정호까지 편제되었는지에 대해서는 이견이 있다. 하나는 신라의 9등호제는 고려의

---

179) 호에 따라 각기 별도의 호적이 존재하고 있을 것이라는 점은 金琪燮, 앞의 논문 (1987), pp.149~150에서 지적하고 있다. 한편 金英夏·許興埴, 앞의 논문, p.34에 의하면 본문에서 언급한 籍을 제하고도 士籍, 僧籍, 奴籍, 內侍籍 등 役에 따라 특수한 호적이 작성되었다고 한다. 이에 대해 자세한 것은 具山祐, 앞의 학위논문, 1995, pp.129~137 참조.

180) 본서 Ⅳ장 2절 참조.

181) 『高麗史』 권78, 食貨1 功蔭田柴 忠烈王 24년 정월.

족정호, 반정호, 백정호의 3등호제로 그 형식이 계승되었으므로 직역호 역시 9등호에 편제된 것으로 파악하고 있다. 이런 견지에서 직역호는 신역을 부담하지 않을 경우 요역동원에 차정되는 것으로 보고 있다.[182] 다른 하나는 직역호와 백정호가 국역편제에서 엄격히 구분되어 있었던 만큼, 백정호만 9등호제에 편제되어 있는 것으로 이해하는 견해가 있다. 말하자면 고려국가가 국역체계의 편성을 위해 각기 신분이나 지역의 특성에 따라, 다양한 籍을 작성하여 인신지배를 꾀하고 있었다는 점을 강조한 것이다.[183]

전자의 연구가 신라를 비롯하여 고려에서의 9등호제에 대해 구분기준을 설정하고 있는 것은 상당히 설득력이 있다. 사실 고려에서의 역이 호를 대상으로 부과하는 것이므로 직역호라 하더라도 신역을 부담하고 있지 않은 상태에서는 役事에 징발되는 경우도 상정할 수 있다. 이러한 것은 양반의 예도 마찬가지이기 때문이다. 그러나 앞에서 언급한 바와 같이 고려에서의 籍이 신분별, 기능별로 구별되어 편적되어 있었던 점을 고려해 볼 때, 백정호 외의 계층은 그들만의 籍에 의해 동원되었을 것으로 보인다. 왜냐하면 직역호인 정호나 양반의 경우 그들 본래의 역이 있으므로 일반 賦役계층과는 구별하여 파악된 것으로 짐작되기 때문이다. 따라서 민의 내부에 직역호와 요역호로 부담계층이 분리되어 있는 점을 감안하면, 백정층을 중심으로 9등호제에 편제된 것이 아닐까 한다. 고려전기에 있어서 호구조사가 이루어지면 이를 바탕으로 일단 요역담당 계층은 호등제에 편제되었을 것이다. 그리하여 요역징발은 일차적으로 백정호를 대상으로 부과하였을 것으로 생각한다.

마지막으로 지적하고 싶은 것은 고려초의 9등호제는 임시적 과도적 기능을 가진 것으로 고려의 행정체제가 정비됨에 따라 그 기능을 상실한다는 견해에 대한 것이다.[184] 말하자면 통일신라에서 결부제가 시행되었으므로

---

182) 金琪燮, 앞의 학위논문, 1993, pp.153~156.
183) 具山祐, 앞의 학위논문, 1995, p.114 및 pp.172~173.

호등제의 역할은 5~8세기까지의 사회경제적 변동, 즉 세제수취가 인두세
에서 결부제로 바뀌는 과정에서 과도적 기능을 한 것으로 이해하고 있는
것이다. 그러나 이러한 견해는 통일신라 세제의 발전적인 면모를 지나치게
부각시킨 나머지 상대적으로 고려시기, 더 나아가서 조선시기와의 질적인
변화를 간과하고 있는 느낌이 든다. 단순히 호등제의 구분기준이 신라의
재산다과에서 고려전기의 인정다과라는 구조만으로 파악하면 시대에 역행
하는 것이 되므로 그렇게 이해될 수도 있다. 하지만 호등제의 구분기준이
라는 좁은 테두리에서 벗어나 신라의 9등호제가 고려시기를 거쳐 조선조
8結出1夫制가 성립될 때까지 어떻게 질적 변화를 겪는지 거시적 시각에서
파악하면 달리 이해될 수 있다. 즉 인정다과 = 인신적 수취라는 단순논리가
아니라, 인정기준의 호등제는 나말여초 변화를 배경으로 질적 변모를 겪은
역사적 산물로 주목할 수 있는 것이다.

2. 사회신분집단과 요역의 부담형태

고려시기 요역을 부담한 주된 신분층은 일반민이었다. 이는 나라의 제도
에 民의 나이 16세 이상을 丁으로 삼아 徵兵調役하였다는 기록[185]에서 알
수 있다. 여기서의 민은 일반 피지배계층을 의미하는데, 고려에서 민의 개
념은 피지배계층 가운데서도 농민을 지칭하는 경우가 일반적이다. 국가는
民을 근본으로 삼고, 민은 食을 天으로 삼으니 三農의 일을 빼앗지 않도록
해야한다는 성종대의 기사[186]는 이를 반영하고 있다. 고려왕조가 농업을
국가의 경제기반으로 삼고 있으므로, 민이 일반 농민층을 지칭하는 것은
당연한 일이다.[187] 이러한 것은 中外의 民이 力役에 시달려 三農의 시기를

---

184) 金基興, 앞의 책, 1991, pp.119~120.
185) 『高麗史』 권79, 食貨2 戶口, "國制 民年十六爲丁 六十爲老免役 州郡 每歲 計口籍民
　　　貢于戶部 凡徵兵調役 以戶籍抄定".
186) 『高麗史』 권79, 食貨2 農桑 成宗 5년 5월.

놓쳤다는 내용에서도 나타나고 있다.188) 이 때의 民 역시 농사와 관계된 것으로 보아 농민임이 분명하며, 농민층이 요역을 부담하였음을 알려주고 있다. 농민층 가운데 요역의 주된 대상자는 自營農는 물론이지만, 타인의 토지를 빌려 경작하는 佃作農도 요역의 부담에서는 마찬가지였다. 이는 處 干이 타인의 토지를 경작하여 租는 지주에게 내되, 요역과 調는 국가에 납 부하는 전호라고 한 기록이 시사하고 있다.189) 여기서의 處干은 處에 속한 민이기는 하지만 처간의 신분이 전호라고 한 내용으로 보건대 전작농이 요 역의 부담자였음을 알 수 있다.190)

이 때의 농민층은 일차적으로 일반 군현민이었다. 요역을 부과하는 호적 의 작성에서 州郡의 민을 計口籍民191)한다는 예가 이를 입증하고 있다. 그 런데 고려에서의 민은 군현민이라 하더라도 그 내부에서는 다양한 형태로 존재하고 있었다. 고려의 군현체제는 일반 행정구역인 五道, 군사적 특수 지역인 兩界, 개경주위의 京畿체제로 구성된 3원적인 체제였다.192) 이들은

---

187) 河泰奎, 「高麗時代 百姓의 槪念과 그 存在形態」『國史館論叢』 20, 1990, p.94. 한편 p.95에서는 민의 개념이 일반적으로 농민을 지칭하는 것이기는 하지만, 농민 외에 士族에서 賤人에 이르는 일반 피지배계층을 의미하는 포괄적인 용어로 쓰이고 있 다고 한다. 이런 점을 감안하여 본논문에서는 '일반민' 즉 농민층으로 한정하여 사 용하겠다.

188)『高麗史』 권120, 列傳33 尹紹宗, "督責之令 疾於風雨 中外之民 困於力役 三農失時 老弱失農 而父母妻子 不相自保".

189)『高麗史』 권28, 世家 忠烈王 4년 7월 을유, "處干 耕人之田 歸租其主 庸調於官 卽佃 戶也".

190) 이러한 것은 洪承基, 「高麗時代의 農民과 國家」『韓國史 市民講座』 6, 1990 p.35에서 도 지적한 바 있다.

191) 주 185)의 내용 참조.

192) 고려시기 군현체제가 3원적인 체제로 이루어진 것은 邊太燮, 「高麗時代 京畿의 統 治制」『高麗政治制度史研究』, 1971 참조. 경기의 통치체제에 대한 것을 간단히 정 리하면 다음과 같다. 고려시기 경기의 통치제는 고정된 것이 아니라 몇 번이나 통 치기구가 개편되고 행정체계도 변동하였다. 成宗 14년에는 중앙정부- 개성부윤-赤 顯(왕경포함)과 畿顯의 일원적 체계였다가, 현종 9년에는 왕경이 분리되어 京中 5 部와 경기지역의 이원적 체계로 바뀌어 왕경은 중앙정부의 직접지배를 받고 경기 지역은 개성부의 지배를 받게 된다. 그러다가 공양왕 2년에는 경기의 지역이 확대

크게 군현제 영역과 부곡제 영역으로 구성되어 있었고, 요역의 부담방식은
신분 혹은 지역적인 특성에 따라 달랐다. 따라서 일반 농민층이라는 막연
한 대상을 보다 구체적으로 살펴보기 위해, 부곡제하의 주민이 부담하는
요역형태를 군현체제와 관련시켜 좀더 검토해 보기로 하겠다. 또 일반민이
부담하는 군역과 요역이 그 내부에서 어떻게 운영되고 있는지 살펴 본 후
일반농민층 외에 다른 신분집단의 요역부담의 여부는 어떠한지 살펴보도
록 하겠다.

가. 일반민의 요역부담

(1) 部曲制民의 요역 부담형태

요역을 부담하는 주된 계층은 일반 군현민이었음은 주지하는 바이다. 그
런데 고려시기에는 일반 군현민 외에 鄕·所·部曲·處·莊·津·驛 등의
주민이 있었다. 향·부곡·소·처·장은 부곡제로 통칭되고 있으며,[193]
진·역 역시 부곡인과 법제적으로 비슷한 처지에 있었다.[194] 그동안 부곡
민은 일반민과 구분되는 賤民이라는 견해가 1930년대 白南雲에 의해 제기
된 이래[195] 60년대 초반까지 별다른 의심없이 받아들여져 왔다. 그러다가
60년대 중반 부곡제민=천인설에 대한 반론[196]이 제기된 이후 많은 연구가

되고 좌우도에 道觀察黜陟使가 설치됨으로써 일반적인 행정체계로 개편되어 조선
　　조에 이르게 된다는 것이다.

193) 임건상(『조선의 부곡제에 관한 연구』, 과학원출판사, 1963)이 '부곡제'라는 용어를
　　사용한 후 朴宗基(「高麗 部曲制의 構造와 性格」『韓國史論』 10, 1984)와 具山祐(「고
　　려시기 부곡제의 연구성과와 과제」『釜大史學』 12, 1988)도 그대로 사용하고 있다.

194) 『太祖實錄』권1, 太祖 원년 8월 기사에서 "前朝 五道兩界 驛子津尺部曲之人 皆是太
　　祖時逆命者 俱當賤役"라 하고 있다. 또 '式目形止案'에서 白丁과 구별되는 雜尺 항
　　목에 所丁·津江丁·部曲丁·驛丁이 포함되어 있다. 식목형지안에 대해서는 末松
　　保和,「'高麗式目形止案'について」『朝鮮學報』 25, 1962 참조.

195) 白南雲,「賤民(津尺·驛吏·鄕部曲丁·禾尺·才人·樂工等)」『朝鮮封建社會經濟
　　史』, 改造社, 1937.

196) 李佑成,「高麗末期 羅州牧 居平部曲에 대하여」『震壇學報』 29.30합집, 1966.

이루어져 현재는 부곡민은 군현제하의 양인이라는 견해[197]가 지지를 받고 있는 입장이다. 하지만 이와 같이 부곡제민의 신분이 양인이라 하더라도 부곡제하의 거주민과 일반 군현제 하의 촌락민은 역의 부담형태에 있어서 구별되고 있었다. 이러한 것은 기왕의 연구[198]에서 지적되었듯이, 고려국가가 부곡제 영역으로 편제한 가장 근본목적이 국가에서 필요로 하는 생산물과 特定의 役을 효과적으로 수취하기 위해서였던 만큼 당연한 것이었다. 그러므로 이들 지역에 거주하는 민의 요역이 어떤 형태로 부과되고 있었는지 살펴 볼 필요가 있다.

부곡제민 가운데 향·부곡인의 요역부담에 대해 살펴보면 다음의 사료가 주목된다.

> 나<1> 三司가 奏하기를 "東京관내의 주·군·향·부곡 19개소가 작년의 오랜 가뭄으로 민이 많이 飢困합니다. 청컨대 令文에 의거해서 손실이 4分 이상이면 租를 면제하고, 6分 이상이면 租·調를 면제하고, 7分 이상이면 課役을 모두 면제하소서" 하니 制可하였다(『高麗史』 권80, 食貨3 賑恤 災免之制 肅宗 7년 3월).

나<1>에서 나타나는 과역은 앞에서 지적한 바와 같이 租·調·役을 모두 포함하는 수취일반을 뜻하는 용례이다. 이 기사는 향·부곡인이 租·調와 함께 요역을 부담하고 있었던 사실을 입증하고 있으며, 일반 군현민과 동일하게 요역의 감면혜택도 받고 있음을 알려 주고 있다.[199] 반면에 소민

---

197) 부곡제에 대한 기존의 연구성과에 대해서는 具山祐, 앞의 논문, 1988 참조. 이후의 부곡제민에 대한 연구로는 다음이 있다. 徐明禧, 「高麗時代 「鐵」所에 대한 硏究」 『韓國史硏究』 69, 1990 ; 具山祐, 「羅末麗初의 蔚山地域과 朴允雄-藿所의 기원과 관련하여」 『韓國文化硏究』 5, 1992 ; 田炳武, 「高麗時代 銀流通과 銀所」 『韓國史硏究』 78, 1992.
198) 이에 대해서는 朴宗基, 『高麗時代 部曲制硏究』, 서울대학교출판부, 1990가 대표적인 연구이다.
199) 부곡민의 요역부담은 다음의 연구에서 지적된 바 있다. 姜晋哲, 앞의 책, 1980 ; 李

의 요역부담에 대해서는 직접적인 사료가 거의 없다.

향·부곡인은 일반군현민과 마찬가지로 농업을 주업으로 하는 만큼 과역을 모두 부담하는 것이 당연하게 여겨지고 있지만, 소민의 경우는 달리 파악되어 왔다. 즉 소민은 향·부곡인과 달리 특정물품의 생산에 동원되었다는 특성때문에 공물의 부담만을 지고 다른 일체의 부담은 면제되었던 것으로 이해하는 경향이 있다. 그러나 소민이 물품생산에만 종사하고 일체의 다른 역은 부담하지 않았다고 하는 데는 의문이 생긴다. 만일 소민이 특정물품의 생산에만 동원되고 일체의 부담에서 면제되었다면, 조세·공물·요역을 모두 부담하는 일반 촌락민과 형평에 어긋나지 않을까 생각되기 때문이다. 이러한 의문을 풀기 위해 다음의 사료를 검토해 보기로 하겠다.

나 <2> 免州·府·郡·縣·部曲·雜所 今年稅布半(『高麗史』 권80, 食貨3
　　　 賑恤 恩免之制 肅宗 5년 3월)
　　<3> 東西州鎭及諸州縣·鄕·部曲等雜所長吏　漏失雜物徵還及徭貢未
　　　　收者 限乙酉年 銀金 癸卯年 竝皆放除(『高麗史』 권80, 食貨3 賑恤
　　　　恩免之制 睿宗 3년 2월)
　　<4> (睿宗 3년 2월) …… 銅鐵瓷器紙墨雜所 別貢物色 徵求過極 匠人艱
　　　　苦而逃避 仰所司 以其各所別常貢物 多少酌定 奏裁(『高麗史』 권
　　　　78, 食貨1 貢賦)
　　<5> (肅宗 3년 10월) 祫享于大廟 諸州府郡縣部曲 減今年租稅之半(『高
　　　　麗史』 권80, 食貨3 賑恤 恩免之制)

나 <2>와 <3>의 '雜所'를 어떻게 이해하느냐에 따라 소민의 수취부담을 파악하는 시각이 달리 나타날 수 있다. 여기서의 '雜所'를 각기 앞의 주·부·군·현·부곡을 통칭하는 표현 즉 '곳'의 의미로 사용된 것으로 이해하여, 고려전기의 소민은 물품생산만 부담한다는 연구가 있다.[200] 이와 달

貞熙,「高麗時代 徭役의 運營과 그 實態」『釜大史學』8, 1984 ; 李惠玉,「高麗時代 庸(役)制硏究」『梨大史苑』15, 1984 ; 具山祐, 앞의 논문, 1988 ; 朴宗基, 앞의 책, 1990.

리 나<2>의 '雜所'를 부곡제의 소로 이해하여 소민은 특정물품을 생산하는 기간 외에는 본래의 생업인 농업생산에 주력하였으며 稅와 布을 부담한 것으로 본 연구가 있다.[201] 이와 같이 소민이 공부만을 부담했는지, 아니면 세와 포까지 부담했는지의 여부는 '잡소'의 해석여하에 달려 있다.

그런데 나<4>에서 보이는 '잡소'는 부곡제의 소로 보아도 좋을 것이다. 뿐만 아니라 나<2>의 '잡소'도 부곡제의 소로 사용된 명칭으로 생각되는데, 이를 알려주는 좋은 사례가 나<5>의 기사이다. 즉 나<5>의 내용을 보면 주·부·군·현·부곡과 같이 여러 지역을 표현하더라도 잡소라는 명칭을 사용하지 않고 있다. 그러므로 나<2>와 <5>의 내용을 비교해 보면 '잡소'가 부곡의 소라는 것을 보다 분명히 알 수 있다. 이런 예로 미루어 나<3>의 '잡소'도 부곡제의 소로 짐작되는데, 더욱이 계유년에 한해서 銀金의 공물을 면제토록 한 내용이 시사하는 바가 있다. 왜냐하면 여기서의 金銀이 일반 군현의 공물일 수도 있겠지만 공물의 품목 가운데 군이 金銀만을 지칭한 것은, 아무래도 부곡제하의 長吏와 관련된 때문으로 보는 것이 타당할 것이다. 따라서 결론적으로 말하자면 소민이 공물의 부담만 지니고 있었다는 것은 재고해야 할 것이다.

소민이 물품생산을 하는 역은 요역의 형태 가운데 貢役에 해당되는 것이

---

200) 北村秀人, 「高麗時代の「所」制度ついて」『朝鮮學報』 50, 1969. 李惠玉은 앞의 논문, 1984에서 소민의 신분은 종래와 같이 천인설을 지지하지는 않지만, 수취부담에 있어서는 北村秀人과 같이 身役만을 부담하는 것으로 보고 있다. 단 北村秀人은 소민이 고려후기에는 조세와 요역을 부담하게 되는 것으로 파악하여 시기적 변화를 설정하고 있는 데 비해, 李惠玉은 시기에 따른 변화를 고려하고 있지 않은 점에서 차이가 있다.

201) 朴宗基, 앞의 논문, 1984 및 앞의 책, 1990. 그리고 姜晋哲도 앞의 책, 1980, pp.269~270에서 '잡소'를 소로 해석하여 소민은 공물제작 외에 농경에 종사한 것으로 이해하고 있다. 양자의 차이는 朴宗基가 소는 군현제하의 촌락민으로 일반군현민과 신분적인 면에서 구별되지 않는다고 본데 비해, 姜晋哲은 소가 특정물품의 생산에 적합한 지리적 조건을 갖춘 지역에 설치된 것으로 파악하면서도 그 신분은 천민으로 이해하고 있는 점이다.

라 할 수 있으며, 소민의 요역부담은 지리적 특성상 주로 공역을 부담하게
된 것으로 이해할 수 있다. 소민이 공역을 부담하지 않는 대부분의 기간에
는 역의 부담이 어떠했을까. 아마도 생산활동에 참여하면서 稅布를 부담하
든지, 대규모의 노동력이 필요한 토목공사의 역에 동원되기도 했을 것이다.

　이런 점에서 충렬왕대 嘉林縣人이 "현의 촌락 중에서 金所만 남아 있었
는데 지금 鷹坊의 迷刺里가 또 금소를 빼앗아 소유하니 우리들만 홀로 賦
役을 부담할 수 있겠는가"[202]라고 한 기사가 주목된다. 여기서의 부역은
가림현의 민이 부담한 것으로 미루어 요역이나 혹은 요역을 포함한 세제전
반을 의미하고 있다. 소제도가 변질되어 가던 고려후기의 사례이긴 하지
만, 소민이 요역의 대상으로 파악되었음을 상정할 수 있는 사례이다. 왜냐
하면 고려시기 부곡제가 비록 12세기 이후 변질되어 가긴 했지만 변질과
동시에 부곡제의 명칭도 변화되었음을 감안해 볼 때,[203] 당시 가림현의 금
소는 아직 변동되지 않은 상황이었음을 보여주고 있기 때문이다.

　더욱이 지리지에 나타난 향·소·부곡의 분포지역은 驛院이나 鹽場 등
특정 물품을 생산하던 지역과 일치되어 있다. 뿐만 아니라 각 지리지에서
향·부곡·소가 혼동되어 서술된 예가 상당수 있을 정도로 향·부곡이 소
가 부담한 역을, 또는 그 반대로 역을 부담한 경우가 있었던 것이다. 이러한
것은 향·부곡·소가 동일한 유형에 속한 것임을 입증하는 것이므로,[204] 소

---

202)『高麗史節要』권20, 忠烈王 4년 4월, "嘉林縣人 告達魯花赤曰 縣之村落 分屬元成殿
　　　及貞和院·將軍房·忽赤·巡軍 唯金所一村在耳 今鷹坊迷刺里 又奪而有之 我等 何
　　　以獨供賦役……".
203) 부곡제의 변화의 방향은 승격에 의한 군현화, 타 군현에로의 來屬化, 해당 군현의
　　　直村化 현상의 세가지로 나타나고 있는데, 어떤 방향에 의해 변동되었든 간에 우
　　　선 부곡제의 명칭 자체가 현이나 촌 등으로 바뀌고 있다(朴宗基, 앞의 책, 1990,
　　　pp.197~204).
204) 부곡제의 분포지역을 조사하면 驛院, 鹽場, 牧場 등과 같이 특정의 역을 부담했던
　　　지역과 일치되는 예가 많이 나타난다. 이 경우 장·처는 나타나지 않고, 향·소·
　　　부곡만 나타나는 것은 이들이 국가 수취체계상 특정의 역을 부담했다는 점에서
　　　사회경제적으로 동일한 처지임을 반영한다. 또 지리지에 향·부곡·소가 뒤바뀌

민 가운데 특정한 기술을 가진 匠人을 제외한 일반 소민은 향·부곡인과 마
찬가지로 요역을 부담한 것으로 보아도 무방할 것이다. 사실 역의 징발에
있어 모든 민이 일시에 동원되는 경우는 드물고 몇 개 지역을 번갈아 사역
하는 형태가 보편적이었던 만큼, 중앙정부에서 주관하는 역사에서는 소민
은 우선적으로 면제의 대상이 되었을 것이다. 그러나 소민이 공역을 부담하
지 않는 경우에 있어서 대규모의 역사가 있을 때나 특히 지방 군현의 잡다
한 역에는 당연히 동원되었을 것으로 보는 것이 자연스럽다.

　한편 莊·處民에 대한 이해에는 두 가지 견해가 있다. 하나는 莊·處田
이 궁원과 사원의 직영지이므로 국가적 수취체계와는 상관없는 사적인 존
재라는 견해이다.[205] 또 하나는 장처전이 사적소유지와 구별되는 것이 아
니라 토지분급제에 포함되는 것이라는 견해이다.[206] 『高麗史』에 의하면 장
처전의 소출은 供上用으로 그 재정용도가 파악되어 있으므로 장처 역시 국
가적 수취체계와 밀접한 관련이 있는 것으로 보는 후자의 견해가 타당한
것이라 할 수 있다.[207] 다만 장처민의 경우 "處干 耕人之田 歸租其主 庸調
於官"[208]이라 한 바와 같이 조세는 궁원과 사원에 납부하고, 요역과 공물
만 국가에 납부하는 존재였다. 이것은 處의 주민에 대한 기사이지만 주지
하듯이 고려시기 장·처민은 본질적으로 별 차이가 없었으므로 莊의 주민

　　어 서술된 예가 다수 있다는 것은 주목된다. 이를테면 향과 부곡간의 혼동은 5사
　　례, 부곡과 소의 혼동사례는 6사례, 향과 소의 혼동은 1사례가 있다(朴宗基, 앞의
　　책, 1990, pp.147~150). 이것은 향과 부곡이 농업생산의 기능뿐만 아니라 소와 마찬
　　가지로 특정생산품을 부담하는 기능도 가졌기 때문이며, 나아가 이들이 동일한 유
　　형에 속한 것임을 반영하는 것인데 임건상, 앞의 책(1963), pp.5~7에서도 지적한
　　바 있다.
205)　旗田巍, 「高麗時代の王室の莊園-莊處」『歷史學研究』246, 1960.
206)　姜晋哲, 앞의 책, 1980, p.225 ; 朴宗基, 앞의 책, 1990, pp.161~163.
207)　『高麗史』 권78, 食貨1 祿科田 恭讓王 3년 趙仁沃等上訴에 의하면 (籍田):天地, 宗廟
　　의 제사, (莊處田):供上用, (田柴, 口分田):士大夫用, (外役田): 外吏와 國役者用, (軍
　　田):42都府 42,000兵用으로　정리하고 있다.
208)　『高麗史』 권28, 世家 忠烈王 4년 7월 을유.

도 마찬가지로 볼 수 있겠다. 이 밖에 궁원 소속의 莊戶가 요역이 번중하여 살아가기가 어려우니 殿中省이 조사하여 存恤하도록 하고 있는 것[209]도 요역과 공물을 국가에 부담하고 있음을 입증하고 있다. 즉 장처민이 공적인 부담이 있는데 또 궁원으로부터 이중으로 침탈을 당하므로 이를 시정토록 하고 있는 것이다.

津·驛人은 身役을 부담하고 있으므로 요역의 부담여부는 특별한 검토가 필요하다. 진에 관한 것은 사료 자체가 거의 없으므로 기능에서 유사한 驛의 경우를 살펴보면 그 대강을 짐작할 수 있을 것이다. 驛은 '傳命'이라는 고유의 임무 외에 立馬라든지 역말을 이용한 傳送, 사신의 영송, 조세나 공물의 수송 등과 같은 임무를 지고 있었다.[210] 驛은 이처럼 國政일반에서 필수적인 존재였으므로 국가에서 驛의 설치나 유지를 위해 부심하였다. 驛人의 구성은 고려전기에는 驛長·驛吏·驛丁戶·白丁으로 구별되어 있었지만, 驛役 자체가 苦役이었으므로 驛民 전체가 몰락해 가는 가운데 중기 이후에는 그 구분 의미를 상실하게 된다.[211] 여기서 역리를 비롯하여 驛役을 수행하는 驛丁은 驛役을 지고 있으므로 이중으로 요역을 부담하지 않았을 것이다. 역민의 요역에 대해서는 다음의 기사가 참고된다.

> 나<6> (前略) 지금 求禮縣民인 孫順興이 母가 病死하자 화상을 그려 받들어 섬기고 3일에 한번씩 무덤에 가서 생전과 같이 봉양하며, 雲梯縣祗弗驛民인 車達형제 3인이 함께 老母를 봉양하는데 차달은 처

---

209) 『高麗史』 권5, 世家 顯宗 20년 9월 을해.

210) 驛役에 대해서는 『高麗史』 권82, 兵2 站驛 恭讓王 원년 12월의 기사 참조.

211) 오일순, 「高麗時代의 役制構造와 雜色役」 『國史館論叢』 46, 1993, pp.56~57 ; 劉承源, 「朝鮮初期의 驛吏의 身分的地位」 『朝鮮初期身分制研究』, 乙酉文化社, 1987 ; 金蘭玉, 「高麗時代 驛人의 社會身分에 관한 研究」 『韓國學報』 70, 1993. 이 외 驛制의 운영에 관해서는 內藤雋輔, 「高麗驛傳考」 『歷史と地理』 34-4·5, 1934 ; 江原正昭, 「高麗時代驛について」 『鎭西大學院短期大學 紀要』, 1971 ; 呂恩英, 「麗初 驛制形成에 대한 小考」 『慶北大學』 5, 1982 ; 姜英哲, 「高麗驛制의 成立과 變遷」 『史學研究』 38, 1984.

가 시어머니를 정성껏 섬기지 않는다 하여 곧 쫓아 버렸으며 두 아
우도 결혼하지 않고 같은 마음으로 孝養하며, 西都人朴光廉이 母
가 사망하자 어머니 형상을 꼭 닮은 고목을 얻어 예를 다해 섬기
며, 南海狼山島民인 能宣의 딸 咸富는 父가 사망하자 침실에 빈소
를 지어 5개월이나 밥 올리기를 평시와 같이 했으며, 迎日縣民인
鄭康俊의 딸 字伊와 서울사람 최씨의 딸은 일찍 과부가 되었으나
시집가지 않고 시어머니를 효성껏 섬기며, 折衝府別將인 趙英은
어머니를 집 동산에 장사지내고 조석으로 제사지낸다고 한다. 함
부 등 남녀 7인은 門閭에 旌表하고 요역을 면제해 주도록 한다. 백
정은 공전을 주어 정호로 삼고, 차달 3인 함부 등 7인은 驛島에서
免出하여 원하는 바에 따라 주현에 편적시키되, 순흥 등 5인은 벼
슬을 주어 효도를 널리 褒揚케 한다(『高麗史』 권2, 成宗 9년 9월).

  이것은 일반군현과 驛島의 효자·節婦를 포상한 내용인데, 咸富 등 남녀
7인에게 '旌表門閭'와 요역면제의 혜택을 공통적으로 주고 있다. 이러한 조
처 외에 군현민인 順興 등 5인에게는 관계를 제수하고, 驛島民인 차달형제
와 함부 등 4인에게는 소원에 따라 일반주현에 編籍시키도록 하였다. 여기
서 차달형제로 하여금 단순히 '出驛'토록 한 것이 아니라 '免出驛'이라는 용
례를 사용하고 있는 점이 주목된다. 이는 차달형제가 역민의 신분으로 驛
役을 지고 있는 특수성 때문에 '免'이라는 용례를 사용한 것이 아닌가 한다.
함부 등 남녀 7인에게는 공통적으로 여자에게는 門閭에 旌表하되, 남자에
게는 요역을 면제하고 있다. 말하자면 포상의 내용이 일반민의 경우 요역
면제와 관계제수를, 역민의 경우는 驛役의 면제였다.

  여기서의 驛役은 역인이 부담하는 요역의 특수한 형태라 할 수 있다. 이
를테면 위에서 언급한 驛役 가운데 영송과 관련된 관리나 사신의 접대, 조
세나 공물의 수송 등은 일반민의 요역형태와 일치되는 것이다.[212] 이러한

---

212) 驛役의 이러한 특수성 때문에 역민이 부담하는 站役은 요역의 한 형태라는 견해
    가 제시된 바 있다(洪承基, 「賤民」『한국사』 5, 1975, p.348).

驛役은 역 주변의 일반민과 더불어 동원되었을 것으로 생각된다. 하지만 고려시기 驛은 군현제하의 일환이었으므로,[213] 중앙에서 주관하는 요역에는 면제되었지만, 일반촌락과 마찬가지로 지방에서 주관하는 다양한 역은 부담하고 있다. 문종대 龍泉驛이 수재를 입어 公館과 民居가 떠내려가자 공관 건물을 짓느라 民力을 다 소모했으니, 두 해의 조세를 면제해 주도록 간청한 기사[214]가 시사하고 있다. 여기서 동원된 민은 혹시 驛 주변의 일반민이 동원된 사례도 있을지 모르지만, 그 대부분은 龍泉驛의 민이 분명하다. 이들은 驛舍를 짓는데 동원되었으며, 조세까지 부담하고 있었다. 이 외에 館舍를 수리하지 않아 사신들이 잘 곳이 없으므로, 관사 열 채를 짓도록 한 경우도 있다.[215] 즉 역민은 公館을 짓는다거나 驛舍를 짓는 등 驛의 관리에 필요한 역사에 동원되고 있었던 것이다. 이러한 것은 역민의 身役인 驛役임과 동시에, 무상의 노동력 수취라는 점에서 요역의 일환이다.

그러므로 驛民이 조세라든지, 柴炭貢과 같은 공물을 부담하고 있었다는 데서 짐작되는 바와 같이,[216] 역민은 站役과 관계 깊은 요역형태를 부담하고 있었다. 이와 같은 역인의 부담은 일반 주현민에 비해 가중한 것일 뿐 아니라 특권층의 불법적인 침탈이나 전란 등의 피해도 더해져 역호의 도산

---

213) 驛은 상당히 넓은 지역을 차지하고 있었으며 교통요지에만 있었던 것이 아니라 구석진 산간이나 山頂에도 있었다. 더욱이 역이 부곡이 되기도 했으며 부곡이 역이 되기도 하는 등 역이나 부곡은 군현제의 일환으로서 밀접한 관계가 있었던 것이다(金龍德, 「部曲의 規模 및 部曲人의 身分에 대하여 上」『歷史學報』88, 1980 p.56). 고려시기 역이 군현제의 일환이라는 것은 劉承源, 앞의 책, 1987, p.260 주 3)에서도 지적하고 있다.

214) 『高麗史』 권82, 兵2 站驛 文宗 15년 1월.

215) 『高麗史』 권82, 兵2 站驛 忠宣王 3년 3월.

216) 조세에 대한 내용은 『高麗史』 권80, 食貨3 賑恤 文宗 15년의 기사 참조. 역인의 공물부담은 "太祖元年七月 有司日泰封主 以民從欲 惟事聚斂 不遵舊制 一頃之田 租稅 六碩 管驛之戶 賦絲三束 遂使百姓 輟耕廢織 有亡相繼 自租稅征賦 宜用舊法"(『高麗史』 권78, 食貨1 租稅 恭讓王 3년 5월)에서 보듯이 絲가 있다. 이와 아울러 중요한 것이 柴炭貢의 부담인데, 이에 대한 사료로는 『高麗史』 권80, 食貨3 賑恤 忠烈王 24년 1월, 忠宣王復位 11월, 恭愍王 12년 5월 등이 있다.

이 잦았다.[217] 그리하여 국가에서는 驛役을 지는 有役人의 확보에 진력하였다.[218] 더우기 원지배하에서는 전란으로 인한 驛의 凋廢를 막기 위해 程驛蘇復別監을 파견한다든지,[219] 鋪馬를 정해 관리들이 말을 남용하는 것을 막거나,[220] 驛戶가 도망하는 것을 강력하게 통제[221]하는 등 驛制의 정비를 강화하기도 했다. 그러나 고려후기 군현제의 해체와 더불어 驛은 촌락의 일환에서 단순한 기관으로 변질되어 갔다.[222]

한편 앞에서도 언급한 바와 같이 고려왕조는 전국의 지방통치를 南道와 北界로 구분하여 그 정책을 달리하여 남도는 일반적인 행정조직으로 주현을 설치하고 그 위에 按察使를 파견한 데 비해, 북계는 국방지역이므로 군사적인 防禦州와 鎭으로 편성하고 장관도 兵馬使로 임명하였다. 지방에 따

---

217) 고려시기 驛의 승려·권세가에 사적침탈은 『高麗史』 권85, 刑法2 禁令 成宗 원년 6월 및 顯宗 19년 2월 ; 『高麗史』 권84, 刑法1 職制 忠宣王 卽位下敎 ; 『高麗史』 권5, 德宗 즉위년 10월 ; 『高麗史節要』 권15, 高宗 15년 3월 ; 『高麗史節要』 권19, 忠烈王 원년 11월 등에 잘 나타나 있다.

218) 『高麗史』 권85, 刑法2 禁令 恭愍王 5년 6월, "鄕·驛吏 及公私奴隷 規避賦役 擅自爲僧 戶口日蹙 自今非受度牒者 毋得私剃". 여기서의 내용은 역인이 승려가 되는데 대한 규제이다. 12세기 이후 부곡제가 해체되어 신분적 차별도 해소되어 갔지만, 고려말의 혼란한 상황에서도 유독 향리·진척·역자들에 대해서는 신역을 부과하기 위한 규제가 심하여 진·역인은 지위의 향상에서 향·소·부곡인에 비해 완만한 길을 걸을 수밖에 없었다(劉承源, 앞의 책, 1987, pp.204~206).

219) 『高麗史』 권82, 兵2 站驛 元宗 13년 정월.

220) 『高麗史』 권82, 兵2 站驛 元宗 15년.

221) 『高麗史』 권82, 兵2 站驛 忠肅王 12년 10월.

222) 고려전기 驛에서 立役 또는 거주하는 자의 명칭은 매우 다양하였고, 특히 토지를 지급받아 입역하는 자 외의 광범한 역인(『高麗史』 권82, 兵2 站驛의 本驛白丁子枝)이 존재하고 있었다. 그러나 조선초에는 역민·역인 등의 명칭이 거의 보이지 않는 대신에 대부분 역리로 나타나고, 館軍·館夫·助役百姓·日守 및 轉運·急走·助役 등의 노비가 출현하고 있다. 이들은 세습적인 驛役 부담자인 역리를 돕기 위해 새로 差定된 자로서 역리출신과 구분함과 동시에 서로간의 출신을 구분하기 위해 이런 명칭을 사용한 것이다. 따라서 조선초 역민·역인의 명칭이 잘 나타나지 않고 간혹 보인다 하더라도 驛員을 의미하고 있으며, 역원 이외의 사람은 모두 군현에 소속되어 他役을 부담하고 있는 것은 驛이 고려전기와 달리 단순한 기관으로 변질된 것이다(劉承源, 앞의 책, 1987, pp.160~261).

른 지배방식의 구별은 북계가 대륙과 접한 변경지역이라는 지역적 특성 때
문에 군사적 조직으로 통치할 수밖에 없었다.223) 그러나 요역의 부과는 군
사적 특수지역인 양계지역도 예외는 아니었다. 이를테면 西北州鎭의 禾穀
이 흉작인데 남자는 요역에 시달리고 여자는 徵糶에 허덕이니, 城池를 修
繕하는 외의 工役은 금지하도록 청하고 있다.224) 또 동북면의 경우도 文·
涌州 두 고을이 해마다 큰 수해를 당하자 부역을 감소시켜 줄 것을 병마사
가 상주하고 있다.225)

　이처럼 5도와 양계지역이 모두 요역의 대상이었지만 경기 8현과 都城의
5部坊里도 마찬가지였다. 경기지역은 경기 8현의 요역이 甚煩한 데도 관찰
사나 수령의 宣化가 없다든지,226) 경기가 차역에 시달려 나날이 凋廢한다
는 기사227)에서 보듯이 지리적 특성상 특히 요역의 부담이 무거웠다. 이는
5부방리도 마찬가지여서 제방을 쌓다가 군졸의 힘이 다하면, 당연히 방리
의 丁夫를 징발하도록 할 정도로 빈번하게 동원되었다.228) 도성이 역역의
煩重으로 날로 피폐해지자 5부방리군의 병역이나 力役을 관리하던 都摠都
監을 폐지하거나, 常稅 외의 요역이나 三大貢 외의 상요·잡공을 면제토록
하는 조처를 취해야 될 정도였던 것이다.229)

---

223) 양계지역에 대해 자세한 것은 邊太燮, 「高麗兩界의 支配組織」『高麗政治制度史硏
　　究』, 知識産業社, 1971 참조.
224)『高麗史』권95, 列傳8 崔冲.
225)『高麗史』권80, 食貨3 賑恤 災免之制 文宗 8년 11월.
226)『高麗史節要』권34, 恭讓王 원년 12월.
227)『高麗史』권77, 百官志 外職 廉問使 恭讓王 3년.
228)『高麗史』권19, 世家 毅宗 24년 6월.
229)『高麗史』권80, 食貨3 賑恤 恩免之制 忠烈王 8년 5월, "敎曰 開城聖祖之鄕 常稅外他
　　徭役 皆蠲之"; "忠宣王卽位下敎 …… 一開城是祖鄕 三大貢外 除常徭雜貢";『高麗史
　　節要』권33, 辛禑 14년 8월, "都城 根本之地 風化之所先 其民衛王室而已 近來敎養無
　　法 姦詐相習 力役煩重 日就凋弊 臣願罷都摠都監 …… 其都官宮司 倉庫奴婢 及近日
　　誅流人祖業奴婢 新得奴婢 令辨正都監 皆計口成籍 母使遺漏 每有土木營繕之役 賓客
　　佛神之供 皆以役之 其於坊里雜役 一皆除去". 충렬왕대 상세 외의 요역이나 3大貢
　　외의 상요·잡공을 면제토록 하고 있는 것은 개성부의 부담이 과중했기 때문이다.

이상에서 군현제와 관련시켜 요역징발의 대상을 살펴보았는데, 남은 문제는 일반군현민과 특정한 역의 부담자인 부곡민과의 사이에 어떤 차별성은 없었는가 하는 점이다. 우선 향·부곡인은 앞에서 살핀 바와 같이 일반민과 마찬가지로 租·調·課役을 부담하였고 雜物 및 徭貢을 부담하였다.230) 그러나 향·부곡인은 일반민과 같이 요역에 충당되는 외에 군사지역의 성의 수축, 신개간지 경작, 공해전·둔전·학전 등과 같은 국가직속지를 경작하는 역에 동원되었다.231) 국가 직속지의 경작뿐 아니라, 각 지리지에 향·부곡·소의 명칭이 뒤바뀌어 나타나는 데서도 보듯이 때로는 소의 주민과 같이 특정한 물품을 생산하는 역에 동원되기도 했다.

향·부곡인은 이와 같이 특정한 역을 부담하는 외에도, 부정기적인 공물부담을 위한 노동력징발도 일반민에 비해 많았을 것이다. 이들과 비슷한 처지에 있던 島民의 예232)가 시사된다. 즉 光祿寺에서 島民에게 無時로 공역을 징수하니 州郡의 예에 따라 貢役을 균평하게 하도록 청하고 있다.233)

그리고 우왕 14년에는 도성의 역역이 번중해서 나날이 피폐해지니 방리의 잡역을 모두 면제하도록 건의하고 있는 배경도 마찬가지이다. 경기의 요역이 다른 지역보다 무거웠다는 것은 姜晋哲(앞의 책, 1980, pp.303~304)과 邊太燮(「高麗時代 京畿의 統治制」, 앞의 책, 1971, pp.270~273)도 지적하고 있다.

230)『高麗史』권80, 食貨3 賑恤 恩免之制 睿宗 3년 2월.

231) ‘高麗式目形止案’에 의하면 서북지역의 防禦軍 40,396명, 白丁軍 70,960명이 기록되어 있고, 이 외에 ‘雜尺’이라는 항목에 所丁 1,268명, 津江丁 624명, 部曲丁 382명, 驛丁 1,585명이 기록되어 있다. 방어군은 정규부대의 상비군이며, 백정대는 州鎭屯田軍으로 예비군적인 부대이다. 이에 비해 부곡인은 정규부대를 보조하는 특정 역을 부담하여 성의 수축이나 둔전의 경작 등에 일반민에 비해 우선적으로 동원되었다(朴宗基, 앞의 책, 1990, pp.143~145 ; 오일순, 앞의 논문, 1993, pp.53~54).

232)『高麗史節要』권2, 成宗 9년 9월의 사료에서 본 바와 같이 島民이 포상을 받으면서 주현에 편적되는 것은 驛民과 마찬가지로 일반 주현민에 비해 낮은 위치에 있었다는 것을 반영한다. 津·驛·부곡인이 법적인 면에서 비슷한 처지였음을 감안한다면, 成宗 9년의 기사에서 島民이 역민과 마찬가지 대우를 받았던 것으로 보아 도민역시 다소의 차이는 있지만 사회경제적 측면에서 부곡인과 비슷한 처지로 생각해도 될 것이다. 이에 대해서는 朴宗基,「高麗時代 鄕·部曲의 變質過程」『韓國史論』6, 1980, p.86 ; 오일순, 앞의 논문, 1993, pp.55~56에서도 이러한 추정을 한 바 있다.

233)『高麗史』권2, 成宗 원년 6월, “諸島居民 以其先世之罪 生長海中 活計甚難 又光祿寺

光祿寺는 광종·성종대에 圓丘·太廟·籍田 등의 제사에 대한 업무를 관장하는 기구였다가, 목종대 이르러 司宰寺로 개칭되면서 魚梁川澤을 관장하게 된다.[234] 따라서 光祿寺에서 징수한다는 貢役은 제사나 연회 등에 필요한 각종 해산물을 잡기 위해 동원하는 요역이었을 것이다. 위의 기사는 도민의 공역부담이 일반주군에 비해 과중했음을 입증하고 있다. 마찬가지로 소민 역시 가장 중요한 부담은 특정 물품의 생산을 위한 貢役이었지만, 이 외에는 부곡인처럼 대부분 본래의 생업인 농업생산에 주력하면서 서북지역 성을 수축하는 등 특정 역을 부담하였으며[235] 지방의 잡역에도 동원되었다. 장·처민의 경우도 국가에 부담하는 公的인 요역 외에, 궁원과 사원에 대한 일체의 力役이나 공물까지 침탈당하여 살기 어려울 정도였다. 전근대사회에서 피배층계층의 불법적 수탈은 늘상 있을 수 있는 현상이겠지만, 장·처민은 신분적 특성상 특히 그럴 수밖에 없었다.

이와 같이 부곡민은 군현인과 마찬가지로 농경생산에 종사하여 조세와 요역을 부담하면서도 특정한 역에 집단적으로 동원되든가, 공물의 부담으로 인해 군현인보다 사회경제적으로 열악한 존재였다. 한편 부곡인과 비슷한 처지였던 역민도 과중한 驛役을 부담하는 외에도 일반 군현인과 마찬가지로 조세, 지방주체의 잡역, 시탄공 등과 같은 공물까지 내야 했으므로 더욱 賤役視되어 토지의 침탈과 더불어 유망이 가속화되는 원인이 되었다.[236]

徵求無時 日至窮困 請從州郡之例 平其貢役".

234) 朴天植,「고려전기의 寺監연혁고」『全北史學』5, 1981, p.32.

235) '高麗式目形止案'에 의하면 '雜尺'의 항목에 부곡인과 마찬가지로 所丁도 포함되어 있다(朴宗基, 앞의 책, 1990, pp.160~161).

236)『高麗史』권82, 兵2 站驛 辛禑 14년 6월, "教曰 館驛之設 所以傳命 近因豪强兼幷 失其土田 廚傳如舊 以致凋弊 誠可憫焉. 그런데 역민이 도산하자 국가에서는 죄인이나 신분이 확실치 않은 자를 역호로 충당했기 때문에(『高麗史』권82, 兵2 站驛 恭愍王 5년 6월 및 忠宣王卽位 11월), 역민의 신분은 더욱 격하되었다. 12세기 이후 비슷한 처지에 있던 부곡인은 일반 군현인과 동질화되어 갔지만, 驛吏는 驛役의 특수성때문에 신분상승의 기회마저 놓쳐 조선조에 이르러 身良役賤 계층이 되었다(劉承源, 앞의 책, 1987, pp.204~205).

이상에서 일반민의 요역 부담형태가 어떠했는지, 군현제와 관련시켜 살펴보았다. 요역 외에 일반민이 부담하는 대표적인 역으로는 군역이 있다. 일반민이 부담하는 요역형태를 보다 구체적으로 검토하기 위해, 군역과 요역이 내부적으로 어떻게 운영되었는지 살펴보도록 하겠다.

(2) 州縣軍人의 요역 부담형태

고려의 병제는 중앙군인 京軍과 지방군인 州縣軍으로 편성되어 있었다. 군인들이 지던 군역은 일반민의 요역과 더불어 국가적인 노동력 지배의 대표적인 형태이다. 따라서 군인과 역역과의 관련을 살펴보는 것은 국가의 노동력 지배체제를 밝히기 위해 반드시 필요한 일이다. 그런데 京軍의 신분에 대해서는 이견이 적지 않다. 군반제설에 입각하여 직업적인 군인이라는 연구[237]가 있는가 하면, 병농일치의 원칙에서 교대번상하는 부병제설[238]이 대립되어 있다. 또 근래에는 이들을 절충한 이원적 설이 강하게 대두되고 있다.[239] 이와 같이 경군의 신분에 대해서는 다양한 견해가 있지만, 주현군인이 농민층이라는 것은 널리 인정되고 있다. 본논문에서는 고

---

237) 金鍾國,「高麗の府兵について」『立正史學』23, 1959 ; 千寬宇,「閑人考」『社會科學』 2, 1958 ; 李基白,『高麗兵制史硏究』, 一潮閣, 1968 ; 洪承基,「高麗初期 中央軍의 組織 과 役割」『高麗軍制史』, 陸軍本部, 1983.

238) 內藤雋輔,「高麗兵制管見」『靑丘學叢』15 · 16, 1934(『滿鮮史硏究』, 1961 재수록) ; 白南雲,「高麗의 兵制」『朝鮮封建社會經濟史』, 改造社, 1937 ; 末松保和,「朝鮮三國 高麗의 軍事組織」『古代史硏究』1962 ; 姜晋哲,「高麗初期의 軍人田」『淑明女大論文集』 3, 1963 ; 李佑成,「高麗의 永業田」『歷史學報』28, 1965.

239) 張東翼,「高麗前期의 選軍」『高麗史의 諸問題』, 三英社, 1986 ; 洪元基,「高麗二軍六衛制의 性格」『韓國史硏究』68, 1990; 鄭暻鉉,「고려전기 경군의 軍營」『韓國史論』 23, 1990 및 『고려전기 二軍六衛制 硏究』서울대학교 박사학위논문, 1992 ; 吳英善, 「고려전기 군인층의 이원적 구성과 圍宿軍의 성격」『韓國史論』28, 1992 ; 李惠玉, 「고려전기의 軍役制－保勝 · 精勇을 중심으로－」『國史館論叢』46, 1993. 이들 논문은 군인의 유형, 군인전의 존재형태 등 여러가지 면에서 적지 않은 차이가 있지만, 고려의 군인층이 이원적이라는 데는 인식을 같이 하고 있다. 그러나 洪承基(「高麗初期 京軍의 二元的 構成論에 대하여」『李基白先生古稀紀念論叢』, 1992)는 이원적인 설을 비판하고 있다.

려 경군에 대해서는 거론할 입장은 아니므로, 주현군에 한정하여 살펴보도
록 하겠다. 하지만 주현군인이라 하더라도 다양한 兵種이 존재하고 있었으
므로 이들과의 연관하에 주현군의 요역 부담과 군역이 어떻게 운영되고 있
었는지 좀더 구체적으로 검토해 보도록 하자.

고려시기 주현군에 대해서는『高麗史』권83, 兵3 州縣軍에 나타 있듯이
보승·정용·일품군으로 조직되어 있다. 총병력은 48,237명인데, 이 가운
데 일품군이 19,882명을 차지하고 있다.[240] 南道지역의 보승·정용은 경군
이나 州鎭軍처럼 상비군체계로 편제되어 있지 않고 군액 만으로 파악되어
있었다.[241] 이 같은 보승·정용의 경제적 기반은 '古來丁田'으로 표시되어
온 足丁·半丁 계열의 토지였다.[242] 이미 연구된 바와 같이 고려전기 민은
경제력에 따라 직역을 부담하는 정호층과, 그렇지 않은 백정층으로 나누어
져 있었다. 그러니까 경군은 보승·정용을 제외한 나머지는 문종 30년의
更定田柴科에 규정된 16결에서 22결을 받는 전시과의 수급자인데 비해, 보
승·정용은 족·반정 계열의 토지보유자였다.[243] 이런 점에서 같은 주현군
이라 하더라도 보승·정용과 일품군은 구별되는 부대였다. 뿐만 아니라 보
승·정용 내부에도 족정계열의 군인과 반정계열의 군인이 존재하는 등 차

---

240) 李基白, 앞의 책, 1968, pp.204~205.

241) 군반제설의 지지와 절충설의 지지로 구분되긴 하지만 주현병이 상비군이 아니라
는 점은 일치하고 있다(李基白,「高麗州縣軍硏究」『高麗兵制史硏究』1968, p.217 ;
鄭暻鉉, 위의 논문, 1990, pp.138~139 ; 李惠玉, 앞의 학위논문, 1993, pp.15~16) 그
러나 주현군 가운데 보승·정용은 상비군이며, 일품군과 이·삼품군만 상비군이
아니라고 하는 견해(金塘澤,「高麗초기 地方軍의 形成과 構造」『高麗軍制史』, 1983,
p.92)가 있다.

242)『高麗史』권79, 食貨2 借貸 明宗 18년 3월, "下制 各處富强兩班 以貧弱百姓賑貸未還
劫奪古來丁田 因此失業益貧 勿使富戶兼倂侵割 其丁田各還本主". '古來丁田'인 족·
반정 계열의 토지가 보승·정용의 경제적 기반이라는 것에 대한 자세한 것은 오
일순,「高麗前期 部曲民에 관한 一試論」『學林』7, 1985, pp.29~33 참조.

243) 오일순, 위의 논문. 이에 비해 鄭龍範,「高麗前期 選軍制의 運營과 變質」『釜大史
學』17, 1993에서는 경군 가운데 2군은 족정호에서, 6위는 반정호에서 차출된 것으
로 파악하고 있다.

이가 있었다.

보승·정용의 군역은 주현의 치안유지[244] 및 외적의 침입에 대한 방어나[245] 귀빈의 儀仗[246] 등이 있었다. 또 중요한 임무로는 양계지역에 防戍하는 것이었다.[247] 보승·정용이 역역에 동원된 사례들은 다음의 기사가 참고된다.

나<7> (인종 14년 5월)조서를 내려 여러 주현병으로 축성한 자와 수군으로서 군량미를 운반한 자는 금년 전조의 반을 면제하도록 했다. (『高麗史』 권80, 食貨3 賑恤)

<8> 처음 전주의 司錄인 陳大有가 자못 성품이 까다로워 형벌을 내림이 가혹하였으므로 민이 많이 괴로워하였다. 국가에서 정용·보승군을 파견하여 관선을 제작하는데 大有와 상호장 李澤民 등의 독역함이 매우 심하였다.(『高麗史』 권20, 世家 明宗 12년 3월)

<9> 宰樞가 최우의 집에서 의논하기를 南道 州郡의 정용·보승군을 징발하여 宜州·和州·鐵關 등 요새처에 성을 쌓아 몽고병에 대비코자 하였다. 知奏使金仲龜가 말하기를 "근래 주군이 거란병의 침략을 받아 민이 모두 유망했는데 지금 놀랄 만큼 급한 일도 없이, 갑자기 징발하여 民力을 수고롭게 한다면 나라의 근본이 곧지 못하면 장차 어찌하겠습니까"라 하였으나, 최우가 끝내 듣지 않았다.(『高麗史節要』 권15, 高宗 8년 12월)

<10> 憲司에서 상소하여 말하기를 "諸道 州郡의 산성은 국가에서 자주 사신을 보내 수축하면서 軍丁을 징발하는 예가 많은데 며칠

---

244) 『高麗史』 권19, 世家 明宗 7년 2월, "盜起西海道 遣戶部員外郎朴紹 發州縣兵討之".

245) 『高麗史』 권4, 世家 顯宗 3년 5월, "東女眞寇淸河·迎日·長鬐縣 遣都部署文演·姜民瞻·李仁澤·曺子奇 管注郡併 擊走之".

246) 『東文選』 권65, 公州東停記 釋息影庵에 의하면 '큰 州나 府에는 迎客亭이라는 것이 있는데, 按部나 察訪 같은 대소의 사절이 오갈때 반드시 將卒과 長吏로 하여금 깃발을 들고 복장을 갖추어 근교에서 기다리도록 했다'고 한다(金塘澤, 앞의 논문, 1983, pp.91~92).

247) 李基白, 앞의 책, 1968, pp.214~216.

> 안되 끝내 버려 자주 무너져 버립니다. 청컨대 지금부터 다시는
> 사신을 파견하지 말고 수령이 이웃 군의 군정을 징발하여 농한
> 기에 수리토록 하십시오"라고 했다(『高麗史』 권82, 兵2 城堡 辛
> 禑 4년 12월).

위의 기사에서 주목되는 것은 다 <7>의 사료를 제외하고는 고려후기의
사료라는 점이다. 나 <7>의 기사는 주현병으로서 축성에 동원된 자에게는
전조의 절반을 면제해 주도록 하고 있다. 이 때의 주현병은 축성에 동원된
대가로 전조를 면제받고 있는 점으로 미루어 보승·정용일 것이다.[248] 보
승·정용이 축성에 참여했다 하여 혜택을 준 사실로 보건대 보승·정용이
工役에 동원되는 것은 특별한 경우에 한해서였던 것 같다.

고려전기 주현병이 역역에 동원된 사례가 별로 없는 것은, 상비군으로
조직되어 있던 경군과 달리 군액만으로 파견되어 있었다는 점일 것이다.
이는 나 <9>의 사료에서 남도의 정용·보승군을 징발하여 민을 수고롭게
한다는 내용으로 미루어 알 수 있다. 이런 점을 고려하면 주현병은 주된
임무는 전투와 관련된 임무—특히 防戍의 역을 비롯한 주현병으로서의 본
래의 군역—를 수행할 뿐이지 역역에는 거의 참여하지 않은 것으로 생각된
다. 사실 나<7>의 축성도 엄밀한 의미에서 본다면 주현의 방어를 위한 것
이므로 군무와 전혀 무관한 것은 아닌 것이다. 고려전기 보승·정용이 수
행했던 이러한 군역의 특징은 경군이나 주진군에 비해 구별되는 점이라 할
수 있다.

이와 같은 것은 후기에 있어서도 마찬가지인 것 같다. 나 <8>에서 官船
의 제작을 위해 보승·정용을 동원하고 있는데, 관선의 제작은 충렬왕 9년

---

248) 고려사에서 주현병으로 표시할 때는 대체로 보승·정용을 지칭한다(李基白, 「高麗
州縣軍考」, 앞의 책, 1968, p.212 ; 金塘澤, 앞의 논문, 1983, p.102). 일품군이 축성에
동원되는 것은 당연한 일이므로 전조를 면제하는 혜택이 주어지지 않았을 것으로
생각한다.

에 諸道에 사신을 보내어 전함을 修理·建造했다는 기사에서 알 수 있듯이
지방의 造船所에서 이루어졌다.[249] 아마도 비상시를 제외한 평상시의 관선
건조는 일반민, 공장과 더불어 보승·정용도 참여했을 가능성이 높겠다.
나<9>와 <10>의 기사는 보승·정용이 축성에 동원된 사례이다. 그런데 축
성은 다<9>의 내용에서 몽고의 침입을 막기 위한 것임을 보듯이 역시 전
투와 전혀 무관한 것은 아니다. 따라서 후기에 이르러 보승·정용이 비록
역역에 동원되었다 하더라도 역사의 내용이 관선제작, 축성 등 전투와 관
련된 임무에 한정되어 있었다. 또 주현의 보승·정용이 역역의 과중함으로
인해 도망한다는 말이 없는 것을 보더라도 주현에서 보승·정용의 역역동
원은 후기라 하더라도 그다지 흔한 사례는 아니었다는 것을 증명하고 있다.
   이상과 같은 보승·정용의 역역동원은 넓은 의미에서 무상의 노동력 수
취이긴 하지만, 세제상의 요역은 아니고 군역의 일환으로 파악될 수 있겠
다. 그러면 번상하지 않는 보승·정용의 요역부담은 어떠했을까. 이에 대
해서는 다음의 사료와 관련시켜 살펴보도록 하겠다.

나<11> 서경·동서의 州鎭에 入居하는 軍人은 본관의 잡역을 면제해주
     도록 하라. 만일 어기는 자가 있으면 典記官에게 죄를 주도록 判
     하였다(『高麗史』 권81, 兵1 兵制 仁宗 22년).
 <12> 교서를 내려 말하기를 "각 지역의 加定別抄는 노약 單丁을 막론
     하고 강제로 멀리 보내어 수자리 서게 하니 왕래하는데 지쳐 도
     망간다. 연해군민으로 하여금 모두 방수하도록 하되 요역을 면
     제시키고, 먼거리의 민은 대신 그 역을 부담케 하고 방수는 하지
     않도록 하면 양자가 다 편리할 것이다."라고 하였다(『高麗史』 권
     82, 兵2 宿衛 恭愍王 5년 5월).

---

249) 『高麗史』 권29, 世家 忠烈王 9년 4월, "戊子 遣使于諸道 令修艦夫匠三分減一". 지방
   에 조선소가 마련되어 있었던 것은 諸道의 장인과 역도를 징발하여 조선소로 파송
   한 예(『高麗史』 권27, 世家 元宗 15년 6월)를 보더라도 알 수 있다.

주진군의 구성은 토착민, 경군 또는 주현에서 赴防한 군인, 주진입거군인 등으로 구성되어 있다.[250] 나<11>의 주진입거군인은 완전히 토착화한 군인은 아니며 원주지에 가족을 남겨 두고 주진에 입거한 보승·정용군이다. 본관에 가족을 남겨 두었다는 점에서 토착민과는 다르고, 또 입거한 점에서 1년 정도 복무기한을 채우면 교체되는 방수군과도 다르다. 주진입거 군인에게 본관의 잡역을 면제하도록 하고 있는데, 이 때의 잡역면제의 혜택이 군인 본인에 대한 것인지 가족에 대한 것인지는 확실치 않다. 이에 대해 문종대 주진의 입거군인에게 본관에 養戶 2인을 지급하고 있는 점으로 미루어,[251] 군인 본인을 의미하는 것이 아니라 군인호(군인가족)에게 差課된 요역이라는 견해[252]가 제시된 바 있다. 군인가족에게 요역을 면제하도록 했지만, 그러한 원칙이 지켜지지 않으므로 다시 준수하도록 명령을 내린 것이라고 하고 있다.

그런데 나<12>는 별초가 수자리를 하면서 요역을 부담하여 왕래하는데 지쳐 서로 피한다는 것이다. 그 대안으로 연해군민으로 하여금 방수를 다 부담시키는 대신, 이들의 요역은 먼 지역의 민으로 하여금 부담시키되 방수를 면해 주면 양쪽이 다 편하게 된다는 것이다. 수자리에 복무하는 기한은 1년이었는데, 이 기간에도 요역이 면제되지 않았던 것이다. 이 기사는 14세기 군역과 요역에 대한 실정을 짐작케 하는 사료로서 주목할 가치가 있다. 우선 여기서 나오는 별초란 어떤 존재인지 잠시 언급할 필요가 있을 것 같다.

고려전기 병제가 붕괴되면서 대몽항쟁기에는 각종 別抄가 활약하게 된다.[253] ‘別抄’는 그 명칭에서 나타나듯이 勇力이 뛰어난 자들이 뽑혔는데,[254]

---

250) 李基白, 「高麗兩界의 州鎭軍」, 앞의 책, 1968 ; 趙仁成, 「高麗 兩界 州鎭의 防戍軍과 州鎭軍」『高麗光宗研究』, 一潮閣, 1981.
251) 『高麗史』 권81, 兵1 兵制 文宗 27년 3월, "命州鎭入居軍人 例給本貫養戶二人".
252) 姜晋哲, 앞의 책, 1980, p.305.
253) 閔賢九, 「高麗後期의 軍制」『高麗軍制史』, 1983, p.332. 사실 무신집권기 이후 기존

중앙에는 京別抄, 지방에는 外別抄가 출현하게 된다. 외별초는 경별초와 마찬가지로 군인전을 지급 받고 있는 점에서[255] 종래 주현군의 보승·정용을 잇는 군대라 할 수 있다. 외별초 외에 전투를 목적으로 일시적으로 조직되는 별초가 있는데, 각기 地名과 함께 표기되어 나타난다. 지역별초는 외별초가 일종의 상비군으로서 군인전을 지급받고 종래의 보승·정용의 기능을 대신하였다는 점에서 외별초와는 차이가 있다.[256] 별초에 이러한 구별이 있긴 했지만 사실상 정호제가 완전히 폐지되어 '3家 1戶制'가 정착되는 공민왕 5년대 이후에는 그 구분도 사실상 무의미지게 될 것이다.[257]

별초에 대해서는 이 정도로 정리해 두고 나<12>와 관련하여 별초의 요역부담에 대해 살펴보기로 하자. 우선 경외별초의 가족에 대한 요역에 대해서는 원종 12년의 기사가 참고된다. 예컨대 "제주에서 수자리하다가 전사한 장군 高汝霖과 靈光部使 金修 및 역적 토벌에 종군하였던 경외별초의 아들은 品資를 올려 상으로 주고, 無子한 자는 부모와 처의 요역을 면제케 하라"[258]고 하고 있다. 본래 요역은 정남에게 부과하는 것인데 왜 母와 妻에게까지 요역을 면제한 것인지는 의문이다. 아마도 아들은 없지만 포상은 해야겠기에 의례적인 조처를 했는지, 아니면 법제상 여자는 요역의 대상은

의 군제가 위기상황을 맞은 것은 사실이지만, 기존의 군제는 그대로 유지하고 있었다. 기존의 지방군사조직이 붕괴하는 것은 몽고의 침입 이후로써 고종 40년 이후가 되면, 별초군이 기존의 군사조직을 대신하게 된다고 한다(權寧國, 「武臣執權期 地方軍制의 變化」 『國史館論叢』 31, 1992).

254) 金塘澤, 「武臣執權時代의 軍制」 앞의 책, 1983, p.312.

255) 『高麗史節要』 권19, 元宗 14년 10월, "教曰 向者 討耽羅時 京外別抄亡命者多 不可不懲 故收其田丁 今天文屢變 欲修德弭災 所收田丁 可悉還之".

256) 金塘澤, 「武臣執權時代의 軍制」, 1983, pp.313~315.

257) 『高麗史』 권81, 兵1 兵制 辛禑 9년 8월, "我太祖獻安邊之策曰…… 一, 軍民非有統屬 緩急難以相保 是以先王丙申(필자 주 ; 공민왕 5년)之敎 以三家爲一戶 以百戶統主 無事卽三家番上 有事卽俱出 事急卽悉發家丁 誠爲良法 近來法弊 無所維繫……乞依丙申之敎 更定軍戶 使有統屬 固結其心".

258) 『高麗史』 권27, 世家 元宗 12년 10월, "戍濟州戰死 將軍高汝霖·靈光府使金須 及從討逆賊 京外別抄之子 超資賞職 無子者 復其父母及妻".

아니지만 실상은 본관의 잡역 등에 동원되던 사례가 있었기 때문인지는 확실치 않다. 하지만 나<11>의 내용이나 이 사료의 의미로 보아 보승·정용이나 경외별초의 가족에게 요역이 부과되었던 것은 분명하다.

이상을 염두에 두고 나<12>의 내용을 음미해 보면, 우선 여기서의 가정별초는 지역별초가 전투를 목적으로 일시적으로 구별된다는 연구결과[259]로 미루어 보면 외별초에 가까운 존재가 아닌가 생각된다. 별초가 요역과 수자리를 위해 왕래하느라 지쳤다는 것을 보면 이러한 조처를 내리기 전에는 수자리 하는 중에도 요역에 동원되고 있었다. 특히 單丁이면서 수자리를 하는 데도 불구하고 요역을 부담한 것이라면, 이 시기 별초에게는 고려전기와 같이 養戶조차 지급되지 않았던 모양이다.[260] 그런데 이 때의 요역은 주로 본관에서 부과하는, 즉 지방주체의 역으로 이해된다. 왜냐하면 수자리를 하는 대신에 중앙적인 역은 면제될 것으로 보는게 타당할 것으로 생각되기도 하며, 또 나<11>에서 면제하도록 하였던 것도 본관의 잡역이기 때문이다. 이런 사정으로 짐작해 볼 때 나<11>에서의 잡역규정도 혹시 군인 본인에 대한 면제규정이 아닐까 추측되기도 하다. 물론 나<12>의 시기에 보이는 별초의 신분이 고려전기 병제가 변질된 이후라는 점에서 전기의 주진입거군인과는 차이가 있다. 그러나 사실 인종대라 하면 무신정권기 이후보다는 덜 하겠지만 이미 실질적으로는 고려초기 방수군과는 상당히 변질된 모습이었을 것으로 보이기 때문이다.

이제까지의 상황을 종합해 본다면 고려전기에는 비번인 보승·정용이라 하더라도 요역이 면제되었던 것 같다. 전기에 있어서 군인은 직역 담당자로서의 사회경제적 지위를 어느 정도 배려해주는 것이 당연할 것으로 보이기 때문이다. 그러나 정호제가 점차 붕괴되고 사회경제적으로 지위가 하

---

259) 金塘澤,「武臣執權時代의 軍制」, 앞의 책, 1983, pp.313~315.
260) 고려전기 군인에게 양호가 지급된 기사로는『高麗史』권81, 兵1 兵制 文宗 27년 3월 참조.

락되면서 비번인 보승·정용은 요역이 부과되는 듯 하다. 나<11>의 인종대 주진입거군인에게 잡역을 면제하도록 명령을 내리고 있는 것은, 다시 말하자면 입거하지 않는 비번의 보승·정용의 경우는 당연히 요역의 부과 대상임을 반영하는 것이다.

보승·정용 외에 주현군에는 일품군이 있는데, 일품군에 대해서는 다음의 사료가 그 성격을 잘 설명해 주고 있다.

> 나<13> 外方役軍을 나누어 3교대로 하도록 했다. 舊制에 諸州의 일품군을 나누어 2교대로 하되 가을에 순환교체하여 사역시켰다. 근래 영조로 인해 2교대를 합해서 사역시키다가 이 때에 이르러 나누었다(『高麗史』 권83, 兵3 工役軍 明宗 21년 8월).

일품군은 본래 2번으로 나누어 가을에 교체하여 역사에 동원시켰는데, 명종 21년(1191) 이후 3번교대제로 고쳤다는 것이다. 여기에서 일품군이 役軍으로 지칭된 데서도 나타나듯이 노동부대임을 알 수 있다. 일품군은 고려사 주현군조에 보승·정용과 함께 그 군액이 기재되어 있을 정도로 국가에 의해 철저하게 파악되어 있었다. 또 비록 일품군이 노동부대라 하더라도 일품군의 지휘자를 선발하는 기준이 무술이라든지,[261] 국가의 비상시에는 전투에 동원되는 경우도 있었다.[262]

그러나 지방의 향리가 일품군의 지휘를 담당한데 비해 보승·정용은 향리가 군인으로 充用되기도 했으므로, 보승·정용과 일품군은 확연히 구별되는 부대였음을 알 수 있다.[263] 뿐만 아니라 경제적 기반에서도 보승·정

---

261) 『高麗史』 권81, 兵1 兵制 文宗 23년 3월, "判 諸州一品 別將卽以副戶長以上 校尉卽以 兵倉正·戶正·食祿正·公須正 隊正卽兵倉正·副戶正·諸壇正 試選弓科以差充".

262) 『高麗史』 권20, 世家 明宗 12년 4월 무신.

263) 「宋將軍墓地」 『朝鮮金石總覽』 上 147, p.425에 의하면 서북계의 寧州(安州) 향리출신인 宋△淸이 의종 5년(1151)에 정용으로 임명되고 있다. 양계나 남도의 정용은 사회적 신분에 있어서 별 차이가 없을 것이므로 남도 주현군에도 향리출신이 있을

용은 족정과 반정의 토지를 소유한 정호층인데 비해, 일품군은 1결 정도의 토지를 소유한 백정층이었을 것이다.264) 왜냐하면 1결의 토지는 백정이 재생산할 수 있는 최소한의 토지였기 때문이다.265) 의종대 봉화 올리는 것을 담당하는 백정에게 일반적인 관례대로 1결을 지급했다든지,266) 고려말 조준의 1차상소에서 白丁代田 1결을 지급하도록 건의한 것은267) 백정의 토지소유규모가 1결 정도인 것을 반영하고 있다. 즉 백정층이라 하더라도 그 내부에는 자립재생산이 가능한 농민과 그렇지 못한 농민 등 다양한 존재가 있을 것인데, 1결 규모 이상의 토지를 소유한 백정농민을 일품군에 편제했을 것이다.

이와 같이 일품군은 백정농민층을 편제한 것이므로 이들은 평소에는 농사를 지으면서 살아가다가 역역이 있으면 당번인 각 호에서 징발되었다. 종래 역역을 담당하던 正軍訪丁人의 결원이 생기자, 국가에서 역역이 있으면 秋役軍·品從·五部坊里를 각 호에서 쇄출하여 사역시켜 소요를 일으킨다는 내용이 이를 시사하고 있다.268) 일품군은 가을에 교체되므로 추역군이라고도 하는데 만일 상번중인 일품군이 대기하고 있었다면, 각 호에서 쇄출할 필요도 없을 것이며 소요를 일으키지도 않았을 것이다. 일품군의 본래 임무가 역역동원이므로 당연한 일이기 때문이다.

것임은 충분히 상정할 수 있다. 다만 하급향리 출신으로만 구성된 것으로 보기에는 무리가 있고 이들을 포함한 정호층의 농민들로 구성되었을 것이다. 향리층이 정용에 충원된 것에 대해서는 李基白, 앞의 책, 1968, pp.218~219 참조.

264) 이에 대해서는 李惠玉, 앞의 학위논문, 1993, p.26에서도 언급한 바 있다.

265) 金琪燮, 앞의 학위논문, 1993, pp.90~92.

266) 『高麗史』 권81, 兵1 兵制 毅宗 3년 8월, "西北面兵馬使 曹晋若奏 定烽燧式 平時 夜火 晝烟 各一 二急二 三急三 四急四 每所防丁二 白丁二十人 各例給平田一結".

267) 『高麗史』 권78, 食貨1 田制 祿科田 辛禑 14년 7월, "一 白丁代田 百姓付籍 當差役者 戶給田一結 不許納租 其在公私賤人 當差役者 亦許給之 明白書籍". '白丁代田'에 대한 기왕의 연구성과에 대해서는 姜晋哲, 『韓國中世土地所有研究』, 一潮閣, 1989, p.319 참조.

268) 『高麗史』 권81, 兵1 兵制 靖宗 11년 5월.

일품군이 부담하는 역역은 넓은 의미에서는 일반민에게 부과된 요역과 성질이 같지만, 엄밀하게 따지자면 역시 세제상의 요역이라기보다 군역의 일환으로 보아야 한다. 일품군은 입역기간인 1년동안은 군역으로서의 각종 노역에 충당되었으나, 비번인 경우에는 군역을 부담하지 않고 세제상의 요역을 부담했을 것으로 짐작된다. 그리고 일품군이 당번일 경우와 비번일 경우 동원되는 역사의 내용도 달랐을 것이다. 예컨대 일품군으로서 역사에 동원된 경우는 고려사에서 工役軍이라는 항목에 기재되어 있는 데서도 짐작되듯이 비번일 경우와는 달리 토목공사와 관련된 역이었다.

그런데 나 <13>에서 일품군을 3교대제로 하고 있는 점이 주목된다. 본래 일품군은 2번 교대제였지만 실상 그동안 합쳐서 사역시켰다는 것이다. 이를 시정하기 위해 교서를 내린다면, 당연히 舊制인 2번 교대제로 복귀할 것 같은데 왜 3번 교대제로 하고 있을까. 특히 이 시기는 민의 유망현상이 심화되고 있던 시기였는데도 불구하고 이러한 조처를 내리고 있는 것은 의문이 아닐 수 없다. 아마도 이 때부터 일품군은 명목상 존재할 뿐이지 실상은 유명무실해진 때문이 아닌가 한다.269) 이와 아울러 품군, 품팔이, 품삯, 날품 등이 노동과 관련된 명칭으로 사용되는 사례270)로 미루어 일품군의 명칭도 고유명사에서 보통명사화 되는 것이 아닐까 추측된다. 일품군이 마지막으로 나오는 고종 22년 이후에도 종래의 일품군으로 생각되는 사료가 있지만, 일품군이라는 명칭 대신에 단순히 役夫라든지 丁夫 등의 명칭으로만 사용되고 있는 것도271) 일품군이 군역으로서의 별다른 의미가

---

269) 고종 22년 일품군에 대한 내용을 마지막으로 고려사에는 더 이상 일품군에 대한 기사가 나타나지 않는다(『高麗史節要』 권16, 高宗 22년(1235) 12월, "崔瑀與宰樞議 徵州縣一品軍 加築江華沿江堤岸").

270) 李熙昇, 『국어대사전』, 民衆書林, 1974 참조.

271) 일품군의 용례에 대해서는 李基白, 앞의 책, 1968, pp.222~223 참조. 그러나 역부나 정부의 용례가 반드시 일품군만을 지칭하기 보다 일하는 사람 즉 '人夫'의 범칭으로 보는 것이 타당하리라 본다. 이것은 일품군의 특성 자체가 백정농민층으로 구성되었고 또 노동부대였으므로 당연한 것이기도 하지만, 특히 고려초의 군제가 변

없기 때문인 것으로 이해된다.

이것은 또한 사회경제적 측면에서 본다면 백정층 가운데서도 한편으로는 유망이나 투탁 등 몰락하기도 했지만, 다른 한편으로는 자립농이 증가되어 굳이 종래와 같이 확연히 주현군을 구분하지 않고도 군역을 부과할 수 있는 상황이 되었던데 기인할 것이다.

마지막으로 주목할 것은 二·三品軍의 존재와 군역과의 관련여부에 대해서이다. 이·삼품군에 대해서는 다음의 기록이 있다.

> 나<14> 判하기를 "무릇 군인 가운데 부모가 70세 이상이면서 형제가 없
>   는 자는 京軍이면 監門軍에 속하게 하고, 外軍이면 村留二三品
>   軍에 속하게 하되 부모가 사망한 후에는 本役에 속하게 하라"고
>   하였다.(『高麗史』 권81, 兵1 兵制 文宗 즉위년)

군인 중에서 부모가 70세 이상인데 형제가 없는 자는 경군이면 감문군에 속하게 하고, 외군이면 촌류 이·삼품군에 소속시켰다가 부모가 사망한 후에는 본래의 역을 지도록 하고 있다. 경군 가운데 감문군은 궁성 내외의 諸門을 수비하는 부대로서 경군 내의 다른 군인에 비해 비교적 수월한 역을 지던 부대였다. 그러나 경군으로서 군역의 면제를 위해 감문군에 소속되면 감문군의 군역은 면제되고 명목상 소속되었을 것이다. 왜냐하면 경군으로서 年老하거나 질환이 있는 자도 역시 감문군에 속하게 한 만큼 이들에게 군역을 부과했을 것 같진 않기 때문이다.272) 그리고 방수나 역역에 동원되던 주현군 즉, 보승·정용과 일품군은 이·삼품군에 속함으로써 역을 면제받을 수 있었다.

여기에서 이·삼품군의 존재는 다소의 검토가 요구되는 부분이다. 기왕

질된 후기의 사례는 더욱 그러하다.

272)『高麗史』 권81, 兵1 兵制 文宗 23년 10월, "判 軍人年老身病者 許令子孫親族代之 無
    子孫親族者 年滿七十 閒屬監門衛 至於海軍 亦作此例".

의 연구에 의하면 이·삼품군은 촌에 거주하면서 토지를 경작하거나 일품
군과 마찬가지로 工役에 동원되는 노동부대이며, 일품군과 이·삼품군의
차이는 일품군이 중앙의 공역에 동원되는 것과 달리 이·삼품군은 지방의
공역에 동원되는 것이라고 한다.273) 하지만 만일 이·삼품군이 촌에 거주
하는 노동부대라고 한다면, 주현군을 이·삼품군에 소속시켜 면제시키는
의의가 어디에 있는지 의문이 생긴다.

따라서 나<14>의 기사는 문종의 지방통제책과 관련된 것이라는 각도에
서 좀더 음미해 볼 필요가 있다. 고려의 지방세력에 대한 통제는 성종·현
종대를 거쳐 문종대에 더욱 보강된다. 즉 문종 2년(1048)에는 향리가 보다
높은 신분층으로 상승할 수 있는 문호를 좁히기 위해 과거응시에 대한 법
적인 규제를 가하였다. 이를테면 製述·明經業에 응시할 수 있는 향리층은
副戶長 이상의 孫과 副戶正 이상의 子로 한정시키고 있다.274) 특히 문종 5
년에는 地方吏職의 승진과정을 명문화하고 있는데275) 이는 지방이직에 대
한 중앙통제를 더욱 용이하게 하기 위한 일환이었다.276) 이와 같이 문종대
에 오면 지방사회에 대한 파악을 토대로 한 통제책이 일단 정비되는데, 이
에 앞서 지방통제의 일환으로 주현군의 운영문제도 마찬가지로 정비하였
던 것이라고 본다.

나<14>에서 이·삼품군의 존재는 알 수 있지만 이 기록 외에는 이·삼
품군의 존재를 알려 주는 기사가 전혀 없다는 것은, 이·삼품군이 지방사
회에 대한 상당한 파악을 바탕으로 하여 주현군의 면역을 위한 배려로써
설치된 예비병적인 성격의 군대로 보아야 함을 추정케 한다. 요컨대 '村留'
라는 말은 반드시 촌에만 존재한다는 뜻이 아니라 주현군의 군역을 부담하

---

273) 李基白, 앞의 책, 1968, pp.225~226 ; 金塘澤, 「高麗초기 地方軍의 形成과 構造」『高
　　麗軍制史』, 1983, pp.103~104.
274)『高麗史』권73, 選擧1 科目 文宗 2년 10월.
275)『高麗史』권75, 選擧3 鄕職 文宗 5년 10월.
276) 河炫綱, 「地方勢力과 中央統制」『韓國史』5, 1975, pp.82~83.

기 위해 選上하는 것을 면제해 준다는 의미로 해석된다. 이러한 것은 '親沒後 還屬本役'이라 하여 부모가 사망한 이후에는 본래의 역을 부담하도록 한다는 것으로 미루어 보더라도 그렇다. 이와 관련하여 다음은 이·삼품군과 佃軍을 결부시켜 주목되어 온 사료이다.

> 나<15>   內外見任受祿官이 3천명이며 또 散官·同正 無祿給田者가
>   14,000명인데, 그 토지가 모두 外州에 있어 佃軍이 경작하여 때
>   에 맞춰 輸納하면 이를 均給해 준다(『高麗圖經』 권16, 官府 倉廩)

여기서의 佃軍은 촌 내에 거주하던 이·삼품군으로서 촌장의 지휘하에 전시과 경작이라는 노동에 동원되었던 군인으로 추측한 연구가 있다.[277] 그러나 이와 같이 佃軍과 유사한 성격을 지닌 존재로는 양계의 屯田 경작자가 있다. 둔전경영의 기본적인 형태는 두 가지가 있다. 하나는 군인이나 관노비 혹은 농민의 요역노동으로 경작하는 방법이며, 또 하나는 둔전군이라 불리는 농민에게 둔전을 '분급'하여 생산물 가운데 일정액을 수조하는 방법이다. 둔전군은 이런 의미에서 自小作農의 경영형태를 지니면서, 군대의 조직과 같이 隊別로 편성되어 둔전을 경작하고 있었다.

양계 둔전군의 이러한 성격으로 미루어 주현의 이·삼품군도 전호적 형태의 농민으로 파악한 견해[278]가 주목된다. 즉 이들 농민이 토지경작에 있어서 형태상 隊를 지어 임했으므로 佃軍 또는 이·삼품군으로 불려졌으며, 그 신분적 속성은 생산물지대를 내는 전호이므로 중앙의 군사지휘체계에 속하지 못하고[279] '村留'라는 존재로 표현되고 있었다.[280]

---

277) 李佑成, 「高麗의 永業田」 『歷史學報』 28, 1965, p.12.

278) 이혜옥, 앞의 학위논문, 1993, pp.20~21.

279) 『高麗史』 권82, 兵2 屯田 恭愍王 5년 6월, "諸家賜給田 平衍膏腴 可屯田者 以賊家及 行省所占人物 分隊給地 以責其事"에서 賊家와 행성이 점유한 인물들로 하여금 둔전을 경작케 하고 있는데, 이들은 군인은 아니지만 隊를 지어 경작하고 있다. 이 때의 둔전 경작자는 군 편제의 일부가 아닌 전호적 성격의 농민이라고 한다. 둔전

따라서 궁극적으로 이·삼품군의 토지경작은 군역이 아니라 요역의 일환이었다. 주현군의 면역을 위해 이·삼품군에 속하게 한다는 것은 이·삼품군의 성격이 군역을 부담하지 않는 예비병적인 부대임을 의미하는 것이다. 이·삼품군은 토지경작이라는 노동력에 동원되었겠지만, 주현군으로서 이·삼품군에 소속되는 경우는 원칙상 노동력 동원에도 면제되었을 것이다. 이것은 경군의 감문군이 성문수비라는 군역을 지고 있지만, 감문위에 소속된 경군은 성문수비라는 군역이 면제된 사례와 같은 맥락에서 그렇게 이해된다.

나. 免役對象者의 신분계층

이제 요역의 주된 부담자인 일반민 외에 요역이 면제되는 신분층은 어떤 형태로 역을 부담하고 있었는지 살펴보도록 하겠다.

우선 양반의 경우부터 검토해 보도록 하자. 고려의 양반은 9품이상의 有職品官과 그 가족을 비롯하여, 관직은 없지만 품계를 받은 散官 등도 양반으로 보아야 할 것이다. 유직품관의 경우는 唐이나 조선의 예281)를 보아 고려전기에는 면제된 것 같다. 양반의 가족에 대한 요역은 다음의 사료가 시사하고 있다.

> 나<16> (仁宗 13년 2월) 判하기를 "서울에 거주하는 大小人員의 자제가 요역을 피하기 위해 본관 친척의 호적에 붙어 이름과 실제가 섞여 있으니 지금부터 서울사람이 이름을 붙이는 것을 엄격히 금지하라"고 하였다.(『高麗史』 권79, 食貨2 戶口)

의 경작에 대해 자세한 것은 安秉佑, 「高麗의 屯田에 관한 一考察」 『韓國史論』 10, 1984, pp.50~54 참조.

280) 李貞熙, 「高麗時代 徭役의 運營과 實態」 『釜大史學』 8, 1984, pp.72~73.

281) 당의 경우는 曾我部靜雄, 『均田法とその稅役制度』, 講談社, 1953, pp.264~266를, 조선왕조는 『經國大典』 권4, 兵典 復戶 참조.

서울에 거주하는 대소인원의 자제가 요역을 피하기 위해 본관 친척의 호적에 올리는 경우가 있으므로 금지토록 한 것이다. 이 사료의 내용으로 미루어 고려초부터 양반자제는 요역이 부과된 것으로 파악되어 왔다.[282] 그런데 당제에서는 유직품관과 그 가족까지도 요역이 면제되고 있는데, 고려에서는 양반의 자제에게 요역을 부과하고 있는 것이 주목된다. 이와 같이 할 수 있었던 요인은 당제가 每丁을 기준으로 부과하는데 비해, 고려는 戶役이었으므로 가능했던 것이 아닌가 생각한다.

하지만 또 하나 간과할 수 없는 것은 양반자제에게 요역을 부과했던 시기가 과연 고려초부터였는가 하는 점이다. 이 기사가 12세기초인 인종 13년(1135)의 시기인 점을 감안하면, 그렇게 보기 어려운 점도 있다. 사실 고려사회는 이미 12세기 이전부터 지배층의 분열현상이 일어나고 있었으며, 토지소유의 집중 및 과도한 세제수탈 등으로 민의 불만도 과중되고 있었다. 이러한 가운데 정치세력도 太祖遺訓에 대한 해석방식 내지 실천을 둘러싸고 분화되어 나갔다. 특히 이 시기 가운데서도 숙종대와 예종전반기는 정치사에서 국왕권이 강조되어, 기존의 권위세력을 억누르고 민에 대한 직접지배를 행사하기 위한 정치개혁을 한 시기였다.[283]

숙종대 조직되었던 별무반의 존재는 이런 점에서 주목할 만 하다. 별무반은 주지하는 바와 같이 모든 국민을 軍의 대상으로 삼는 국민개병적인 군사조직이었다. 별무반 가운데 특히 神騎軍은 고위 문무관료의 자제를 군역체계에 포함시킴으로써 국왕권을 안정화시키는 효과를 누릴 수 있었다.[284] 게다가 예종대는 즉위초부터 정치개혁의 일환으로 대민시책을 단행

---

282) 姜晋哲, 앞의 책, 1980, pp.297~298 ; 金載名, 앞의 학위논문, 1994, p.120.

283) 박종기, 「예종대 정치개혁과 정치세력의 변동」『역사와 현실』9, 1993, p.67.

284) 박종기, 위의 논문, 1993, p.42. 吳延寵이 신기군의 편성에 따른 완화책을 제시하고 있는 것도 이와 무관하지 않다. 이를테면 70세 이상의 부모가 있는 獨子는 면제시키고, 1호 내 3~4인이 從軍하면 1명을 줄여주고, 宰樞의 아들은 자원해서 종군하지 않으면 면제해 주도록 청하고 있는데, 예종이 이를 따르고 있다(『高麗史節要』권7, 예종 원년 정월).

하고 있다. 즉 민의 유망에 대한 대응책으로 監務를 파견한다든지,[285] 요역
과 공물의 조정,[286] 세제 감면조치[287] 등 민의 자립 재생산을 위한 조처를
시행하고 있었던 것이다. 이처럼 국왕권이 주도하는 정치개혁과 수반하여
양반자제에게 요역을 부과하게 된 것이지, 고려초부터 요역이 부과된 것은
아니지 않을까 한다.

그런데 여기서 大小인원의 자제라고 하지만, 品의 高下에 따른 구별이 없
이 모든 양반자제를 말하는 것은 아닐 것이다. 고려에서 5품 이상의 관리에
게 蔭職과 공음전의 혜택이 있었다는 것은 잘 알려진 사실이다. 또 唐의 경
우는 5품 이상의 品官에 대해서는 본인은 물론 近親者의 요역도 면제되었고,
6품 이하에 대해서는 본인만 면제되었다.[288] 이와 같이 고려나 당제에서 같
은 양반이라 하더라도 5품을 기준으로 제도적인 차등을 두었던 점을 감안한
다면, 요역의 대상이 된 양반자제는 6품 이하의 양반자제에게 한정된 것으로
보아야 할 것 같다. 더욱이 신기군의 편성에서 宰樞의 자제만은 자진해서 종
군할려고 하지 않는 자는 제외하도록 종래의 원칙에서 후퇴하고 있는 것
도,[289] 고위품관에 대한 혜택이 있었던 것을 뒷받침하고 있다.

한편 散官의 요역부담은 어떠했을까. 고려의 散職은 檢校職과 同正職이
중요한 체계를 이루고 있는데 문반은 5·6품, 무반은 4·5품을 기준으로
하여 상층은 검교직 하층은 동정직으로 설치되어 있었다.[290] 검교직은 현
직관료에게 勳職으로 주는 것과 관직이 없는 사람에게 대우직으로 주는 경

---

285)『高麗史』권12, 睿宗 원년 4월 경인.
286)『高麗史』권78, 食貨1 貢賦 睿宗 3년 2월. 예종 9년 직물류를 平布로 절가대납하도
　　록(같은 책, 睿宗 9년 10월) 조처를 취하고 있는 것도 이와 무관하지 않을 것이다.
　　물론 직물류의 대납은 당시 민간생산과 유통경제의 발달이 전제되어 있지만(본서
　　Ⅳ장 1절 참고), 예종의 대민시책과 무관하지 않을 것이다.
287)『高麗史』권80, 食貨3 恩免之制 睿宗 원년 3월 및 3년 2월.
288) 曾俄部靜雄, 앞의 책, 1953, pp.264~267.
289) 주284)의 오연총의 기사 참고.
290) 검교직과 동정직에 대한 것은 金光洙,「高麗時代의 同正職」『歷史敎育』11·12합
　　집, 1969 참조.

우가 있는데, 검교직을 받은 현직관료는 면제대상이었던 만큼 관직이 없는 후자의 예를 검토해 보도록 하자. 검교직을 받은 사람에 대해서는 다음의 기사가 참고된다.

> 나<17> 교서를 내려 말하기를 "……내외양반과 향리가 함부로 金印이 찍힌 檢敎職을 받아 역을 피하고자 도모하여 매우 뒤섞여 있으니 사헌부는 각도의 存撫提察使로 하여금 모두 직첩을 거두게 하여 각기 본래의 역을 따르도록 하라"고 하였다(『高麗史』 권35, 世家 忠肅王 12년 10월).

내외양반과 향리백성이 함부로 검교직을 받아 역을 피하니 그 직첩을 거두어 본래의 역을 따르도록 하고 있다. 여기서 의미하는 본래의 역은 내외양반과 향리백성의 경우를 구분해서 보아야 할 것이다. 즉 향리백성이 부담하는 본래의 역은 당연히 직역일 것이다. 그러나 내외양반의 직역은 그 자체가 양반으로서의 특권이기 때문에 검교직을 받아 역을 피할 리가 없기 때문이다. 따라서 내외양반으로 하여금 역을 따르도록 하라는 것은 요역에 징발하도록 하는 의미로 이해된다. 왜냐하면 충숙왕대보다 140년 전인 충렬왕대의 내용(나<20>)을 보면 현직품관도 직접 역을 부담하고 있기 때문이다. 이로 미루어 검교직을 받아 역을 피할 수 있다는 것은, 나<17>의 시기가 요역의 대상이 확대되는 후기임에도 불구하고 면제되는 점을 감안한다면 전기부터 요역이 면제되었음을 반영하고 있다.

동정직은 검교직과 마찬가지로 實職이 있는 사람에게 주는 사례도 있지만 대체로 初入仕職과 깊은 관계가 있다. 실직자를 제외한 初入仕者가 요역을 부담했는지의 여부는 잘 알 수 없지만, 고려전기에는 면제되었을 것으로 보아도 무방할 것이다. 그러나 동정직은 산직이기 때문에 定額이 없으므로 그 수가 계속 늘어나 12세기 인종대의 상황을 기술한 『高麗圖經』 권16, 倉廩條에 의하면 14,000여명에 이르고 있다. 또 明宗 11년(1181) 이후에는 실직으로 진출하는 것도 어렵게 됨으로써 사실상 관직의 의미도 별로 없게 되었다.291) 이런 점을 고려해보면 실직이 없으면서 동정직을 받은 사람은 고려후기에 이르면 요역의 대상으로 파악된 것으로 생각된다. 閑散人이 愛馬에 托名하여 요역을 피하니 이들을 모두 추쇄하여 차역에 충당하도록 명령하고 있는 우왕대의 기사292)도 이를 뒷받침하고 있다. 왜냐하면 한산인은 양반자제로서 직역이 없는 자이므로,293) 동정직을 받은 자 가운데 상당수는 바로 한산인과 연결될 것으로 보이기 때문이다. 뿐만 아니라 고려후기 유직품관조차 요역의 대상으로 파악된다는 사실도 이와 무관하지 않을 것이다.

12세기를 전후로 토지소유의 집중과 수취제의 모순으로 인해 민의 유망현상이 증대하였고 이는 몽고의 침입을 계기로 더욱 심화되었으며, 더우기 권세가의 대규모 농장경영은 국가에서 파악할 수 있는 노동력을 더욱 부족하게 하였다. 이를테면 다소 과장이긴 하겠지만 예종 즉위년(1105)에 이미 주군의 수령이 뇌물을 받고 私利를 도모하여 민의 유망이 줄을 이어 열에 아홉 집은 비어 있다는 것이다.294) 또 부역을 꺼려 민이 유망하여 농장에 招集되고,295) 농장에 초집된 민은 處干이라 하여 요역을 포탈했으므로296) 농장의 발달은 국가에서 파악할 수 있는 노동력의 부족을 초래하는 것은 필연적인 현상이었다.

그런데 유직품관은 현직에 있는 자체가 토지나 人丁의 소유에 있어서 비교적 유리한 조건이었던 만큼 다음 사례에서와 같이 品從을 내어 국가의 役事를 보조했었다.

---

291) 李成茂, 『朝鮮初期 兩班研究』, 一潮閣, 1980, p.141.
292) 『高麗史』 권85 刑法1 禁令 辛禑 원년 2월.
293) 韓永愚, 「麗末鮮初의 閑良과 그 地位」『韓國史研究』 4, 1969.
294) 『高麗史』 권12, 世家 睿宗 즉위년 12월 갑신.
295) 『高麗史』 권84, 刑法1 職制 忠宣王 즉위년.
296) 『高麗史』 권28, 世家 忠烈王 4년 7월 을유.

나<18> 康安과 延慶의 2궁을 새로 지으면서 군현민으로 하여금 역부를
삼았는데 그 수를 기록할 수 없을 정도였다. 宰臣들이 의논하여
兩宮을 영조하는 역부를 내기로 하여 見任宰相과 諸君은 하루에
3명을, 致仕宰相과 見任 3품은 하루에 2명을, 4품이하는 차등있
게 내도록 했는데, 이를 品從이라 하였다(『高麗史』 권83, 兵3 工
役軍 忠宣王 원년 3월).

康安・延慶 2궁을 개수하는 공사에 군현민을 징발하여 일꾼으로 쓰는데
그 수가 엄청나게 많자, 宰臣들이 의논하여 전현직 백관도 품의 高下에 따
라 궁실을 영조하는 품종을 내도록 하고 있다. 이와 같이 고려에서는 戰時
라든가, 정부의 농민에 대한 통제력이 약화되어 수취체계가 문란해졌을 때
라든지, 役事의 규모가 매우 큰 경우, 즉 대규모 노동력이 필요할 때는 품
종으로 代役케 했던 것이다. 이런 현상은 靖宗 11년에 이미 국가의 力役이
있으면 秋役軍과 品從을 오부방리의 각 호에서 刷出하여 소요를 일으킨
다[297]라 한 바와 같이 전기부터 종종 있어 왔다.

그러나 품종의 사례가 빈번히 나타나고 있는 것은 역시 노동력 부족현
상이 심화되는 고려후기의 사례였는데,[298] 후기에는 품종을 내는 외에도
유직품관을 대상으로 요역을 부과하기 시작했다. 현직양반의 요역에 대해
서는 다음의 사료가 참고된다.

나<19> 큰 시장을 고쳐 짓는데 좌우의 長廊이 광화문에서 십자거리에
이르기까지 무릇 1,800동이며, 또 광화문 내에 大倉・南廊・迎休
門 등 73동을 지었다. 무릇 오부방리의 양반에게 호마다 米・粟

---

297) 『高麗史』 권81, 兵1 兵制 靖宗 11년 5월.
298) 고려후기 품종에 대한 기사는 본문의 나<18>의 사례를 비롯하여 다음의 예가 있
다. 『高麗史』 권79, 食貨2 農桑 高宗 43년 2월, "又令文武三品以下 權務以上 出丁夫
有差" ; 『高麗史』 권83, 兵3 工役軍 忠惠王 후4년 5월, "新宮別造成都監 令出諸君宰
樞品從五名 三品四名 四品三名 五六品二名 七八品一名 九品權務幷一名" ; 『高麗史』
권41, 世家 恭愍王 15년 5월, "又大起公主影殿于王輪寺東南 令百官以秩出役夫".

을 거두어 사람을 고용해서 역을 도우게 했다. 양반에게 방리의
역을 부과하는 것이 이로부터 비롯 되었다.(『高麗史』 권21, 世家
熙宗 4년 7월 정미)
<20> 감찰사가 말하기를 "……또 궁실을 수리한지 이미 3년이나 되었
으므로 양반 가운데 노예가 없는 자는 심지어 녹패를 팔아 사람
을 고용해서 赴役케 하기도 하고 혹은 직접 執役하는 자도 있으
니 청컨대 면제하고 농한기를 기다려 주십시오"라고 했다.(『高麗
史』 권29, 世家 忠烈王 6년 3월 임자)

나<19>는 개경 5부 방리의 역사가 있자 양반의 호마다 米粟을 거두어
사람을 고용해서 供役하는 비용에 충당하도록 했는데, 이 때(熙宗 4년 ;
1208)부터 양반에게 방리의 요역이 부과되기 시작했다는 것이다. 여기서의
양반에 대해서는 양반가족으로 보는 견해[299]도 있고, 문자 그대로 양반본
인으로 이해하는 견해[300]도 있다. 그러나 양반가족은 나<16>에서 12세기
초부터 이미 요역을 부담하고 있었기 때문에, 나<19>에서의 양반은 유직
품관임이 분명하다. 이것은 나<18>에서 궁실을 짓는데 양반 가운데 僕隷
가 없는 자는 녹패를 팔아 사람을 고용하여 赴役하게 하고, 심지어 직접
執役했다는 데서 알 수 있다.
민에 대한 수취만으로 한계가 있었던 고려후기의 사정상 품관에게 요역
을 부과하게 되었는데, 이는 재정을 충당하는 방편으로 품관을 대상으로
科斂을 수취해야 했던 상황과도 결부되는 것이다.[301] 결국 유직품관은 役

---

299) 姜晋哲, 앞의 책, 1980, pp.296~297.
300) 今堀誠二, 앞의 논문, 1939. 그리고 李惠玉도 양반본인으로 이해하고 있다. 즉 나
  <17>의 사료는 양반에게 役價를 징수하는데 있으므로 양반의 公務와 관련시켜
  생각할 필요는 없는 것이라 하여, 고려후기 양반에 대한 역이 강화된 것으로 이해
  하고 있다(李惠玉, 앞의 학위논문, 1994, pp.217~218).
301) 과렴은 적자 재정을 충당하기 위해 임시로 부과하는 세목으로서 수취품목의 내용
  은 品米·品銀·品馬·品布 등이 있다. 과렴의 징수시기는 사료상으로 고려후기
  에 집중되어 있으며, 수취대상은 工商, 賤隷 등을 포함하여 일반민에게 부과하는

事가 있을 때 종종 품종으로 보조하기도 했지만 품종으로 역사를 보조하는 것은 일종의 科斂으로써 임시방편적인데 불과했으므로, 품관에게 역의 징발을 강화하게 된 것이다. 부분적이나마 양반호에 대한 역의 징발이 이루어질 수 있었던 것은 수취체제의 모순에 대한 농민층의 저항에 기인하는 것이 아닐까 생각한다.

다만 품관에게 부과된 요역형태는 특히 많은 노동력이 필요하고 또 장기간이 소요되는 토목공사의 역사에 한정된 것으로 보아진다. 아마도 경중의 양반에 한해 역의 부담이 있었던 것이 아닌가 하는데, 사실 품관의 거주지역이 주로 경중이었을 것임을 감안하면 더욱 그렇다. 서울에 거주하는 양반자제가 요역을 피하기 위해 본관의 친척호적에 이름을 올린다고 한 사례도(나 <16>) 이를 방증하고 있다. 본관에 있는 친척은 현직품관은 아니지만 역시 양반의 범주에 속하는 신분층일 것인데, 지방주현에서는 양반에 대한 역의 차정이 이루어지지 않았으므로 이들의 호적에 이름을 付籍한 것이 아닐까. 이는 오부방리에서의 양반의 역이 이 때부터 비롯되었다는 나 <19>의 사료도 이를 반영해주는 사례이다. 공물의 수취가 지방군현을 대상으로 부과되는 것임을 고려해 볼 때, 서울에 거주하는 양반의 역은 당연히 토목공사에 한정될 것이다. 실제로 유직품관은 본래의 公務가 있는 만큼 일반민과 같이 거주지에서 멀리 떨어진 지역의 역사에 동원된다는 것은 상상하기 어렵다.

뿐만 아니라 품관이 요역을 부담하는 방법도 일반민의 형태와는 달랐다. 이를테면 빈한한 품관은 스스로 赴役하는 사례도 있었지만 이는 극히 이례적인 것이며, 대부분의 품관은 사람을 고용하는 役價를 내든지(나 <19>) 노비로 代役케 하는 것이(나 <20>) 관례였던 것으로 생각된다. 또한 양반이 직접 執役을 하는 경우에는 양반과 일반민은 요역의 부담형태에서 어느

경우도 있지만 주된 대상자는 민에 비해 경제적 여유가 있는 품관이었다. 자세한 것은 『高麗史』 권79, 食貨2 科斂 참조.

정도 구별되었던 것이 아닌가 한다. 이를테면 양반의 경우는 일반민의 예
와 같이 직접적인 노동력을 투여하기보다는, 역사를 지휘하거나 감독하는
등302) 보다 가벼운 형태로 요역을 부담하는 양상이었을 것이다.

　당제와 달리 고려후기에는 양반에게도 요역을 부과할 수 있었던 것은,
앞서도 지적한 바와 같이 고려의 역징발의 체계가 每丁에 대한 징발이 아
니라 호를 대상으로 부과되는 특성이 있었기 때문에 불가능한 일은 아니었
다. 조선조의 성립과 더불어 양반에 대한 요역면제의 특권이 왕족과 왕후
의 친척조차 疎遠한 호는 復戶의 대상에서 제외되고 있을 정도로303) 역의
징발이 강화되고 있는 것은 고려후기 이래의 이러한 변화를 바탕으로 하는
것임과 동시에, 당제와 다른 역제의 차별성에 기인하는 것으로 생각한다.
　한편 군인,304) 향리, 工匠 등은 직역담당자였으므로 요역과 직역을 이중
으로 부담하지 않았을 것이라는 연구가 있는데,305) 타당할 것으로 생각된
다. 향리는 고려전기에는 지방사회에서 상당한 실력자로서 鄕役을 부담하
고 있었던 만큼, 당연히 요역면제의 대상자였다. 그러나 중앙정부의 지방

---

302) 중앙에서 주관하는 역사는 국가에서 董役官을 임명하여 추진하였다. 이들 동역관
　　은 內侍나 宦子 등 국왕의 측근세력도 있지만, 재상의 반열에 드는 사람이 대부분
　　이었다(朴鍾進, 앞의 학위논문, 1993, pp.118~119).

303) 『世祖實錄』 권34, 世祖 10년 9월 신미에 "兵曹據宗計寺牒呈啓 宗姓祖免以上 緦麻以
　　上 王后同姓緦麻以上 及異姓從親 復戶存恤 然其族屬已遠者 猶稱連派 多避徭役"라
　　하고 있다. 이 외『世宗實錄』 권100, 世宗 25년 5월 무진에도 "宗姓限祖免以上 女孫
　　及王后同姓旁親 限緦麻以上 許令復戶"라 하여 왕족과 왕후의 친척이라도 疎遠한
　　호는 복호의 대상에서 제외하고 있다.

304) 여기서의 군인은 물론 주현군은 아니고, 경군에 속한 군인이 대부분이다. 하지만
　　경군의 신분에 대해서는 본 장의 가-(2)에서 언급한 바와 같이 이견이 있는 만큼,
　　일률적으로 파악하기 곤란하다. 하지만 경군의 力役은 군인의 도산을 초래할 정도
　　로 과중했음은 이미 지적된 바 있다.(李基白, 「高麗軍役考」『高麗兵制史研究』, 1968,
　　pp.139~141 ; 洪承基, 「高麗초기 中央軍의 조직과 役割」『高麗軍制史』, 1983, pp.59
　　~61 ; 李貞熙, 앞의 논문, 1984, pp.69~70) 그러나 이들의 역역은 세제상의 요역이
　　아니라 군역의 일환으로 부담한 것이며, 경군은 원칙적으로 요역의 면제대상자로
　　이해된다.

305) 姜晋哲, 앞의 책, 1980, p.299.

통제책이 강화되면서 점차 그 지위가 하락하는 향리층도 생겨났다. 즉 향리층의 상층부는 끊임없이 중앙으로 진출하거나 지방에서 독자적 세력을 구축해 갔지만, 그렇지 못한 향리는 각종 잡역을 담당하는 천역부담자로 전락했던 것이다. 이것은 향리 및 역리와 공사노예가 賦役을 피해 출가하므로 호구가 날로 줄어든다306)고 할 정도로 향역 자체가 賤役化된 사례에서 짐작된다. 향리가 천역의 주된 담당자인 공사노예와 더불어 표기되어 나타나는 것 자체가 향역이 특권이 아니라 苦役임을 반영하고 있다. 또 향리자제가 담당하던 其人役이 고려전기에는 質子的인 성격을 지니고 있었지만, 후기에는 중앙관아에 예속되어 노예처럼 사역시킨다307)고 한 바와 같이 천역을 지는 천역부담자로 변질된 것도 이와 궤를 같이 하는 것이다.

이러한 상황과 병행하여 고려후기에는 품관에 대한 역의 징발이 강화되었던 것처럼 하위층의 향리는 잡다한 역에 동원되었던 것이 아닌가 한다. 왜냐하면 조선조에서는 世祖때 入番하고 있는 향리조차 요역에 동원시키기도 하고,308) 成宗때는 北界에 자원해서 入居하는 향리에게는 잡역을 면제해 주고 있다.309) 즉 조선초기의 향리는 鄕役으로서의 직역과 기인역을 지는 외에 잡역에 동원되었으며, 北界향리는 일시적으로 館軍役·牧子役까지 부담하고 있었다.310) 물론 향리의 지위가 급속도로 하락한 조선조와 고려후기의 예를 동일시할 수 없지만, 조선조의 향리가 잡역을 부담하게 된 변화는 고려후기 이래의 변화와 무관하지 않을 것이다. 그러나 향리가 잡

---

306)『高麗史』권85, 刑法2 禁令 恭愍王 5년 6월.
307) 고려후기 기인의 천역화는 "其人 法久弊生 分隸各處 役之如奴隸 不堪其苦 至有逋亡者"(『高麗史』권118, 列傳31 趙浚)라고 한 내용에서 알 수 있다. 기인에 대한 논고로는 金成俊,「其人의 性格에 대한 考察」『歷史學報』10·11, 1958 ; 韓㳓劤,「古代國家成長過程에 있어서의 對服屬民政策」『歷史學報』12·13, 1960 및「麗代의 其人選上規制」『歷史學報』14, 1961 등이 있다.
308)『世祖實錄』권12, 世祖 4년 3월 을묘.
309)『成宗實錄』권23, 成宗 3년 10월 병자.
310) 李成茂,「朝鮮初期의 鄕吏」『韓國史研究』5, 1970, p.59.

역을 부담하더라도 이는 일반민의 요역부담과는 다른 형태일 것이며, 또 궁극적으로 세제상의 요역이 아니라 넓은 의미에서 鄕役에 포함되는 것으로 생각된다.

다음은 工匠의 경우를 보기로 하자. 고려시기 공장은 중앙의 京工匠과 지방의 外工匠으로 나누어져 있었다. 경공장은 본래 개경에서 활동했던 자들 외, 후삼국 시기의 王京이나 호족지배 영역에서 선발되어 온 사람으로 구성되었다. 이들은 직역층 공장과 부역층 공장으로 구성되어, 직역층 공장은 부역층 공장을 지휘 감독하면서 관청수공업장에 전속되어 있었다. 즉 직역층의 공장은 관청에 복무하는 대가로 別賜라는 녹봉을 받거나, 大匠·副匠·雜匠 등과 같이 17결의 토지를 받는 직역담당자였다. 이에 비해 부역층의 공장은 일정기간 관청수공업장에서 赴役하고 그 나머지 대부분은 사적 경리에 종사하고 있었다.311)

사실 특수한 기술을 가진 공장은 토목공사의 역에서 차지하는 역할이 절대적인 것이었던 만큼 당연히 일반민과 더불어 자주 징발되고 있다. 그러나 이것은 공장이 부담해야 하는 직역 내지 신역이며, 일반민과 같은 차원의 요역은 아니었다.312) 이는 6道의 장정을 징발하여 影殿의 공사를 벌이는데 도망자가 속출하자, 역부를 방면하고 공장과 승도는 제외시킨 공민

---

311) 徐聖鎬, 「高麗前期 지배체제와 工匠」『韓國史論』27, 1992, pp.97~102에서 고려시기 工匠은 직역층의 공장과 부역층의 공장으로 구성되어 있음을 지적하고 있다. 姜萬吉(「手工業」『한국사』5, 1975 pp.187~188)은 관청수공업에 전속되어 田地나 별사를 지급받는 공장과, 일정기간만 관청수공업장에 동원되는 공장이 있는 것으로 구분하고 있다.

312)『高麗史』권56, 地理1 王京開城府 顯宗 20년의 羅城 축조기사에서 8,450명의 공장이 동원되었음을 볼 수 있다. 또 "重興大安大雲等寺 創新補舊 土木興役 凡所營爲寺 非急切 匠夫疲於日夜"(『高麗史』권7, 世家 文宗 5년 3월 경자)라 하여 사찰의 영조에 공장이 밤낮으로 시달린다고 하는데, 이 때 동원된 공장은 경공장과 더불어 일부의 외공장도 포함되어 있을 것이다. 고려후기의 경우도 마찬가지여서 전함을 건조하기 위해 공장이 징발되고 있었다(『高麗史節要』권19, 元宗 15년 정월, "元遣摠管察忽 監造戰艦三百艘 …… 又遣大將軍羅裕等 爲諸道部夫使 徵集工匠役徒三萬五百餘人").

왕 16년의 내용313)으로 짐작된다. 공민왕대는 고려전기 관청수공업이 붕괴
되고 있던 후기의 시기이므로, 영전의 공사에 동원된 공장의 신분이 어떠
한지 분명하지 않은 점이 있다. 하지만 아무리 역사가 고달프더라도 일반
민은 면제하되, 승도와 공장은 머무르게 할 정도로 일반민과 달리 취급되
고 있는 점이 주목된다. 말하자면 공장을 역사에 동원하는 것은 세제상의
요역부담으로 간주하는 것이 아니라, 공장의 신역으로 간주하고 있다는 증
거이다.

부역층의 공장에 대한 요역에 대해서는 다음의 사료가 참고된다. 즉 "被
差充丁夫雜匠 稽留不赴 一日笞四十 四日五十……"314)라 하여 丁夫와 雜匠
이 차출을 당하고도 지체하여 나가지 않을 때의 처벌규정이 정해져 있었
다. 그런데 이 때의 기사내용에 대해 부역층의 공장이 중앙에 赴役할 때의
규정으로 보는 견해도 있지만,315) 공장이 요역에 징발되는 경우로 보는 견
해도 있다.316) 아마도 잡장이 중앙에 입역하는 경우를 배제할 수도 없겠지
만, 요역에 징발된 경우로 보더라도 무리는 없을 것이다. 왜냐하면 고려사
에서 민이 역에 징발되고도 赴役하지 않은 경우 무언가 처벌의 규정이 있
을 법한데, 이 기사 외에는 전혀 없기 때문이다.

조선조의 경우『大典續錄』의 兵典 復戶條에 의하면 繕工監에 소속된 木
匠만 복호의 대상이 되고 있다. 復戶란『大典註解』兵典에서 "復除也 除免
其徭役也"라 한 바와 같이 요역의 면제를 뜻하는데, 木匠의 요역면제는 당
번했을 때에 한정되고, 下番時에는 요역의 대상이었다. 그러므로 木匠 외의
공장은 요역의 부과대상이었던 것이다. 조선조의 공장을 고려시기에 그대

---

313)『高麗史』권41, 世家 恭愍王 16년 하4월 병인, "放影殿役夫 止留工匠及僧徒 時徵發
　　六道丁夫 督役太急 逃者相繼 以久旱放之 乃雨".
314)『高麗史』권84, 刑法1 戶婚.
315) 白南雲, 앞의 책, 1937, p.308 ; 劉教聖,「韓國商工業史」『韓國文化史大系』Ⅱ, 高麗大
　　民族文化研究所, 1965, p.1025.
316) 徐聖鎬, 앞의 논문, 1992, p.103.

로 적용시키는 것은 다소 무리가 있겠지만, 고려에서도 부역층의 공장은 직역층과 달리 평소에는 사적 경리에 종사하고 있었던 점을 감안하면 조선조와 유사하지 않을까 생각된다. 다만 부역층의 공장이 관청에 동원되지 않는 경우 요역에 동원된다 하더라도 일반민과 같은 단순노동력이 아니라, 공장의 기술과 관련된 역을 수취하는 형태였을 것이라는 점에서 구별된다.

한편 불교가 중시되었던 고려사회에서 승려의 요역부담은 어떠했을까. 승려는 성종 원년(982)에 이미 요역을 피하기 위해 善會라는 자가 출가했다는 기록이 있을 정도[317]로 고려전기부터 면제의 대상이었다. 이와 같이 승려가 되는 길은 요역을 면제받는 손쉬운 방편이었다. 인종대 중외에 널리 퍼져 있는 사원에 민이 요역을 피하여 편히 사는 사람의 수가 몇천, 몇만인지 모를 정도라든지,[318] 보덕·표훈·장안 등과 같은 큰 절은 요역을 피하려 승려가 된 민들이 상시 수천·만에 이른다[319]고 한 사례들이 이를 반영하고 있다.

역을 피하기 위해 승려가 된 민들은 具足戒를 받지 않고 沙彌戒를 지키는 존재로서 '隨院僧徒'로 불리는 하급승려가 되었다고 한다.[320] 예컨대 관인층이나 호장층의 자제는 각 사원의 고승에 출가하여 수계를 하는데 비해, 일반백성층은 각 사원의 실무를 맡은 院主가 일괄적으로 수계를 하였다. 일반백성층은 有妻僧도 있고, 가족을 이끌고 사원에 투탁한 존재로서 처음부터 구족계의 계율을 지킬 수 없는 존재이므로 수원승도화 하였다는

---

317) 『高麗史節要』 권2, 成宗 원년 6월.

318) 『高麗史』 권74, 選擧2 學校 仁宗 8년 7월, "且佛氏寺觀 周遍中外 齊民逃役 飽食逸居 者 不知其幾數千萬焉".

319) 『新增東國輿地承覽』 권47, 淮陽都護府 金剛山, "……其大寺 卽有報德·表訓·長安 等寺……其僧大抵不隷 逃其民避其徭 常有數千萬人".

320) 韓基汶, 『高麗時代 寺院의 運營基盤과 願堂의 存在樣相』, 경북대학교 박사학위논문, 1995, pp.83~84 ; 『高麗寺院의 構造와 機能』, 民族社, 1998 재수록. 평민출신의 승려 가 하급승려로서 수원승도 혹은 재가화상(『高麗圖經』 권18, 釋氏 在家和尙)으로 불 린다는 것은 李炳熙, 「高麗前期 寺院田의 分給과 經營」 『韓國史論』 18, 1988, pp.70 ~72에서도 지적한 바 있다.

것이다. 역을 피하기 위해 승려가 되는 경우는 요역을 피하려는 민에게 국
한 된 것이 아니라 신역을 지는 향·역리나 공사노예도 많았다.[321] 이처럼
避役之民이 늘어 公役부담자가 감소하는 폐단이 생기자 출가를 제한 또는
금지하는 조처를 내리는 것과 더불어 환속시켜 본래의 역을 부담토록 하기
도 하였다.[322]

또 役事에 징발하는 방안을 취하기도 했다. 고려전기인 현종 때도 "徵有
妻僧 充重光寺役徒"[323]에서 나타나듯이 역사에 동원하고 있다. 이 때의 승
려는 妻가 있는 점으로 미루어 일반백성층임을 알 수 있다. 특히 유리민이
증대하여 승려의 수가 늘어났고 노동력의 부족이 심화된 후기에는 당연한
일이었을 것이다. 영전을 건축하기 위해 6도의 역부를 징발했는데 가뭄이
오래 지속되자 역부를 전부 돌아가게 하되 공장과 승도만 남게 한다든
지,[324] 전함 만드는 승도를 양광도는 1,000人을, 교주·서해·평양도는 각
500人을, 경산에는 300人을 징발토록 하면서 피하려는 자는 군법으로 논죄
토록 하고 있다.[325] 여기서 일반 역부와 공장 및 승도의 처리가 달랐던 것
이 주목된다. 영전건축의 내용에서 보이는 공장은 신역의 담당자이기 때문
이겠지만, 승도 역시 일반민과 달리 취급되고 있었다. 또 전함제작의 역도
로 징발될 때도 피하려는 경우 군법으로 논죄할 정도로 엄하게 취급되고

---

321) 『高麗史』 권85, 刑法2 禁令 恭愍王 5년 6월에 "下敎 鄕·驛吏及公私奴隷 規逃賦役
　　擅自爲僧 戶口日蹙 自今非受度牒者 毋得私剃". 당시 향리·역리·공사노예가 賦役
　　을 피해 출가하는 경향이 심하여 날로 호구가 줄어 들므로 도첩을 받은 자 외에는
　　출가하지 못하도록 금지령을 내리고 있다.
322) 일찍부터 향·부곡·진·역·양계 州鎭의 거주민 등 특정 역을 지는 사람은 승려
　　가 될 수 없도록 규정하고 있었다(『高麗史』 권85, 刑法2 禁令). 그리하여 신역담당
　　자의 출가가 심하자 도첩을 받지 않고는 마음대로 출가하지 못하도록 규정을 정하
　　고(『高麗史』 권85, 刑法2 禁令 恭愍王 5년 6월), 이미 출가한 자는 환속시켜 본래의
　　역을 부담하도록 하였다(『高麗史節要』 권27, 恭愍王 10년 5월).
323) 『高麗史』 권5, 世家 顯宗 20년 6월 병진.
324) 『高麗史』 권41, 世家 恭愍王 16년 4월 병인.
325) 『高麗史』 권81, 兵1 兵制 禑王 3년 3월.

있다.

 하지만 이상과 같이 승도를 역에 동원하고 있는 것은 원칙적인 것이 아니고 이례적인 일이었다. 비록 '居家傭僧'이라 할지라도 官役에 차정시키지 말도록 한 것은[326] 이를 반영하고 있다. 불교에 대한 통제가 가해졌던 조선에서도 『經國大典』兵典 復戶條에 '무릇 사찰은 공부 외에는 復役'하도록 한 바와 같이 공부는 부과하지만, 토목공사와 관련된 요역은 계속 면제되고 있었던 것이다.

 마지막으로 노비의 요역부담에 대해 검토해 보기로 하겠다. 노비는 사노비와 공노비로 대별되며, 사노비는 솔거노비와 독립된 호를 구성해서 살아가는 외거노비로, 공노비는 供役奴婢와 외거노비로 나누어진다.[327] 우선 고려시기 사노비의 요역 부담부터 살펴보면, 다음의 기록이 주목된다.

> 나<21> 양반노비는 그 주인의 役이 따로 있으므로, 옛부터 公役과 雜斂이 없었다. 지금 양민이 勢家로 다 들어가 官役을 부담하지 못하자, 도리어 양반노비로 하여금 양민의 역을 대신케 하는데 지금부터는 일체 금하도록 하라(『高麗史』 권85, 刑法2 奴婢 忠烈王 24년 정월)

 양반노비는 公役과 雜斂이 없었는데 지금 양민의 역을 대신케 하니, 일체 금지하라는 것이다. 즉 양반노비는 원칙적으로 요역의 부담이 없는데도 불구하고, 양민이 모두 권세가에게 투탁함으로써 실제로는 노비가 요역을 부담하고 있음을 보여 주고 있다. 여기서의 양반노비가 요역에 동원되었던 것은 나<20>에서와 같이 양반에게 부과된 역을 대신한 사례는 아닐 것이다. 왜냐하면 본래 양반에게 부과된 요역은 양반에게 직접 執役케 하는데

---

326) 『高麗史』 권33, 世家 忠烈王 24년 5월 계사, "敎 僧人旣已出家 固當上不拜君王 下不拜父母 況其餘乎 自今僧俗相拜者 重論如法 雖居家傭僧 勿差官役".
327) 洪承基, 『高麗貴族社會와 奴婢』, 一潮閣, 1983.

목적이 있는 것이 아니라, 役價를 받거나(나 <19>)[328] 노비로 代役케 하는 것이(나 <20>) 본래의 목적이었기 때문이다. 또 이 때의 양반노비는 科斂의 방편으로 징수하던 品從의 수단도 아니다. 왜냐하면 나 <21>의 조처가 내려진 충렬왕 24년 정월은 바로 충선왕이 즉위한 시점인데다, 충선왕 원년 3월에 2宮을 重新하면서 품종을 징발하고 있기 때문이다. 어쩌면 나 <21>에 대한 기사는 이 조처 자체가 시기상 충선왕이 즉위하여 내린 시혜책으로 짐작되기도 한다.

한편 나 <21>에서 보이는 양반노비의 범주에 대해서는 2가지 견해가 있다. 하나는 양반집에 率居하는 사노비로 파악하여 솔거사노비는 요역이 면제된 것으로 이해하고 있다. 따라서 사노비 가운데 외거사노비는 요역을 부담한 것으로 보고 있다.[329] 다른 하나는 솔거노비와 외거노비 모두를 포함시켜 보는 견해이다. 그리하여 고려시기는 독립된 호를 구성하는 외거노비일지라도 양반노비는 요역이 면제된 것으로 파악하고 있다.[330] 사노비 가운데 솔거노비와 외거노비의 비율은 고려전기의 경우 솔거노비의 비중이 컸던 것으로 추정되는 만큼,[331] 필자의 견해로도 전기의 경우에는 외거노비에 대한 요역부과는 없었던 것으로 보는 것이 타당할 것으로 생각된다.

본래 사노비일지라도 외거노비는 주인의 호적에 부적되어 있기도 하지만, 솔거노비와는 달리 별도로 현재의 거주지에도 호적이 있을 정도로[332] 어느 정도 국가로부터의 파악대상이기도 하였다. 그런데도 이들이 요역부과의 대상이 아니었던 것은 나 <21>에서 지적하고 있듯이 公役과 雜斂은 원칙적으로 양민이 져야하는 부담, 즉 良人役이라는 시각때문인 것으로 이

---

328) 현직품관에게 요역을 부과한 본래의 목적은 役價를 징수하는 것이므로 양반의 공무와 관련시킬 필요가 없는 것을 지적한 바 있다(李惠玉, 앞의 논문, 1994, pp.217~218).

329) 姜晉哲, 앞의 책, 1980, p.302.

330) 洪承基, 앞의 책, 1983, p.106.

331) 洪承基, 앞의 책, 1983, pp.132~133.

332) 洪承基, 앞의 책, 1983, pp.233~251.

해된다.

　이러한 점을 좀더 구체적으로 살펴보도록 하자. 상인의 경우를 보면, 상인은 역역도 없고 稅錢도 없으므로 농민이나 공장에 비해 불공평하다고 한 공양왕대의 기록이 있다.[333] 상인의 요역부담이 고려전기부터 면제되고 있었던 것도 이와 무관하지 않은 것 같다. 상인은 工·樂人과 더불어 비록 공이 있더라도 賜物에 그치고 입사는 못하도록 금지되었던 점으로 미루어,[334] 이들은 비슷한 처지의 신분이었을 것이다.[335]

　이 외에 공상인과는 구별되긴 하지만, 역시 천민으로 柳器製造·倡優 등에 종사했던 楊水尺이 있다. 고려말에는 양수척이 왜구로 가장하여 노략질을 자주 하자, 이들을 정착시켜 요역을 부과하기도 했다.[336] 하지만 양수척은 본래 貫籍과 賦役이 없다[337]고 한 바와 같이 요역의 대상에서 제외되어 있었는데, 이는 요역이 良人役이라는 시각 때문이었다.

　고려전기 양반노비 가운데 외거노비는 요역의 부담이 없었지만, 후기에 이르면서 노동력 부족의 심화와 더불어 점차 역사에 동원되는 경우가 생기게 되는 것 같다. 이를테면 고려후기 이래 사노비에 대해서도 군량미를 징수하거나,[338] 烟戶軍에 편성하는[339] 등 외거사노비에 대한 직접적인 수취

---

333) 『高麗史』 권79, 食貨2 市估 恭讓王 3년 3월, "……竊觀本朝　農則履畝而稅　工則勞於公室　商則旣無力役又無稅錢　願自今其紗羅段絹子綿布等　皆用官印　隨其輕重長短　遂一收稅"

334) 『高麗史』 권75, 選擧3 限職 睿宗 16년 6월에 "判 工商樂人之子 雖有功 只賜物 禁仕路"라 하고 있다. 공장과 상인은 『高麗史』 권75, 選擧3 限職 文宗 27년 정월, "有司奏 按令典 工商家執技事上 專其業 不得入仕與士齒"에서 보듯이 技藝로서 임금을 섬기는 것이므로 所業에 전념할 뿐, 입사해서는 안된다고 하고 있다.

335) 입사자체가 금지된 것은 천인신분인 노비와 이에 준하는 공장, 상인, 樂人이라 하여 이들의 신분을 천인에 준하는 신분으로 파악하고 있다(朴宗基, 앞의 책, 1990, pp.35～37).

336) 『高麗史節要』 권31, 辛禑 8년 4월, "西海道按廉使李茂 獻所獲水尺三十餘人……分置水尺于諸州 比平民差役".

337) 『高麗史』 권129, 列傳42, 叛逆3 崔忠獻, "初 李至榮爲朔州分道將軍 楊水尺多居興化雲中道 至榮謂曰 汝等本無賦役 可屬吾妓紫雲仙 遂籍其名 徵貢不已".

가 현저해지는 것과 같은 맥락일 것이다. 나<21>에서 외거사노비가 양인의 역을 대신한다는 내용을 보이고 있는 것도, 이와 같은 변화와 연관된 것이 아닌가 한다. 고려말의 이러한 변화를 바탕으로 조선초 양반의 외거노비에게 요역이 부과되기 시작한다. 이를테면 諸君·勢家의 외거노비에게 요역을 부과하지 않는 수령은 죄를 주도록 한 사례[340]는 양반노비가 요역의 대상으로 파악되어 있음을 알려주고 있다. 외거노비가 요역을 부담하게 되는 것은 단순히 노동력 부족을 타개하려는 수단의 의미만 있는 것은 아니다. 이러한 변화는 고려후기 이래 노비의 사회경제적 지위의 향상[341]과도 관련되어 있을 것이다.

다음은 공노비의 경우를 살펴보기로 하자. 공노비 가운데 供役奴婢는 낮기는 하지만 급료를 받으면서 해당관청에서 잡역을 수행하고 있었다.[342] 이에 비해 외거노비는 급료가 없는 대신 耕田納稅를 하는 존재였다.[343] 공

---

338) 본래 사노비는 요역 외에 잡렴의 의무도 없다고 했지만, 후기에는 사노비가 公課를 부담하는 사례(『高麗史』 권79, 食貨2 科斂 忠烈王 15년 2월)와 궤를 같이 하는 것으로 생각된다.

339) 『高麗史』 권81, 兵1 兵制 禑王 4년 12월, "以兩班·百姓·才人·禾尺爲軍人 人吏·驛子·官寺倉庫宮司奴·私奴爲烟戶軍".

340) 『世宗實錄』 권57, 世宗 14년 7월 임신, "敎旨 諸君勢家奴隷 散居外方者 各官守令 未得差役 因此 賦役不均 實爲未便 上項各處奴隷 竝令差役 如有抗拒者 論罪 守令不差役者 竝治其罪". 노예 가운데 散居外方者는 양반노예 가운데 솔거하지 않은 노예를 의미하므로, 외거노비로 보아도 무리가 없을 것이다. 수령이 세력가의 노예이므로 차역시키지 못한 까닭으로 인해, 부역이 고르지 못하다고 한 점으로 미루어 이 때의 역은 노비에 대한 요역징발로 볼 수 있다. 왜냐하면 사노비의 신역은 주인에 대해서만 의무가 있기 때문에, 국가에서 부과하는 역은 요역 외에는 달리 부담이 없을 것이기 때문이다.

341) 고려후기 노비의 사회경제적 역할과 지위의 변화에 대해서는 洪承基, 앞의 책, 1983, 6장 참조.

342) 『高麗史』 권80, 食貨3 祿俸 雜別賜 文宗 30년, "八石 御前侍女 左右番件班中禁…… 四石 御前侍婢老奴 二石 進房燈燭小奴小親侍". 여기서의 내용에 의하면 양인출신인 어전시녀가 8석인데 비해, 노비인 어전시비가 받는 급료는 이의 절반이긴 하지만 4석을 받고 있다.

343) 『高麗史』 권93, 列傳6 崔承老, "太祖除內屬奴婢在宮供役外 出居外郊 耕田納稅 至光

역노비는 관청에서 잡역을 수행하면서 관아에 있는 관리들의 직접적인 부림을 받을 정도로 예속성이 강하다는 점에서 솔거노비와 가까운 점이 있다. 그러면서도 독자적으로 생계를 유지해 갔다는 점에서는 외거노비의 존재와 유사하다.[344] 공역노비는 관청에 예속되어 있으므로 자유로운 시간을 가지기 어려웠지만, 노비라는 신분적 특성상 업무 외에, 무상의 노동력 수취를 제공하는 일은 흔히 있었을 것이다. 외거노비 역시 세를 납부하는 외에 국가에서 역사가 있으면 당연히 노동력을 제공했을 것이다. 그러나 공노비의 노동력 수취가 일반민과 같은 요역수취인지, 아니면 노비가 지는 신역의 측면으로 이해해야 하는지 의문의 여지가 있다. 고려에서 官役은 궁극적으로 양인의 부담이라고 지적한 바와 같이(나 <19>), 노비에게 노동력을 수취하는 것은 신역의 차원에서 파악되었던 것 같다. 필자의 과문 탓인지 몰라도, 조선조와 달리 노비의 노동력 수취에 대한 언급이 고려사에 전혀 없는 것도 이런 배경 때문이 아닐까 생각된다.

그런데 고려후기 이래 외거사노비에 대한 公課와 역의 수취가 강화되는 것과 더불어 공노비에게도 이러한 경향이 두드러지게 된다. 우왕대 군량미가 부족하자 백성과 마찬가지로 공사노비에게도 호의 대소에 따라 징수하고 있는 것은 이런 점에서 주목된다.[345] 여기서의 공사노비가 호를 구성하고 있는 점으로 미루어 외거노비임을 알 수 있다. 이와 같이 고려후기 공노비에 대해서도 백성과 마찬가지로 군량미를 수취하고 있는 것은, 노비의 생산력 증대가 어느 정도 이루어질 수 있었던 경제적 상황을 반영하고 있다.

이러한 변화를 바탕으로 고려시기 요역부담자가 아니던 공노비가 조선조에 이르러 公役의 대상자로 파악되는 것으로 짐작된다. 조선조 성종대 무릇 公役이 있으면 모두 公賤과 양민이 담당하고 私賤에게까지 미치지 못

宗多作佛事 役事日繁 乃徵在外奴婢以充役使 內宮之分 不足支給 幷費倉米……”.
344) 洪承基, 앞의 책, 1983, pp.117~118.
345) 『高麗史』 권82, 兵2 屯田 辛禑 2년 9월, “宰樞議曰 近因軍征 軍糧缺乏……百姓公私奴 卽量其戶之大小 徵之”.

하니, 양민과 공천이 지탱할 수 없어 모두 도망가버린다는 것은[346] 이를
반영하고 있다. 여기서의 公役은 양민이 함께 담당하는 것으로 미루어, 요
역 외의 다른 역은 생각하기 어렵다. 또 鏡城官奴 連伊가 손가락을 잘라 아
버지의 병을 고치자 효녀라는 이유로 復戶한 사례[347]도 이를 방증하고 있
다. 즉 연이가 14세의 여자이므로 요역의 대상은 아니었던 만큼, 復戶한 대
상은 연이의 아버지였을 것이다.

그러면 고려에서 요역이 부과되지 않던 외거노비가 조선왕조의 성립과
더불어 요역의 대상자로 파악된 것은 무엇때문일까. 이것은 고려후기 노비
의 사회경제적 지위가 높아진 것[348]을 배경으로 하고 있다. 고려후기가 되
면서 솔거노비와 공역노비가 외거노비로 전화되어 외거노비의 비중이 크
게 증대되는데, 외거노비의 사회경제적 지위가 가장 높았던 만큼 이러한
사실은 노비의 전체적인 사회경제적 지위의 향상을 의미하는 것이다.[349]
12세기를 전후로 양인의 유망이 증가하면서 유력자에 대한 투탁현상도 증
대되었다. 이들 가운데 상당수는 양인전호인 處干이 되기도 했지만,[350] 공
노비·사노비·사원노비가 되는 사람도 많았다.[351] 양인의 신분으로 노비
가 될 각오를 하면서도 투탁을 한다는 것은 양인의 경제적 열악성을 반영
함과 동시에, 한편으로는 외거노비의 사회경제적 처지가 양인전호에 비교

---

346) 『成宗實錄』 권91, 成宗 9년 4월 기해, "凡有公役 皆有公賤·良民當之 不及於私賤 良
　　民·公賤不能支 率多逃遁".
347) 『世宗實錄』 권105, 世宗 26년 윤7월 을유, "鏡城官奴連伊年十四 其父患急疾 卽斷手
　　指 作末以進 請蠲其徭役 旌門復戶".
348) 洪承基, 앞의 책, 1983, pp.191~201.
349) 외거사노비의 경제적 처지는 金永寬의 奴인 平亮 및 王元之의 농경노비나(『高麗
　　史』 권20, 世家 明宗 18년 5월 계축), 李穡의 농경노비들처럼 경제적 여력이 있는
　　사람들도 있었다(洪承基, 앞의 책, 1983, pp.263~269). 따라서 고려후기 외거노비의
　　경제적 처지는 양인전호와 대동소이한 것으로 이해할 수 있다.
350) 『高麗史』 권28, 世家 忠烈王 4년 7월 을유.
351) 『三峯集』 권7, 朝鮮經國典 上 版籍, "前朝之季 不知制民之産 休養失其道 而生齒不息
　　安集無其方 而或死於飢寒 戶口日就於耗損 其有見存者 不勝賦役之煩 折而入於豪富
　　之家 托於權要之勢……而其爲公私寺院之奴婢者 亦不在其數焉".

될 정도로 나아진 양면성을 동시에 생각할 수 있다.

마지막으로 면역규정에 대해 간단히 살펴보기로 하면, 원칙적으로 면역자를 제정한 경우와, 군현을 대상으로 임시적 면역조처를 취하는 두 가지 경우가 있었다. 그런데 조선조에서는 경국대전에 復戶의 규정이 제도적으로 마련되어 있었던 것과 달리, 고려에서는 이러한 제도적인 규정이 보이지 않는다. 따라서 사료상 보이는 사례를 중심으로 추적해 볼 수밖에 없다. 우선 신분적인 면역대상자는 앞에서 검토해 보았으므로 이를 제외하고 살펴보면, 고려시기 역의 부담자는 원칙적으로 정남을 대상으로 하였던 만큼, 여자는 면제대상이었다. 또 고려전기 9등호제의 시행을 감안하면 單丁이 면제되었음을 짐작할 수 있다. 후기의 경우에도 단정을 사역시키는 것은 丙申年(공민왕 5년)이래 이미 금지되어 있다고 한 내용으로 미루어[352] 면제되는 것이 원칙이었다.

또 앞서 살펴 본 나 <6>의 기사에 의하면 孝子, 順孫, 義父, 節婦라 하여 요역을 면제시킨 바 있었다. 중병환자의 경우를 보면 당에서는 篤疾·廢疾·殘疾의 3단계로 나누어 독질과 폐질은 면제시키고 있다. 이에 반해 잔질에 대한 역부담에 대해서는 명확한 규정이 없어 역이 면제되었다는 견해와, 20일 정도의 역을 부담하되 주로 가벼운 노동에 사역시키는 배려가 있었던 것으로 보는 견해로 나누어져 있다.[353] 고려에서는 80세 이상의 노인과 篤疾·廢疾者처럼 自存할 수 없는 자에게는 侍丁을 지급하되 그 시정에게는 요역을 면제토록 하였다.[354] 이로 미루어 篤疾·廢疾者는 물론 이들을 돌보는 시정에게도 요역이 면제되었음을 알 수 있다. 한편 충렬왕대는

---

352)『高麗史』권84, 刑法1 戶婚 恭愍王 20년 12월.

353) 자세한 것은 古賀登, 앞의 논문, 1986, pp.188~190 참조. 古賀登은 小요역(지방적인 역)은 잡요와 雜使로 구분하여, 잡사는 중남과 잔질이 부담할 수 있는 가벼운 노동으로 추측하고 있다.

354)『高麗史』권80, 食貨3 賑恤 鰥寡孤獨賑貸之制 忠烈王 34년 11월, “下教……八十以上·篤疾·廢疾不能自存者 隨其所望 勿論親疏 許─免役護養”.

鷹坊에 소속한 민호에게 요역을 면제시키고,355) 공민왕대 이르러서는 守陵戶도 요역의 면제대상이 되고 있다.356)

　주현단위의 면역조처는 주로 홍수나 가뭄으로 인한 자연피해를 입었을 때 가장 많이 나타나며, 해당 주현에 1년 또는 2년의 역을 감면해 주고 있다.357) 이와 같은 자연재해 외에도, 홍왕사를 영조하기 위해 德水縣을 이전하니 男負女載했다 하여 면제한다든지,358) 義州・姜界・泥城 등이 나라의 藩屛이라 하여 면제하는359) 등 특별한 일을 당했을 때는 역시 역을 면제해 주거나 감면시켜주고 있다.

　지금까지 요역의 부과대상을 검토하기 위해 일반민의 요역 부담형태, 신분적인 차원에서의 면역대상자라는 두 가지 측면에서 살펴보았다. 고려시기 군현제는 일반군현과 부곡제지역으로 나누어져 있었다. 요역은 일반민을 주 대상자로 하지만 부곡민도 예외없이 요역이 부과되고 있었다. 그러나 부곡제민 가운데 소, 驛 등에 거주하는 민의 요역은 일반 군현민의 요역부담과 달리 특정 형태의 역으로 부과되고 있었다.

　신분적 측면에서의 면역대상은 양반이 있었다. 그러나 양반이 고려 전시기에 걸쳐 면역대상이 된 것은 아니었다. 우선 6품 이상의 양반가족은 12세기 전반대 고려사회의 정치적 변동 속에서 역의 대상자로 파악되었다. 또 13세기 초에는 현직품관에게도 역의 징발이 강화되고 있다. 하지만 양반에 대한 요역부과는 役價를 부담하거나 노비로 대역시키는 등 일반민과 다른 방안으로 운영되고 있었다. 이러한 방식은 양반의 경제적 능력을 고려한 것이며, 동시에 양반으로서의 직무를 수행하는 데도 지장이 없는 방식이었다. 고려전기 이래로 현직품관에게는 과렴의 형태인 品從으로써 역

---

355)『高麗史』 권99 列傳12 崔文本.
356)『高麗史』 권39, 世家 恭愍王 5년 6월.
357)『高麗史』 권80, 食貨3 賑恤 災免之制.
358)『高麗史』 권80, 食貨3 賑恤 恩免之制 文宗 10년 11월.
359)『高麗史』 권80, 食貨3 賑恤 恩免之制 恭讓王 2년 9월.

을 부담시켰지만, 후기에는 품종 외에도 역의 대상으로 파악함으로써 징발을 강화하고 있다.

이와 더불어 직역담당자인 향리층도 지위의 하락과 더불어 말단층의 향리는 직접 신역을 부담하지 않는 경우 역사에 동원되었을 것이다. 후기에 이르러 향리가 공사노예와 더불어 부역을 피하기 위해 도피할 수밖에 없었던 것은 잡다한 역에 동원되었던 사정에 기인할 것이다. 다만 이들의 잡역부담은 일반민과 달리 향역의 일환으로 파악된다.

한편 공장·상인·양수척·노비 등의 천류신분층이 요역의 대상자로 파악되지 않고 있었다. 이는 고려시기 요역은 양인이 부담하는 양인의 역으로 인식하던 지배층의 시각에서 비롯된 것으로 생각된다. 사실 공장은 일반민과 더불어 역사에서 절대적 비중을 차지하면서도 일반민과 달리 처우되고 있었던 것이다. 그러나 고려후기 역제변화가 일어나면서 양인의 역이라는 요역의 개념도 변화하였다.

본래 고려전기의 역제는 군인·기인·향리 등 직역을 부담하는 丁戶와 요역을 부담하는 白丁戶가 있었으며, 직역 외에 국가에서 필요로 하는 다양한 역은 雜尺[360]으로 지칭되는 부곡제 지역을 통해 충당하고 있었다. 그러나 고려후기에는 직역담당자에게 토지를 지급하던 원칙이 무너지면서 정호와 백정의 경제적 차별성이 사라지게 되었다. 또 다른 한편에서는 12세기를 전후로 부곡민의 유망과 저항으로 인해 부곡제가 해체되어 가면서 부곡민의 지위상승이 일어났다. 이와 같은 상황을 배경으로 종래 민의 내부에서 구별되었던 정호, 백정, 잡척 등이라는 차별성이 소멸되면서 보편적인 권리·의무체계가 수립되어 갔다. 그 결과 정호와 백정, 잡척의 차별성이 사라지면서 양인이면 누구나 국가에 대해 직역을 부담하게 되었다.[361]

---

360) 부곡제민의 요역부담에서 살펴 본 바와 같이 ‘高麗式目形止案’에는 防禦軍과 白丁軍 외에 ‘잡척’이라는 항목을 따로 두고 있다. 이를테면 잡척의 항목에 所丁, 津江丁, 部曲丁, 驛丁을 기록한 점으로 미루어, 부곡제하의 민이 일반민과 달리 잡척으로 인식되어 있음을 알 수 있다.

종래 신역이 부과되지 않던 퇴직관인이나 종친이 恭愍王대 군역을 지게
된 것이라든지,[362] 翼軍의 구성원에 私奴까지 포함되는 등 신역이 무차별
적으로 부과되고[363] 있었던 것은 의무의 보편화 현상을 보여 주고 있다.
또 앞에서 살펴 본 고려후기의 역제변동을 바탕으로 조선초가 되면 공장이
나 노비 등도 요역대상으로 파악되게 된다. 또 요역면제의 특권이 왕족과
왕후의 친척이라도 疎遠한 호는 復戶의 대상에서 제외되게 되었다. 이제
요역은 고려시기와 달리 특별히 복호의 대상에서 제외된 경우가 아니면,
위로는 왕족에서부터 아래로는 노비에 이르기까지 신분의 고하를 막론하
고 부과하게 되는 특징을[364] 지니게 되었다.

이상에서 호등제와의 연관을 통해 요역의 부과방식을 살펴 본 후 신분
에 따른 요역의 부담형태가 어떠했는지에 대해 살펴보았다.

고려전기 노동력의 징발은 계수관이 일정한 정도의 관여를 하고 있지만,
중앙에서 州縣에 직접 연결되고 있었다. 주현에서는 일차적으로 수령이나
사심관이 調役을 담당하였는데, 직할촌·속현·부곡제 지역 등에 따라 역
의 불균형이 표출되고 있었다. 개별민호에 대한 요역부과는 인정다과에 의
한 9등호제를 매개로 실현되고 있었다. 고려전기 9등호제는 나말여초의 사
회변동을 배경으로 신라 9등호제의 분화가 일어나면서 성립되었다. 신라
사회에서 일부의 직역을 포함하여 세제전반의 기준이 되었던 9등호제는,

---

361) 고려후기 이러한 역제 변화에 대한 시각은 劉承源, 앞의 책(1987), pp.168~173 및
오일순, 앞의 논문(1993), pp.60~70에서도 지적한 바 있다.

362) 『高麗史』 권81, 兵1 五軍 恭愍王 7년 7월에 "都評議使奏 前衛三品以下 各以坊里點數
有變卽四面都監官員 先以一里一人 率領赴防 從之"라 하여 전함 3품이하는 點考의
대상이 되고 있다.

363) 이것은 비록 1년만에 폐지되긴 했지만 『高麗史』 권81, 兵1 兵制 禑王 4년 12월에
조직된 翼軍의 경우 才人·禾尺, 人吏, 驛子, 官寺·倉庫·宮司奴 외에 私奴까지 징
발된 사례에서 신역의 무차별성을 짐작할 수 있다. 여말선초로 전환되는 과정에서
양인의 의무가 보편화되고, 신역이 무차별적으로 부과된다는 것은 劉承源, 앞의
책(1987), pp.140~149 참조.

364) 尹用出, 앞의 논문(1982), pp.7~8.

고려에서 전조가 결부수에 의해 수취되고, 직역체계와 요역체계가 분화되면서 요역징발의 기능만을 가지는 호등제로 나타났다. 그 기준이 되는 호는 6丁을 소유하는 호였으며, 이에 미달하는 호는 친속관계에 있는 인근의 호와 묶어 인정을 내도록 했다.

　고려에서의 요역은 일반 군현민을 주 대상자로 하지만, 부곡제 지역의 주민도 요역부담의 형태는 다르지만 요역의 대상자로 파악되고 있었다. 일반민이 주현군의 군역을 부담할 경우, 전기에는 요역이 면제되었지만, 후기에는 비번의 주현군에게는 요역이 부과되고 있었다. 면역대상이 되는 신분층은 고려전기의 경우 양반가족 및 현직품관, 직역담당자, 공장·상인·양수척·노비 등의 천류신분층이었다. 12세기 이후 양반가족에게 역이 부과되고, 13세기 초 품관에게도 역이 부과되는 등 요역의 징발이 강화되고 있다. 조선초에 요역의 개념이 신분의 고하를 막론하고 부과되는 특징을 가지게 된 것은 고려후기 역제변동에 기인하고 있다.

Ⅳ. 徭役制의 變化

　세제의 수취는 정치·경제·사회적 제분야와 밀접한 관련을 지니고 운영
되는 만큼, 12세기를 전후하여 그 세목이나 수취기준 및 수취형태 등도 변화
하고 있다. 이를테면 사회경제적 모순으로 야기된 재정확보와 민의 부담경
감을 위해 재정관서가 개편되고, 상요·잡공, 柴炭貢·鹽稅布, 職稅·船稅·
魚梁稅 등의 세목이 부과되고 있다. 이와 아울러 고려전기 이래 양전 단위,
수취 단위, 토지 분급단위로 기능하였던 전정의 운영방식이 달라지는 등 세
제수취의 제도적 변화가 수반되었다.[1] 본장에서는 고려 후기 세제변화에 대
한 전반적인 것은 고찰의 대상으로 삼지 않고, 요역제의 변화와 밀접한 관계
가 있는 부분에 한정하여 살펴보기로 하겠다. 다음에서 살펴 볼 세 가지 내
용은 요역제의 변화가 가장 잘 드러날 수 있는 과제이기 때문이다.

　첫째, 고려후기 세제변화의 하나로 그간 연구자들 사이에 주목하여 왔던
상요·잡공에 대한 문제를 살펴보기로 하겠다. 앞에서 누차 언급한 바와
같이 현물세의 수취는 그 대부분이 노동력의 직접징발이라는 형태를 취하
고 있었기 때문에, 요역제의 운영은 이들 현물세와 상호불가분의 관계에

---

1) 고려후기 세제전반에 대한 것은 朴鍾進, 『高麗時代賦稅制度硏究』, 서울대학교 박사학
　위논문, 1993, pp.137~182 참조.

있다. 그러므로 상요·잡공의 실체를 검토해 보는 것은 이와 긴밀하게 연결되어 있는 요역제와 세제변화의 해명에 일조가 될 것이다.

둘째, 고려전기 인정을 기준으로 부과하던 9등호제는 12세기를 전후로 전개되었던 군현체제의 변질이나 생산력의 발전 등과 궤를 같이 하여 점차 그 기능을 상실하여 갔을 것임이 예견된다. 노동력의 징발이 인정과세인가 토지과세인가 하는 문제는 해당사회의 역사적 위상을 파악하는 단서가 될 수 있다는 점에서 중요한 문제이다. 단적으로 말하자면 조선 태조대부터 토지를 대상으로 노동력의 징발이 이루어진 기반은 고려후기 이래의 변화에 기인한 것으로 이해된다. 이런 관점에서 요역징발에서 나타나는 수취기준의 변화에 대해 살펴보겠다.

셋째, 요역징발에서 나타나는 수취기준의 변모는 필연적으로 赴役實態의 변화와도 상호관련하여 전개될 것이다. 노동력의 직접징발이던 형태에서 역의 物納이나 雇立현상이 나타나는 것은 고려후기의 사회경제적 발달단계를 가늠할 수 있는 측면에서 주목되는 현상이다. 요역노동 가운데 노동력 그 자체를 가장 순수하게 수취하는 형태는 토목공사이다. 따라서 토목공사의 부역실태를 통해 역의 물납제와 고립현상을 검토해 볼 것이다.

1. 세제변화와 常徭·雜貢

고려후기 세제변화의 하나로 그간 연구자들 사이에 주목되었던 것 가운데 하나가 상요·잡공에 대한 문제였다. 상요·잡공의 품목을 어떻게 인식하는가 하는 것은 고려시기 세제의 기본세목을 어떻게 설정하는가 하는 문제와 직결되어 있다. 고려전기 현물세의 수취는 국가적인 측면에서는 현물세의 형태지만, 민의 입장에서는 그 대부분이 노동력의 직접징발이라는 형태를 취하고 있었다. 앞에서도 살펴 본 바와 같이 요역종목 가운데 순수하게 노동력 자체를 수취하는 토목공사와 관련된 役事를 제외하고는, 현물세의 징수와 관련된 노동력의 징발이었다. 본 절에서 상요·잡공과 관련하여 검토하고자 하는 목적도, 상요·잡공의 품목이나 등장배경 등이 고려후기 요역제 운영의 변화를 예견할 수 있는 단서가 되기 때문이다. 이런 점을 염두에 두고 우선 상요·잡공에 대한 기존의 연구가 어떠한지 잠시 살펴본 후, 상요·잡공의 내용이 무엇인지 그 등장배경과 아울러 변화방향까지 검토해 보기로 하겠다.

상요·잡공에 대한 실체를 규명하기 위해서는 먼저 기존의 연구에 대한 검토가 선행되어야 한다. 상요·잡공에 대한 기존의 연구를 살펴보기 위해서는, 이에 대해 구체적 내용을 알려주는 유일한 사료인 鄭道傳의『三峯集』권13,「朝鮮經國典」賦稅條를 주목할 필요가 있다. 이 기사의 내용은 앞으로 서술하고자 하는 내용에 중요한 참고가 되므로 관련된 부분을 인용하면 다음과 같다.

> 가<1> 국가의 부세법은 租는 토지에 대해 내고, 상요·잡공은 그 지역의 소출에 따라 관부에 납부하니 대개 당의 조·용·조를 모방한 것이다. (중략) 그러나 租는 토지의 開荒을 조사하여 소출의 수효를 계산할 수 있지만, 상요·잡공은 다만 관부에서 바치는 액수만을 정해 놓았을 뿐, 호에서 무슨 물건을 내는 것이 調가 되며, 身에 대해서 무슨 물건을 내는 것이 용이라는 것을 분명히 말하지 않고 있다. 그리하여 관리들은 이런 약점을 이용하여 함부로 수탈하므로, 민은 더욱 곤궁해지고 豪富들은 곳곳으로 피해 국가의 재용은 도리어 부족해졌다.

상요·잡공에 대한 최초의 연구로는 정도전이 상요·잡공을 용·조에 대비시킨 점을 그대로 받아들인 今堀誠二의 견해가 있다.[2] 상요·잡공의 내용에 대한 구체적 설명은 없지만 3세=조, 상요=용, 잡공=조로 파악하는

---

2) 今堀誠二,「高麗賦役考藪」『社會經濟史學』9권-345호, 1939.

것이 핵심이다. 이 견해의 가장 큰 약점은 3세를 조에 한정시켜 본 것인데, 3세는 사료상 분명히 조·용·조를 모두 포함하고 있으므로3) 기존의 연구자들이 다 비판하고 있는 바이다. 今掘誠二를 제외한 지금까지의 상요·잡공에 대한 기존의 연구를 정리해 보면 다음과 같이 된다.

<표 - 1> 상요·잡공에 대한 기존의 견해4)

	고 려 전 기	고 려 후 기
① 강 진 철	3세(조,포,역)	공부 ; 상요(공역을 매개로 생산되는 물품) 잡공(개별적인 노동으로 가능한 공물
② 김 재 명	조세(조, 포)	공물 ; 약재 요역 ; 正役(중앙적인 요역) 잡공 상요(지방적인 요역)
③ 이 혜 옥	3세 ; 조	3세, 상요, 잡공 포 ; 토산물 대납 →잡공ㄱ 실질적 역 ; 토산물 대납 →상요ㅢ 병과
④ 박 종 진	3세(조,포,역)	3세, 상요, 잡공(부가 현물세)
⑤ 이 정 희	3세(조,포,역), 공부	3세, 공물 ㄱ상요(공역의 대납) └잡공(개별적인 노동에 의한 공물)

우선 ①, ②, ⑤에서의 공통점은 상요·잡공을 공부와 관련시켜 이해하는 것이다. 그 중요한 근거의 하나가 사료상에 나타나고 있는 요공을 상요·잡공의 약칭으로 본 것이다. 예컨대 "여러 州·府·郡·縣이 작년에 받지 못한 세·상요·잡공은 올해의 요공과 함께 모두 면제하라"는 忠宣王

---

3) 『高麗史節要』 권20 忠烈王 4년 7월, "哈伯 謂康守衡 趙仁規曰 …… 皆曰 罷處干 委以賦役 可也 處干 耕人之田 歸租其主 庸調於官 卽佃戶也 時權貴 多聚民 謂之處干 以逋三稅 其弊尤重".

4) 표는 견해가 상통되는 측면을 참작하여 정리하였다. 姜晋哲,「農民의 負擔」『高麗土地制度史研究』, 高大出版部, 1980, pp.281~284 ; 金載名,『高麗 稅役制度史 研究』, 한국정신문화원박사학위논문, 1994, pp.125~148 ; 李惠玉,『高麗時代 稅制研究』, 이화여자대학교 박사학위논문, 1985 ; 朴鍾進,『高麗時代 賦稅制度 研究』, 서울대학교 박사학위논문, 1993, pp.50~54 ; 李貞熙,「高麗後期 徭役收取의 實態와 變化」『釜大史學』9, 1985, pp.172~183.

24년의 기사5)가 그것이다. 하지만 이들 견해는 요공을 상요·잡공의 약칭으로 보는 부분은 동일하지만, 상요·잡공의 출현에 큰 의미를 부여하는 입장과 그렇지 않은 경우로 중요한 차이가 난다.

즉 ①과 ②의 견해는 요공의 용례가 고려전기부터 존재했던 만큼,6) 상요·잡공의 등장에 별다른 의미나 변화를 고려하고 있지 않다. 이에 비해 ⑤의 견해는 요공의 용례가 전기에도 있었지만, 특히 후기에 집중적으로 나타나므로 고려후기 세제 변화의 한 징표로써 강조하고 있다. 본래 수취체제는 그 시기의 정치·경제·사회와 유기적 관련을 지니고 있다. 상요·잡공의 용례가 후기에 집중적으로 나타나고 있는 데도 불구하고, 전·후기에 따른 세제 변화가 간과되고 있는 점이 ①과 ②의 큰 취약점이라 할 수 있겠다.

한편 요공을 상요·잡공의 약칭으로 이해한 결과 ①, ②, ⑤는 상요·잡공을 공물의 구성요소로 파악하였다. 상요에 대한 기록은 전혀 없지만, 잡공과 관련된 기사는 (조선초의 것이긴 하지만) 다소 있으므로 이를 통하여 유추하여 왔다(②·⑤).7) 그런데 忠肅王 원년 정월의 기사는 잡공이 과연 공물의 구성요소인가 하는 것을 재검토하도록 하고 있다. 이를테면 현재의 田口로 다시 공부를 정하여 民流野荒한 것은 올해에 한해 면제하고, 그 외의 잡공도 상정하여 덜되 더하지는 말라8) 하고 있다. 따라서 필자 역시 상

---

5) 『高麗史』 권80, 食貨3 賑恤 忠宣王 24년 정월.

6) 『高麗史』 권80, 食貨3 賑恤 獻宗 원년.

7) 『世宗實錄』 권56, 世宗 14년 6월 병진에 의하면 "각 道에서 바치는 공물을 살펴보니 경기는 他道에 비해 잡공이 매우 많다"라 하여, 잡공을 공물로 표현하고 있다. 이 외에 잡공이 공물의 품목임을 알려주는 조선초의 사례로는 李貞熙, 앞의 논문(1985), pp.7∼8이 있다. 그런데 본문에서 언급하고 있는 ①, ②, ⑤가 상요·잡공을 공물의 구성요소로 보고 있긴 하지만, 다소의 차이도 있다. 이를테면 金載名은 잡공만을 공물로 파악하고, 상요는 지방적인 요역으로 이해하고 있다.

8) 『高麗史』 권78, 食貨1 貢賦 忠肅王 원년 정월, "忠宣王諭田民計定使曰……宜以見在田口 更定貢賦 民流野荒者 限年蠲免 其餘雜貢 亦宜詳定 有減無加". 이에 대해 필자는 종래에 "현재의 田口로 다시 공부를 정하여 民流野荒한 것은 금년에 한해 면제하고, 그렇

요·잡공을 ④의 견해와 같이 고려후기에 부가되는 현물세로 이해하고자 한다.

한편 ③의 핵심은 상요·잡공이 각각 身과 戶에서 현물을 낸 것으로 파악함으로써 상요·잡공을 각기 용과 조의 절납으로 이해하였다. 그리하여 현물을 낸다는 점에 주목하여 상요·잡공을 부가세로 보기도 하였고, 때로는 요역의 물납인 庸이라고 한 용례에 주목하여 요역과 調(포)의 대납으로 이해하기도 하는 등 견해가 자주 바뀌어 왔다.[9] 그러나 상요·잡공이 역과 포의 대납을 위한 현물세라는 견해는 조선 태조 원년(1392)의 기사를 살펴보면 모순이 있음을 알수 있다. 이 기록은 잡공과 관련된 중요한 사료이므로 인용해 보면 다음과 같다.

> 가 <2> 戶布를 징수한 것은 잡공을 면제하기 위해서인데, 前朝말에는 호포를 바치고 있는데 또 잡공을 징수하여 민폐가 되고 있으니, 지금부터 호포는 모두 면제하소서(『太祖實錄』 권1, 太祖 원년 7월 정미).

즉 잡공을 면제하기 위해 호포를 부과하고 있는데 만일 잡공을 포의 대납을 위한 현물세로 한다면, 調布 → 잡공 → 호포의 결과가 되어 버린다. 이런 점을 보완하여 가 <1>의 내용을 근거로 최근에는 상요·잡공은 용·조에 해당하는 세목이되 각각 身과 戶를 매개로 하여 토지소출로 납부하던 현물세로 파악하고 있다.[10]

______

지 않은 경우의 잡공도 덜되 더하지 말 것"으로 해석하였다. 말하자면 '其餘雜貢'의 해석에서 차이가 생긴 것으로, '其餘'를 민이 유망하고 땅이 황폐하지 않은 경우로 이해하였던 것이다. 지금은 '其餘'를 공부를 제외한 잡공으로 해석하는 것이 옳은 것으로 생각하므로 이전의 견해를 수정하게 되었다.

9) 李惠玉은 부가 현물세(「高麗時代 貢賦制의 一研究」『韓國史研究』31, 1980)에서, 역과 포의 대납(「高麗時代 三稅制에 대한 一研究」『梨大史苑』15·16, 1982)으로, 또 부가 현물세(「高麗時代 傭役制 研究」『梨大史學研究』15, 1984)로 이해하였다가 다시 역과 포의 대납(앞의 논문, 1985)으로 바뀌었다.

그런데 토지소출로 납부한다는 부분을 보다 구체적으로 알기 위해서 가 <1>의 원사료를 인용할 필요가 있다. 예컨대 "租則一出於田 而所謂常徭雜貢者 隨其地所出"이라 하고 있다. 여기서 조의 과세대상인 田과 상요·잡공이 나오는 地는 구별되어 사용되고 있다. 따라서 地는 단순히 토지의 소출이 아니라 '그 지역의 땅에서 생산되는'의 의미일 것이다. 정도전이 당의 조용조의 유제라고 한 바와 같이 '其調 隨鄕土所産'[11]으로 해석된다. 가 <1> 가운데 나타나는 위의 사료 부분은 상요·잡공의 품목을 이해하는데 중요한 부분으로 주목된다.

마지막으로 상요·잡공이 고려후기 국가의 재정적 차원(주로 元과의 관계)에서 부과된 현물세로 보는 견해를 살펴보면(④), 상요·잡공과 마찬가지로 현물세인 공물과의 관련은 어떤 것인가 하는 의문점이 생긴다. 상요·잡공을 부가하는 등장배경이 고려후기 공물의 수요가 증가된 때문이라면, 그 문제는 공물을 증액시켜 해결할 수도 있었던 것이 아닐까. 주지하다시피 공물은 액수가 정해진 常貢과 수시로 징수할 수 있는 別貢이 있었는데 별공의 형태로 징수하면 되지 굳이 상요·잡공이라는 현물세를 또 부가할 필요는 없었을 것이다. 공물이나 상요·잡공이 다 현물세라는 점을 염두에 둔다면 상요·잡공의 등장배경은, 고려후기 공물제도의 운영과 깊은 관련이 있을 것으로 생각한다.

이상에서 살펴 본 기존의 연구결과를 염두에 두고, 상요·잡공의 내용에 대해 살펴보도록 하자. 상요·잡공이 고려사에 최초로 나타나는 것은 高宗 13년의 기사이다. 즉 "전라도의 기근이 심하므로 甲申年(高宗 11년) 이후의 3세 상요·잡공은 감면해 주도록 하라"[12]고 하고 있다. 이 기사의 내용으로 미루어 상요·잡공은 적어도 高宗 11년 이전에는 이미 존재하고 있었음을

---

10) 李惠玉,「고려후기 수취체제의 변화」『14세기 고려의 정치와 사회』, 민음사, 1994, p.203.
11) 『舊唐書』 권48, 志8 食貨 上 賦役令 武德 7년.
12) 『高麗史』 권80, 食貨3 賑恤 高宗 13년.

알 수 있겠다. 그러면 상요·잡공이 나타나게 되는 배경 및 실체는 무엇이며, 상요·잡공의 변화방향은 어떤지 차례로 살펴보겠다.

우선 상요·잡공이 나타나게 되는 배경은 앞에서도 지적한 바와 같이 공물과의 관련을 통해 검토해 보려고 한다. 고려시기 공물은 각종 수공업 제품의 생산에 전업적으로 종사하던 소민과, 일반 군현민의 물품생산에 의해 조달되었다. 일반군현민이 부담하는 공물과 소민이 부담하던 생산물의 품목은 일치되는 것도 상당수 되지만, 기술적인 능력이 요구되는 물품생산은 소민에게 부과되었고 일반군현민이 부담하는 공물은 原材料·半製品의 형태로 상납되어 京匠人에 의해 가공되었다.13)

일반군현민의 공물은 광종 즉위년(950)에 공물의 액수가 정해지고 있다.14) 그러한 공물 가운데 弓의 제작에 없어서는 않되는 재료가 牛皮·筋·角이었다. 예컨대 1弓의 제작에는 牛角·牛皮도 물론이지만, 筋의 경우도 牛馬 3~4頭분이 필요했다.15) 이와 같이 弓의 제작에 필요한 소의 가죽·힘줄·뿔 등은 군현민이 매년 부담하는 常貢이었는데 文宗 20년(1066)부터는 포로 대납하도록 하고 있다16)(사료 가 <3>).

군현민이 부담하던 공물 가운데 일부 품목들에 공물의 절가대납이 가능했던 배경은 무엇일까. 이에 대해 각 군현이 부담하는 歲貢額 가운데 현지 생산이 불가능한 물품이 있었기 때문이라는 견해가 있다. 소의 생산물에 대한 효과적인 수취를 가능케 하기 위한 보완적인 조치로 대납을 허용하고 있다는 것이다.17) 그러나 이러한 요소도 부분적으로 있겠지만, 보다 중요한 것은 고려중기 이래로 전개되어 갔던 사회경제적 배경을 들 수 있을 것

---

13) 姜晋哲, 앞의 책, 1980, pp.269~270 ; 朴宗基, 『高麗時代 部曲制研究』, 서울대학교출판부, 1990, p.75.
14) 『高麗史』 권78, 食貨1 貢賦 光宗 즉위년.
15) 姜晋哲, 앞의 책, 1980, p.269.
16) 『高麗史』 권78, 食貨1 貢賦 文宗 20년 6월.
17) 朴宗基, 위의 책, 1990, p.157.

이다.

왜냐하면 공물의 대납은 절가대납한 공물을 구입할 수 있을 정도로 민간생산과 유통경제의 발달이 전제되어 있어야 한다. 이러한 여건을 구비하지 못한 상태에서는 공물의 징수가 현물세의 직접 징수로 나타날 수밖에 없기 때문이다. 그렇다면 문종대 부분적이나마 공물의 절가대납을 허용하고 있는 것은 그렇게 해도 상관없을 정도의 조건이 마련되어 가고 있음을 시사하고 있다. 예종 9년(1114)에 모든 직물류의 공물까지 대납화되고 있는 실정은 이런 점에서 주목된다. 즉 貢中布 1필은 平布 1필 15척으로, 貢紵布 1필은 平布 2필로, 貢綿紬 1필은 平布 2필로 折價代納토록 규정되고 있다[18](사료 가 <4>). 직물류의 생산에서 麻布였던 平布로의 절가대납이 허용되고 있는 것은 공부제 자체의 질적 발전임과 동시에, 마직생산에 있어 항상적 잉여가 존재했음을 입증하는 것이다.

12세기 전후로 전개되었던 공물의 절가대납은 농민경영의 항상적 잉여를 기반으로 하고 있지만, 동시에 공물의 절가대납은 또 민간생산의 발달을 촉진시킴으로서 공물의 대납화를 확산시키는 역할을 했을 것이다. 13세기에 이르러 공물을 대납하는 청부자까지 등장하고 있는 실정은 이런 맥락에서 이해해야 할 것이다. 이 시기 공물대납업자는 諸司官吏, 謀利之人, 貨殖之徒, 郡人住京者 등으로 지칭되고 있었다.[19] 이들은 지방의 공물을 미리 바친 후 나중에 민으로부터 그 대가의 배를 받기도 하고, 심지어는 2·3년 내지 4·5년치의 공물을 미리 징수하기도 하였다.[20] 이는 당시 공물대납자가 자신의 물건으로 대납 업무를 수행할 수 있도록 물품을 미리 수집 비축

---

18)『高麗史』권78, 食貨1 貢賦 睿宗 9년 10월.

19)『高麗史』권84, 刑法1 職制 忠烈王 22년 5월 ;『高麗史』권78, 食貨1 貢賦 忠肅王 後8년 5월 ; 같은 책, 恭愍王 원년 2월. 고려후기 공물대납과 관련된 연구로는 金東哲, 「고려말의 流通構造와 상인」『釜大史學』9, 1985, pp.4~7 ; 朴鍾進, 앞의 학위논문, 1993, pp.177~179 참조.

20)『高麗史』권78, 食貨1 貢賦 恭愍王 원년 2월.

할 수 있는 여건이 갖추어져 있었음을 반영하고 있다. 忠烈王 22년(1296)에 豪勢之家가 민간의 細布·綾·羅·葦席 등을 강제로 구입하여 민폐가 된다[21]는 예도 이런 사실을 설명해 주고 있다. 강제로 구입하는 형태이긴 하지만 어쨌든 민간생산의 잉여가 존재했음을 보여 주고 있다. 이들 물품 가운데 細布도 숙련된 기술이 필요했지만, 특히 綾·羅 등의 고급견직물은 고려전기까지만 해도 중앙이나 지방의 관청수공업에서 생산하던 것이었다.[22] 그러던 것을 고려후기에는 민간에서 구입할 정도로 민간생산이 질적 양적으로 성장하고 있었던 것이다.

이와 같이 공물을 대납했던 현상과 병행하여 고려후기 현물세의 수요가 증대되자 실질적인 내용에 있어서는 현물세를 부가할 수밖에 없는 결과를 초래하였다. 이에 대해 역과 상요, 포와 잡공이 병과되고 있다는 연구[23]가 나온 바도 있다. 그러나 상요·잡공이 병과된다 하더라도 어떤 세목과 병과되느냐 하는 것은, 상요·잡공의 내용이 무엇인가에 따라 달라질 수밖에 없다. 이 점에 대해서는 상요·잡공의 내용을 설명하면서 후술할 것이다. 어쨌든 고려후기 현물세의 수요가 증대되어 상요·잡공이 부가되었던 원인을 살펴보면 고려전기 전업적으로 물품을 생산하던 '所'제도의 붕괴와, 고려후기 對元관계로 인해 증대된 공물의 수요, 그리고 고려후기 농장의 확대와 병행하여 수취부담자가 감소하게 된 점 등을 지적할 수 있겠다.

고려전기 수공업은 크게 관청수공업, 소수공업, 농촌의 가내수공업으로 나누어져 서로 유기적으로 연결되어 있었다. 이 시기는 상품경제의 발달이 미약했던 만큼 관청수공업은 원료를 구입한 것이 아니라, 소민이나 일반농민으로부터 '공물'이라는 경제외적 강제를 통해 조달하고 있었다.[24] 이미

---

21) 『高麗史』 권84, 刑法1 職制 忠烈王 22년 5월.
22) 홍희유, 『조선중세수공업사연구』, 과학백과사전출판사, 1979, p.93 ; 魏恩淑, 『高麗後期 農業經濟研究』, 혜안, 1998, p.189.
23) 李惠玉, 앞의 학위논문, 1993 pp.201~203.
24) 홍희유, 앞의 책, 1979, p.109 ; 魏恩淑, 앞의 책, 1998, p.184.

연구된 바와 같이 소는 군현체제의 일환으로 매년 일정액의 공물을 부담하였다. 그러나 왕조성립 이후 계속된 전쟁, 국가 행정기구의 비대화, 복잡한 대외관계의 전개는 금·은·철·동 등 특히 소의 생산물에 대한 수요를 크게 증대시킨 결과가 되어 소민에 대한 수탈이 과중되었다.[25] 예종대에 이미 경기주현의 유망현상 가운데 소의 유망이 훨씬 심각했던 현상이 나타나고 있었다.[26] 그 뿐만 아니라 소는 군현제 지배상 일반군현에 비해 국가의 간접적인 지배를 받는 특성 때문에 구조적으로도 수탈이 용이한 지역이었다. 그리하여 12세기 이래 소의 해체가 본격화되어 갔다. 소제도의 붕괴와 더불어 관청수공업도 붕괴되면서 종래 이들에 소속되었던 匠人들이 민간생산에 참여하면서 민간수공업의 발전을 가져 왔다.[27] 또 역으로 민간생산의 발달은 소제도에 대한 필요성을 감소시킴으로써 소제도의 해체가 촉진되었을 것이다.

이와 같이 고려중기 이후 소의 해체가 본격화되기 시작하면 종래 소에서 생산되던 물품은 일반 군현의 주민을 동원하여 수취하는 방식으로 변모되어 가게 된다.[28] 忠烈王 15년(1289)에는 각 군현의 호에서 은·모시·가죽·비단·기름·꿀 등을 징수하고 있는데,[29] 이 중에서 일부는 종래 소에서 생산되는 품목도 있었을 것이다. 이들 물품 중에서 은·가죽·비단 등

---

25) 朴宗基, 앞의 책(1990), pp.187~188. 소민의 부담 중에서 銀과 銅의 수탈이 심했던 것은 특히 대외교역과 깊은 관계가 있다는 지적이 있었다(李泰鎭, 「韓國社會經濟史 硏究의 現況과 課題」『제30회 전국역사학대회 발표요지』). 즉 대외교역에서 당시 中國銀의 서방유출과 연계된 동아시아 경제권의 교역내용과 중국의 회폐정책에 규정되어 고려의 수출품 중에서 은·동의 비중이 높았다고 한다. 고려의 수출품 중에서 국내산물의 내용이 국가의 수취체제와 거의 일치한다는(蔡雄錫, 「高麗前期 貨幣流通 經濟의 기반」『韓國文化』 9, 1988) 점을 감안한다면 주목되는 견해이다.
26) 『高麗史』 권78, 食貨1 貢賦 睿宗 3년 2월.
27) 고려시대의 수공업은 관청수공업과 소수공업이 지배적인 형태였는데, 이들의 발달로 도시나 농촌의 민간수공업은 그 발달이 저해된 것으로 파악하고 있다(姜萬吉, 「手工業」『한국사』 5, 1975, pp.89~192).
28) 朴宗基, 앞의 책, 1990, p.192에서도 지적한 있다.
29) 『高麗史』 권79, 食貨2 科斂 忠烈王 15년 3월.

은 재료를 마련하고 가공하는 데 적합한 자연조건이나 특별한 기술이 필요했을 것이므로, 종래에는 주로 소에 부과되었다고 보아진다. 또 忠宣王 원년(1309)에 鹽 전매제를 시행하면서 鹽 생산자인 鹽戶를 일반군현민으로 충당30)하고 있는 것도 이와 같은 예를 반영하는 하는 것이다. 결국 소의 붕괴는 민간수공업의 성장과 궤를 같이 하는 것이긴 하지만, 위의 사례에서도 볼 수 있는 것처럼 한편으로 소민의 부담은 일반군현민의 부담으로 되어 그 결과 새로운 현물세의 부가로 나타났다.

한편 13세기 후반부터 원간섭기가 전개되면서 원의 빈번한 공물요구를 받게 된다. 그리하여 고려는 賀正使나 聖節使·千秋使 등 각종 入貢使臣을 파견하여 歲貢·歲幣·方物 등으로 표현되는 공물을 바치고 있다. 이때 고려정부는 황제와 황태자비를 비롯한 황족들은 물론이지만, 심지어 國贐·盤纏이라 하여 원의 재상들에게도 선물을 바치는 것이 상례였다. 그 주된 품목으로는 금·은·동·철 등의 광산물, 도자기·종이·화문석·龍席·黃漆 등의 각종 수공업제품, 비단·각종 苧布類·皮貨 등의 직물류, 곡물·인삼·乾魚·乾脯·牛肉·鷹·鶻·동물가죽 등과 같은 곡물 및 동물류였다.31) 이들 공물은 문무백관으로부터 징수하기도 했지만, 빈궁한 백성에게까지 布·銀·熊皮·虎皮 등을 거두었다는 忠肅王 1년의 기사32)에서 짐작되듯이 농민의 부담이 되었다.

원에 부담하는 공물의 양도 막대했지만 더욱 폐단을 가중시킨 것은 징수과정에서 공물의 절반가량은 內僚의 수중에 들어 간 때문이었다.33) 뿐만 아니라 수송상의 어려움도 커서 중간에 유실되는 손해가 막심했다.34) 또

---

30) 『高麗史』 권79, 食貨2 鹽法 忠宣王 원년 2월.
31) 張東翼, 『高麗後期外交史硏究』, 一潮閣, 1994, pp.133~135.
32) 『高麗史』 권34, 世家 忠肅王 1년 1월 갑진, “外則 貧窮百姓 斂以布銀之物 及諸熊虎之
    皮 然或半落於內姦 又將北上 以中廢”.
33) 주 32)의 내용과 같음. 이 외 『高麗史』 권29, 世家 忠烈王 7년 2월 경인에도 入元비
    용으로 마련된 금·은·細紵 등이 內僚의 농간으로 嬖幸들에게 나누어지고 있었다.
34) 주 32)의 내용과 같음. 특히 중간에 유실되는 양이 막대했다. 충렬왕 15년 요양에

당시 공물의 수요가 급증했던 것은 원으로부터의 요구 외에도 왕실의 **親朝**
비용과 관련된 **盤纏** 때문이기도 하였다.[35] 고려왕실의 친조는 충렬왕대 그
횟수가 많아졌는데, 충렬왕은 재위기간 중 11번이나 왕래하여 거기에 막대
한 비용이 소요되었다. 예를 들면 충렬왕 10년 4월에 왕과 공주 및 세자가
원나라에 가는데 **扈從臣僚**가 1,200여명이었고, 은 630여근·**紵布** 2,440여
필·**楮幣** 1,800여필을 가져가고 있다.[36] 또 왕의 **在元**기간도 몇 개월씩 되
는데다가 왕 외에 왕자와 조신들도 자주 **入元**함으로써 소용되는 비용이 얼
마나 엄청났는지는『**高麗史**』권79, **食貨**2 **科斂條**의 기사가 거의 이 시기에
집중되어 있는 데서 짐작할 수 있다.

　이와 같이 급증하는 현물세의 조달을 위해 백관으로부터 현물세를 징수
하는 과렴의 사례가 두드러지게 나타나 백관의 품계에 따라 **品米**·**品馬**·
品銀·**品布** 등 각종 품목을 징수하고 있다. 원간섭기에는 특히 품은과 품
포의 징수가 두드러진다. 일찍이 고려에서는 노동력이 부족할 때도 **品從**이
라 하여 品의 **高下**에 따라 **役夫**를 내는 예가 빈번했다.[37] 하지만 이는 민의
부담이 과중하기 때문에 나타나는 현상으로써 어디까지나 보조적인 수단
이었다. 그런 만큼 원간섭기에 나타나는 현물세의 상당부분은 결국 일반군
현민의 부담으로 돌아갔을 것이다.

　이 외에도 공물을 부담하는 민의 수가 전기에 비해 상대적으로 감소되
었을 것이라는 점을 지적할 수 있겠다. 이는 고려 중기이래 확대되어 갔던
농장의 발달과 더불어 진행된 민의 유망현상에 기인하고 있다. 농장의 발
달은 무인집권기 하에서 무인들과 그 족당들 및 일부 토호나 승려에 의해

　　쌀 64,000석을 수송하느라 선박 483척이 동원되었는데 이 중 선박의 파손이 44척,
　　유실이 9척으로 쌀의 침몰이 5,305석이나 되었다(『**高麗史**』권30, **忠烈王** 15년 9월 을
　　축).

35) 朴鍾進,「忠宣王代의 財政改革策과 그 性格」『韓國史論』9, 1983, pp.65～67.
36)『高麗史』권29, 世家 忠烈王 10년 4월 경인.
37) 본서 Ⅲ장 2절 참고.

진행되었다가, 원간섭기에는 더욱 본격화되어 官人은 물론 왕·왕실·국가 권력기관 및 內僚·附元輩까지 그 주체로 등장하였다.[38] 이에 수반하여 권세가의 탈점에 의해, 때로는 賜牌占田 혹은 개간이 활발하게 진행된 1270년 이후부터는 投托의 방법[39] 등으로 민이 私門에 집중되어 갔다. 이들은 충렬왕대 남의 토지를 경작하여 租는 그 주인에게 바치고, 庸·調는 관에 바치는 전호적 존재인 處干이 되었다. 그러나 실질적으로는 權貴들이 처간의 조·용·조 모두를 포탈하여[40] 고려정부의 재정에 큰 피해가 되었다. 이처럼 3세를 모두 포탈하는 처간이 증가하여 국가에서 파악할 수 있는 公民이 줄어들게 되면, 이를 보충하기 위한 방법으로 현물세의 부가가 필요하게 된다.

마지막으로 고려사회가 도달하고 있던 생산수준 내지 유통경제의 수준에 대한 문제도 생각해 볼 수 있다. 고려중기 이래 공물의 절가대납이 국가에서 공인되어 갔고, 또 다른 한편으로 불법적인 방식을 통해서라도 대납이 확산되어 갔다 하더라도 조선후기와 같이 완전히 布納化가 시행되는 단계로 이행되지 못한 점이 이를 입증하고 있다. 요컨대 마포로써 국가에 필요한 모든 물품을 구입할 수 있는 생산수준에 도달하지는 못하고 있었던 것이다. 고려국가에서 필요한 물품을 아직도 백관에게 과렴이라는 형태로, 혹은 민으로부터 직접적인 현물을 징수할 수밖에 없었던 실정에서 단적으로 드러난다. 고려시기 몇 차례 화폐유통을 실현하려 한 적도 있었지만, 끝내 화폐가 유통되지 못하고 현물세의 직접 수취가 강하게 남아 있을 수밖에 없었던 것이다. 이와 같이 국가에서 필요한 물품을 조달하는데 제약을 받는 요소가 있게 되면 이를 충족시키기 위한 방안으로 새로운 현물세를 부가하게 될 것이다.

---

38) 宋炳基, 「高麗時代의 農莊」『韓國史研究』3, 1969, pp.3~4.
39) 宋炳基, 「農莊의 發達」『한국사』8, 1975, p.80.
40)『高麗史節要』권20, 忠烈王 4년 7월.

이처럼 고려중기 이래 공물의 절가대납이 확산되어 갔던 상황과 수반하여 현물세를 부가해야 하는 역사적 상황이 전개됨으로써 상요·잡공이 부과되었다. 그러면 이상의 배경을 기반으로 부가된 상요·잡공의 내용은 구체적으로 어떤 것일까. 이에 대해서 가<1>의 내용을 다시 음미해 볼 필요가 있다. 왜냐하면 가<1>의 내용은 상요·잡공의 실체를 구체적으로 설명하고 있는 유일한 기록이기 때문이다. 뿐만 아니라 시기상으로 보더라도 鄭道傳은 공민왕 11년(1362)부터 과거에 급제하여 활동하고 있었던 만큼 가<1>의 사료적 가치는 뛰어나다.

우선 그 내용 가운데 '상요·잡공의 품목에 대해 지방관청에서 납부해야 하는 수량만을 정해 놓았을 뿐 구체적인 품목에 대해서 정해놓지 않았으므로 수탈의 소지가 있다'고 하였다. 이는 상요·잡공의 징수가 개별민호에게 부과되던 調가 아니라, 지방관청을 대상으로 한 점에서 공물과 관련되어 있음을 짐작케 한다. 따라서 공물의 성격을 통해 상요·잡공의 품목을 유추해 보기로 하겠다.

앞에서 살펴 본 바와 같이 공물은 국가에서 지방관청을 대상으로 수취할 때는 현물세의 형태를 취하고 있지만, 군현에서 개별민호에 부과할 때는 그 상당부분을 노동력의 징발인 「貢役」의 형태로 수취하고 있었다. 상요의 의미는 문자 그대로 「常時徭役」의 뜻으로 해석되므로 노동력의 징발과 밀접한 연관이 있을 것이다. 요컨대 상요는 노동력을 매개로 조달되는 품목임을 상정할 수 있다. 가<1>에서 상요를 「有身卽出謀物」이라 한 것도 이런 점에서 주목되는 바가 있다. 왜 정도전이 身을 대상으로 현물세를 내는 것으로 표현하고 있을까. 이는 상요가 노동력 징발을 매개로 징수되는 품목으로 인식하고 있던 까닭에, 호를 매개로 하는 잡공과 구별하고 있는 것이다.

이에 비해 잡공은 그 문자적인 의미에서 살펴보면 「잡다한 공물」의 뜻으로 해석할 수 있겠다. 이를테면 忠穆王 즉위년에 李齊賢이 "지난번에 강제로 거둔 포를 다음해의 잡공으로 충당할 것"[41]을 건의한 내용에서 포가 잡공의 품목임을 알 수 있다. 또 昌王대에는 尹紹宗 등이 "林堅味 일당의 재산을 잡공에 충당토록 상소"[42]하고 있다. 여기서 임견미 일당의 재산을 충당하도록 한 것은 적어도 잡공이 노동력의 직접징발이 아님은 분명해진 다. 이들 기사의 내용으로 미루어 보면 잡공은 포를 비롯하여 잡다하게 바 치는 물품으로 정리될 수 있겠다. 게다가 가<1>의 사료에서 잡공을 「有戶 卽出謀物」이라 한 점도 이를 뒷받침하고 있다. 단적으로 정도전은 상요의 인신수취와 달리 잡공은 호를 대상으로 수취하는 현물세로 파악하고 있는 것이다.

공물의 품목은 노동력 자체를 징발하여 수취해야 하는 품목도 상당수 있는 반면에, 개별적인 민호의 노력으로 가능한 물품도 존재하고 있었다. 다시 말하면 공물의 모든 품목이 노동력 그 자체를 징발함으로써 조달되는 것이 아니었던 것이다. 그렇다면 잡공은 공물을 구성하는 품목 가운데 개 별민호의 노동으로 조달될 수 있던 물품이 아니었을까. 정도전이 상요와 잡공의 품목을 군이 구분하여 파악하고 있는 것은, 이처럼 상요와 잡공의 수취가 동일한 현물세이면서도 身과 戶라는 과세대상으로 구별할 수 있는 요소가 있었기 때문이 아닐까 한다.

그러면 고려후기에 부가된 상요·잡공은 조선왕조가 성립되면서 어떻 게 변모하고 있는지 살펴보도록 하자. 우선 상정할 수 있는 것은 고려에서 조선왕조로 이행하는 과정에서 공물의 내용이 달라질 것이라는 점을 예상 할 수 있다. 그 배경은 다음의 두 가지로 요약할 수 있겠다.

첫째, 고려전기 공물의 주요한 부담자였던 「소」제도가 15세기에 이르면 완전히 해체하게 된다는 점이다. 그렇게 되면 조선초의 군현민이 부담하던 공물의 품목도 당연히 고려시기와는 차이가 날 것이다. 예컨대 고려시기

---

41) 『高麗史』 권110, 列傳23 李齊賢.
42) 『高麗史』 권126, 列傳39 李仁任.

절가대납토록 했던 牛皮·牛角 등이(사료 가 <3>), 조선조에는 잡공의 품목이 되고 있다.[43] 또 고려에서는 「炭所」나,[44] 驛의 중요한 부담이던 柴炭貢[45]이 조선초의 경우 京畿民戶의 중요한 잡공이 되고 있다.[46] 그러나 본래 고려의 경우 각 驛의 柴炭貢에 대한 용례는 상요·잡공과 병렬되어 나타나는 등, 잡공과 구분되는 품목이었다. 이 외에도 조선초의 잡공에 대한 품목으로는 馬草·材木·油蜜·厚紙·華席·脯脩 등이 있다.[47] 이 가운데 厚紙의 경우는 고려시기에 「紙所」가 있었던 점으로 미루어 상당수가 소의 공물이었다.

다음 두번째로 들 수 있는 것은 새 왕조의 성립과 더불어 세제개혁이 단행되었던 점과 결부된다. 요역의 경우를 살펴보면, 요역징발의 기준이 太祖대부터 우여곡절을 겪다가 世宗대는 計田法으로 확립되고 있다.[48] 조선초에 요역징발의 수취기준이 計定法과 計田法 또 이 둘의 절충법 등으로 여러차례 개정되었던 것은, 고려후기 수취기준의 불합리를 시정하여 정부의 재정을 확보하려는 의도와 함께 민의 부담을 덜기 위한 시책이었다. 이러한 것은 공부(공물)의 경우도 마찬가지여서 태조 원년(1392) 10월에 貢賦詳定都監을 설치하여 공물을 詳定하도록 하고 있다. 당시 개혁의 방향은 前朝의 제도적 폐단을 제거하고, 토지의 산물에 의거하여 공부의 等第를 정하되 납부할 액수를 減量하는 것이었다.[49]

따라서 우선 前朝의 폐단을 제거하는 일환으로 고려후기 수탈의 부조리

---

43)『世宗實錄地理志』慶尙道 p.96.

44) 고려시대 소의 종류 가운데는 炭所가 존재했던 것은『新增東國輿地勝覽』권7, 京畿道 驪州牧 古蹟 登神莊에 나타나 있다.

45)『高麗史』권80, 食貨3 賑恤 忠烈王 24년 1월, “一.入朝過行西海道 三稅大貢外 常徭雜貢及各驛柴炭貢 限今年全除”. 이 외에 같은 책, 忠宣王復位 11월 및 恭愍王 12년 5월의 기사도 참고된다.

46)『太宗實錄』권1, 太宗 원년 정월 갑술.

47)『太宗實錄』권13 太宗 7년 정월 갑술 ;『世宗實錄』권23 世宗 6년 3월 갑진.

48) 이에 대해서는 본장의 2절 참조.

49)『太祖實錄』권2, 太祖 원년 10월 갑신.

로 민의 원성이 되었던, 橫斂·豫徵·加徵·공납청부 등의 사례50)들이 규제되었을 것이다. 또 공부의 납부액을 감량하는 조처로서 민에게 여러가지로 부가되는 결과가 되었던(사료 가 <2>), 調布·공부·호포·상요·잡공 등의 현물세에 대해서도 대폭적인 손질을 가했을 것이다. 이 때 개혁의 방향은 고려후기 폐단으로 작용했던 절가대납 대신에 현물의 수취였던 것 같다(사료 가 <2>). 즉 잡공을 면제하는 대가로 징수한 호포가, 결과적으로 잡공과 병과되는 현상을 보이자 호포를 폐지하고 잡공을 존속시키는 방안을 채택하고 있는 것이다.

이상에서 본 바와 같이 공물의 내용이나 성격에서 고려후기와 조선초가 달리 나타났을 뿐 아니라, 이와 관련하여 세제의 성격 역시 변화가 수반되고 있다. 고려전기 세제는 앞서 지적한 바와 같이 개별민호에 부과하던 조·포·역과 지방관청을 대상으로 하던 공물로 정리된다. 그러나 고려후기 공부제의 변화와 병행하여 포를 수취하던 조(調)의 본래 성격에 변화가 일게 되었다. 고려후기에는 공부제의 절가대납 뿐 아니라 잡공의 대납으로 호포가 등장하는 등 포의 징수가 다양한 형태로 나타나고 있다. 이런 현상과 더불어 이제 포의 징수는 굳이 調라는 수취를 통해 실현하지 않아도 되는 상태로 귀결되고 있었다.

아마도 이런 변화는 역시 조선초 공부제의 정비과정과 무관한 것이 아니라고 보아진다. 즉 조선왕조는 세제개혁의 차원에서 고려후기 공부의 절가대납을 기반으로 나타났던 품목들을 정리할 필요가 있었을 것이다. 그러한 시도는 종래 중복되게 존재했던, 포(調)·공부(貢布, 貢役, 토산물)·상요·잡공·호포 등의 현물세를 공부로 단일화하는 작업으로 귀착되었을 것이다. 이는 조선조에서 調가 공물과 같은 의미로 사용되고 있는 데서 입증된다. 조선왕조에 있어서 기본세목은 "有田卽有租 有身卽有役 有戶卽有貢物"51)이라 한 바와 같이 조세, 요역, 공물로 정리되고 있다. 그리고 공물

---

50) 李惠玉, 앞의 논문, 1980, p.86.

은 "有田卽有租 有戶卽有調"[52]라 하여 調와 동일한 의미로 사용되고 있다.

고려시기 조·포·역·공부로 정리되는 수취체제가 고려후기의 세제변화를 거치면서 조세, 공부, 요역의 체계로 성립되었던 것이다. 다시 말하면 고려시기 조·용·조 및 공물의 세제에서 조선조 조세·공물·요역으로 나타나면서 調와 공물이 동일한 것으로 인식되다가, 드디어 調의 용례마저 소멸되게 되었다. 이러한 것은 세제변화에서 중요한 의미가 있다. 요컨대 삼국시대 이래 인신적 색채가 가장 오래 존속되었던 調布의 수취가 신라통일기 이행과정에서 戶布의 수취가 되었다가, 조선왕조의 성립과 더불어 완전히 자취를 감추게 된 것이다. 調의 소멸은 고려후기 세제의 질적 변모를 바탕으로 한 산물이며, 다른 한편으로 이 시기 광범하게 전개되었던 농민층의 저항이 가져온 결실이 아니었을까 생각한다.

한편 조선초의 공부가 이런 기반을 배경으로 성립된 만큼, 고려후기 상요·잡공의 성격과 조선초의 성격은 당연히 구별될 수밖에 없다. 우선 조선초의 상요는 기록에 「상요」만으로는 나타나지는 않지만, 앞에서 언급한 적이 있는 「常時徭役」·「常例徭賦」 등이 상요와 같은 의미로 보여진다. 왜냐하면 이들 용례는 공물이 군현민의 노동력에 의해 조달되는 경우의 요역을 뜻하므로 고려후기 상요와 연결되기 때문이다.

다음으로 조선초의 잡공은 기록에 나타나는 품목들을 살펴보면 글자 그대로 잡다하게 바치는 공물이며, 잡공의 물품은 민의 개별노동으로 생산되는 것도 있지만 요역징발의 방식으로 납부되는 품목도 많다. 이런 점을 고려해 보면 잡공은 정부에서 군현에 부과하는 물품 그 자체를 강조할 때 사용되는 용례로서 상요보다 포괄적인 의미를 지닌, 즉 공물의 품목이 잡다하기 때문에 불리워진 용례가 되고 있다. 특히 조선에서의 요역의 용례가 役만을 지칭하는 것이 아니라 고려시기와 달리 요역에 의해 생산된 물품까지 아울러 뜻

---

51) 『世宗實錄』 권32, 世宗 8년 4월 신묘.
52) 『世宗實錄』 권42, 世宗 10년 12월 을해.

하는 사례가 많다는 점을 감안하면 더욱 그렇게 생각된다.[53] 결론적으로 말하자면 조선에서의 상요, 잡공은 고려에서와 같이 고유명사로서의 세목이 아니라 공물이 조달되는 성격을 지칭하는 보통명사로 바뀌게 되었으며,[54] 그 원인이 여말선초 세제변화에 기인하고 있음은 물론이다.

지금까지 고려후기 공부제의 절가대납을 배경으로 상요·잡공이 새로운 현물세로 부가되었으며, 조선왕조가 개창되고 세제개혁을 하게 되면 세목의 용례나 성격에 있어 고려후기와는 다른 변화가 수반되고 있음을 살펴보았다. 근래에 이르러 고려후기 공물의 대납과 고려후기 사회변동을 결부시켜 인식하는 경향이 늘고 있다.[55] 이는 바람직한 현상이라 할 수 있다. 왜냐하면 조선후기 대동법의 역사적 의의에만 초점을 두다 보면 자연히 공부제의 물납제＝방납의 폐단이라는 등식이 성립되기 때문이다. 또 다른 한편으로 공물의 대납 → 대동법이라는 식으로 지속적인 발전을 하게 된 것이 조선후기였던 만큼, 고려시기 공물의 대납화 현상은 과소평가될 수밖에 없었다. 그러나 고려사회에 있어서 공부제의 절가대납은 고려후기 사회경제적 변동과 상호관련하여 전개되었으므로 그 역사적 의의가 부각되어야 할 것으로 생각한다.

마지막으로 고려후기의 공부제의 대납이 조선초 현물세의 직접수취로 나타나게 되는 것은 사회발전의 논리로 볼 때 시대 역행적인 것인가에 대한 문제이다. 조선초 세제개혁의 방향이 현물세의 직접수취라든지, 역의 직접징발(2절에서 후술)로 나타난 것은, 공물의 절가대납으로 인한 실질적

---

53) 田川孝三, 『李朝貢納制の研究』, 東洋文庫, 1964. p.37, 주12) 참조.
54) 상요에 대한 것은 尹用出, 『조선후기의 요역제와 고용노동』, 서울대학교 출판부, 1998, p.22 참조. 한편 1994년 12월에 개최된 부산·경남역사연구소의 4회 연구발표회가 있었다. 여기서 토론자로 선정된 尹用出교수가 상요·잡공의 개념을 구체적인 세목으로 규정할 수 있는가에 대한 의문을 제기했던 점이 주목된다. 이는 상요·잡공의 개념이 고려후기와 달리 조선조에서는 공물의 성격을 의미하는 보통명사로 사용되고 있음을 단적으로 반영하고 있다.
55) 강진철, 앞의 논문, 1984, p.42 ; 김동철, 앞의 논문, 1985, pp.5~6.

병과현상이나 역의 물납제로 인한 역의 불균등과 같은 前朝의 폐단을 시정한 결과로 보아야 할 것이다.[56] 조선조에 들어와서도 세조대 공부의 대납을 공인했지만, 그 결과가 민에게 이중적 수탈이 되자 예종이 즉위하여 공부의 대납을 금지하였던 것[57]은 이를 입증하고 있다. 그러나 조선초 현물세의 직접수취나 역의 직접징발은 일시적인 현상일 뿐, 15세기 후반부터 전국적인 현상으로 전개되어 갔다. 이는 고려후기 이래 진행되었던 수취체제의 변화가 역사발전의 진전단계였음을 반영하고 있다.

2. 요역부과의 기준

고려전기 인정을 징발하는 기준은『高麗史』권84, 刑法1 戶婚條에서 "編戶 以人丁多寡 分爲九等 定其賦役"이라 한 바와 같이 인정의 다과에 의한 9등호제였다. 여기서의 부역은 세제전반을 의미하는 것은 아니고 노동력의 징발을 의미한다. 말하자면 고려전기 9등호제는 앞에서 살펴 본 바와 같이 외형상 신라의 9등호제를 계승하지만 실질상 그 기준이나 기능은 변모된 결과, 인정다과를 기준으로 편제되어 고려전기 요역징발의 근거가 되었다. 그러나 인정다과에 의한 9등호제는 충렬왕 17년(1291)부터 3등호제가 나타나고 있는[58] 점으로 미루어 늦어도 충렬왕 17년 이전 어느 시기부터 그 기능을 상실하게 되었던 것을 알 수 있다. 종래 인정과 토지의 결합을 기반으로 존재했던 정호층의 경제적 기반이 무너지면서 향촌사회에서

---

56) 공부의 절가대납에 대한 폐단은 본문의 사료 가<2>에서 보이는 병과현상 외에도 恭愍王 원년 2월(『高麗史』권78, 食貨1 貢賦) 등 고려사의 기록에 잘 나타나고 있다. 또 역의 물납제에 대한 것은 貢役의 경우 관리가 역가를 받고 공역을 면제해 줌으로써 역의 不均이 생기니 벌 주도록 한 데서도 짐작할 수 있다(『高麗史』권78, 食貨1 田制 貢賦 明宗 18년 3월).
57) 『睿宗實錄』권1, 睿宗 즉위년 10월 임인, "御書傳旨承政院·戶曹曰 代納甚有害於民 自今代納者 勿論功臣宗宰 卽置極刑 家産沒官……". 예종대 대납금지에 대해 자세한 것은 田川孝三, 위의 책, 1964, pp.497~505 참조.
58) 『高麗史』권80, 食貨3 賑恤 賑貸之制 충렬왕 17년 6월.

민의 계층구조가 해체되는 역제 변화가 수반되게 된다.

한편 9등호제나 3등호제와 같이 호를 같이 등급별로 편성할 때 호를 나누는 기준이 「人丁」을 대상으로 하는지 아니면 「土地」를 대상으로 하는지에 대한 문제는, 사회발전 단계라는 측면에서 매우 중요한 문제이다. 이는 단순히 수취기준의 변화라는 측면에서 뿐 아니라, 당시의 사회적 성격을 파악하는 단서가 되기 때문이다. 이러한 점에 주목하여 일찌기 "수탈양식을 시대구분의 근본적 기준으로 삼는 이유는 수탈관계가 생산관계를 규제하고 생산관계는 사회구성을 결정하기 때문"이라 하여 시대구분의 기준으로 삼았던 연구[59]도 있다. 이는 시대구분이라는 관점에서 볼 때, 또 수탈양식이 생산관계를 규제하는 것이 아니라 역으로 수취양식 자체가 생산력과 생산관계의 일차적 규제대상임을 감안해 보면, 수취양식을 시대구분의 기준으로 삼는 견해는 論議의 여지가 많다. 그러나 수취양식이 해당사회와 유기적 관련을 지니고 있는 만큼 당대의 사회적 성격을 이해하는 중요한 요소임은 분명하다.

지금까지의 연구결과에 따르면 호등제의 기준은, 신라의 9등호제를 답습한 고려전기는 물론이지만 3등호제가 시행된 고려후기까지 변함없이 인정의 다과로 이해된 바 있다.[60] 근래 고려후기 수취기준에 있어서 토지를 대상으로 부과되었을 것임을 시사하는 견해[61]도 나왔지만, 이는 공물의 징수에 대해서만 언급할 뿐이며 호등제에 대한 구체적 검토 위에서 이루어진 것도 아니었다. 그러므로 고려후기의 요역의 징발기준이 전기와 마찬가지로 人身課稅였는지 재검토해 볼 필요가 있다. 단 호등제와 관련한 수취기

---

59) 姜晉哲, 「韓國史의 時代區分에 대한 一試論」『震檀學報』 29・30, 1966, p.197. 그러나 근래에는 수취양식의 기능을 지나치게 중시하여 생산관계에 대한 규제작용까지 인정한 것은 잘못이라는 점을 밝히고 있다(「＜高麗李朝社會論의 問題點＞ 再檢討」『韓國史學論叢』 1987, p.426).

60) 姜晉哲, 앞의 책, 1980, p.293.

61) 朴鍾進, 앞의 논문, 1983, pp.77~78 ; 浜中昇, 「高麗의 歷史的位置에 대하여」『朝鮮學報』 21, 1983, pp.63~64.

준은 9등호제 자체가 요역의 징발기준인 만큼 요역의 징발체계와 관련된 것임을 염두에 두고 검토해 보기로 하겠다.

앞서도 지적한 바와 같이 수취양식은 해당시기의 사회경제적 배경과 불가분의 관련을 지니며 적용된다. 그런데 고려후기에는 다음과 같이 인정다과에 의거한 요역징발이 어려워지게 되는 여건이 전개되고 있었다.

첫째, 11세기 중엽부터 민의 유망현상이 확산되고 있었다. 이를테면 문종 원년(1047) 진주목사 崔復圭가 유리한 백성 13,000여 호를 안착시킬 정도였다.[62] 민의 유망현상은 유리하지 않고 남아있던 민에게 수취가 전가됨으로써 자연히 연쇄적인 유망을 초래하게 되었다.[63] 과장된 표현이긴 하지만 예종 즉위년(1105) 당시에 백성의 유망이 줄을 이어 열 집에 아홉 집은 비어 있다[64]고 한 것은 이를 대변하고 있다. 그리고 그 발생지역도 양계지역과 경상도 지역을 제외한 전 지역에 걸쳐 발생하고 있었다.[65]

11세기 중엽부터 이미 나타나기 시작했던 민의 유망현상이 고려후기에 이르면서 본격화되어 갔다. 이는 무신집권 이후의 토지겸병과 과중해진 부역수탈로 인해 심화되기도 했지만, 한편으로는 30년간에 걸친 몽고와의 전란과도 관련이 있다. 즉 전란을 피해 산이나 海島로 옮겨갔다가 전란이 끝난 후에 본래의 거주지로 돌아오는 경우도 많았지만, 오랜 전쟁으로 '人相

---

62) 『高麗史』 권7, 世家 文宗 원년 10월 경신, "晉州牧使司宰卿崔復圭奏 招按逋民一萬三千餘戶 復其業 王嘉奬之".

63) 具山祐, 『高麗前期 鄕村支配體制 研究』, 부산대학교 박사학위논문, 1995, pp. 208~213에 의하면, 당시 향촌사회에서 세제의 징수는 隣保조직이라는 연대책임의 형태로 편성되어 있었다고 한다.

64) 『高麗史』 권12, 世家 睿宗 즉위년 12월 갑신, "敎曰……今諸道州郡司牧 淸廉憂恤者 十無一二 慕利釣名 有傷大體 好賂營私 殘害生民 流亡相繼 十室九空 朕甚痛焉".

65) "詔曰 庚寅 所司奏 以西海道儒州·安岳·長淵等縣人物流亡 始差監務官 使之按撫 遂致流民漸還 産業日盛 今牛峯·兎山·積城·坡平·沙川·朔寧·安峽·僧嶺·洞陰·安州·永康·嘉禾·靑松·仁義·金城·堤州·保寧·餘尾·唐津·定安·萬頃·富閏·楊口·狼川等郡縣人物流亡 亦有流亡之勢 宜准儒州例 置監務招撫"(『高麗史』 권12, 世家 睿宗 원년 4월 경인).

食'할 정도로 굶어 죽는 사람도 속출하였으며[66] 황폐해진 토지 때문에 본래의 거주지로 돌아오지 못한 사람도 상당수 존재했을 것이다. 본래 인정은 토지와 성격이 달라 민이 안착되어 있을 때만 제 기능을 발휘할 수 있다. 따라서 이러한 상황에서는 유동적인 인정을 기준으로 호등제를 편성하여 혼란과 번거로움을 초래하기 보다 토지와 같이 고정적인 기준을 대상으로 과세할 필요가 생겼을 것이다.

뿐만 아니라 토지소유의 불균형으로 인해 많은 無土之民 혹은 영세토지 소유자가 속출하는 실정에서 경제적 능력을 고려하지 않은 채 인정을 대상으로 수취하는 방법은, 역의 불균형을 심화시키는 결과를 초래했을 것이다. 결국 종래의 인정다과에 의한 호등제는 혼란과 모순이 따르게 되어 호등제의 개편이 불가피해졌다. 12세기 후반부터 유민을 본관에 돌려보내지 않고 現住地에 付籍하는 방안을 택한 것이라든지,[67] 3등호제가 시행된 것은 9등호제에 의한 요역징발이 포기되고 있음을 반영하는 것이다.

둘째, 고려후기 이래 급속도로 농업생산력의 발달이 진행되고 있었다.[68] 그 배경은 12세기 이후 수리시설의 발달로 연해안 저습지로의 개발이 확대되었으며, 이와 병행하여 저습지와 산간의 척박지에도 耕種이 가능한 稻種이 수입되었고 地力증강을 위한 施肥術의 발전이 이루어졌다. 고려후기의 이와 같은 농업기술의 발달은 단위면적당의 생산력을 증가시켰을 뿐 아니

---

66) 『高麗史』 권80, 食貨3 賑恤 高宗 46년 정월에 "城中飢人相食 移昇天府給粮與田"이라 하고 있다. 이 외에도 『高麗史』 권25, 世家 元宗 즉위년 11월에는 "是月 京城大饑 官吏與民就食南州者 絡繹於道 重房御史臺禁官吏出闕 管理餓死者多"라 할 정도였다.

67) 北村秀人, 「高麗時代の貢戶制について」 『人文研究』 32-9, 1980, pp.676~677.

68) 고려후기 농업생산력의 발전에 대해서는 異見이 존재하고 있지만 다음의 논고가 참고된다. 李泰鎭, 『韓國社會史研究』, 지식산업사, 1986 ; 宮嶋博士, 「朝鮮農業史上における15世紀」 『朝鮮史叢』 3, 1980 ; 魏恩淑, 「12세기 농업기술의 발전」 『釜大史學』 12, 1988 및 『高麗後期 農業經濟研究』, 혜안, 1998 ; 이평래, 「고려후기 수리시설의 확충과 수전개발」 『역사와 현실』 5, 1992 ; 李宗峯, 「고려후기 勸農政策과 土地開墾」 『釜大史學』 15 · 16, 1992 ; 안병우, 「고려후기 농업생산력의 발달과 농장」 『14세기 고려의 정치와 사회』, 민음사, 1994.

라, 연해안 저습지의 개발을 비롯하여 山地까지도 常耕化를 가능케 했다.
그 결과 고려전기에 비해 상대적으로 토지에 대한 관심과 지배의욕도 높아
지게 되고 전국적인 토지의 상경화를 바탕으로 토지과세도 보다 용이해졌
을 것이다.

　이러한 것은 고려후기 양전제의 변동에도 반영되고 있다. 고려전기의 결
부제는 1結=方33步로 절대면적의 단위였다. 그러나 후기 농업생산력의 발
전을 바탕으로 절대면적을 나타내던 전기의 결이 점차 생산량의 단위로 변
화하게 된다. 고려전기까지는 국가의 토지지배의 성격이 토지 그 자체에
대한 지배였지만 고려후기를 거치면서 생산물에 대한 지배로 넘어 가게 된
다.69) 그 결과 토지의 비옥도에 따라 단위면적의 소출이 다른 불합리성이
전기에 비해 두드러지게 나타났을 것이며, 이를 보완하기 위한 조처가 田
品에 따라 量田尺이 다른 隨等異尺制가 시행되었을 것으로 보인다. 어느 시
기인지 확실치는 않지만, 고려전기의 단일양전척에 의한 同積異稅制에서
후기의 수등이척에 의한 異積同稅制로 변동되었음은 기존 연구에서 지적
되어 왔던 바이다.70) 고려후기의 이러한 상황을 배경으로 수등이척에 의한
양전이 시작되는 것과 궤를 같이 하여 요역징발의 대상이 토지과세의 현상
으로 변하게 되는 것이 아닐까 생각한다.

　세째, 고려후기에 이르러 공부와 요역의 절가대납이 가능해지는 현상이
전개되고 있었다. 공부의 절가대납에 대해서는 앞 절에서 살펴 본 바 있지
만, 후술하는 바와 같이 요역징발에서도 부분적이나마 절가대납을 비롯하
여 雇立制가 가능해지고 있었다. 노동력의 징발이 직접적인 人身징발에 의
존할 때는 당연히 국가의 민호에 대한 최대 관심사는 인정의 노동력일 것

---

69) 魏恩淑, 앞의 책, 1998, p.90 주53) ; 李宇泰, 「新羅의 量田制 – 結負制의 成立과 變遷過
　　程을 중심으로 – 」『國史館論叢』37, 1992, p.50.
70) 朴興秀, 「新羅 및 高麗의 量田法에 대하여」『學術院論文集』11, 1972 ; 金容燮, 「高麗
　　時期의 量田制」『東方學志』16, 1976 ; 濱中昇, 「高麗田品制의 再檢討」『朝鮮古代의 社
　　會와 經濟』, 法政大學出版局, 1986 ; 呂恩映, 「高麗時代의 量田制」『嶠南史學』2, 1986.

이다. 그러므로 요역을 징발하는 수취양식도 자연히 인정을 기준으로 하게
된다. 그러나 토지의 생산성이 높아지면서 역의 대납이 가능해지는 여건이
마련되면, 국가의 노동력 지배도 인정보다는 資産을 중시하는 경향으로 변
화하게 될 것이다. 이와 같은 상황하에서 인정기준의 요역징발을 담당하던
고려전기 9등호제는 요역징발의 기능을 상실하게 될 것임이 예견되는데,
후기에 3등호제가 시행되고 있는 것은 단적인 예이다. 이를테면 고려전기
9등호제의 소멸은 단순히 호등제의 변화에 그치는 문제가 아니고, 그 이면
에는 요역부과의 기준이 변화하고 있음이 예고되고 있는 것이다.

　　고려후기에 전개되었던 이상의 상황을 염두에 두고, 고려후기 요역제의
징발을 살펴보기 위해 다음의 사료를 검토해 보기로 하겠다.

나<1> (충렬왕 22년 6월) 中贊洪子藩이 상소하여 말하기를 "······ 세째,
토지에 일할 사람이 없고 도망한 丁이 많습니다. 민은 恒心이 없
어 도망한 호가 많습니다. 무릇 貢賦가 있으면 遺民에게 물도록
한 결과 날로 피폐해지는 까닭이 되고 있습니다. 마땅히 賜給田의
다소에 따라 공물을 납부토록 하소서"라고 하였다(『高麗史』 권78,
食貨1 貢賦).

<2> (신우 원년 2월) 유지를 내려 말하기를 "甲寅年의 양전 이후 3세를
바치는 토지가 누차 誅流한 관원들로 인해 창고에 몰수되어 3세의
과세대상에 들어가지 않는다. (그런데도) 주관하는 관청에서는 元
案대로 징수하여 주군이 괴롭게 여기고 있으니 도평의사사로 하
여금 각 도의 안렴사에게 공문을 보내, 세를 내는 토지로부터 먼
저 세를 거두고 나머지는 구별하여 거둠으로써 전과 같은 폐단을
없애도록 하라"고 하였다(『高麗史』 권78, 食貨1 租稅).

<3> (공민왕 11년 9월) 재정경비가 부족하여 민에게 추가로 징수하는
데 大戶는 米豆를 각 1석, 中戶는 米豆를 각 10두, 小戶는 米豆를
각 5두를 내게 하고 이를 無端米라 했는데 민이 괴롭게 여겼다
(『高麗史』 권79, 食貨2 科斂).

<4> (신우 원년 2월) 교서를 내려 말하기를 "민을 사역하는 것은 힘써

좋은 법을 따르도록 해야 한다. 지금부터 각 지방의 民戶를 오로지 서울에서 행해지는 법에 의거하여 대·중·소 3등급으로 분간하여 중호는 둘을 합쳐 한 호로, 소호는 셋을 합쳐 한 호가 되도록 함으로써 무릇 差丁하여 징발할 때 힘을 모아 서로 돕게 함으로써 생업을 잃지 않도록 해야 한다.”라고 하였다(『高麗史』 권84, 刑法1 戶婚).

<5> (신우 원년 8월) 都城 5부의 호수를 개정하였다. 무릇 가옥의 間數가 20間 이상을 1호로 하여 軍 1丁을 내며, 간수가 적으면 혹 5家 내지 3~4家를 합쳐 1호로 삼았다(『高麗史』 권81, 兵1 五軍).

<6> 호조에서 상소하기를 “각 도와 각 관의 호적은 田 50결 이상은 대호로, 30결 이상은 중호로, 10결 이상은 소호로, 6결 이상은 殘戶로, 5결 이하는 殘殘戶로 하는 것을 식으로 정해서 차역을 차등있게 하소서. 경중 5부는 가옥의 간수를 정하되 40간 이상은 대호로, 30간 이상은 중호로, 10간 이상은 소호로, 5간 이상은 殘戶로, 4간 이하는 殘殘戶로 삼아 호적에 차등을 두어 시행토록 하소서”라고 하였다(『世宗實錄』 권67, 世宗 17년 3월 무인).

나<1>은 충렬왕 22년 洪子藩이 건의한 ‘便民十八事’ 중의 하나인데, 그의 ‘便民十八事’는 당시 고려후기 사회가 당면한 문제 특히 수취상의 폐해를 잘 지적하고 있다. 즉 토지는 있지만 백성이 도망한 집이 많은 데도 공부를 징수할 때면 유리하지 않은 민에게 부과시켜 나날이 彫弊하는 결과를 초래하니, 사급전의 다소에 따라 공부를 부과시키자는 것이다. 본래 공부의 부과기준은 국가에서 군현을 대상으로 할 때는 인정과 토지의 소유가 부과기준이었지만, 군현에서 민호에 배정될 때는 공물의 상당부분이 노동력을 매개로 하는 것인 만큼 민호의 인정을 기준으로 부과되는 것이 상례였다. 그런데 종래와 같이 인정만을 기준으로 공물을 부과하면, 토지를 상실한 遺民에게도 공물을 부과하여 더욱 쇠잔하게 만드니 토지의 다소에 따라 징수하도록 상소하고 있다.

이와 같은 홍자번의 건의는 충렬왕이 嘉納했다는 기록으로 미루어 그대

로 시행된 듯하며, 또 충렬왕의 뒤를 이은 충선왕의 개혁도 홍자번의 '便民
十八事'에 영향을 받은 점을 감안한다면[71] 그 후에도 계속 참작된 것으로
보아도 좋을 것이다. 이러한 것은 충숙왕 원년 정월에 충선왕이 田民計田
使에게 유지를 내려 '宜以見在田口 更定貢賦'라 한 바와 같이 토지와 호구
를 기준으로 공물의 기준을 다시 정하도록 한 데서도 짐작된다.[72] 비록 토
지와 호구를 절충해서 공부를 정하고 있긴 하지만, 토지를 대상으로 징수
하는 방법이 참작되고 있는 점은 주목된다.[73]

그런데 충숙왕 원년 즉 甲寅年은 전국적인 양전이 행해진 해이며, 이를
바탕으로 토지대장이 작성되어 공물의 양이 정해졌다. 즉 충숙왕 원년에
충선왕의 유지가 있은 다음 달인 원년 2월에 蔡洪哲을 五道巡訪計定使로,
韓忠熙를 副使로, 崔得枰을 判官으로 삼아 '量田制賦'하였다.[74] 그리고 나서
이에 대해 충선왕은 傳旨를 내려 '채홍철 등이 정한 공부는 주군의 殘盛을
보고 그 액수를 均定했으므로 국용에 도움이 되고 民生安定에 요령을 얻은
것'[75]이라고 하고 있다. 공부를 정할 때 참작한 주군의 殘盛이란 충선왕이
유지에서 말한 田口를 기준으로 한 것이 분명하므로, 일단 공물은 갑인년
의 양전 이후 토지과세의 참작이 정착된 것으로 볼 수 있다.

한편 갑인년의 양전은 그렇게 단시일에 된 것은 아니고 충선왕이 즉위
한 후부터 6년간 계속 추진한 것이 이때 결실을 맺은 것인데,[76] 이 때의

---

71) 朴鍾進, 앞의 논문, 1983, p.92.

72) 『高麗史』 권78, 食貨1 貢賦 忠肅王 원년 정월, "忠宣王諭田民計定使曰……宜以見在
田口 更定貢賻 民流野荒者 限年蠲免 其餘雜貢 亦宜詳定 有減無加".

73) 여기에서 현재의 田口라고 하지만, 사실상은 인정 보다는 토지가 보다 중시되었을
것이라고 한다(濱中昇, 「高麗後期の量田と土地臺帳」『朝鮮古代の經濟と社會』, 法政
大出版國, 1986, p.310).

74) 『高麗史』 권78, 食貨1 貢賦 忠肅王 원년 2월.

75) 『高麗史』 권78, 食貨1 貢賦 忠肅王 원년 윤3월, "忠宣王傳旨曰 巡訪計定使蔡洪哲等所
定貢賦 視州郡殘盛 均定其額 以贍國用 要領百姓安業".

76) 『太宗實錄』 권10, 太宗 5년 9월에 "司憲府上疏曰……願以三道敬差官 移於豊稔一道
各受千余結 則打量正而人不能欺 事功速而農不廢 前朝延祐甲寅年量田 亦六年而畢 今

양전은 수등이척에 의한 방식으로 양전한 것이 아닐까. 왜냐하면 수등이척
제의 시행이 結負制의 변동과정에서 이루어진 것이며, 그 시행시기는 늦어
도 忠穆王 3년 이전까지는 마련되었을 것이라는 점에서 가능할 것 같다.
즉 결의 실적과 頃의 면적이 일치하지 않는 현상이 충렬왕 때부터 나타나
고 있는 만큼[77] 충렬왕대 이후에는 수등이척제가 시행될 수 있는 여건이
조성되고 있었다. 또 갑인년의 양전은 충목왕 3년 이전에 전국적으로 행해
진 유일한 양전임을 감안한다면,[78] 이 때의 양전이 수등이척에 의한 방식
이 채택된 것으로 보아도 좋을 것이다.

그렇다면 수등이척에 의한 방식이 채택된 갑인년의 양전과 관련하여 요
역의 징발도 토지과세가 적용되지 않았을까 추측되는데, 그런 점에서 나
<2>의 사료가 주목된다. 즉 갑인년에 양전한 이후 ‘三稅之田’이 수차 誅流
한 員將으로 인해 창고에 몰입됨으로써 3세의 대상에서 빠져 있는데도 해
당 관청에서는 元案에 의거하여 징수하니 주군에서는 괴롭게 여긴다고 하
고 있다. 본래 3세는 조·용·조를 지칭하는 것이므로[79] ‘三稅之田’으로 표
현되고 있는 사료의 내용은 시사하는 바가 크다. 3세가 갑인년에 양전한
토지대장에 입각해서 수취되고 있다는 것은 田租만이 아니라 용·조까지
전결의 다과에 따라 부과되고 있음을 의미하며, 그 때문에 ‘3세를 내는 토
지’로 표현된 것으로 생각한다. 또한 후술하겠지만 고려후기 요역의 물납
이 전개되었던 점을 감안한다면, ‘三稅之田’이라든가 3세를 납입한다는 표
현도 충분히 납득할 수 있지 않을까 생각한다.

　　年量一道 明年又量一道 亦未晩也 不允”이라 하고 있다. 朴鍾進, 앞의 논문, 1983,
　　pp.76~77에서는 충선왕 즉위 직후 추진된 것이 이 때 결실된 것으로 파악하고 있다.
　　이에 반해 濱中昇, 앞의 책, p.308에서는 충숙왕 원년부터 추진하여 6년에 결실을 맺
　　은 것으로 이해하고 있는 점에서 차이가 있다.
77) 金容燮, 앞의 논문, 1975, p.112의 주 50) 참고.
78) 朴鍾進, 앞의 논문, 1983, p.27 ; 濱中昇, 앞의 책, 1986, p.304.
79)『高麗史節要』권28, 世家 忠烈王 4년 7월, “處干耕人之田 歸租其主 庸調於官 卽佃戶也
　　時權貴多聚民 謂之處干 以逋三稅 其弊尤重”.

이와 같이 고려후기부터 조금씩 전개되던 자산과세의 현상이 일단 갑인년의 양전에서 정착되고, 이 때의 양안은 공양왕 1년(1389)의 己巳년 양전시까지 수취기준이 되고 있다.[80]

그런데 나 <5>의 내용에 의하면 고려전기 9등호제와 달리, 3등호를 편성하는 기준이 京中과 지방에 따라 2원적 구분이 적용되고 있는 점이 주목된다. 즉 도성 5부는 가옥의 간수를 기준으로 하고 있다. 그러나 경중에서 호등제의 편성을 가옥의 간수로 한 것은 우왕대 이전으로 소급해서 생각해야 할 것이다. 왜냐하면 이 시기보다 몇달 앞선 나 <4>의 기사에서 지방의 민호도 '京中見行之法'에 따라 대·중·소의 3등급으로 분간하도록 하였기 때문이다. 그러면 경중에서 행해지던 3등호제의 시행시기는 언제일까. 이것은 앞에서 본 바와 같이 늦어도 충렬왕 17년 이전에 시행되던 3등호제임이 분명하며, 이 때 호등제의 편성기준은 가옥의 間架였을 것이다.

이처럼 우왕 이전에 이미 경중에서 가옥의 간수를 기준으로 한 3등호제가 시행되었음을 고려해 보면, 나 <4>에서의 도성 오부의 호수를 개정한 것은 기준을 정하는 가옥의 간수를 다시 정하도록 한 것임이 드러난다. 이것은 가옥의 간수가 자주 바뀌고 있는 데서 알 수 있다. 예컨대 대호의 기준이 우왕 원년에는 20간 이상이다가 3년에는 10간으로 바뀌고 있으며,[81] 조선초에는 40간으로 변하고 있다(나 <6>). 이는 노동력의 수요량에 따라 대호의 기준도 달라진 때문인데 우왕 3년에 비해 조선초의 경우 4배로 그 기준이 늘어나고 있는 것이 그 예이다.

지방의 경우를 살펴보면, 3등호제의 시행에 대해서 나 <3>의 기사가 참고된다. 비록 나 <4>에서 외방의 민호도 경중에 따라 3등호로 분간하도록 하고 있지만, 공민왕대 농민들로부터 3등호를 기준으로 增斂의 액수를 달

---

80) 朴京安, 「甲寅柱案考」, 『東方學志』 65, 1990.

81) 『高麗史』 권81, 兵1 五軍 辛禑 3년 4월, "點五部街里戶數 以屋三十間 出丁三人 二十間 出丁二人 十三間 出丁一人 九間以下 令出從軍者軍具".

리 하여 징수하고 있는 데서 그 이전부터 지방에도 3등호제가 시행되고 있었음을 알 수 있다. 지방의 경우는 양전 문제가 선행되어야 하는 만큼 경중에 비해 시간이 훨씬 많이 걸리기는 하겠지만, 어쨌든 갑인년 양전시 자산 과세가 적용되었음은 앞에서 지적한 바대로이다.

한편 고려후기 토지과세가 참작되었다 하더라도 인정을 내는 토지의 기준규모가 어느 정도인지 그 구체적인 실체를 파악하기는 어렵다. 조선초의 경우는 『經國大典』上에 8결을 단위로 1夫를 내도록 제도화되어 있었다. 하지만 처음에는 요역의 부과단위가 5결을 1字丁으로 하는 것이었는데, 성종 2년에 8결단위로 바뀌었다고 한다.[82] 그 원인에 대해서는 과전법 당시의 5결이 貢法制 하에서의 양전방식의 변화로 인해 8결단위로 바뀐 것으로 추측하기도 하고,[83] 공법제 하에서 결당 전조 부담액이 변화한 때문으로 보기도 한다.[84] 그러나 성종대 이후 8결 단위의 요역제가 성립된 이후에도 전조 운반의 요역에는 5결 단위의 방식이 시행되고 있었다. 이런 사실은 '8결出1夫'의 원칙이 모든 요역종목에 동원되는 원칙이 아님을 보여 주고 있다.[85]

그런데 夫의 개념은 인정을 가리키는 말이지만, 조선후기에서는 8결의 田土를 의미하는 말이기도 한데 이는 조선후기에 한정된 것만이 아니라고 한다.[86] 이러한 夫의 개념과 연결될 수 있는 말이 고려에서의 '丁'이 아닌가 한다. 고려시기 요역노동에 동원되는 인정은 丁夫 혹은 丁匠의 용례와 같이 '丁'으로 불리고 있었다. 고려전기 丁의 개념은 인정과 토지로도 사용

---

82) 姜制勳,「朝鮮初期 徭役制에 대한 재검토 ─ 徭役의 種目區分과 役民規定을 중심으로 ─」『歷史學報』145, 1995 pp.63~68. 사실 5結 1字丁의 원칙은 요역부과에만 한정된 것이 아니라 양전, 수취단위의 기초단위로서 收租地 분급의 최소단위이자, 전세 수취의 단위였다고 한다(朴道植,「朝鮮前期 8結作貢制에 관한 연구」『韓國史研究』89, 1995. p.31).

83) 金鍾哲,「朝鮮初期 徭役賦課方式의 推移와 驛民式의 確立」『歷史敎育』51, 1992, p.59.

84) 姜制勳, 위의 논문, 1995, pp.66~67.

85) 尹用出,「15·16세기의 徭役制」『釜大史學』10, 1986, p.13 ; 姜制勳, 앞의 논문, 1995, pp.77~80.

86) 李榮薰,「朝鮮後期 八結作夫制에 대한 연구」『한국사연구』29, 1980, pp.80~81.

되었지만, 인정과 토지가 유기적으로 연결되어 호의 의미를 내포한 것으로
이해하는 경향이 강하다.[87] 고려전기 丁의 개념이 연구자에 따라 다르게
파악되어 온 것은 夫의 용례와 상통한 것이 아닌가 한다. 게다가 고려후기
에는 丁의 의미가 변질되어 토지를 뜻한다는 지적[88]이 주목된다.

이런 점을 고려해 볼 때 경상도의 토지는 조운하는데 경비가 많이 드니
족정과 반정의 토지에 7결과 3결을 加給해서 세금에 보충하라는 공민왕대
의 기사[89]도 음미할 필요가 있다. 여기서의 가급은 실제로 토지를 지급해
주는 것이 아니라 17결의 족정은 7결을 감해서 10결을, 8결의 반정은 3결
을 감해서 5결 만큼의 토지에 세금을 부과한다는 의미이다.[90] 고려에서 족
반정 계열의 토지는 반정이 압도적이라는 측면을 고려하면, 조선 성종대
전조의 운반이 5결 단위로 이루어지고 있었던 점과 연결해 볼 때 주목할
만하다. 따라서 고려후기 요역부과의 단위는 5결을 기준으로 作丁하고 있
었던 것이 아닐까 추측된다. 이러한 추론은 우왕 14년 田租수취와 관련하
여 20결·15결·10결로 세분화하여 作丁방식을 정하고 있다든지,[91], 공민
왕대 역적의 토지를 '計結爲丁'하여 군인에게 지급하고 있던 사례[92]도 참
고된다.

물론 여말선초의 이행과정에서 토지생산력력의 발달을 감안해야 겠지
만, 앞에서 언급한 바와 같이 이 당시 결의 성격이 절대면적이 아니라 생산
량의 소출에 다른 면적단위로 변화하고 있었으므로 그다지 큰 차이는 없을
것이다. 조선전기 요역단위의 변화를 감안해 본다면, 고려후기에 있어서도
노동력 징발의 규모에 따라 作丁制의 방식이 편의에 따라 운영되었던 것이

---

87) 丁과 관련한 기왕의 연구사 정리는 金琪燮, 『高麗前期 田丁制 研究』, 부산대학교 박
　　사학위논문, 1993, pp.1～14 참조.
88) 金琪燮, 위의 학위논문, 1993, pp.175～185.
89) 『高麗史』 권78, 食貨1 租稅 恭愍王 11년.
90) 金琪燮, 앞의 논문, 1993, p.184.
91) 『高麗史』 권78, 食貨1 田制 祿科田 辛禑 14년 7월.
92) 『高麗史』 권81, 兵1 五軍 恭愍王 5년 6월.

아닌가 한다. 이런 점은 앞에서 살펴 본 바와 같이 경중에서 노동력의 징발
단위가 자주 변하고 있었던 것과 맥을 같이 하는 것으로 보인다.

　이상에서 살핀 바와 같이 3등호제가 시행되면서 호의 기준이 경중과 지
방이 달리 나타나는 것은, 경중은 지방과 달리 營農을 생업으로 하지 않는
계층이 많았으므로 그 기준이 지방과 차별성이 있는, 예컨대 가옥의 간수
가 적용되었던 것이다. 즉 인정다과에 의해 호등제가 편성될 때는 경중과
지방 할 것 없이 인정이라는 기준을 동시에 적용할 수 있었지만, 자산과세
를 바탕으로 하게 되면서 그 구분기준을 달리 해야 했다. 하지만 이처럼
京外의 호등에 이원적인 구분기준을 적용하고 있는 것은 자산과세로의 변
모를 입증하는 것인 동시에, 다른 한편으로 15세기 성종대에서와 같이 토
지과세를 완전히 적용할 수 없는 고려후기 사회의 한계성도 함께 내포하고
있다.

　한편 이와 아울러 지적해 두어야 할 것이 있다. 이처럼 요역징발의 수취
기준이 인정다과에서 資産과세로 변질됨과 병행하여 요역징발의 기능을
가지던 고려전기 9등호제는 그 성격이 변하게 되는데, 다음의 두 가지로
요약할 수 있다.

　하나는 고려후기 3등호제는 편의상 호를 대·중·소로 나누고 있을 뿐,
종래와 같이 고정불변의 구분기준이 정해져 있었던 것은 아니었다. 그 결
과 후기의 호등제는 종래 확연하게 구분되었던 전기의 노동력 징발체계와
달리 상황에 따라 상당히 가변적인 형태로 운영되고 있다. 이를테면 고려
전기 6丁의 원칙이 정해져 있던 것과 달리 후기의 경우는 3丁을 기준으로
하여 1丁을 내는 3丁 1戶 혹은 3家 1戶의 방식이 적용되고 있다.93) 單丁戶
에게는 자주 감면의 조처를 내리고 있긴 하지만, 單丁戶나 雙丁戶가 군역
이나 요역노동에 광범하게 징발되고 있었던 사례들도94) 이를 반영한다.

---

93)『高麗史』 권83, 兵3 船軍 恭讓王 3년 및『高麗史』, 권81, 兵1 兵制 辛禑 9년 8월.
94)『高麗史』 권81, 兵1 兵制 恭愍王 5년 6월 및 辛禑 5년 윤5월 ;『高麗史』 권82, 兵2 鎭

또 다른 하나는 세제수취에서 차지하는 호등제의 의미가 고려전기 9등 호제의 소멸과 더불어 점차 희석되어 가는 것이 아닌가 한다. 위에서 제시한 사료 <나>는 모두 요역제와 호등제의 변화를 통해 수취기준의 변모를 살펴보는데 유익한 내용이었다. 그런데 나 <3>의 기사에서 3등호는 민호로부터 과렴을 징수하는 내용이다. 나 <5>는 경중에서 군인을 징발하는 내용이다. 군인의 징발은 인신지배라는 측면에서 요역과 동일한 성격을 지니지만, 고려전기에는 백정호와 구별된 족정・반정호로부터 인정을 차정하는 형태로서 직역체계와 요역체계로 구별되어 있었다. 이외 충렬왕 17년에 나타나는 3등호의 내용도 원으로부터 보내 온 江南米를 방리의 호에게 나누어주던 기사이다. 이상에서 보건대 고려전기의 호등제가 요역징발의 기능만을 담당했던 데 비해, 후기에는 노동력 징발로서의 의미보다 다양한 기능을 가지고 있다. 이러한 것은 고려 중기이래 호등제의 변화에 수반하여 세제수취로서의 호등제의 역할이 점차 소멸되어 간 것이 아닌가 생각된다.

이와 같은 것은 중국의 사례도 참조된다. 이를 테면 중국에서의 호등제는 송대까지 존속하고 있지만, 그 기능은 향촌에서 직역을 차정하는데 기능할 뿐이며 세액수취의 의미는 사라진다고 한다. 송대에 나타나는 '定戶'의 용례가 당제와 같이 세제수취를 위한 것이 아니라 단순히 호를 정한다는 의미를 가지는 것 뿐이라고 하는 점은 매우 주목되는 바이다.[95] 당제에서 戶稅의 징수를 비롯하여 세제수취의 보조역할을 하던 호등제의 역할이 왜 송대에 이르러 약화되고 있을까.

그 단적인 이유는 송대에 이르러 제반과세가 토지를 대상으로 하게 됨으로써, 호등제의 역할이 제한적인 것이 될 수밖에 없게 된 것이다. 이에 비해 당제는 재산다과에 의해 호등을 편성했고 아울러 균전이 전제되어 있

戌 恭愍王 5년 6월;『高麗史』권79, 食貨2 戶口 恭愍王 20년 12월;『高麗史』권27, 世家3 元宗 15년 3월 병술.

95) 船越泰次,「唐代戶等制雜考」『一野開三郎博士頌壽紀念論集 中國社會・制度・文化史の諸問題』, 中國書店, 1987, pp.213～214.

다고는 하지만, 과세대상이 토지가 아니라 丁을 대상으로 하고 있는 점에서 큰 차이가 있다. 따라서 토지과세로 이행하였던 송대에 이르러서는 호등제는 인신을 파악하는 직역 차정의 기능만 할 뿐 세제수취로서의 역할은 더 이상 할 필요가 없게 된 것이다.

고려후기 호등제는 군인이나 요역 등 인신을 징발하는 역할을 하고 있지만, 송대와 같이 단순히 '호를 정한다'는 의미의 호등제로 이행하고 있는 것으로 본다. 왜냐하면 호등제의 편성이라는 측면에서 보면, 고려후기가 송대 초기와 유사한 발달단계에 있기 때문이다. 그런데 중국의 경우 양세법이 시행되면서 호적상 나타나는 중요한 변화는 두 가지로 집약할 수 있다. 하나는 호적의 작성에서 토지와 호구가 분리되어 파악된다는 것과, 다른 하나는 호등제의 구분기준이 토지로 정착되면서 토지와 함께 가옥의 間架稅가 나타나고 있다는 점이다.96) 사실 고려후기의 경우에도 호적작성에서 토지와 호구가 분리되어 기재되게 되었고,97) 지방에서 토지과세가 시행되면서 경중에서는 가옥의 간수가 과세대상으로 등장하고 있다. 다만 고려후기와 송제의 차별성이라면, 고려에서는 요역의 징발이 토지과세라 하더라도 아직 호등제가 제반분야에서 다소 기능을 하고 있다는 점이다. 이는 고려후기 사회가 아직 완전히 토지과세로 이행하지 못한 측면을 반영하고 있다. 다시 말하면 완전한 토지과세는 조선시대 이르러 가능하게 되기 때문이다.

고려후기에 나타난 이러한 변화는 조선왕조가 성립되면 다소의 차이는 있어도 지속적으로 계승되었다. 예컨대 조선초의 요역징발 기준은 태조 2년부터 토지과세가 등장하며, 적어도 定宗 즉위 이후에는 확고히 자리잡게 된다.98) 이때 시행된 計田法은 조선왕조의 성립과 더불어 급작스럽게 나타

---

96) 曾我部靜雄, 『均田法とその稅役制度』, 講談社, 1953, p.347 참조.
97) 金英夏・許興植, 「韓國中世의 戶籍에 미친 唐宋 戶籍制度의 影響」『韓國史硏究』19, 1978, p.45.
98) 일반적으로 조선의 토지과세는 세종 17년이며, 그 이전에는 計田法, 計丁法, 절충법

난 것이 아니고 고려후기 토지과세의 전개를 바탕으로 가능한 것이었다. 이러한 것은 나 <6>에서 보이는 바와 같이 計田法의 채용·시행이 확립된 世宗 17년의 호적작성에서 호등제의 구분이 고려와 달리 5등호이긴 하지만, 지방은 토지를 기준으로 하고 京中은 가옥의 間架에 의한 고려후기의 이원적 구분기준이 채택되었던 데서도 확인할 수 있다. 한편으로 세종대의 호적작성은 고려후기 세제변화의 귀결인 동시에, 이를 마지막으로 요역징발마저 호등제가 아닌 토지자체를 대상으로 하는 八結出1夫制가 성립되면서 호등제의 역할은 비로소 그 기능을 완전히 상실하게 된다.

그러나 고려후기 토지과세가 시행되긴 했지만 호등제를 매개로 실현된 것은, 조선전기 成宗 2년(1471)에 성립된 명실상부한 計田法과는 단계적 차이를 보여주고 있다.99) 이것은 두가지 측면에서 그렇게 이해된다. 하나는 토지과세가 시행되었더라도 요역징발의 성격은 역시 노동력을 기반으로 하는 것인 만큼 人身的인 전통이 강하기 때문에 오랜 관습을 불식시키기 어려워 끊임없이 인정기준의 적용이 나타난다는 점이다. 이를테면 우왕 14년 8월에 所耕多寡에 의해 分揀成籍하자는 상소가 있었던 점이나,100) 조선초 計田法과 計丁法이 다양하게 나타나는 것은101) 요역징발과 호구와의 밀접한 관련 때문으로 보아야 할 것이다. 또 다른 하나는 조선조 성종대의 計田法은 순수하게 토지만을 대상으로 요역징발을 규정하고 있지만, 고려후기부터 조선초까지의 토지과세는 항상 호등제를 바탕으로 하고 있다는 점이 주목된다. 이것은 京中에서의 기준인 가옥의 間架稅도 마찬가지였는

등 기준이 자주 변화하고 있다는 견해(有井智德,「李朝初期の徭役」『朝鮮學報』30·31, 1964, pp.59~62 ;『高麗李朝史研究』, 1985 재수록)가 받아들여져 왔다. 이에 반해 姜制勳, 앞의 논문(1995), p.65에서는 정종대 이미 토지과세가 확립되었다고 하는데, 이 연구는 실증적인 사료검토를 토대로 하고 있는 만큼 보다 수긍된다.

99)『成宗實錄』권9, 成宗 2년 3월 임진에 "一應收稅田 每八結出一夫 觀察使量攻役多少 循調發"하라는 役民式이 규정되어 있다.

100)『高麗史』권79, 食貨2 戶口 大司憲趙浚上疏.

101) 有井智德, 위의 논문, 1964 참조.

데, 京中의 가옥 間架稅까지 완전히 자취를 감추게 되는 성종2년에 이르러서 비로소 호등제는 그 역사적 역할을 다하여 호등제가 배제된 토지만의 요역징발이 이루어지게 되는 것이다.

이상에서 살핀 바와 같이 종래 인정의 다과에 의한 9등호제가 경중이나 외방이 가옥의 간수 내지 토지과세에 따른 3등호제로 재편되어 가는 것은, 세제 전반에 있어서 토지를 과세대상으로 할 수 있을 정도로 토지의 생산성이 높아졌음을 반영하는 것이다.[102] 또 고려후기의 이런 변화를 겪으면서 종래의 인정을 기준으로 징발되던 요역은 토지과세로 자리를 넘겨주게 되는 반면, 수취대상에 있어서 군역만이 인정을 과세대상으로 자리잡게 된다. 이와 같은 현상은 백정농민층이 고려후기 이래 군역의 주된 담당자로 등장하는 것과 궤를 같이 하는 것이기도 하다. 따라서 고려후기 요역징발에서 전개된 자산과세의 경향은 15세기대 조선의 경우처럼 완전히 토지과세가 되지 못한 한계성이 있긴 하지만, 단순히 호등제의 역사적 기능을 규명하는 데만 머무는 것이 아니라 고려후기 사회의 성격을 이해하는데 시사하는 바가 크다.

3. 토목공사에서의 赴役實態

국가권력이 人丁을 징발하여 사역시킨 요역의 형태는 Ⅱ장에서 살핀 바와 같이 공납과 관련된 공역(貢役), 축성이나 營建과 관련된 土木工事의 역(工役), 그 외 輸役을 비롯한 잡다한 勞役이 있었다. 개별민호의 입장에서 보면, 이들 요역종목은 모두 민의 노동력을 징발하는 것이다. 그러나 국가권력의 차원에서 보면 국가-군현, 국가-개별민호의 두 가지 측면으로 구분된다. 따라서 貢役은 개별민호의 관점에서 본다면 당연히 요역의 한 종목이지만, 국가-개별민호의 차원에서 본다면 3세와 구별될 수도 있다. 즉

---

102) 이러한 것은 魏恩淑, 앞의 책, 1998, p.97에서도 지적하고 있다.

협의적 차원에서의 요역은 조·용·조 가운데 용과 관련된 것이므로, 貢役은 3세와는 독립된 공물과 관련된 요역이 되는 것이다. 따라서 협의적 측면에서 본다면, 요역종목 가운데 가장 큰 비중을 차지하는 것은 토목공사와 관련된 역사이다.

고려에서의 工役은 축성, 궁궐·관아·사찰 등의 營造, 堤防·堤堰의 축조, 官船製作 등이 있었다. 이 가운데 특히 비중이 큰 것은 축성과 영건역이었다. 고려 전시기를 통해 축성의 횟수는 고려사 지리지에 나타난 것만 해도 170여 회에 이르고 있다. 영건역은 궁궐·관아의 영조 외에도 특히 도참사상과 불교의 융성으로 인한 離宮·사찰의 영조가 끊임없이 지속되었다. 대체로 토목공사의 역사는 대규모의 노동력이 필요한 경우가 많을 뿐 아니라 오랜 기간이 소요되는 특성이 있다. 그러므로 요역 징발대상의 범위가 양반에까지 미칠 정도로 신분의 고하를 막론하고 부과되든지, 品從이나 군인 등의 동원 사례라든지, 심지어 노동부대인 工役軍이 존재했던 배경은 工役의 이러한 특성에 기인하는 것이다.[103]

한편 고려전기에 있어서 赴役실태는 대체로 역의 직접 징발이며, 후기에 이르러 역의 대납이 가능해지는 것이 아닐까 생각된다. 왜냐하면 고려전기에는 조·포·역이라 하여 역의 직접징발로 표현되고 있는 것에 비해, 후기에는 3세를 지칭할 경우 조·포·역이라는 용례는 보이지 않고 희소하긴 하지만 租·庸·調라 하여 庸이라는 명칭이 사용되고 있다.[104] 이것은 단순히 세제의 용례에서만 나타나는 변화가 아니라 내용상의 변화도 수반될 것으로 생각한다. 그런데 용이란 唐制에 있어서는 正役, 즉 중앙정부에서 동원하는 요역에 대한 物納이었다. 예컨대 1일을 闕役하는 경우 絁絹이면 3尺, 포이면 3尺7寸5分의 비율로 징수했는데, 당에서는 역의 직접징발보다 용을 납부하는 것이 더 일반적이었다.[105] 당에서도 본래 3세는 租·

---

103) 이상에 대해 자세한 것은 본서 Ⅱ장 3절 요역의 형태 참조.
104) 『高麗史節要』 권20, 忠烈王 4년 7월.

役・調의 용례가 원칙이었는데,106) 흔히 조・용・조로 지칭되고 있는 것은
이런 상황에 기인하고 있다.

　물론 고려의 세제가 당의 세제를 모방했다고는 하지만 실질적인 운영상
에서는 적지 않은 차이가 있는 것도 사실이므로 고려에서의 용이란 명칭을
당의 경우처럼 역의 代納으로 파악하려는 시도가 무리인 점도 있다. 그러
나 고려전기의 경우 3세의 명칭이 조・포・역이라 하여 역으로만 표현되
고 있는데 비해 용의 용례는 후기에 한해서만 보이고 있다든지, 鄭道傳이
「朝鮮經國典」에서 "有身則出某物爲庸"이라 하고 있는 점으로 미루어 고려
에서도 용은 역의 物納으로 보아도 좋을 것이다.107)

　그러므로 고려후기 3세의 용례가 조・용・조로 표현되고 있는 것은 역
의 수취과정에서 물납이 전개되었던 변화와 관련된 것이라 할 수 있다. 이
것은 고려후기 공물의 납부제에서도 대납이 확산되어 간 점과 맥을 같이
한다. 왜냐하면 앞서도 지적한 바와 같이 공물의 상당부분은 민호의 노동
력을 수취한 것이기 때문이다. 사실 고려후기에 이르면서 공물의 절가대납
이 허용되었던 점과 아울러 토목공사의 역에서도 역의 물납이 가능해지는
사회경제적 상황이 전개되고 있었다.

　우선 고려후기 대토지소유의 확대와 더불어 민의 자립재생산을 위협당
할 정도로 수취체제가 과중하게 부담되고 있었다. 12세기를 전후한 고려사
회는 고려초기 이래 꾸준히 발전시켜 온 농업생산력의 발달과, 유통경제의

---

105) 曾我部靜雄, 앞의 책, 1953, p.238.

106) 요역의 용례에 대해서는 본서 Ⅱ장 1절 참조.

107) 정도전의 기사에 대한 분석은 본서 Ⅳ장 1절 참조. 그리고 "近世以來 僧徒不顧其師
　　寡欲之敎 土田之租 奴婢之傭 不以不供 僧而自富其身"(『高麗史』 권111, 列傳24 趙仁
　　沃)에서의 용은 일반민의 요역을 물납한 것은 아니지만 노비의 역에 대한 물납인
　　것만은 틀림없다. 여기서의 노비는 내용상으로 보건대 외거노비인 듯 한데, 노비
　　는 고려후기에 이르면서 수취의 대상으로 파악되었던 만큼 여기서 말하는 노비의
　　역도 혹시 요역인지 신역인지 불분명하지만, 어느 것이든 역에 대한 물납의 사례
　　임은 틀림없다.

활성화[108) 등으로 인해 사회적 생산력이 확대되는 가운데 점차 소농민 경리도 성장되어 갔다. 그러나 한편으로 고려중기 이후 난숙한 귀족문화를 지탱하기 위해 국가에 의한 수취체제가 강화되고,[109) 지배층의 대토지소유의 확대 및 강제적 교역행위[110) 등을 통한 수탈도 강화되었다. 이와 같은 상황에서 민이 手足도 놀릴 수 없을 정도로 가중한 力役의 수탈에 시달리자, 群盜가 되든지[111) 무뢰배가 되어 유언비어를 퍼뜨리면서 저항을 표출하였다.[112) 또 호에서 이탈하여 避役하는 것과 같은 소극적인 저항을 꾀하기도 하였다.

---

108) 유통경제의 발달은 다음의 肅宗대 사례가 시사하고 있다. 숙종 7년 9월에는 서경의 상업진흥책이 공포되고, 7년 12월에는 鼓鑄之法을 제정하여 錢幣사용을 太廟에 고하고 있다(『高麗史』 권79, 食貨2 貨幣). 또 8년에는 州鎭 둔전에서의 수취가 강화되고 있다(『高麗史』 권82, 兵2 屯田). 이러한 재정정책은 특히 문종대 무렵부터 현저히 발전하기 시작한 생산력 발전과 유통경제의 발달을 배경으로 하고 있다(蔡雄錫, 「高麗前期 貨幣流通의 基盤」 『韓國文化』 9, 1988).

109) 고려시기 권농사항은 문종대 이전에는 향리에게 맡겨져 있다가, 문종대 무렵 지방관이 권농사직을 겸대하여 24년부터 전국적으로 확대되었다(金南奎, 「高麗 勸農使에 대하여」 『慶南大論文集』 2, 1975). 외관에 의한 권농은 경작독려, 진휼 등과 함께 수취를 강화하는데 그 목적이 있었다(채웅석, 「12,13세기 향촌사회의 변동과 '민'의 대응」 『역사와 현실』 3, 1990). 이를테면 『高麗史』 권78, 食貨1 租稅 文宗 7년 6월에는 稅米 1碩당 耗米를 1升에서 1斛당 7升으로 증액하고 있다. 모미를 증액시킬 수 있었던 것은 수취강화에 그 목적이 있겠지만, 역으로 그 정도로 생산력의 발전이 있었다는 것을 반영하고 있다.

110) 고려시기 권세가의 교역을 통한 이익추구는 피지배층에 대한 강제적 교역형태인 抑買, 互市, 反同 등의 방법으로 이루어졌다(李景植, 「16世紀 場市의 成立과 그 基盤」 『韓國史研究』 57, 1987).

111) 『高麗史』 권79, 食貨2 農桑 仁宗 6년 3월, "……今守令多以聚斂爲利 鮮有僅儉撫民 倉庚空虛 黎庶窮匱 加之以力役 民無措手足 起而群盜 ……其令州郡 停無用之事 罷不急之務……".

112) 『高麗史節要』 권14, 熙宗 6년 4월, "夏四月 太史請祓妖言 先是 忠憲營第于闥洞里 毁人家百餘 務爲宏麗 延袤數里 擬於禁掖 北臨廛市 構別堂 土木役劇 國內嗷嗷 訛言……或無賴輩 詐捕小兒 其父母驚懼失 措賴以厚幣 然後乃棄去……". 이와 같이 충헌이 人家 100여채를 무너뜨려 궁궐에 버금갈 정도로 화려한 집과 별당을 짓자 아이를 잡아 기둥 밑에 묻는다는 유언비어가 떠 돌았던 것은, 부세와 역역에 시달린 민의 저항의식을 반영하는 것일 것이다.

11세기 중엽부터 전개되기 시작한 민의 이탈현상은 예종 즉위년 이미 열 집에 아홉 집은 비어 있다고[113] 표현될 정도로 양계지역과 경상도 지역을 제외한 전 지역에 걸쳐[114] 광범하게 전개되고 있었다. 이들 유리민의 확산으로 인해 貢賦가 부족하는 등 국가재정이 큰 타격을 입자 부세를 감면하거나,[115] 요역과 공부를 재조정하기도 하고,[116] 유리민을 안무하기 위해 監務를 파견하는 등 대민시책을 베풀기도 하였다. 그러나 이러한 정책도 당시의 사회경제적 모순에 대한 근본적인 해결책이 되지 못하였다. 그 결과 지배층의 동요로 연결되어 무신정권이 수립되는 결과를 가져왔고, 뒤이어 12세기 농민항쟁으로 연결되었던 것이다.[117]

이후 민의 避役저항은 농장의 확대와 상호관련되어 더욱 본격적으로 전개되었다. 농장의 발달로 인해[118] 인구의 탈점과 아울러, 자진해서 농장으로 들어가는 투탁의 형태가 늘어갔다. 게다가 원간섭기에서는 피역의 방안으로 고려의 영역을 벗어나 원의 영역으로 이주하는 형태가 광범하게 전개되었다.[119] 어쨌든 이들 농장에 투탁하거나 원으로 이주한 자들은 면세 ·

---

113) 『高麗史』 권12, 世家 睿宗 즉위년 12월 갑신.
114) 『高麗史』 권12, 世家 睿宗 원년 4월 경인.
115) 『高麗史』 권80, 食貨3 賑恤 睿宗 원년 3월, “西海道按廉使奏 谷州 · 峽溪縣民多流亡 頗闕貢賦 請蠲三年租稅 制可”.
116) 『高麗史』 권78, 食貨1 貢賦 睿宗 3년 2월에 “判 京畿州縣 常貢外徭役煩重 百姓苦之 日漸逃流 主管所司 下問界首官 其貢役多小 酌定施行”하도록 하고 있다. 본래 계수관의 기능에는 부세수취에 대한 기능은 없는데, 이 때 일시적으로나마 공역의 다소를 작정토록 한 것은 민의 유망을 막기 위한 특별한 조처로 볼 수 있다. 계수관의 기능에 대해서는 邊太燮, 「高麗前期의 外官制」『高麗政治制度史硏究』, 一潮閣, 1971, pp.136~140 참조.
117) 박종기, 「12,13세기 농민항쟁의 원인에 대한 고찰」『東方學志』 69, 1990, pp.159~164.
118) 농장의 발달에 대한 연구사적 정리는 魏恩淑, 앞의 책, 1998, pp.120~125. 이 외 최근의 연구로는 안병우, 「고려후기 농업생산력의 발달과 농장」『14세기 고려의 정치와 사회』, 민음사, 1994 참조.
119) 김순자, 「원간섭기 민의 동향」『14세기 고려의 정치와 사회』, 민음사, 1994, pp. 384~388.

면역되었다.[120] 이는 결국 殘民의 부담 증가로 귀결되어 연쇄적인 유리 현상을 초래하였다.[121]

이와 같이 重斂이나 역역의 가중함에 시달리거나 토지에서 이탈된 농민들은 活路를 찾아 다른 방면으로 나가게 되었다. 예를 들면 요역을 피하기 위해 승려가 된 사람들이 수천·수만에 이른다고 할 정도로 승려가 되기도 했다.[122] 혹은 유리하여 遊手가 되거나, 농업을 포기하고 工商에 종사하든지, 심지어 도적이 되기도 했다.[123] 그런데 유리한 농민들이 택한 길 가운데 遊手가 되었다는 점은 특히 주목된다.

국가에서는 노동력의 부족을 해소함과 아울러, 유리하지 않은 민호의 요역부담을 경감시키는 방안으로 品從이나 僧徒 및 군인을 징발하는 등 요역 대상자가 아닌 사람들을 동원하는 이례적인 조처를 취하기도 한다.[124] 이 외 다른 한편으로는 '遊手之徒'를 활용하는 방법으로 物納 혹은 부분적인 雇立이라는 방안이 강구하게 되었을 것이다. 이와 같은 배경을 염두에 두고 토목공사의 부역실태를 살펴 볼 때 다음의 사료가 주목된다.

---

120) 『高麗史』 권28, 世家 충렬왕 4년 7월의 기사에서 權貴들이 민을 많이 모아 處干이라 하여 조·용·조 3세를 포탈하고 있다는 사례가 참조된다. 원으로 유망한 민의 경우도 당연히 부세를 면제받았을 것이다. 고려정부에서 원에 끈질기게 유민추쇄에 나선 것이 이를 대변하고 있다(梁元錫, 「麗末의 流民問題」 『李丙燾博士回甲紀念論叢』, 1956, pp. 293~294 참고).

121) 鄭道傳, 「朝鮮經國典」 『三峯集』 권13, 賦典 版籍. 이 외 『高麗史』 권79, 食貨2, 戶口 禑王 14년 8월의 기사에서 "향리가 富壯한 호의 요역을 면제해 주고 빈약한 호만 요역을 담당케 하여 이들이 괴로움을 견디지 못해 도망가니, 富壯한 호가 그 괴로움을 당하여 다시 빈약해져 도망가게 된다"라 한 것도 유망의 연쇄현상을 알려 주고 있다.

122) 『新增東國輿地勝覽』 권47, 淮陽都護府 金剛山, "……其大寺 則有報德·表訓·長安等寺 ……其僧大抵不隷 逃其民避其徭 常有數千萬人".

123) 『三峯集』 권13, 「朝鮮經國典」 賦典 經理, "民之所耕則聽其自墾自占 而官不之治 力多者墾之廣 勢强者占之多 (中略) 富者益富 而貧者益貧 至無以自存 去爲遊手 轉爲末業 甚爲盜賊".

124) 본서 Ⅲ장 2절 참조.

다<1> 큰 시장을 고쳐 짓는데 좌우의 長廊이 광화문에서 십자거리에 이
   르기까지 무릇 1800동이며, 또 광화문 내에 大倉·南廊·迎休門
   등 73동을 지었다. 무릇 오부방리의 양반에게 호마다 米·粟을 거
   두어 사람을 고용해서 역을 도우게 했다. 양반에게 방리의 역을
   부과하는 것이 이로부터 비롯 되었다(『高麗史』 권21, 世家 熙宗 4
   년 7월 정미).

 <2> 이 때(1333년) 공해전에서 약간의 돈을 냈지만 돈이 부족하여 인
   가에서 돈을 빌려 시장에서 재목과 기와를 샀다. 관에 역부를 청
   했지만 구할 수가 없어 즉시 개인적으로 공장을 고용하고, 家童을
   사역시켜 식사도 주면서 이들을 督役했다. 8월 을축에 시작하여
   50일이 되었는데 (동원된)역부가 500명이 되었다(李穀, 「禁內廳事
   重興記」 『東文選』 권70).

 <3> 재목을 가격을 치르고 샀는데, 돈이 부족하자 즉시 都統인 崔侍中
   으로 하여금 돕게 했다. 巡軍은 布 250필, 近仗·內廂·監門尉正
   은 무리를 나누어 공사를 돕게 했다. 장인으로 승려이면서 집에
   있던 자들이 고용함을 받자 다투어 나갔으며, 돈을 주고 수레를
   빌려 재목을 운반했다. 관에 차정되어 독역한지 5월 24일에 시작
   하여 9월 그믐에 마쳤다(李穡, 「重房新作公廨記」 『東文選』 권76).

 <4> 이 때(1390년) 새로 관청을 짓는데 門下贊成事인 禹仁烈, 評理인
   설장수 …… 등이 실제로 그 역을 맡았다. 무릇 재목을 자르고 벽
   돌을 조달하는 것을 모두 고용한 사람을 써서 하였으므로 공사의
   경영을 감독한 1개월간에도 민이 수고로운 줄을 몰랐다(『新增東
   國輿地勝覽』 권5, 開城府 下 都評議使司).

 <5> 郎舍가 상소하기를 "…… 이 役에 대해서 임금님께서는 혹 民力을
   수고롭게 하지 않고 游手를 사역시키며, 國用도 쓰지 않고 시주에
   의거한다고 생각하실 것입니다. 그러나 木石·塼瓦·銅鐵의 비용
   이 鉅萬에 이르니, 遊手의 식량과 시주한 물건은 우리민의 恒産이
   아닙니까?"라고 하였다(『高麗史節要』 권35, 恭讓王 3년 5월).

사료 다<1>은 大市를 改營할 때 오부방리의 양반호에서 米粟을 거두어

사람을 고용해서 赴役시키고 있다. 품관이라 하더라도 6품 이하의 양반호에는 요역이 부과되었음을 지적한 바 있는데, 여기서의 미속은 양반호에게 역을 부담하는 대가로 징수한 것이다. 보통 양반이 요역을 부담할 경우 직접 요역을 부담하기 보다 특수한 혜택이 주어졌다. 이를테면 노비로 하여금 代立케 하는 방법과 물납이 그것이다. 양반이 요역을 대립하는 사례는 고려 전시기를 걸쳐 가능했지만, 물납의 경우는 고려후기에 이르러 보편화되는 것이 아닐까 생각한다. 왜냐하면 역의 代役과는 달리 역을 물납하게 되면 부족해진 만큼의 노동력을 충당할 수 있는 상황이 존재하고 있어야 가능하기 때문이다. 따라서 다<1>에서 역의 물납으로 징수한 미속을 경비로 삼아 사람을 사서 供役시킬 수 있었던 것은, 고려후기 유휴노동력이 존재하고 있던 상황에서 가능한 것이라고 생각된다.

이러한 역의 물납은 요역대상자가 아닌 품종이나 신역의 부담자인 其人役에서도 적용되고 있었다. 즉 忠惠王 4년에 諸君 이하 대신에 이르기까지 役夫를 내어 鍮銅을 납부케 하는데 1일 闕役하는 댓가로 其人例와 같이 포를 거두게 한 데서 알 수 있다.125) 여기서의 역부는 백관의 품계에 따라 낸 품종이다. 품종이 궐역하게 되면 기인의 예에 따라 포를 징수했다는 것은, 기인의 궐역시 포를 징수하는 처벌규정이 마련되어 있었음을 시사한다는 점에서 주목된다. 왜냐하면 포의 징수가 궐역하는 대신에 취해진 벌금의 의미를 지니고 있지만, 체형을 가하는 것이 아니라 포로 납부케 한 것은 고려후기의 변화가 아닌가 생각된다.

고려시기 丁夫나 雜匠이 역의 차정을 받고도 나아가지 않으면, 1일 지체할 때는 笞 40을, 2일이면 50을, 7일이면 杖 60을 때리는 것과 같이 체형의 규정126)이 엄격하게 마련되어 있었다. 품종이나 기인의 차출을 정부나 잡

---

125) 『高麗史』 권83, 兵3 工役軍 忠惠王 後4년 5월, "……又令各司納鍮銅 諸君役夫 日役
　　 三十人 大君四十人 其下有差 若闕一日 則徵布如其人例".
126) 『高麗史』 권84 刑法1 戶婚.

장의 신분과 마찬가지로 보기 어려울 것이라는 우려도 있겠지만, 마찬가지로 보아도 무리가 없는 것이 아닌가 한다. 전기에는 노동력의 직접 징발이 원칙이었던 만큼 궐역에 대한 규정이 전혀 보이지 않다가, 후기에는 身役과 같은 경우 체형 대신에 役價를 징수하는 제도가 공인되어 있었던 것으로 보아도 좋을 것이다. 하지만 闕役이 공인되어 있었다 하더라도, 이 자체가 바로 조선전기에 나타나는 代立의 공인과 같은 것으로 보지는 않는다. 그러나 궐역에 대해 포의 수취를 허용하고 있었던 것은, 고려후기 역제 변화에 기인된 것임과 동시에 대립의 공인이 제도화되기 전의 예비단계라는 점에서 그 의미가 크다.

한편 양반의 경우에는 요역의 수취가 代役이나 役價 수취 등 역의 물납이 확인되지만, 민호의 경우에는 유감스럽게도 구체적인 기록이 없다. 그러나 다음과 같은 세 가지 근거를 바탕으로 민호의 경우도 가능해진 것이 아닐까 짐작된다.

첫째, 앞에서도 지적한 바와 같이 고려중기부터 전개되었던 유망현상이 고려후기 토지탈점의 확대와 병행하여 토지에서 이탈된 인민들이 증가되었다는 것이다. 물론 이들 유리민만 역부로서 고용된 것은 아니고 빈농 중에서 고용되는 사례도 있을 것이다. 그러나 빈농의 경우는 역시 借耕을 통해 농사를 지었을 것이며, 또 호에 편제되어 역의 파악대상이었으므로 역부로 고용되었던 노동력의 급원은 호의 파악에서 분리된 이들 유망민이 많은 비중을 차지할 것이다. 이처럼 고용할 수 있는 인적 자원이 갖추어져 있는 상황에서는, 고려전기처럼 역의 직접 징발만을 고수하기보다는 물납으로 대체할 수도 있었을 것이다.

요컨대 역의 물납은 농민층의 입장에서도 무상의 노동력의 수취를 줄임으로써 자립재생산을 보장받고자 했을 것이지만, 집권층의 입장에서도 마찬가지여서 농민경영의 안정이 농민의 이탈을 막고 안정적인 수취를 할 수 있다면 굳이 역의 물납을 반대했을 리 없다. 당시 농장의 확대가 광범위하게 이루어지고 있었던 점을 고려하면 지배층의 입장에서도 대립제나 물납제가 농장의 경영에 유리한 만큼 반대할 필요가 없었을 것이다.

둘째, 고려후기 국가에서 파악할 수 있는 노동력의 부족현상이 심화되면서 遠地의 인민을 동원시켜야 하는 비효율성이 문제되었을 것이다. 이러한 것은 加定別抄가 요역과 방수를 부담하기 위해 就役處와 防戍地의 먼거리를 왕래하는 불편이 따르자 이를 개선하는 방안으로 沿海郡民을 모두 방수에 충당하되 요역을 면제하는 대신, 별초는 방수를 면제하고 연해군민의 요역까지 부담하도록 한 사료[127]가 입증하고 있다. 사실 1개월이 소요되는 役事에 전라도나 경상도처럼 遠道에 속한 지역에서 인정을 징발할 때는, 왕래일자를 포함해서 50여일이 소요될 뿐 아니라 역사를 끝내고 귀환하는 중에 많은 질병자와 餓死者를 내기도 하였다.[128]

당시 교통사정의 불편은 고려전기부터 속군현이 주현까지 백여리나 되는 곳을 왕래하여 인민이 罷할정도라 하여 일찍부터 문제가 되어 이를 시정하는 일환으로 속현의 독립화가 이루어지기도 했다.[129] 또 京中과 가까운 京畿·楊廣·交州지역, 특히 경기민은 다른 지역에 비해 손쉽게 인정을 징발할 수 있다는 지리적 위치로 인해 요역의 부담이 과중했음은 기록에 잘 나타나 있다. 이런 점을 감안해 보면 군이 遠地의 인정을 징발하기보다는 물납제를 허용했을 가능성이 높다.

셋째, 요역과 상호중첩되어 실현되었던 공물에서도 절가대납이 확산되었던 후기의 사회경제적 변동을 감안하면 군이 요역의 직접 징발만을 고수했을 리는 없을 것이다. 사실 주부군현의 백성으로부터 役價를 받고 貢役

---

127) 『高麗史』권82, 兵2 宿衛 恭愍王 5년 5월, “敎 各處加定別抄 不論老弱單丁 勒令遠戍 往來 疲頓轉相避逃 其令沿海軍民 悉充防戍 仍蠲徭役 遠地之民 代供其役 勿令赴防 兩得其便”.
128) 尹用出, 「17·8세기 役夫 募立制의 성립과 전개」『韓國史論』8, 1982, pp.117~118.
129) 『新增東國輿地勝覽』권27, 玄風縣 樓亭 仰風樓, “玄風之爲監務尙矣 中隷于密城 吏承 約束 詣縣理者 必凌土官 而罔百姓 侮慢之 侵漁之 且因徵發 人民罷 田野荒 僅不失縣 名耳……”.

을 면제해 준 사례는 명종 18년 이전부터 불법적이지만 상당한 정도로 존재했던 것 같다.[130] 貢役과 요역이 파악하는 주체에 따라서 구별되기도 하지만 민호의 입장에서는 노동력 수취라는 점에서 다 같은 것이었다. 따라서 공역의 대납 및 물납이 전개되고 있었던 점과 관련하여 요역의 물납도 허용된 게 아닐까 생각한다. 앞에서 언급한 바와 같이 공역의 대납은 고려후기 생산력의 발전을 바탕으로 한 민간수공업의 성장내지 유통경제의 활성화라는 기반이 있기에 가능했었다.

한편 후기의 경우 역의 수취에서 직접 노동력 동원에 징발되는 대신, 물납으로 대체할 수 있을 정도의 경제적 여력을 갖춘 민이 존재하고 있었다는 점도 주목할 만 하다. 즉 고려후기 토지소유의 불균등은 계급분화 빈부격차의 심화를 가져와 한편으로는 遊手之徒가 창출되는 가운데, 다른 한편으로는 농업생산력의 발전을 기반으로 부를 축적한 「富民」·「富室之家」·「富强兩班」 등으로 표현되는 자들이 발생하고 있었다.[131] 忠肅王 後2년의 기사인 다 <2>에 의하면, 禁內를 개축하다가 돈이 부족하여 人家에서 돈을 빌려 재목과 기와를 샀다고 한다. 이 때 돈을 빌려준 人家는 바로 富民이었을 것이다. 이들은 부를 축적하기에 유리한 입장에 있던 재지세력들이겠지만, 평민이나 노예 가운데서도 부를 축적하는 것이 예외적 현상만은 아니었다. 李詹(1345~1405)의 蔚州에 관한 설명에서 울주는 땅이 기름지고 소금이 많이 나므로 백성 중에 앉아서 부자가 된 자가 여럿이라고 한 것도 그 일례이다.[132] 또 노비의 경우도 요역의 대상이 아니던 외거노비가 후기에 접어들면서 수취의 대상으로 파악된 것은 이런 배경에 기인하고 있을

---

130) 『高麗史』 권78, 食貨1 貢賦 明宗 18년 3월, “下制 諸州府郡縣百姓 各有貢役 邇來 守土員僚 斜屬使令 徵取役價 其貢賦 經年除免 椽吏之徒 竝遵此式 役之不均”.
131) 洪榮義, 「高麗後期 富戶層의 存在形態」『擇窩許善道先生停年紀念韓國史學論叢』 1992 ; 안병우, 앞의 논문, 1994, pp.328~334.
132) 『新增東國輿地勝覽』 권22, 蔚山郡 古蹟 古邑城 李詹 記文, “蔚州古之興麗府……素號 沃饒 且利魚鹽 故民之坐致富者 比屋皆然 因而軍國之需 多至累千……”. 자세한 것은 안병우, 앞의 논문, 1994, pp.331~332 참조.

것이다.[133] 요역징발에 있어서 양반이라도 僕隷나 돈이 없는 경우 직접 就役한 바와 같이[134] 재력이 없는 소농민은 직접 취역을 했을 것이다. 그러나 생산적 잉여를 갖춘 사람들은 물납을 매개로 요역문제를 해결하고 있었을 것이다.

이와 같이 민호의 赴役徵發에서 역의 물납이 허용됨과 아울러 물납으로 감소된 만큼의 노동력을 보완해야 할 필요성이 있으므로 그 결과 부분적인 고용노동의 현상이 전개되었다. 이러한 점에 대해서는 다 <4>의 사료가 시사하는 바 크다. 도평의사사의 廳舍를 새로 지을 때 나무를 자르거나 塼石을 마련하는 작업에는, 「雇直之徒」를 사역시켰으므로 백성들은 한달 동안 작업을 하면서 힘든 줄을 몰랐다고 하고 있다. 그런데 보통 궁궐이나 관청을 영조할 경우 대규모의 노동력이 필요한 부분으로는 기초공사, 재료를 마련하고 운반하는 작업, 건물조성 등의 세 단계가 있다. 이 중에서 기술적인 작업을 제외한 대부분은 일반민의 요역노동에 의해 이루어지는 것이 상례였다. 다 <4>의 내용에서 민호가 요역노동을 물납했다는 말은 찾을 수 없더라도 「雇直之徒」를 동원하고 있는 점은 주목할 만 하다. 왜냐하면 민호의 요역노동에 의존하던 赴役實態에서 고용노동이 등장하고 있는 것은 역의 물납제와 궤를 같이 하여 나타나는 현상이기 때문이다.

사실 고려후기에 있어서 역의 대립 내지 고용현상은 상당한 정도로 존재하고 있었던 것 같다. 예를 들면 다 <1>에서도 양반호로부터 米粟을 거두어 「就賃供役」하고 있다. 이런 현상은 충렬왕대 양반 가운데 僕隷가 없는 자는 녹패를 팔아서 「雇庸赴役」하라는 데서도 잘 나타나고 있다.[135] 또 신역이라 할 수 있는 기인역도 포로 대납하든지 혹은 「雇人代立」으로 수행

---

133) 외거노비의 요역부담에 대해서는 본서 Ⅲ장 2절 참조. 외거노비가 고려후기 세제 부과대상으로 파악되어 간다는 것은 洪承基, 『高麗貴族社會와 奴婢』, 一潮閣, 1983, pp.198에서도 지적하고 있다.

134) 『高麗史』 권29, 世家 忠烈王 6년 3월 임자.

135) 『高麗史』 권29, 世家 忠烈王 6년 3월.

하고 있었다.136) 심지어 다 <5>에서와 같이 토목공사의 赴役에 민호를 전혀 동원하지 않고 완전히 雇立制에 의존했던 사례도 있었다. 즉 불교와 관련된 役事를 수행할 때 민호를 사역시키지 않고 遊手만을 동원시키고 있다.

그런데 다 <5>의 역사는 다른 사료의 내용이 개인적이거나 지방적인 성격을 지니는데 비해, 중앙정부 차원의 역사이다. 요컨대 공양왕 자신이 사역시키고 있다. 왕 개인의 역사와 중앙적인 차원의 역사는 구별될 것이라는 우려가 있을 수 있겠지만, 전근대사회에서 국왕과 국가는 분리할 수 없는 것으로 생각한다. 앞에서 살펴 본 바와 같이 토목공사의 역 가운데서 대표적인 불교와 관련된 역사는 지방주체의 역이나 사적인 역을 제외하고는 거의가 국왕이 주도하는 역사였지만, 동시에 중앙 주도의 역사이기도 했다.

게다가 민호에 의해 수행되던 단순노동 외에 기술자인 工匠의 경우도 고용노동에 의해 동원되기도 했다. 다 <2>에서 禁內의 청사를 개축하기 위해 관에 역부를 청했지만 얻지 못하자 사적으로 공장을 고용하고 家童을 사역하여 일을 마치고 있다. 또 다 <3>에서는 중방을 개축할 때 일반 역부는 경군이 맡았지만, 공장의 경우 승려로서 집에 있는 자들이 고용되었는데 다투어 나갔다는 것이다. 이 때 공장으로 고용된 사람들의 성격에 대해서는 확실치 않지만, 임금을 받을 수 있을 정도의 기술자인 것만은 틀림없다. 이와 같이 공적인 役事에서조차 공장을 구할 수 없어 공장을 고용하고 있는 것은 당시 관청수공업 자체가 이미 와해되었음을 의미하고 있다. 고려후기 관청수공업이나 所수공업이 무너지게 되면 여기에서 벗어난 상당수의 匠人들이 민간수공업자로 전환하였을 뿐 아니라137) 때로는 임금을

---

136)『高麗史節要』권35, 恭讓王 3년 3월, “中郎將房士良 上時務十一事曰……九日 其人之
　　制 世無史傳 憲廟至元之間 五道州郡 抄得三百 分屬版圖司 造成都監 各一百五十名爲
　　常額 自庚寅倭寇以來 州郡蕩然失所 邑無孑遺 而長闕官有定額 而追捕京中主家 當被
　　捉見囚之 餘雇人代立之際 借貸利布 日徵一匹”.
137) 고려후기 공장에 대해서는 徐聖鎬,「高麗 武臣執權期 商工業의 전개」『國史館論叢』

받고 취역함으로서 생계를 도모하기도 했다.

특히 이들 사료에서 주시해야 할 것은 다<2>와 같이 재목과 기와를 샀다든지, 다<3>에서 「雇車輪材」했다는 점이다. 물론 이들 기사가 민호의 역을 줄이기 위해 상당히 배려를 한 경우라는 점을 감안하더라도, 당시의 고용여건을 짐작하는데 중요한 단서가 된다. 시장에서 재목과 기와를 구입한 것은 종래와는 다른 양상이다. 전기의 경우라면 당연히 민의 요역노동에 의해 나무를 자르고 운반했으며, 이것은 당시 경기민을 비롯하여 교주·양광도민의 중요한 工役이었으며 輸役이었다.[138] 그리고 이들 재료를 운반할 때의 장비도 당연히 민호로부터 自辦하던 것인데 「雇車」하고 있다. 기와의 경우도 고려전기와 같이 소민의 신역에 의해 충당되는 것이 아니라 기와를 구입하고 있다. 종래 민호의 요역노동에 의존해서만 조달될 수 있던 것들이 구입에 의해 가능해 졌다는 것은, 그 정도로 민간수공업의 성장 내지 유통경제가 이루어지고 있었음을 반영하고 있다.

이와 같이 고려후기 役事에서 무상의 노동력의 수취를 부분적으로나마 고용노동에 의해 축소시켜 주고 있었던 것은 전기에 비해 달라진 점으로 주목된다. 이와 같이 고용노동을 통해 민의 요역노동을 축소시켜 준 것은 무신집권 이래 치열하게 전개되어 왔던 농민항쟁의 산물일 것이다. 사실 고려중기이래 토지소유의 불균형과 함께 수취체제의 모순에 직면한 농민층은 본관제적 구조에서 이탈함으로써[139] 저항해 나갔다. 앞에서 살펴 본 바와 같이 공물의 경우이긴 하지만, 공물 가운데 직조류와 관련된 공물이 포로 대납된 것이 바로 예종 9년(1114)이었다. 광범위한 민의 유망현상을 막기 위해 監務를 파견했던 것이 예종 원년이므로, 직물류의 대납은 수취상의 모순을 해결하려는 시도와 무관하지 않을 것으로 생각한다. 농민층의

37, 1992, pp.104~105 참조.
138) 본서 Ⅱ장 3절 가운데 토목공사의 역 참조.
139) 蔡雄錫, 「高麗前期 社會構造와 本貫制」『高麗史의 諸問題』, 三英社, 1986.

소극적인 저항인 避役단계에서 무신집권기 이후 적극적인 농민항쟁으로 발전하는 상황이 전개되면 집권층도 민의 수취에 어느 정도 배려를 해야만 했을 것이다. 다＜1＞에서 희종대 유직품관인 양반에게 요역이 처음으로 부과된다든지, 원지배하의 14세기대 개혁정치의 성격은 수취체제상의 모순을 해결하려는데 집중되어 있는 것은[140] 이런 사정을 반영한 것이 아닌가 한다.

그런데 최근 필자와 달리 고려시기 역의 징발은 당제와 마찬가지로 고려전기부터 역의 물납이 보편적이었다고 한 견해가 제시된 바 있다.[141] 이를테면 국가적 차원의 역사가 매년 전국적으로 존재하는 것이 아닐 것이므로, 大小의 역사는 주로 王京과 京畿民에 의해 이루어졌으며, 그 외 주위의 楊廣·西海·交州의 민이 징발되는 정도이므로 해마다 正役에서 제외되는 상당수의 나머지 민호는 포로써 납부한다는 것이다. 그리하여『高麗史』권 80, 食貨3 賑恤 恩免之制 景宗 6년의 “其免民三年租役”이라든지, 성종 16년 12월의 “放三年役”의 표현은 해마다 수취되는 經常稅의 하나로 이해하고 있다.

이 견해에서는 다음의 두 가지가 간과되는 문제점을 안고 있다.

하나는 당제는 고려와 달리 호를 기준으로 역을 부과한 것이 아니라 직접 每丁을 기준으로 한다는 점이다. 본래 당의 경우 고려사회보다 인적자원도 풍부한데다 역의 대상자도 직접 ‘丁’을 대상으로 파악했던 만큼, 노동력의 직접징발보다 물납이 보편적일 수있는 요건을 갖추고 있다. 이에 비해 고려사회는 제반 여건상 현물세의 징수와 노동력의 직접 징발에 의존할 수밖에 없는 상황이었다. 수취를 부담하는 정남의 연령이 달랐던 것도 이런 측면을 반영하고 있다. 즉 당의 경우 수취의 대상연령은 中·丁으로 구

---

140) 원간섭기의 개혁정치에 대해서는 권영국, 「14세기 전반 개혁정치의 내용과 그 성격」『14세기 고려의 정치와 사회』, 민음사, 1990 참조.
141) 金載名, 앞의 학위논문, 1994, pp.121~123.

분되어 21세 이상이 정남에 해당되며, 중남을 제외한 정남만 중앙적인 역을 부담하고 있었다. 이와 달리 고려에서는 정남의 연령이 16세 이상으로 당에 비해 낮았는데, 이는 노동력의 직접 징발이 필요했던 사정과 무관하지 않을 듯 싶다.

또 다른 하나는 역의 물납이나 고립제가 제도적으로 정착된 것은 한국사회의 경우 16세기 이후의 일이며, 그 이전의 조선조에서도 요역의 직접 징발이 원칙이었다.[142] 만일 고려전기부터 역의 물납제가 보편적이라고 한다면, 사회발전 단계라는 측면에서 왜 조선전기의 역제가 고려시대에 비해 시대역행적일 수밖에 없는가에 대한 배경이 설명될 수 있어야 한다. 따라서『高麗史』에 나타나는 위의 표현도 字意에 구애받을 것이 아니라 역의 징발을 면제하는 것으로 보아야 하며, 역의 물납제는 고려후기에 전개된 것으로 이해하는 것이 타당할 것으로 생각한다.

이상에서 고려후기 역의 물납제와 고립제가 전개되었음을 살펴보았다. 그러면 토목공사에 있어서 역부를 고용할 경우 역부에게 노동력의 대가를 지불할 경비는 어떤 식으로 마련되었을까. 당시의 국가재정은 농장의 확대라든지 몽고와의 오랜 전란 등으로 극도로 궁핍했던 만큼, 요역대상자로부터 역을 물납하는 대가로 징수한 米·粟·布 등이 주된 자원이 아닐까 한다. 그러나 당시 요역대상자가 납부하는 代役價가 어느 정도였는지 그 구체적인 규정은 알 수 없다. 품종의 경우는 하루 闕役한 대가로 米 1석을 징수하고 있다.[143] 이 때의 액수가 상당히 높은 것은 품종을 내는 사람들이 지배층이라는 특수성 때문에, 특별히 높게 징수한 경우인 듯 하다. 그리고 기인의 경우도 하루에 1필을 징수할 정도로[144] 높게 나타나고 있다. 이처럼 다 <1>의 내용이나 其人의 代納例에서 볼 수 있는 바와 같이 米·粟·

---

142) 尹用出, 앞의 책, 1998 참조.
143)『高麗史』권28, 世家 忠烈王 3년 6월 秋7월 경인, "造成都監 令諸王宰樞至各領軍人 出丁夫有差 輸材于山 闕一日役者 徵米一石".
144)『高麗史』권83, 兵3 工役軍 忠惠王 後4년 5월.

布 등의 현물이 代納價나 雇價의 대상이 되었던 것만 확인될 뿐이다. 그리
고 代納價나 雇價의 가격은 당제의 경우 하루에 紬·絹이면 3尺이며, 布는
3尺7寸5分인 점이 참고될 정도이다.[145]

그러나 고려후기 고립에 의한 赴役形態가 상당한 정도로 존재하긴 했지
만, 이와 같은 현상은 주로 중앙정부가 주관하는 요역에 보다 빈번하게 나
타나고 지방관아에서 주관하는 요역동원의 경우에는 지방관의 임의대로 맡
겨진 것이 아닌가 생각한다.[146] 왜냐하면 토목공사의 역을 수행하기 위해
민호를 징발할 경우 遠地之民을 동원함으로써 생기는 문제점이 나타나는
것은 중앙정부의 역이기 때문이다. 또 중앙에서 주관하는 역사는 지방관부
의 역사에 비해 대체로 많은 인원이 소요되는 대규모적인 성격을 지닌 것이
므로 부분적으로나마 고립에 의한 방법이 채택될 가능성도 높을 것 같다.

사실 唐에 있어서도 중앙정부의 역을 수행하는 경우에는 역의 물납인
庸이 일반적이었지만, 지방관부가 주관하는 역사에 있어서는 물납도 가능
했지만 주로 역의 직접 징발이었다.[147] 역의 물납제가 채택된 일차적 요인
은 고려나 당 모두가 교통이 불편했던 당시의 상황에서 중앙의 역사가 있
을 때 京中까지 遠地之民을 징발해야 하는 비효율성 때문이었을 것이다.
왜냐하면 비교적 농민층의 경리가 안정되었던 고려전기에 있어서도 특히
경군의 力役징발이 가혹하여 도망하는 사례가 속출했다든지, 경기민의 요
역부담이 다른 지역에 비해 과중한 폐단이 제기되곤 했다.[148] 이는 경중의

---

145)『舊唐書』권48, 食貨 上 武德 7년.

146) 朴鍾進, 앞의 학위논문(1994), pp.180~182에서는 역의 물납화를 간단히 피력하면서,
　　중앙차원이 아닌 지방차원의 役事에 한하여 어느 정도 고용노동이 이루어진 것으
　　로 이해하고 있다.

147) 曾我部靜雄, 앞의 책, 1953, p.225.

148) 경군의 역역이 가중했다는 것은 李基白,「高麗 軍役考」『高麗兵制史研究』, 一潮閣,
　　1968, pp.139~141 ; 洪承基,「高麗초기 中央軍의 組織과 役割-京軍의 性格」『高麗軍
　　制史』, 陸軍本部, 1983, pp.59~61 ; 李貞熙,「高麗時代 徭役의 運營과 그 實態」『釜大
　　史學』8, 1984, pp.69~70에서 지적한 바 있다.

役事에 노동력 동원이 필요하면 우선적으로 감안했던 것이 경중까지의 거리, 즉 지리적 위치였음을 짐작케 하고 있다.

한편 고려후기 赴役實態에 雇立制가 상당한 정도로 전개되었다고는 하지만, 고립제가 차지하는 비중은 직접 징발에 비해 그다지 큰 것은 아니었던 것 같다. 또 역의 물납제가 시행되었다 하더라도 민호로부터 징수한 物納價가 역부의 고용을 위해 전부 사용된 것 같지는 않다. 왜냐하면 당시 정부의 재정궁핍을 고려해 보면 역의 물납가가 종종 정부의 부족한 재정을 보충하는 수단으로 충당되었을 것으로 예상되기 때문이다. 이것은 잡공의 대납으로 호포를 징수했지만, 종국에는 포와 잡공이 이중적으로 병과되었던 상황(가 <2>)이 시사하고 있다. 즉 물납을 한 만큼의 부족분은 고용을 해서 충당하기 보다 지방관이나 향리의 자의에 의해 다른 민호에게 역을 전가시키는 결과를 초래하였던 것이다. 貢役의 役價를 받으므로 인해 역의 불균형이 생겨 貢賦를 내는 民이 유망한다는 기록149)은 이런 사실을 반영하고 있다.

더욱이 요역의 出丁순서가 명확히 규정되지 않고 循環調發의 형태를 지니고 있었던 상황에서 매번 가난한 자만 역을 부담하는 결과가 발생하기도 했다.150) 이와 같은 실정은 지방주체의 역사에서 더욱 심하게 나타났을 것이며, 요역징발에서 나타나는 운영상의 문제점은 빈부의 격차를 더욱 심화시키는 계기가 되었을 것이다. 그러므로 고려후기 토목공사에 품종이나 승

---

149) 『高麗史』 권78, 食貨1 田制 貢賦 明宗 18년 3월.

150) 『成宗實錄』 권57, 成宗 6년 7월 신해, "我國民役民式內 凡田八結出一夫 一年役民毋過六日 而守令不體國家撫恤元元之意 常時役民……而無勢殘戶 別抄錄簿 周而復役民不堪苦 又有以殘民所耕一結 幷勢家所耕七耕以出一夫 其勢家之奴 依憑城社 恒不就役……". 조선전기의 경우라서 고려전기와 出丁기준은 다르나, 출정순서는 동일하다는 점에서 주목되는 기사이다. 즉 8결작부제에 있어서 일반민의 경우 거의 8결을 소유하지 못하고 있었던 만큼 친족이나 타인의 토지와 합하여 1부를 내었는데, 이 경우 고려전기 편호와 같이 순환조발하는 형태여서 殘戶만 매번 중복하여 역을 부담하고 있었다.

려·군인 등을 징발하는 사례가 증가한 것이나, 민호 특히 빈호의 요역부담이 가중해진 것은 결국 고립제의 비중 자체가 노동력 부족현상을 메울 수 있는 단계까지는 이르지 못하고 있었음을 시사하고 있다.

또 토목공사에 고용된 역부의 성격도 17세기 이후 등장하는 조선후기의 募軍에 비해 한계성이 있는 것도 사실이다. 즉 17세기 이후 등장하는 모군의 경우는 고용여건 자체가 상품화폐경제의 발전에 따라 각종 토목공사의 고용역부로서 뿐 아니라 民營의 광산이나 수공업장 등에 진출할 수 있는 유리한 위치에 있었다. 따라서 이 시기의 모군은 비교적 자유로운 賃勞動者의 형태로 성장하는 것이 가능했다.[151] 이에 비해 고려후기의 경우는 상당한 정도로 민간수공업이 성장하고 유통경제가 발전했다고 하지만, 아직 상품화폐경제의 수준까지 발달할 정도는 아니었다. 그 결과 고려후기 고용역부가 고용될 수 있는 분야도 주로 토목공사에 한해서 가능했을 것이며, 아울러 토목공사에서 역부를 고용하는 비중도 미약했던 만큼 자연히 역부 자체도 중앙정부의 통제를 강하게 받았으므로 조선후기와 같이 「賃傭爲業」하는 형태로 발전할 수 없었다. 따라서 고려후기 물납제는 당의 경우와 마찬가지로 闕役하는 자가 개별적으로 납부하는 것이 대부분이고, 조선후기 정부에 의해 일괄적으로 실시된 收布制의 단계까지는 이르지 못한 것으로 볼 수 있겠다.

그 원인은 농업생산력의 뒷받침 등 여러가지가 있겠지만, 당시 농민들이 한 필의 포를 저축해 둔 집이 적은 실정[152]이었던 것은 收布制의 시행을 어렵게 만드는 요소였다. 주지하듯이 고려시기 포는 조선조의 綿布가 아니라 麻布였다. 따라서 여기서의 포는 당연히 마포인데, 고려전기 어느 정도

---

151) 尹用出, 앞의 논문, 1982, pp.166~167.

152)『高麗史』권79, 食貨2 貨幣 恭愍王 5년 9월에 "……今民家畜一匹布者尙寡 若用銀甁則民何以貿易哉 ……"라 하고 있다. 이는 당시 은병을 사용하자는 데 대한 반론으로 제기된 견해인 만큼 다소의 과장은 있겠지만 당시 농민층의 경제적 실상을 짐작케 하는데 도움이 된다.

항상적 잉여가 존재했던 마포의 생산이 이와 같이 위축된 것은 당시 농민 층의 경제적 실상을 말해주는 것이기도 하다. 원간섭기를 겪으면서 포에 대한 엄청난 수탈과[153] 함께 모시특수로 인한 麻田 경작비율의 상대적 축 소,[154] 그리고 無田농민의 속출에 따라[155] 빈농은 자신의 자가수요도 충분 하지 못한 상태에서 물납보다는 직접 취역을 택할 수밖에 없었을 것이다.

이와 더불어 麻布자체에 소요되는 노동시간량도 제약의 요소였다. 綿布 가 15세기 후반기 正布의 자리를 넘겨받는 이유는 면포가 의류로서 실용적 인 가치가 있다는 점 외에도 면포를 만드는데 드는 노동시간이 마포에 비 해 불과 1/5의 노동시간밖에 소요되지 않는 이점이 있었기 때문이다.[156] 15 세기 후반이후 군역·요역·공부에 있어서 면포에 의한 대납현상이 전개 될 수 있었던 것도 이와 무관하지 않을 것이라는 점을 감안해 보면, 고려후 기의 물납제가 보편화되지 못한 일면을 이해할 수 있겠다.

이와 같이 고려후기에 전개되었던 물납제와 고립제는 비록 고려후기 사 회경제적 제약으로 인해 많은 한계성을 내포하고 있지만, 고려전기 역제와 는 다른 모습이 전개된 자체만으로도 의의가 있다. 물납제나 고립제가 비 록 토지소유의 불균형이나 수취제상의 모순 등으로 인해 발생된 극심한 계

---

153) 『高麗史』 권79, 食貨2 科斂 忠烈王 18년 8월, "……又遣中郎將宋瑛等 航海往益都府 以麻布一萬四千匹 市楮弊 王欲親往爲世子 行聘禮 乃於全羅忠淸兩道 家抽麻布以軍 粮抑買 怨讟益興";『高麗史』 권79, 食貨2 科斂, 忠肅王 15년 2월, "王將入朝 置盤纏 都監 各令品及五部坊里 出白紵布有差 又於京畿八縣民戶 斂布有差……".

154) 고려후기 모시의 직조기술은 최상의 수준이었으며, 중국시장에서도 가장 경쟁력 있는 상품이었으므로 원지배하에서 모시특수가 일어났다고 한다. 권세가는 이를 이용하여 막대한 부를 축적할 수 있었지만, 농민들은 지배층의 모시수탈에 시달려 야 했기 때문에 자기경영을 위한 생산노동을 희생하고 모시생산에 진력해야 했다 는 점이 지적된 바 있다(魏恩淑, 앞의 책, 1998, p.220).

155) 『三峯集』 권13, 『朝鮮經國典』 賦典 經理, "自田制之壞 豪强得以兼幷 而富者田連阡陌 貧者無立錐之地 借耕富人之田 終歲勤苦 而食反不足 富者安坐不耕 役使傭佃之人 而 食太半之入……".

156) 宋在璇, 「16세기 綿布의 貨幣機能」 『邊太燮博士華甲紀念論叢』, 1985, p.391 ; 魏恩淑, 앞의 책, 1998, p.228 참조.

급분화 현상을 배경으로 한 것이긴 하다. 그러나 다른 한편으로 일정하나마 농민층의 경제적 성장을 반영하는 것이기도 하다.

왜냐하면 물납제나 고립제라는 방식으로 요역노동을 대체할 수 있기 위해서는 농민층의 생산적 잉여가 전제되어야 하기 때문이다. 이러한 점은 고려후기 구휼제도의 변화에서도 참조된다. 즉 소농민을 구휼하기 위한 의창미의 마련이 전기와 달리 일반농민으로부터 추렴하는 烟戶米法을 채택하고 있다.[157] 이는 농민층에 어느 정도나마 항상적 잉여가 존재하고 있음을 반영하는 것이다. 또 앞의 절에서 살펴 본 바와 같이 노동력을 징발하는 수취기준이 인신지배에서 자산과세로 변하고 있는 것도 이를 시사하고 있다. 아울러 농민층이 군역의 담당자로 등장하게 되었던 사실도 마찬가지이다. 위의 사례들은 고려후기 부역실태의 변화는 농민층의 성장을 배경으로 하고 있다. 역으로 국가에 의한 노동력의 직접징발이 축소되게 되면, 농민층은 축소된 정도의 노동력을 자립 재생산에 투여하는데 유리한 조건으로 삼을 수 있었을 것이다.

뿐만 아니라 고려후기 역제변화는 조선초기 역제의 대립화 현상을 촉진시키는 역할을 했을 것이라는 점도 유념할 필요가 있다. 조선초기는 집권층인 사대부가 고려후기 향촌사회에서 수취상의 모순이 소농민의 유리와 몰락으로 이어지는 것을 체험했던 만큼, 고려후기 공물이나 역의 대납이 오히려 포와 직접징발의 이중수탈로 전개되어 불균형이 심화되었던 실정을 개선하기 위한 시책을 펴게 되었을 것이다. 그 시책의 방향은 역의 물납화와 공물의 포납화가 아니라, 역의 직접징발과 현물세의 수취였다.[158] 이는 15

---

157) 『高麗史』 권80, 食貨3 賑恤 常平義倉 恭愍王 20년 12월. 구휼제도와 고려후기 권농
　　정책의 관련에 대해서는 魏恩淑, 앞의 책, 1998, pp.110～111 참조.

158) 조선 건국 후 제도 정비 과정에서 공납과 국역체계가 고려초의 상태로 복원하는
　　것을 지향하는 등 다소 왜곡된 모양으로 재편되었다는 견해는 이런 점에서 적절한
　　지적이라고 본다(오종록, 「중세후기로서의 조선사회 -조선사회의 성립을 중심으로
　　-」 『역사와 현실』 18, 1995, p.43).

세기 중반부터 나타나기 시작했던 收布制를 결사적으로 막으려 했던 의도에서도 짐작된다. 그러나 이러한 집권층의 의도와는 달리 세종대에서부터 토목공사가 있으면 民丁이 「雇人自代」하는 현상이 적지 않았으며,[159] 15세기 후반부터는 토목공사에 동원되던 역졸의 代立이 공인되면서 요역의 收布制가 시행될 수 있는 여건이 조성되고 있었다.[160] 조선초의 收布制나 고립제는 고려후기의 변화가 조선초 일시적으로 비중이 약화되긴 하지만, 점진적으로 지속되어 간 바탕 위에서 가능했던 것임을 보여주고 있다. 조선왕조 건국후 마련된 여러 제도는 12세기이래 진행되어 왔던, 고려후기 사회의 변동이 완결된 모습으로 마무리되는 14세기 원간섭기에서 그 제도적 기초가 마련되었다는 지적[161]은 이런 점에서 적절한 지적이라 생각한다.

이상에서 상요·잡공과 관련된 고려후기의 세제변화와, 요역징발에서 나타나는 변화를 살펴보았다.

일반 군현민의 공부는 12세기 전후 사회경제적 변화를 배경으로 문종 20년(1066)에는 일부 품목에 한해, 예종 9년(1114)부터는 貢中布·貢貯布·貢綿紬 등의 직물류까지 平布로 절가대납토록 하고 있다. 그러나 공부제의 절가대납은 고려후기 현물세의 수요증대로 인해 새로운 현물세인 상요·잡공을 부가하게 되는 결과를 낳게 되었다. 상요·잡공은 그 수취대상이 지방관청이었다는 점에서 공부와 밀접한 관련이 있는 품목이었다. 상요는 정도전이 「鮮經國典」 賦稅條에서 '有身卽出謀物'이라 한 데서 노동력을 징수하여 생산하는 물품이며, 잡공은 '有戶卽出謀物'로 인식한 점으로 미루어 개별 가호에서 조달이 가능한 물품으로 짐작할 수 있다. 상요·잡공은 조선왕조의 성립과 더불어 질적 변모를 보여 調布·戶布 등이 소멸하는 대신

---

159) 『世宗實錄』 권112, 世宗 28년 5월 경오, "況今飢餓之民 驅而赴之遠境 功役之苦 癘疾之侵 其不生還者 必倍於昔日矣 …… 故貧者逃避 稍有生業者 盡賣田宅 雇人自代 赤身而立 無復生理 貧富胥而爲流亡矣".
160) 尹用出, 앞의 논문, 1982, pp.125~126.
161) 박종기, 「14세기의 고려사회」 『14세기 고려의 정치와 사회』, p.35.

상요・잡공이 공부의 구성요소가 됨으로써, 조선초의 세제는 조세・공부・요역의 체제로 확립된다.

고려전기 人丁기준의 9등호제에 의해 부과되던 요역은 후기에 이르면서 토지과세가 적용되기 시작한다. 인정을 내는 토지의 기준은 조선 성종대처럼 확정된 것이 아니라 노동력 징발의 규모에 따라 운영되었으며, 이와 아울러 9등호제는 3등호제로 변모하게 된다. 이와 아울러 인정다과에 근거한 호등제가 京中과 지방 모두 인정이라는 동일한 기준을 적용한 데 비해, 자산과세의 경우 지방의 토지과세와 달리 경중은 營農을 生業으로 하지 않았으므로 家屋의 間數를 적용하였다. 뿐만 아니라 고려전기 9등호제의 성격도 변화되어 세제수취에서 차지하는 호등제의 의미는 점차 희석되어 갔다. 이는 중국에서의 호등제 역시 송대까지 존속은 하지만, 그 기능은 향촌에서 직역을 차정하는데 한정될 뿐 세액수취의 의미는 사라지는 것과 같은 맥락이다.

토목공사의 부역실태에서도 전기의 직접 징발 대신에 물납제와 고용노동이 전개되고 있었다. 이러한 것은 민의 유망화 현상으로 인한 노동력 부족이나 요역노동의 비효율성에도 기인하지만, 물납이 가능한 경제적 여력을 가진 민의 창출이나, 일반민의 요역노동에 의해 조달되던 물품을 구입할 정도의 민간수공업 내지 유통경제의 발전이라는 여건이 크게 작용하고 있었다. 비록 요역노동에서 고립제가 차지하는 비중이라든지, 役夫의 성격이 조선시기에 비해 한계성은 있지만, 고려후기 이래 전개되어 간 사회경제적 變化를 바탕으로 한다는 점에서 역사적 의의가 크다.

V. 結 論

이상에서 고려시대 세제 특히 요역제도를 중심으로 살펴보았다. 지금까지의 내용을 요약하고, 이에 덧붙여 고려시기 한·중·일의 조용조 세제를 통해 고려사회의 성격을 가늠함으로써 결론에 대신하고자 한다.

Ⅱ장에서는 고려시기의 요역제도가 당제를 수용하여 성립되어 가는 과정과 요역노동이 소요되었던 형태를 중심으로 살펴보았다.

고려의 세제는 개별민호에게 부과되던 租·布·役의 3세와, 지방관청을 대상으로 부과하던 공물이 있었다. 공물은 당제에서의 貢獻에 비교될 수 있는 항목이었다. 고려의 세제는 당제가 직접 丁을 과세대상으로 삼은데 비해, 戶를 과세대상으로 삼고 있었다. 이것은 고려의 요역제 운용이 당제와 다를 것임을 예견해 주는 중요한 부분이다. 고려사에서 요역을 의미하는 용어로는 요역 외에도 「역역」·「역」·「차역」·「요」·「과역」·「부역」 등 다양한 명칭이 사용되고 있는데, 이들 용례는 당의 용례와 깊은 관련이 있었지만 실질적 내용에 있어서는 차이가 있었다. 그리고 이들 용어가 사용된 시기는 「차역」을 제외하고는 전시기에 걸쳐 사용되고 있었다. 용례의 의미는 「요」를 제외하고는 요역만을 뜻할 때도 있지만, 요역 외의 역 또는 세제일반을 의미하는 경우도 있으므로 사료를 이용할 때 신중한 검토가 필요했다.

요역의 징발은 태조대부터 있었지만, 고려 요역제의 정비는 양전과 호구조사가 완비되었고 당제를 모방한 유교적 통치체제가 성립되었던 성종대였다. 특히 성종 7년대 재해규정에 따른 조·포·역의 면제규정이 당제와 거의 일치되는 점으로 미루어, 이 무렵에는 요역제 운영에 있어서도 9등호제에 의한 제도적 정비를 갖춘 것으로 보인다. 중국에서는 이미 양세법이 시행된지도 200년이 훨씬 지난 시기인데도 불구하고 고려의 요역제가 당제를 택하고 있는 것은, 고려전기 사회 발달단계가 토지과세로 이행하고 있던 송의 역제를 수용하기 어려웠기 때문이었다..

민을 동원하여 사역시켰던 요역형태는 노동력이 투여된 종목에 따라 각종 土木工事, 현물을 생산하는 貢物調達, 租稅運搬으로 정리할 수 있었다. 이 가운데 특히 토목공사로 인한 노동력 동원이 빈발했던 것은 집권층의 이데올로기와 정치세력 간의 갈등을 둘러싸고 표출되었던 지리도참설 및 불교와 긴밀하게 연결되어 있었다. 또 요역은 고려 전시기를 통해 일관되게 균등한 모습으로 부과된 것이 아니라 정치적 변동에 따라 혹은 고려 전후기라는 시기상에 의해서도 차이가 났다. 축성역 같은 경우는 고려전기에 집중되어 있다든지, 造船役의 경우는 원 간섭기에 빈번한 경우가 그것이다. 뿐만 아니라 부곡제민이라든지, 경기·서해·교주·양광 등의 신분 및 지역적 특성에 따라서도 요역부과의 내용이나 强度에 상당한 차별성이 존재하고 있었다.

한편 요역노동은 징발하는 주체나 범위에 따라 중앙차원의 요역과 지방 군현적 차원의 요역으로 나눌 수 있다. 그러나 실제로는 요역의 성격상 중앙적인 요역과 군현적인 요역은 상호 관련된 것이 많고, 또 군현차원의 요역은 거의 모든 부분에 걸쳐 다양하게 적용되었으므로 특히 그러했다.

Ⅲ장에서는 국가에서 군현 내부에 요역제도를 부과하는 체계와, 군현제 및 사회신분의 특성에 따라 어떤 방식으로 요역을 부담하고 있었는지 살펴

보았다.

고려전기 요역제의 수취는 중앙과 군현, 군현과 민호라는 두 단계로 파악할 수 있었다. 고려의 군현제 영역은 지방관이 파견되었던 州縣과 그렇지 못한 屬縣으로 구성되어 있었다. 고려전기 중앙의 노동력 징발은 계수관이 일정한 정도의 관여는 하고 있지만, 州縣에 직접 연결되는 체계였다. 주현에서 일차적으로 調役을 담당한 것은 수령이나 사심관이었으며, 이 과정에서 직할촌·속현·부곡제 지역 등에 따라 역의 불균형이 표출되고 있었다. 일단 군현에 역이 分定되면 군현 내부에서는 戶正계열의 향리가 민호에 인정을 징발하는 실무를 맡고 있었다. 향리는 9등호제에 입각하여 인정을 동원하였는데, 대체로 6丁을 기준으로 1丁을 내는 형태였다. 조선조에서 8결을 기준으로 1夫를 내는데 일반민의 경우 대부분 다른 사람의 토지와 합쳐 역을 부담한 것처럼, 고려에서도 6丁을 기준으로 1丁을 징발했으며, 그 이하의 경우는 다른 호와 합쳐서 1丁을 징발했다.

이와 같이 出丁규준은 정해져 있었지만 循環調發에 따른 순서 등 상세한 규정이 없이 실무자의 임의대로 맡겨져 있었으므로, 빈한한 호만 계속 역을 중복 부담하는 사례가 일어날 수 있는 소지가 내재되어 있었다. 즉 요역제 운영의 제도적인 규정 자체에서 역의 불균형이 심화될 수 있는 소지가 내재되어 있었으며, 법적으로 규정된 원칙도 중간관리의 수탈로 인해 제대로 시행되지 못했던 점이 많았다. 이와 같은 수취체제의 모순은 민의 저항을 초래하여 고려후기 세제 변화를 가져오는 중요한 배경이 되었다.

개별민호에 대한 요역부과는 인정다과에 의한 9등호제를 매개로 실현되고 있었다. 고려전기 호등제는 신라의 9등호제를 계승하되, 호를 구분하는 기준이나 기능에 있어서는 신라와 차별성을 지니면서 성립되었다. 신라사회에서 일부의 직역을 포함하여 세제전반의 기준이 되었던 9등호제는, 고려의 성립과 더불어 분화된다. 그 결과 人丁과 토지의 결합은 정호층의 창출로 그 형식이 이어지게 된다. 그리고 전조는 토지의 결부수를 대상으로 부과되면서, 호등제는 인정의 다과를 기준으로 하는 요역징발의 기능만을 담당하게 되었다. 그 기준이 되는 호는 6丁을 소유하는 호였으며, 이에 미달하는 호는 친속관계에 있는 인근의 호와 묶어 인정을 내도록 했다.

요역을 부담하는 계층은 일반민의 요역 부담형태와, 면역대상자의 신분층이라는 두 가지 측면으로 구분하여 검토할 필요가 있었다. 요역은 일반군현민을 주 대상자로 하지만, 부곡제 지역의 민도 예외없이 요역의 수취대상으로 파악되고 있었다. 다만 부곡제민의 요역 부담은 지역적 특성에 맞는 형태로 요역을 부담하고 있었다. 일반민의 요역 부담형태를 보다 구체적으로 파악하기 위해 주현군인에 대한 요역제 운영을 살펴 본 결과 정호층의 농민이 지던 보승·정용은 고려전기에는 비번의 군인이라도 요역이 면제되었던 것으로 짐작되었다. 반면에 백정농민층이 부담하던 일품군은 노동력의 효율적인 지배를 위해 번상의 원칙에 따라 군역과 요역을 부담하고 있었다.

면역대상자의 신분으로는 고려전기에는 현직품관과 양반가족이 포함되고 있었다. 12세기 전반대에 이르면 왕권강화의 개혁정책과 수반하여 6품 이하의 양반가족이 요역을 부담하게 되고, 13세기 초에는 현직품관에게도 역의 징발이 강화되고 있다. 양반호의 요역부담은 役價를 부담하거나 노비를 대역시키는 방안을 통해 해결하고 있다. 또 양반이 부담하는 요역은 일반민과 달리 토목공사에 집중되고 있으며, 역을 감독 지휘하는 등 그 부담형태도 일반농민층과는 차이가 있었다. 이에 비해 공장·상인·양수척·노비 등의 천류신분층은 요역이 면제되었는데, 이는 요역이 良人役이라는 시각에서 기인한 것이다. 본래 고려전기의 역제는 직역을 부담하는 丁戶層과 요역을 부담하는 白丁戶가 있었으며, 직역 외에 국가에서 필요로 하는 다양한 역은 雜尺으로 지칭되는 부곡제 지역을 통해 충당하고 있었다. 그러나 후기의 역제변화와 수반하여 정호층과 백정의 경제적 차별성이 사라지고, 또 12세기를 전후로 부곡제가 일반군현으로 편입되어 신분적 등질화가 수반되면서 양인이면 누구나 국가에 대해 직역을 부담하게 되었다. 조선왕조의 성립 이후에는 왕족과 왕후의 친척이더라도 疎遠한 호는 復戶의 대상에서 제외될 정도로 요역은 위로는 왕족에서부터 아래로는 노비에 이르기까지 신분의 고하를 막론하고 부과되는 명실상부한 戶役으로 자리잡게 된다.

Ⅳ장에서는 고려후기의 사회 전환기에서 필연적일 수밖에 없던 세제변화를 바탕으로 요역제의 부과기준 및 赴役實態의 변모에 대해 살펴보았다.

고려후기 세목에 집중적으로 등장하는 상요·잡공의 존재는 이 시기 세제변화의 의미를 집약하고 있다. 일반 군현민이 부담하는 공물은 문종 20년(1066)에 일부 품목에 한해 절가대납이 허용되다가 예종 9년(1114)부터는 貢中布·貢貯布·貢綿紬 등의 직물류까지 平布의 대납이 가능하게 되었다. 이와 같은 貢賦制의 절가대납은 고려후기 현물세의 수요증대로 인해 새로운 현물세인 상요·잡공을 부가하는 결과를 초래하였다. 이것은 상요·잡공의 수취대상이 공물과 마찬가지로 지방관청이라는 점에서 확인된다. 군현에 부과되던 공물은 대규모 노동력이 필요한 물품은 「貢役」의 형태로, 개별가호에서 조달이 가능한 것은 현물을 징수하였다. 상요는 문자 그대로 「常時徭役」의 뜻이므로 '有身卽出謀物'이라 하였으며, 따라서 노동력을 징수하여 생산하는 물품이었다. 이에 비해 '有戶卽出謀物'으로 인식였던 잡공은 개별 가호에서 조달이 가능한 물품임을 짐작할 수 있다. 그러나 잡공의 등장은 또 다시 절가대납인 戶布와 이중부과되는 등 공부제의 대납제와 관련된 모순이 심화되었는데, 조선왕조의 건국 이후 대대적인 공부제의 개혁이 단행된다. 이 과정에서 고려후기에 중복 부과되었던 품목이 정리되고 상요·잡공은 공부의 구성요소로 정착되어, 조선초의 세제는 조세·공부·요역의 체제로 확립된다.

고려전기 人丁多寡에 의거한 요역의 부과기준에 점차 자산과세가 적용되기 시작한다. 이와 아울러 9등호제는 3등호제로 변모하게 되고, 그 구분기준도 이전과 달리 경중과 지방의 이원적 형태로 나타나 경중은 營農을 生業으로 하지 않았던 만큼 지방의 토지과세와 달리 家屋의 間數를 적용하게 되었다. 자산과세가 채택되면서 인신적 세제수취인 호등제의 성격도 변화되어 세제수취에서 차지하는 호등제의 의미는 점차 희석되어 갔다. 이는 중국에서의 호등제 역시 토지를 제반과세의 대상으로 삼는 송대까지 존속은 하지만, 그 기능은 향촌에서 직역을 차정하는데 한정될 뿐 세액수취의 의미는 사라지는 것과 같은 맥락이다. 이런 점에서 조선 세종대 호등제에 의거한 자산과세는 고려후기 세제변화의 귀결인 동시에, 이를 마지막으로 호등제는 세제수취의 기능을 완전히 상실하게 된다.

수취기준의 변화와 아울러 토목공사의 赴役 실태에서도 고려전기의 직접 징발 대신에 물납제와 고용노동이 전개되고 있었다. 그 배경은 일차적으로는 민의 유망화 현상으로 인한 노동력 부족이나 요역노동의 비효율성 때문이지만, 이와 더불어 물납이 가능한 경제적 여력을 가진 민의 창출이나, 요역노동에 의해 조달하던 물품을 구입 가능케 한 민간수공업과 유통경제의 발달도 크게 작용하고 있었다. 다만 雇立制가 요역노동에서 차지하는 비중이라든지, 役夫의 성격은 조선후기에 비해 한계성이 있다. 또 조선왕조의 건국 이후에는 물납제나 고립제가 강력하게 통제되고 도리어 요역제가 정착되기도 한다. 그럼에도 불구하고 고려후기 이래의 역제변화는 15세기 중반이후 收布制나 代立化 현상으로 이어지는 토대가 되고 있는 점에서 역사적 의의가 크다.

이상에서 요역제도의 성립과 운영체계, 그리고 변화방향을 통해 고려시대 요역제 더 나아가 세제의 실상을 살펴보았다. 본서의 연구를 토대로 고려시기 한, 중, 일 세제의 성격을 정리함으로써 다음의 연구과제로 삼고자 한다.162)

---

162) 중국의 조용조 세제는 단순히 중국사회 뿐만 아니라, 한국·일본 등 동아시아에 보편적으로 채택되었던 세제였다. 고려의 세제는 중국의 조용조 세제를 수용하여

　첫째, 세제 부과의 기준이 달랐던 점을 들 수 있다. 당의 경우 정남을 기준으로 조용조가 부과되는 인두세적 성격을 지니고 있다. 일본의 경우 당과 달리 田租는 토지를 대상으로 부과하고 있지만 田租는 賦役令이 아니라 田令에 따로 구분되어 있었던 만큼, 기본세목은 역시 인두별 수취였다. 따라서 唐·日의 경우 人丁의 연령구분은 고려와 달리 상세하다. 당에서 정남은 21세～60세였는데, 16～20세까지의 中男도 지방에서 부과하는 요역을 부담하고 있었다. 그런데 당에서 균전의 지급대상은 18세 이상이었던 점을 감안하면, 인정의 연령구분이 세분화된 것이 均田의 급전을 위한 목적도 있지만 세제부과도 중요한 목적이었음을 알 수 있다. 이것은 일본도 마찬가지였다. 일본의 정남도 당제와 같이 21세～60세였는데, 次丁(61～63세)과 중남(18～20세)도 정남의 1/2 및 1/4의 調와 庸을 부담하게 하고 있다. 고려의 경우 요역 징발만이 인정을 기준으로 했으며, 이 때도 丁·中의 구분없이 16세～59세까지의 정남을 대상으로 하고 있다. 뿐만 아니라 요역징발에 있어서도 모든 개별 人丁이 대상이 된 것이 아니라 6丁戶를 기준으로 1인을 징발하는 戶별 수취였다는 점에서 본래의 人頭稅的 수취와는 구별된다.

　둘째, 調의 本色을 들 수 있다. 고려에서 징수한 조의 물품은 당제와 같이 직물류였다. 이에 비해 통일신라나 일본 율령국가[163]의 조는 직물류와 특산물이 분화되지 않은 형태였다. 같은 직물류라 하더라도 당제와 고려는 직물류의 본색이 무엇인가에 대해서는 차이가 있다. 예컨대 당에서의 조는 비단류와 포류이긴 하지만, 비단류가 본색이다. 하지만 고려에서 조의 본색은 포류였던 것 같다. 당과 달리 고려에서는 조포라 하여 조와 포를 동일

운용하고 있었다. 그러나 조용조 세제가 이들 국가에 수용될 때 일률적으로 도입되는 것은 아니었다. 비록 조용조의 기본골격은 동일하다 하더라도 세부적인 운용에서는 해당 국가의 사회경제적 발달단계에 따라 달리 적용되었다. 자세한 것은 「고려시대 稅目의 내용과 성격」이라는 논제로 발표할 예정이다.

163) 이하 일본에 대한 것은 니가하라 게이지 編, 朴玄垛譯, 『日本經濟史』, 지식산업사, 1983 참조.

한 용례로 사용하고 있다.

고려에서 조의 본색으로 포류를 징수한 것이 당제에 비해 양잠의 기술이 후진적이었기 때문만은 아닐 것이다. 왜냐하면 고려전기 포류의 본색은 의류용보다 5승포, 추포였다. 고려정부에서 화폐유통을 위해 적극 노력했음에도 불구하고 실제로 유통되었던 것은 현물화폐인 포였다. 이 점에서 고려의 조는 신라나 일본의 조와 달랐으며, 이는 고려의 사회경제적 발전단계가 한 단계 위였음을 의미한다.

셋째, 지방주도로 요역노동을 징발하는 雜徭의 문제이다. 요역노동의 주체는 중앙차원과 지방차원으로 구분되는데, 당의 조용조 세제에서 지방주체의 요역은 잡요라 하였다. 이것은 일본도 마찬가지였다. 당이나 일본은 중앙적인 歲役은 물납제를 허용하는 대신 잡요는 實役을 부과한다는 공통점이 있다. 세역의 日限은 당의 경우 20일이며 일본은 10일인데, 잡요는 당이 40~50일이었고 일본은 60일이었다. 일본의 경우 調에 포함된 대부분의 잡물이 잡요를 통해 조달되었으므로 잡요는 특히 민중의 원성의 대상이었다. 당에서의 잡요제는 일본과 같이 잡물의 조달을 위한 것이기보다 職役이나 身役 부담을 위해 동원되었다. 고려에서도 중앙주도의 역 징발과 지방주도의 역 징발이 있었다. 그러나 唐·日처럼 지방적 역이 기본세목에 편제되어 있지 않아서 잡요라는 용례 자체가 없다. 이것은 고려국가의 물품생산이나 역제 부담이 唐·日과 달랐던 것임을 시사하고 있다.

넷째, 자산과세의 변모시기를 들 수 있다. 唐·日의 세제는 8세기 후반무렵 율령제적인 색채가 변모하기 시작한다. 즉 당에서는 토지과세인 양세법으로 이행하고 있다. 일본에서도 9세기를 전후로 調庸物의 질의 조악화, 未進上으로 부호에 의한 대납 현상이 전개되면서 다도제(田堵制)가 시행된다. 다도제는 경제력이 있는 농민을 중심으로 납세책임을 맡기는 방식으로 이와 아울러 토지과세로 이행하게 된다. 그러나 고려의 세제가 완전히 자산과세로 이행하는 시기는 甲寅年(1314)을 전후한 시기이므로 唐·日에 비해 상당히 늦다.

그와 같은 배경은 두 가지로 집약될 수 있을 것 같다. 하나는 고려전기 사회가 완전히 자산과세로 이행할 수 있는 단계가 아니었다는 점이다. 또 다른 하나는 굳이 고려가 자산과세로 이행할 필요가 없을 정도로 고려사회의 발달단계에 걸맞게 조용조 세제를 변용하고 있었던 점이다. 즉 田租는 이미 토지과세였다. 또 調의 징수 역시 인정을 참작하긴 했지만 경제력을 참작하는 형태였다. 役制의 경우도 경제력의 차이에 의해 직역부담자와 요역부담자가 구분되어 있었던 만큼, 일반민이 직역이나 요역을 전부 부담하던 당제에 비해 진일보된 형태였던 것이다.

이상에서 본서의 연구를 토대로 고려시대 세제의 특성을 정리해 보았다. 본서는 국가권력과 민의 부담이라는 측면에 초점을 두고 논지를 전개했다. 요역제의 연구가 민의 부담이라는 측면에서 파악되기 위해서는 고려시기 민의 토지소유가 신라통일기 나아가서는 조선전기와 어떤 차별성을 지니는지에 대한 깊은 천착이 따라야 한다. 이것은 토지제도, 생산력 내지 생산관계가 근본적으로 수취체제를 규제하는 요소들이기 때문이다. 현재의 필자로서는 이런 문제들까지 해결할 수 있는 입장이 아니기 때문에 기존의 연구성과를 반영하는 수준에 머물 수밖에 없었다. 또 요역 외의 신역에 대한 검토는 役制 전반의 구조를 역동적으로 구성하기 위해 필요한 과제이지만, 이에 대해서도 요역과 관련된 측면만을 대상으로 했을 뿐 신역 그 자체를 독립된 항목으로 살피지는 못했다. 본서가 가지는 이러한 한계성은 앞으로 계속 보완되어야 할 과제로 생각한다.

참고문헌

1. 기본사료

『三國史記』, 李丙燾(校勘), 乙酉文化社, 1977.

『三國遺事』, 民族文化推進會, 1944.

『高麗史』 全3卷, 延世大學校 東方學硏究所, 景仁文化社, 1972.

『高麗史節要』, 東國文化社, 1960.

『高麗名賢集』 全4卷, 成均館大學校 大同文化硏究院, 景仁文化社, 1973.

『三峰集』, 國史編纂委員會, 1961.

『太祖實錄』~『成宗實錄』, 國史編纂委員會, 1973.

『慶尙道地理志』, 亞細亞文化社, 1983.

『新增東國輿地勝覽』, 景文社, 1981.

『高麗圖經』, 亞細亞文化社, 1972.

『經國大典』, 景文社, 1981.

『朝鮮金石總覽』, 亞細亞文化社, 1976.

『韓國金石文追補』, 李蘭暎編, 中央大出版府, 1968.

『韓國金石全文』, 許興植 編, 亞細亞文化社, 1972.

『舊唐書』, 中華書國, 1982.

『新唐書』, 中華書國, 1982.

『大唐六典』, 亞細亞文化社, 1979.

2. 연구서

姜晋哲, 『高麗土地制度史研究』, 고려대학교출판부, 1980.

＿＿＿, 『韓國中世土地所有研究』, 一潮閣, 1989.

金光哲, 『高麗後期 世族層과 그 動向에 관한 研究』, 東亞大學校出版部, 1991.

金基興, 『三國 및 統一新羅 稅制의 研究』, 역사비평사, 1991.

金哲俊, 『韓國古代社會研究』, 知識産業社, 1975.

金弼東, 『韓國社會組織史研究』, 一潮閣, 1992.

金泰永, 『朝鮮前期土地制度史研究』, 知識産業社, 1983.

朴宗基, 『高麗時代部曲制研究』, 서울대학교출판부, 1990.

白南雲, 『朝鮮封建社會經濟史』 上, 改造社, 1937.

邊太燮, 『高麗政治制度史研究』, 一潮閣, 1971.

劉承源, 『朝鮮初期身分制研究』, 을유문화사, 1987.

尹用出, 『조선후기의 요역제와 고용노동』, 서울대학교출판부, 1998.

魏恩淑, 『高麗後期 農業經濟研究』, 혜안, 1998.

李丙燾, 『高麗時代의 研究』, 亞細亞文化社, 1980.

李景植, 『高麗前期土地制度研究』, 一潮閣, 1986.

李基白, 『高麗兵制史研究』, 一潮閣, 1968.

＿＿＿, 『新羅政治社會史研究』, 一潮閣, 1974.

李成茂, 『朝鮮初期 兩班研究』, 一潮閣, 1980.

李佑成, 『韓國中世社會研究』, 一潮閣, 1991.

李樹健, 『韓國中世社會史研究』, 一潮閣, 1984.

李鍾河, 『朝鮮王朝의 勞動法制』, 博英社, 1969.

李泰鎭, 『韓國社會史研究』, 知識産業社, 1986.

張東翼, 『高麗後期外交史研究』, 一潮閣, 1986.

蔡尙植, 『高麗後期佛教史研究』, 一潮閣, 1986.

崔貞煥, 『高麗時代 祿俸制 研究』, 慶北大出版部, 1986.

崔弘基, 『韓國戶籍制度史研究』, 서울대학교출판부, 1986.

河炫綱, 『高麗地方制度의 研究』, 韓國研究院, 1977.

＿＿＿, 『韓國中世史研究』, 一潮閣, 1988.

韓基汶, 『高麗寺院의 構造와 機能』, 民族社, 1998.

許興植,『韓國社會史硏究』 아세아문화사, 1981.
_____,『한국의 고문서』, 민음사, 1988.
洪承基,『高麗貴族社會의 奴婢』, 一潮閣, 1983.
홍희유,『조선중세수공업사연구』, 과학 백과사전출판사, 1979.
黃善榮,『高麗初期 王權硏究』, 東亞大出版部, 1980.

有井智德,『高麗李朝史の硏究』, 國書刊行會, 1985.
鈴木俊,『均田, 租庸調の硏究』, 刀水書房, 1980.
增我部靜雄,『均田法とその稅役制度』, 講談社, 1953.
_________,『中國律令史の硏究』, 吉川弘文館, 1971.
田川孝三,『李朝貢納制の硏究』, 東洋文庫, 1964.
旗田巍,『朝鮮中世社會史の硏究』, 法政大出版局, 1972.
浜中昇,『朝鮮古代の經濟と社會』, 法政大出版局, 1986.
日野開三郎,『唐代租庸調の硏究』, 汲古書院, 1974.
堀敏一,『均田制の硏究』, 岩波書店, 1975.
具山祐,『高麗前期 鄕村支配體制 硏究』, 부산대학교 박사학위논문, 1995.
權寧國,『高麗後期 軍事制度 硏究』, 서울대학교 박사학위논문, 1995.
金琪燮,『高麗前期 田丁制 硏究』, 부산대학교 박사학위논문, 1993.
金潤坤,『高麗 郡縣制度의 硏究』, 경북대학교 박사학위논문, 1983.
金載名,『高麗稅役制度史硏究』, 한국정신문화원 박사학위논문, 1994.
朴鍾進,『高麗時代 賦稅制度 硏究』, 서울대학교 박사학위논문, 1993.
李炳熙,『高麗後期 寺院經濟의 硏究』, 서울대박사학위논문, 1992.
李惠玉,『高麗時代 稅制硏究』, 이화여자대학교 대박사학위논문, 1986.

3. 硏究論文

姜萬吉,「手工業」『한국사』 5, 국사편찬위원회, 1975.
_____,「상업과 대외무역」『한국사』 5, 국사편찬위원회, 1975.
姜英哲,「高麗驛制의 成立과 變遷」『史學硏究』 38, 1984.
姜晋哲,「高麗初期의 軍人田」『淑明女大論文集』 3, 1964.

______, 「高麗前期의 公田·私田과 그의 差率收租에 대하여」『歷史學報』29, 1965.

______, 「韓國史의 時代區分에 대한 一試論」『震檀學報』29·30합집, 1966.

______, 「高麗田柴科體制下의 農民」『韓國史時代區分論』, 乙酉文化社, 1970.

______, 「韓國學研究 半世紀 中世史」『震檀學報』57, 1984.

具山祐, 「高麗前期 鄕村支配體制의 成立」『韓國史論』20, 1988.

______, 「고려시기 부곡제의 연구성과와 과제」『釜大史學』12, 1988.

______, 「高麗 成宗代 對外關係의 展開와 그 政治的 性格」『韓國史研究』78, 1992.

______, 「高麗 成宗代의 鄕村支配體制 강화와 그 정치·사회적 갈등」『韓國文化研究』6, 1993.

權斗奎, 「高麗時代의 別籍異財禁止法과 家族規模」『慶北史學』13, 1990.

權寧國, 「14세기 榷鹽制의 成立과 運用」『韓國史論』13, 1985.

______, 「14세기 전반 '개혁정치'의 내용과 성격」『역사와 현실』7, 1992.

______, 「高麗武臣執權期 地方軍制의 변화」『國史館論叢』31, 1992.

金光洙, 「高麗時代의 同正職」『歷史教育』11·12합집, 1969.

______, 「羅末麗初의 官班」『韓國史研究』23, 1979.

金琪燮, 「高麗前期 農民의 土地所有와 田柴科의 性格」『韓國史論』17, 1987.

金錫亨, 「三國時代の 良人農民」『古代朝鮮の基本問題』, 1974.

金蘭玉, 「高麗時代 驛人의 社會身分에 관한 研究」『韓國學報』70, 1993.

金南奎, 「高麗 勸農使에 대하여」『慶南大論文集』2, 1975.

金塘澤, 「武臣執權時代의 軍制」『高麗軍制史』陸軍本部, 1983.

______, 「別武班의 設置와 軍制의 變化」『高麗軍制史』, 1983.

______, 「高麗初期 地方軍의 形成과 構造」『高麗軍制史』, 1983.

金東哲, 「고려말의 流通構造와 商人」『釜大史學』9, 1985.

金柄夏, 「高麗朝의 金屬貨幣 流通과 그 視角」『東洋學』5, 1975.

金世潤, 「高麗後期의 外居奴婢」『韓國學報』18, 1980.

김순자, 「원간섭기 민의 동향」『역사와 현실』7, 1992.

金英夏·許興植, 「韓國中世의 戶籍에 미친 唐宋 戶籍制度의 影響」『韓國史研究』19, 1978.

金龍德, 「部曲의 規模 및 部曲人의 身分에 대하여」『歷史學報』88, 1980.

金龍善, 「光宗의 改革과 歸法寺」『高麗光宗研究』, 一潮閣, 1981.

金容燮, 「高麗時期의 量田制」『東方學志』65, 1976.

______, 「高麗前期의 田品制」『韓佑劤博士停年紀念史學論叢』. 1981.

金潤坤, 「李資謙의 勢力基盤에 對하여」『大邱史學』10, 1976.

______, 「麗代의 寺院田과 耕作農民」『民族文化論叢』2·3합집, 1982.

金載名, 「高麗時代 什一租에 관한 一考察」『淸溪史學』2, 1985.

______, 「高麗時代의 雜貢과 常徭」『淸溪史學』8, 1991.

金鍾國, 「高麗時代の鄕吏」『朝鮮學報』25, 1962.

金哲俊, 「新羅下代社會의 動搖」『한국사』3, 1975.

김필동, 「삼국-고려시대의 향도와 계의 기원」『한국전통사회의 구조와 변동』, 한국사회연구회 논문집 4, 1986.

金炫榮, 「고려시기의 所에 대한 검토」『韓國史論』15, 1986.

羅恪淳, 「高麗時代의 監務에 대한 연구」『溪村閔丙河敎授停年紀念史學論叢』, 1983.

______, 「高麗 鄕吏의 身分研究」『國史館論叢』13, 1990.

盧明鎬, 「高麗時代 鄕村社會의 親族關係網과 家族」『韓國史論』19, 1988.

______, 「田柴科體制下 白丁農民層의 土地所有」『韓國史論』23, 1989.

馬宗樂, 「高麗時代의 軍人과 軍人田」『白山學報』36, 1990.

閔賢九, 「高麗의 祿科田」『歷史學報』53·54, 1972.

______, 「高麗後期의 班主制」『千寬宇先生還曆記念韓國史學論叢』, 1985.

______, 「高麗後期의 軍制」『高麗軍制史研究』, 1983.

박경안, 「甲寅柱案考」『東方學志』66, 1990.

______, 「14세기 甲寅柱案의 運營에 대하여」『李載龒博士還曆記念韓史學論叢』, 1990.

______, 「高麗時期 田丁連立의 構造와 存在形態」『韓國史研究』75, 1991.

朴恩卿, 「高麗後期 地方品官勢力에 관한 연구」『韓國史研究』44, 1984.

朴宗基, 「高麗部曲制의 性格-收取體系의 運營을 중심으로」『韓國史論』10, 1984.

______, 「高麗 太祖23년 郡縣改編에 관한 研究」『韓國史論』19, 1988.

______, 「高麗의 郡縣 支配體制와 構造」『國史館論叢』4, 1989.

______, 「12,13세기 農民抗爭의 원인에 대한 고찰」『東方學志』69, 1990.

______, 「14세기의 고려사회」『14세기 고려의 정치와 사회』, 민음사, 1990.

______, 「예종대 정치개혁과 정치세력의 변동」『역사와 현실』9, 1993.

朴鍾進, 「忠宣王代의 財政改革策과 그 性格」『韓國史論』9, 1983.

______, 「高麗初期 公田·私田의 性格에 대한 再檢討」『韓國學報』37, 1984.

______, 「高麗前期 義倉制度의 構造와 性格」『高麗史의 諸問題』, 三英社, 1986.

______, 「高麗前期 賦稅의 收取構造」『蔚山史學』 1, 1987.

______, 「高麗末의 濟用財와 그 性格」『蔚山史學』 2, 1988.

______, 「高麗前期 中央官廳의 財政構造와 그 運營」『韓國史論』 23, 1990.

______, 「高麗時期 稅目의 用例檢討」『國史館論叢』 21, 1991.

______, 「高麗時期 徭役의 徵發構造」『蔚山史學』 5, 1992.

徐聖鎬, 「高麗前期 支配體制와 工匠」『韓國史論』 27, 1992.

______, 「高麗 武臣執權期 商工業의 전개」『國史館論叢』 37, 1992.

孫弘烈, 「高麗漕運考」『史叢』 21·22합집, 1977.

宋炳基, 「高麗時代의 農場」『韓國史研究』 3, 1969.

______, 「農場의 發達」『한국사』 8, 1975.

宋在璇, 「16세기 棉布의 貨幣機能」『邊太燮博士華甲紀念論叢』, 1985.

申安湜, 「대몽항쟁기 민의 동향」『역사와 현실』 7, 1992.

安秉佑, 「高麗의 屯田에 관한 一考察」『韓國史論』 10, 1984.

______, 「高麗初期 財政運營體系의 成立」『高麗史의 諸問題』, 1985.

______, 「高麗前期 地方官衙 公廨田의 設置와 運營」『李載龒博士還曆紀念韓國史
    學論叢』, 1990.

______, 「고려후기 농업생산력의 발달과 농장」『14세기 고려의 정치와 사회』, 1992.

梁元錫, 「麗末의 流民問題」『李丙燾博士回甲紀念論叢』, 1956.

呂恩映, 「麗初 驛制形成에 대한 小考」『慶北史學』 5, 1982.

______, 「高麗時代의 量田制」『嶠南史學』 2, 1986.

______, 「高麗時代의 量制」『慶尙史學』 3, 1987.

吳英善, 「高麗前期 軍人層의 構成과 圍宿軍의 성격」『韓國史論』 28, 1992.

______, 「인종대 정치세력의 변동과 정책의 성격」『역사와 현실』 9, 1993.

오일순, 「고려전기 부곡민에 관한 일시론」『學林』 7, 1985.

______, 「高麗時代의 役制構造와 雜色役」『國史館論叢』 46, 1993.

元昌愛, 「高麗中後期 監務增置와 地方制度의 변천」『清溪史學』 1, 1984.

魏恩淑, 「나말여초의 농업생산력 발전과 주도세력」『釜大史學』 9, 1985.

______, 「12세기 농업기술의 발달」『釜大史學』 12, 1988.

______, 「高麗時代의 農業技術과 生産力研究」『國史館論叢』 17, 1990.

______, 「고려후기 직물수공업의 구조변동과 그 성격」『韓國文化研究』 6, 1993.

尹用出, 「17·8세기 役夫 募立制의 성립과 전개」『韓國史論』 8, 1982.

______, 「15·16세기의 徭役制」『釜大史學』 10, 1986.

尹漢宅, 「高麗 田柴科體制下의 農民身分 －그 제도적 기초로서의 足丁制의 性格과
成立」『泰東古典研究』 5, 1989.

李景植, 「16世紀 場市의 成立과 그 基盤」『韓國史研究』 57, 1987.

______, 「高麗前期의 山田과 平田」『李元淳敎授華甲紀念歷史學論叢』 1987.

______, 「高麗時期의 作丁制와 租業田」『李元淳敎授停年紀念歷史學論叢』 1991.

李基白, 「高麗貴族社會의 形成」『한국사』 4, 1975.

李炳熙, 「高麗前期 寺院田의 分給과 經營」『韓國史論』 18, 1988.

______, 「高麗時期 經濟制度의 動向과 國史敎科書의 敍述」『歷史敎育』 44, 1988.

李純根, 「高麗時代 事審官의 機能과 性格」『高麗史의 諸問題』, 1985.

李榮薰, 「朝鮮後期 八結作夫制에 대한 연구」『韓國史研究』 29, 1980.

______, 「朝鮮時代의 社會經濟史 研究에 있어서 몇 가지 基礎的 難題들 －小經營의
歷史的 發展過程과의 관련에서－」『國史館論叢』 37, 1992.

李佑成, 「高麗時代의 家族」『東洋學』 5, 1975.

李宇泰, 「永川 菁堤碑를 통해 본 菁堤의 築造와 修治」『邊太燮博士華甲紀念史學論
叢』, 1985.

______, 「新羅의 量田制 －結負制의 성립과 變遷過程을 중심으로－」『國史館論叢』
37, 1992.

李益柱, 「高麗 忠烈王代의 政治狀況과 政治勢力의 性格」『韓國史論』 18, 1988.

______, 「忠宣王 즉위년(1298) ‘개혁정치’의 성격」『역사와 현실』 7, 1992.

이인재, 「신라통일전후기 조세제도의 변동」『역사와 현실』 4, 1990.

______, 「고려중후기 지방개혁과 감무」『外大史學』 3, 1990.

李仁哲, 「新羅 統一期의 村落支配와 計烟」『韓國史研究』 54, 1986.

______, 「新羅 九等戶制의 再論」『歷史學報』 133, 1992.

李貞熙, 「高麗時代 徭役의 運營과 實態」『釜大史學』 8, 1984.

______, 「高麗後期 徭役收取의 實態와 變化」『釜大史學』 9, 1985.

______, 「고려후기 수취체제의 변화와 일고찰 －상요·잡공을 중심으로－」『釜山
史學』 9, 1992.

______, 「高麗前期 徭役의 賦課方式 -戶等制의 變遷을 중심으로-」『韓國文化』 6,
1993.

李宗峯,「高麗後期 勸農政策과 土地開墾」『釜大史學』15·16합집, 1992.

李泰鎭,「醴泉 開心寺石塔記의 分析 －高麗前期 香徒의 一例－」『歷史學報』53·54합집, 1972.

＿＿＿,「韓國社會經濟史研究의 現況과 課題」『제30회 전국역사학대회 발표요지』, 1987.

＿＿＿,「高麗後期의 인구증가 要因 生成과 鄕藥醫術 발달」『韓國史論』, 1988.

이평래,「고려후기 수리시설의 확충과 수전개발」『역사와 현실』5, 1991.

李惠玉,「高麗時代 貢賦制의 一연구」『韓國史研究』31, 1980.

＿＿＿,「高麗時代 三稅制에 대한 一考察」『梨大史苑』15·16합집, 1982.

＿＿＿,「高麗時代 庸<役>제 研究」『梨大史學研究』15, 1984.

＿＿＿,「고려전기의 軍役制 -保勝·精勇을 중심으로-」『國史館論叢』46, 1993.

＿＿＿,「고려후기 수취체제의 변화」『14세기 고려의 정치와 사회』, 민음사, 1994.

李義權,「高麗의 郡縣制度와 地方統治制度」『高麗史의 諸問題』, 1986.

李熙德,「高麗祿俸制의 研究」『李弘稙博士回甲紀念韓國史學論叢』, 1990.

張東翼,「高麗前期의 選軍」『高麗史의 諸問題』, 1986.

鄭暻鉉,「고려전기 경군의 軍營」『韓國史論』23, 1990.

鄭龍範,「高麗前期 選軍制의 運營과 變質」『釜大史學』17, 1993.

鄭亨愚,「高麗貢物制度에 대하여」『史學會志』5, 1964.

趙仁成,「高麗 兩界 州鎭의 防戍軍과 州鎭軍」『高麗光宗研究』, 一潮閣, 1981.

蔡雄錫,「高麗前期 社會構造와 本貫制」『高麗史의 諸問題』, 1986.

＿＿＿,「高麗前期貨幣流通의 基盤」『韓國文化』9, 1988.

＿＿＿,「高麗時代 香徒의 社會的性格과 變化」『國史館論叢』2, 1989.

＿＿＿,「12,13세기 향촌사회의 변동과 ‘민’의 대응」『역사와 현실』3, 1990.

＿＿＿,「의종대 정국의 추이와 정치운영」『역사와 현실』9, 1993.

崔柄憲,「禪宗九山의 성립과 下代佛敎」『한국사』3, 1975.

崔完基,「高麗朝의 稅穀運送」『韓國史研究』34, 1981.

河泰奎,「高麗時代 百姓의 槪念과 그 存在樣相」『國史館論叢』20, 1990.

韓榮國,「朝鮮初期 戶口統計에서의 戶와 口」『東洋學』19, 1989.

韓永愚,「麗末鮮初의 閑良과 그 地位」『韓國史研究』4, 1969.

洪承基,「賤民」『한국사』5, 1975.

＿＿＿,「高麗時代 奴婢와 土地耕作」『韓國學報』14, 1979.

______, 「高麗初期 京軍의 二元的 構成論에 대하여」『李基白先生古稀紀念論叢』 1992.

洪榮義, 「高麗後期 富戶層의 存在形態」『澤甬許善道先生停年紀念韓國史學論叢』 1992.

洪元基, 「高麗 二軍·六衛制의 性格」『韓國史研究』 68, 1990.

今堀誠二, 「高麗賦役考覈」『社會經濟史學』 9-3·4·5, 1939.

奧村周司, 「高麗における八關會的秩序と國際環境」『朝鮮史研究論文集』 16, 1979.

兼若逸之, 「新羅'均田成冊'研究 —이른바民政(村落)文書의分析을 중심으로—」『韓國史研究』 23, 1976.

北村秀仁, 「高麗時代の'所'制度について」『朝鮮學報』 50, 1969.

______, 「高麗初期の漕運について一考察」『古代東アジア史論集』 上, 1978.

______, 「高麗時代の貢戶について」『大阪市立大學人文研究』 329, 1981.

______, 「高麗時代の京市の基礎的考察」『大阪市立大人文研究』 42-4, 1990.

古賀登, 「唐代賦役制度の再檢討」『論集中國社會·制度·文化史の諸問題』, 中國書店, 1986.

周藤吉之, 「高麗朝の京底·京主人とその關係」『朝鮮學報』 111, 1984.

末松保化, 「高麗式目形止案について」『朝鮮學報』 25, 1962.

武田幸南, 「淨兜寺五層石塔造成形止記の研究」『朝鮮學報』 25, 1962.

______, 「高麗·李朝時代の屬縣」『史學雜誌』 72-8, 1963.

______, 「高麗田丁の再檢討」『朝鮮史研究會論文集』 8, 1971.

野村忠夫, 「正倉院より發見された新羅の民政文書について」『史學雜誌』 62-4, 1953.

濱中昇, 「高麗前期の小作制とその條件」『歷史學研究』 507, 1982.

______, 「高歷の歷史的位置」『朝鮮學報』 21, 1983.

堀敏一, 「均田制と租庸調制の展開」『世界歷史』 5, 1970.

深谷敏鐵, 「高麗足丁·半丁考」『朝鮮學報』 15, 1960.

______, 「高麗足丁·半丁再考」『朝鮮學報』 102, 1982.

濱口重國, 「唐に於ける兩稅法以前の徭役勞動」『東洋學報』 20-4·21-1, 1983.

丸龜金作, 「高麗の十二漕倉について」『靑丘學叢』 21·22, 1935.

王曾瑜, 「從北朝的九等戶到宋朝的五等戶」『中國史研究』, 1980-22.

[부 록]

고려전기 對遼무역의 성격

1. 머리말

고려와 요와의 관계는 고려전기인 10~12세기까지의 200년간에 해당된다. 이 시기의 동아시아사는 거란, 서하 등 북방민족의 흥기로 인해 정치적으로 종래의 중국적 정치질서가 무너진 반면에, 경제적으로는 동아시아의 통상권 및 국제시장이 형성되었다는 평가가 나올 정도로[1] 교역경제가 왕성한 시기였다. 고려 역시 송, 거란, 일본, 아라비아 상인 등에 의한 무역선이 끊어지지 않을 정도로 동아시아 세계경제에서 중요한 위치를 차지하고 있었다. 고려라는 이름이 세계에 알려지게 된 것도 이 시기였을 정도로 고려전기는 대외무역상 중요한 시기이다. 특히 고려왕실 자체가 신라하대 대외무역을 통해 부를 축적한 세력이었던 만큼 고려전기 대외무역사는 더욱 주목된다.

그럼에도 불구하고 고려전기 무역에 대한 연구는 부진한 실정이다. 게다가 무역사와 관련된 연구가 있다 하더라도 그나마 중국과 관련된 연구가 대부분으로 북방민족인 거란에 대한 연구는 별로 없다.[2] 하지만 고려전기의 대외관계는 전통적 종주국이었던 중국과의 공적교류는 오히려 단절되기도 하는 등 정치외교상 중요한 위치를 차지하고 있었던 것은 거란과의 관계였다. 이를테면 고려가 사용한 연호는 송의 연호가 아니라 거란의 연호였다. 또 거란의 사신이 고려에 오면 당연히 北面에 앉을 정도로 명목상 종주국이었다. 이와 같이 고려전기에 있어서 대요관계가 큰 비중을 차지하고 있는 데도 불구하고 요와의 무역관계가 그다지 주목받지 못한 것은 무엇 때문일까. 우선 거란이 3차례나 고려에 침입했던 만큼 군사적 긴장관계가 부각될 수밖에 없었을 것이다. 그러나 보다 더 근본적인 원인은 고려에

---

1) 中村榮孝,「十三・四世紀の東アジアと日本」『日鮮關係史の研究』上, 吉川弘文館, 1965. pp.15~25.
2) 麗・丹의 무역에 대한 연구는 다음과 같다. 丸九金作,「高麗と契丹・女眞との貿易關係」『歷史學硏究』5‐2, 1935 ; 李龍範,「麗・丹貿易考」『東國史學』3, 1955 ; 金在滿,「契丹絲考」『歷史敎育』7・8합집, 1963・1964 ; 徐炳國,「高麗宋遼의 三角貿易攷」『白山學報』15, 1973.

비해 거란은 문화적, 경제적 수준이 매우 저급하므로 별로 경제적 의미가 없다는 인식에 있다.

하지만 이러한 시각은 재고의 여지가 있다. 사실 거란은 북방민족 가운데 최초로 독자적인 문자를 만든 민족으로서 이들의 문자는 서하·여진 문자의 근간이 되고 있다.3) 또 고려가 조판한 대장경 가운데 학술적으로 가장 뛰어난 '新雕대장경'은 거란 대장경의 校勘이 큰 도움이 되었을 정도로 거란은 불교문화의 수준도 매우 높았다.4) 이 당시 불교는 고려전기 문화의 핵심이었으므로 麗遼 사이에 불교문화가 왕성하게 교류되었다면, 그에 수반하여 경제적 교역도 활발하게 이루어졌을 것으로 보는 것이 당연하다. 왜냐하면 경제적 교역이 배제된 채 문화교류만 이루어진다는 것은 납득할 수 없기 때문이다. 게다가 유목민족의 경우 대외무역은 목축과 더불어 가장 절실한 경제활동인데, 이는 거란 역시 마찬가지였다. 즉 거란이 고려를 침입한 중요한 동기 가운데 하나도 경제적 목적 때문이었던 것이다.5)

이상과 같이 대요무역의 실태는 고려전기 무역사연구에서 중요한 의미를 지니는데, 본고에서는 우선 다음과 같은 점을 중심으로 살펴보도록 하겠다. 여요무역은 동아시아사라는 큰 틀과 상호관련하에 전개될 것이므로 먼저 동아시아의 교역구조에 대해 살펴 볼 것이다. 다음은 여요무역의 내용을 위해 어떤 형태로 무역이 이루어졌는지, 또 무역품의 종류는 어떠했는지 검토할 것이다. 그리고 나서 이를 토대로 여요무역의 역사적 성격을 살펴보도록 하겠다.

2. 고려전기 동아시아의 교역구조

6~8세기 동아시아의 정치질서는 중국을 중심으로 하는 책봉체제에 기

---

3) 三上次男·護雅夫·三上次男, 『中國文明と內陸アジア』, 講談社, 1974, pp.322~323.
4) 朴賢緖, 「北方民族과의 抗爭」 『한국사』 4, 국사편찬위원회, 1975, pp.288~289.
5) 金在滿, 「契丹의 山北·山南 經略史」 『震檀學報』 22, 1961.

초하고 있었다.6) 무역 역시 이러한 바탕에 입각하여 중국에 대한 조공품의 진상과 回賜라는 국가주도의 조공무역 형태로 운영되고 있었다. 그러나 이와 같은 중국적 동아시아 질서는 당이 멸망하면서 생긴 힘의 공백으로 인해 다음과 같이 변질하고 있었다.

당제국의 쇠미와 더불어 전개된 대표적인 현상은 북방민족인 거란의 발흥이다. 거란은 본래 시라무센 상류지역에서 생활하던 유목민족으로서 본래는 당의 지배를 받으면서 조공을 바치고 있었다. 당의 멸망으로 점차 강력해진 거란은 야율아보기에 이르러 여러 부족을 통일한 후 916년 나라를 건국하고 황제라 칭하였다. 이후 거란은 세력강화를 계기로 당말오대에 걸친 중국민족의 흥망성쇠에도 관여하였다. 이를테면 거란은 後唐과 後晉의 싸움에서 후진을 원조하여 후당을 멸망시킨 것이 그 예이다. 그 결과 후진은 후당의 멸망을 도와 준 보답으로 河北城과 山西城 북부 지역에 해당하는 연운16주를 거란에 할양하고 후진의 황제는 거란에 臣屬하게 되었다. 중국의 황제가 외부민족의 군주에게 칭신하는 사례가 처음으로 발생하게 된 것이다.

당시의 변화는 중국대륙에서 뿐 아니라 주변에서도 일어나고 있었다. 현재의 베트남 지역은 당제국이 멸망하기 전에는 당의 영역이었던 지역으로 安南都護府가 설치되어 있었다. 이후 베트남은 당왕조가 멸망한 후 968년에 현지 토호들에 의한 할거상태를 끝내고 독립국이 되면서 중국의 직접지배를 이탈하고 있다. 중국의 서북방인 중앙아시아에서는 당으로부터 李姓을 하사받고 夏州定難軍節度使를 계승하고 있던 拓跋씨가 10세기말부터 거란과 결탁하여 송에 대항하였으며, 후손인 李元昊는 1038년 황제라 칭하고 西夏國의 전신인 大夏를 건국하였다.

이러한 상황하에 송의 조광윤이 오대십국을 평정하고 새로운 통일왕조

---

6) 谷川道雄, 「東アジア世界形成期の史的構造」 『隋唐帝國と東アジア世界』, 唐代史硏究會編, 1979, p.92.

를 건설하였지만 결과적으로 송왕조는 이전의 당제국과는 영토면이나 정치적 위상에서 동일할 수 없었다.[7] 예컨대 베트남이 독립하고 대하가 건국되었다든지, 중국북부지역인 연운16주가 거란의 영토가 된 것과 같은 사례들은 송왕조가 영역면에서 당제국에 비해 축소된 형편에 놓여 있다는 것을 시사한다. 이에 못지 않게 중요한 변화는 송의 정치적 위상의 변화이다. 고려나 베트남은 송왕조의 책봉을 받았지만, 거란이나 서하는 송왕조와 대등하게 황제로 칭하였으며 송은 거란에 막대한 歲幣를 증여해야 할 정도로 책봉체제로 대변되는 종래의 정치질서가 붕괴되고 있었다. 그나마 송왕조의 책봉을 받고 있었던 베트남과 고려왕조 역시 송의 책봉을 받고는 있지만 종래의 책봉체제와는 변질된 모습을 보이고 있다. 즉 베트남은 항상 臣從만 한 것이 아니라 때로는 송의 변경을 침입하여 군사적으로 대항하기도 하였다.

또 고려왕조는 송의 책봉만 받은 것이 아니라 거란으로부터도 책봉을 받고 있으며, 연호의 사용에 있어서도 송의 연호 뿐 아니라 거란의 연호를 함께 사용하고 있었다. 고려의 책봉관계는 송이나 거란을 종주국으로 생각하는 종래의 책봉체제는 아니었다. 이는 고려가 거란이나 송의 사신을 접대하는 의례에서도 잘 나타나고 있다. 사신과 고려왕의 위치를 살펴보면 송이나 거란의 사신이 上國의 자리인 北面에 위치하고 있지만, 고려왕은 신하의 자리인 南面이 아니라 빈객을 영접하는 西面에 자리하고 있다.[8] 오히려 고려는 팔관회적 질서를 통하여 송상인·여진인·탐라인·일본인 등 주변 諸國人이 來朝하는 조공체제를 유지하고 있었던 것이다.[9] 이러한 것

---

7) 西嶋定生, 「東アジア世界の日本」『日本歷史の國際環境』, 東京大學出版會, 1985, p.189.
8) 奧村周司, 「醫師要請事件にみる高麗文宗朝の對日姿勢」『朝鮮學報』 117, pp.109~110.
9) 이러한 무역형태를 私獻貿易으로 이해한 연구가 있다. 이에 대해서는 金庠基, 「麗宋貿易小考」(『震檀學報』 7, 1937) 및 森克己, 「日·宋と高麗との私獻貿易」(『朝鮮學報』 14, 1959)와 奧村周司, 「高麗における八關會的秩序と國際環境」(『朝鮮史研究會論文集』 16, 1979)의 연구 참고.

은 종래의 책봉체제가 붕괴되었음을 의미하며, 책봉체제에 입각한 엄격한 의미에서의 조공무역 또한 변질되었음을 시사하고 있다.

중국적 동아시아 정치구조가 변질하고 대신 자리잡게 되는 것이 동아시아 경제 교역권의 형성이다.[10] 특히 중국의 경우 안사의 난을 거치면서 농업혁명, 상업혁명으로 불리워질 만큼 큰 변혁을 바탕으로 성립된 송왕조에 이르면 商稅를 비롯한 關稅가 송조의 주요 수입원이 될 정도로 무역이 크게 번성하였다. 당시 송은 陸路로는 거란·서하, 海路로는 고려·일본과 교역하고 있었다. 특히 해로로는 남해무역이 성행하였고 특정지역에는 아라비아 상인들이 정주하고 있을 정도로 무역의 활성화를 구가하고 있었다. 이와 같은 송대 대외교역의 발달은 당말오대 이래 전개되어 온 중국 국내 경제의 발달에 일차적으로 기인하고 있지만, 이에 못지 않게 책봉체제의 변질과도 깊은 관계가 있다. 즉 조공품의 진상과 회사를 주로 하는 조공무역 체제는 국가주도의 공무역이었으므로 사무역이 차지하는 비중은 미약할 수밖에 없다. 물론 송대에도 엄연히 책봉체제가 존재하여 조공무역이라는 형태로 물자교류가 행해지고 있긴 하였지만, 이것이 대외무역에서 차지하는 비중은 미미하였고 조공무역과 무관한 경제교역이 오히려 훨씬 능가하고 있었다.

이처럼 전통적인 조공무역에 입각하지 않으면서도 교역관계가 활발하게 이루어질 수 있었던 것은 이 시기 동아시아 경제권의 활성화를 방증하고 있다. 또 中·韓·日 세 나라의 교역물품도 그 내용면에서 自國에서 생산되는 물품 외 타지역에서 생산되는 물품을 중계 내지 간접으로 교역한 현상이 보이고 있는 것도 이런 점을 시사해 준다.[11] 이와 같은 점을 고려해 보면 고려

---

10) 西嶋定生, 앞의 논문, pp.196~197.

11) 中村榮孝, 『日鮮關係の研究』 1965. 물론 당시의 교역이 지속적이지 못하고 내용에 있어서도 각양각색이므로 하나의 지역으로 묶을 수 있을 만큼 유기적인 통상권이 형성된 것으로 보기에는 무리라는 견해도 있다(高柄翊, 「麗代 東아시아의 海上通交」 『震檀學報』 71·72합집, p.308). 그러나 이 시기 동아시아 제국들 사이에 해로를 통

와 요의 교역관계 역시 주변 동아시아의 경제교류와 상호관련 하에 이루어
졌을 것임이 명백하다.   따라서 동아시아의 다각적인 구도 속에서 고려와
요의 교역관계를 살펴보기 위해 이들 나라와 밀접한 관계가 있는 고려와
송, 거란과 송, 거란과 여진과의 경제교류를 살펴보면 다음과 같다.

우선 고려와 송의 정치적 교류를 살펴보면, 고려는 송나라가 건국한 직
후부터 국교관계를 유지하고 있었다. 그러나 여송간의 정치관계는 북방민
족의 대두로 인한 송의 군사적 무력이 드러나면서 양국의 정치관계도 그
영향을 받을 수밖에 없는 만큼 양국의 국교관계는 단절과 회복을 되풀이하
게 된다. 요의 세력이 강성했던 북송말까지는 여송관계가 단절을 면치 못
했다가 요가 멸망한 이후에야 통교가 회복되어 남송초기인 40년간(1127~
1165) 국교를 유지하였다. 하지만 송이 금에 항복한 이후 다시 국교가 단절
되었으니 320년간의 여송관계 기간 중 공적관계가 단절된 기간이 160년일
정도로 절반에 해당하고 있다.

하지만 여송간의 공적관계가 비록 단절되었다 하더라도 경제적 교류는
끊이지 않아 상인간의 통상은 매우 활발하였다.[12] 이 시기 고려에 왕래한
宋商의 상업활동은 정치적 특성상 물론 관무역이 아니라 팔관회에서 행해
지던 사헌무역이었다. 송상이 내왕한 때가 팔관회의 개설시기에 맞춘 7·8
월이 60여 회로 절반정도이며, 10월과 11월에 각기 10회·8회였다. 특히 11
월은 역풍이 불어 내항하기 어려운 시기임에도 불구하고 횟수가 많은 것은
팔관회 때문이어서, 7·8월에 와서 팔관회를 거친 후 북풍을 이용해 돌아
갔던 것이다.[13] 양국의 교역은 송상의 왕래에 의해서만 이루어진 것이 아

한 통상이 증대되었으며, 정치적 혹은 경제적 교류가 존재한 것은 분명하므로 상호
영향이 매우 컸음은 분명하다.

12) 이를테면 송대 1012년~1278년 까지의 260년 동안 송상이 왕래한 횟수는 120여회이
며 인원수는 5,000명에 이르고 있다(金庠基, 『高麗時代史』 東國文化社, 1961, p.182 및
pp.193~194).

13) 金庠基, 앞의 논문, 1937, pp.21~22.

니라 고려상인 역시 송에 들어가 왕성한 상업활동을 하였다.[14] 이와 같은 여송 상인의 무역은 비록 양국 정부의 상업정책과 깊은 관련이 있긴 하지만, 국가주도의 관무역이 아니라 사무역의 형태였다.

다음 거란과 송의 경우를 살펴보면, 양국에 대한 교역동기가 일치하지 않았지만 경제적 교역은 필연적이었다. 우선 유목민족인 거란으로서는 송의 고급물품들에 대한 경제적 열망이 지대할 수밖에 없었다. 거란은 일찍부터 지배층을 중심으로 중국적 생활양식이 침투되었는 데다가, 중국침략과 더불어 한인이나 발해인 등의 거주민이 증가되면서 차·비단·도자기 등의 중국산물에 대한 소비가 촉진되었다. 또 중국산물은 생활 소비재로서 필요한 물품이기도 했지만, 외국과의 중계무역을 통한 무역의 이익을 위해서도 필수적이었다. 거란은 그 세력이 강성했던 동안 고려는 물론이지만 여진·서하·위구르 등과도 책봉관계를 맺은 후 조공무역의 형식으로 무역을 하고 있었다. 거란은 이들 나라로부터 구입한 물품을 자국에서 소비하기도 했지만, 송의 물품을 수입하는데 사용하기도 하였다. 또 때로는 거란이 필요로 했던 송의 물품을 이들 나라로부터 확보하기도 했으며, 심지어 송에서 수입한 물품을 이들 나라에 재수출하는 경우도 있었다.[15]

이에 비해 송왕조는 군사적으로 거란과 평화적 관계를 유지하는 일환으로 경제교류가 필요하여 眞宗, 景德 연간에 거란과 전연의 맹약을 맺은 이후 互市를 개설하여 무역을 하였다. 물론 互市는 전연의 맹약 이전부터 거란의 침구를 완화할 목적으로 개설되었으나 이 때는 송의 의도에 따라 부정기적으로 개설되곤 했던 것인데, 전연의 맹약 이후에는 치폐가 한 번도 없을 정도로 정기적으로 존재하게 되었던 것이다.[16] 요와의 무역은 송정부

---

14) 고려상인의 상업활동은 남송말경 외국상선에 대해 징수한 入口稅는 1/15인데 비해, 출입이 빈번한 고려상선에 대해서는 1/19을 징수할 정도로 송 정부의 배려를 받고 있었다고 한다(金庠基, 위의 책, pp.200~201).
15) 烟地正憲, 「北宋·遼間の貿易と歲贈について」『史淵』111, 1974, pp.120~123.
16) 徐炳國, 앞의 논문, 1973, p.74.

의 필요에 의해서 뿐 아니라 송상의 입장에서도 거란과의 교역이 절실했다. 송상은 정부가 거란무역을 금지하는 데도 불구하고 고려행의 公憑을 받아 중간에 거란으로 방향을 돌리는 불법을 감행하면서까지 거란무역에 열을 올릴 정도였다.[17]

송요무역 가운데서 송으로부터의 중요한 수입품은 차·견직물·도자기·서적 등이 있었다. 이들 송의 물품 가운데서도 차와 비단은 거란인에게 특히 필수적이었던 품목이었다. 차는 유목민족인 거란인의 식습관이 육식이었던 만큼 단순한 기호품으로서만이 아니라 소화촉진제로서 필수품이었다. 그러나 거란 지역에서는 차가 전혀 생산되지 않았으므로 말, 양을 代償으로 중국으로부터 전부 수입해야 했다.[18] 차에 비해 비단은 거란지역에서도 어느 정도 생산되고 있었지만 수요량에는 절대부족이었다.[19] 당시 거란의 전체 인구수를 대략 300만 명 전후로 잡을 때 滿蒙지역의 혹한을 견디기 위해서는 모피와 병용한다 하더라도 최소 1인 1필 정도는 필요했으므로 300만 필 정도는 소요되었다. 上馬 1필로 살 수 있는 견은 16~17필 정도였으므로 300만 필의 비단을 수입하기 위해서는 上馬 18만 필 정도가 필요하게 된다. 본래 거란은 송으로부터 수입하는 비단의 대가로 말·양 등을 수출했는데, 이들을 수출금지 품목으로 정한 후에는 銀으로 지불하게 된다. 이 당시 은과 비단의 값을 환산해보면, 은 1냥의 값은 2000文인데 비해 견 1필은 1000文이었다. 거란이 송으로부터 받는 歲幣銀은 20만이었다는 점을 감안하면, 거란이 송으로부터 받은 세폐은으로 살 수 있는 비단의 양은 40만필 정도였다. 송왕조가 거란에 바치는 20만이라는 세폐은의 액수는 송의 1년 산출액에 육박하는 막대한 양인데도 불구하고 송이 은부족을 느끼지 않았던 것은, 세폐은의 전액이 송으로 회수될 정도로 거란의 송물

---

17) 『東坡全集』 권31, 乞禁商旅外國狀.
18) 島田正郞, 『遼代社會史硏究』, 巖南堂, 1978, pp.338~339.
19) 이하 日野開三郞, 「五代·北宋の歲幣·歲賜考」 『日野開三郞 東洋史論集』 권10, 1984, p.484.

품에 대한 수입이 많았던 데 기인하고 있다. 이런 점에서 송의 세폐은은
송이 요와의 평화유지를 확보하는 수단이기도 했지만, 거란과 송의 교역을
유지하는 수단이기도 했던 것이다.[20]

　한편 거란은 지역상 연결되어 있던 여진과도 일찍부터 긴밀한 관계를
유지하고 있었다. 여진은 거란의 태종 2년(927) 처음으로 거란에 사신을 파
견한 이후 여진의 여러 부족들은 거란에 공납을 하게 되었다. 여진이 거란
에 수출한 물품은 金, 帛, 布, 蜜蠟, 藥材 등이 있는데[21] 이들 가운데 주된
수출품은 말과 견직물이었다.

　말은 여진이 동아시아에서 가장 뛰어난 名馬産地였던 만큼 여진의 주된
산물이었다.[22] 거란 역시 유목민족이어서 축목을 했지만, 거란의 말 수요
가 워낙 커서 수요량을 충당할 수 없었다. 예컨대 거란의 병제는 주력부대
가 기병이었는데 正軍 1인은 말 3필을 갖추어야 했으므로 正軍의 무장을
위해서는 적어도 120만필 정도가 요구되었다. 따라서 거란은 부족분을 메
우기 위해 여진으로부터 말을 수입하고 있었다. 거란은 여진으로부터 年
10,000필 정도의 말을 수입하고 있었다.[23] 수입된 여진의 말은 거란 국내
의 소요량을 위해서 뿐 아니라 송과 중계무역을 하는데 이용되기도 하였던
것 같다. 송은 본래 초원지대가 없기 때문에 말생산이 많지 않았는 데다가,
10세기 이후부터는 거란과의 대치관계로 인해 북방과 서방에서 유입되던
말의 수입이 곤란해지게 되었다. 본래 여진의 對宋馬 수송로는 압록강을
지나 사문도를 거쳐 등주에 닿는 길인데, 거란이 이 길을 막기 위해 압록강
구에 威冠・振化・來遠에 책목을 쌓고 군사 3,000명을 두어 지켰기 때문이
다.[24] 이처럼 거란이 여진의 對宋 말 수송로를 차단하는 등 송에 말이 유입

---

20) 日野開三郎, 위의 논문, 1984, p.459.
21)『遼史』권60, 食貨志 征商 "……故女直以金・帛・布・蜜蠟・諸藥材……來易於遼者
　　道路絡屬"
22) 金渭顯, 「女眞의 馬貿易考」『遼金史硏究』, 裕豊出版社, 1985, p.170.
23) 金渭顯, 위의 논문, p.172.

되는 것을 적극 방지하고 있었던 것은 말을 매개로 취할 수 있는 중계무역의 이익 때문이었다.

이러한 것은 여진이 비단을 거란에 수출하고 있는 사례에서도 드러나고 있다. 당시 여진 가운데 蘇子河 유역에서 倓佳·鴨綠江 중류지역에 거주하던 熟女眞은 비단을 생산하고 있었지만, 동부의 만주지대에 거주하던 生女眞은 지역 자체가 不蠶桑地여서 그들 자신의 의복생활마저 布衣를 많이 입고 있었다.25) 그런데 숙여진은 물론이지만 생여진 역시 거란에 비단을 수출하고 있었던 것은 여진 자체에서 생산된 비단이 아니라 여진이 고려에서 수입한 것 가운데 그 일부를 재수출한 것이었다.26)

거란과 여진의 교역 외에 거란과 西夏와의 교역도 마찬가지였다. 서하는 李元昊가 즉위해 (1033년) 송을 침략하여 교역관계가 단절되기 전까지는 여진과 마찬가지로 특산물인 말을 송에 차, 비단 등을 수입하여 생활하였다. 그러다가 송과의 교류가 단절되어 호시가 폐쇄되면서 서하인은 마실 차와 입을 비단이 귀해 곤경을 겪게 되었다. 따라서 서하는 종래 송에 수출하던 말을 수출길이 막히면서 모두 거란에 파는 대신,27) 거란으로부터 송의 물품을 간접 구입해야 되는 처지에 놓이게 되었다. 당시 거란은 서하로부터 구입한 말과 양을 송에 수출하여 견 등의 중국산물을 수입한 후, 이를 다시 서하에 수출하는 중계무역을 하였다. 거란은 송으로부터 1필에 1,000文의 값으로 구입한 비단을28) 서하에는 2,500文의 가격으로 되팔아29) 2배 반이나 되는 이익을 남길 수 있었다.

이상에서 살펴 본 바와 같이 고려전기 동아시아의 교역형태는 이전과

---

24) 金渭顯, 앞의 논문, p.165.
25) 『遼史拾遺』 권81, 生女眞.
26) 日耶開三郎, 앞의 논문, 1984, p.482.
27) 『續資治通鑑』 권138, 慶曆 2년 2월에 "文貴自言 用兵來 牛羊悉已賣契丹 一絹之直 爲
    錢二千五百 人情便於和"라 하고 있다.
28) 日耶開三郎, 앞의 논문, 1984, p.486.
29) 주27)의 내용 참조.

같은 조공무역 체제의 공무역이 쇠퇴하고, 사무역이 성행할 수 있는 정치
질서가 전개되고 있었다. 물론 당시의 사무역은 후술하듯이 국가의 관여가
완전히 사라진 것은 아니라 국가가 변질된 방식으로 규제를 가하고 있는
형태였다. 또 이 시기 동아시아의 교역은 국가간의 정치관계나 국내 상업
발전에 따라 무역형태의 양상은 달리 나타나기도 하지만, 대외무역에 있어
서는 상호관련되어 전개되고 있었다.

3. 요와의 무역

여요의 대외교역을 살펴보기 위해서는 요의 정치·경제적인 구조적 특
질이 교역에서도 그대로 반영되는 만큼, 요의 성립과 관련한 거란사회의
성격에 대한 이해가 선행되어야 한다. 양국의 경제관계를 구명하는데 필요
한 부분만을 중심으로 정리하면 다음과 같다.

중국사에서 거란족이 세운 요(907년~1125년)는 유목민족으로서 중국왕
조를 정복한 '정복왕조'의 효시이다. 遊牧의 개념은 '고정된 거주지나 축사
를 갖지 않고 그 사회의 성원 대다수가 광역적이며, 계절적인 이동을 통해
가축을 사용함으로써 생존을 위한 기본적인 욕구를 충족시키는 식량생산
의 특수한 형태'로 정의할 수 있다.30) 그러나 거란의 경우는 유목민족이긴
하지만, 타 유목민족에 비해 차별성이 있다. 예컨대 거란이 생활하고 있던
시라무센 지역은 북방계의 유목계 민족과, 남방의 농경을 주로 하는 한민
족이 세력다툼을 하던 접경지대였다. 이 지역은 7세기에는 북방의 돌궐, 남
의 隋, 동의 고구려의 세력싸움의 대상이 되었던 곳이며, 수가 고구려 원정
을 일으킨 원인도 거란을 두고 벌어진 세력싸움이었을 정도로 관심사가 되
어 왔던 곳이었다. 이처럼 거란은 거주지역이 農牧 복합지대라는 지리적
특성이 있었으므로 거란은 일찍부터 농경사회에 대한 이해도 있었고, 중국

---

30) 金浩東, 「蒙古帝國의 形成과 展開」 『講座 中國史 Ⅱ』, 지식산업사, 1989, p.259.

과의 밀접한 접촉을 통해 중국적인 정치이념에 익숙해 있었다는 점에서 흉노·유연·돌궐·위구르 등 여타의 유목민족과는 구별된다. 거란이 나라를 세운 후 중국식의 연호를 사용하거나, 국호를 중국식인 大遼로 개칭하는 등 이전의 유목민족과 달랐던 것도 그 예이다.

거란은 처음에는 여러 部로 분립되어 있다가 당말의 혼란기를 틈타 8대부족으로 정리되고 야율아보기에 의해 세력이 확대되어 거란국이 성립된다. 태종대 이르러 중국침략에 전력을 기울여 연운16주를 얻어 한족관료로 하여금 다스리게 했다. 기름지고 인구가 많은 농경지의 점령은 거란의 국가성장에 큰 계기가 되었으며, 이와 아울러 한족 및 발해인을 중심으로 대대적인 사민정책을 시행하여 국가발전에 큰 동력이 되고 있다. 동시에 내면적인 변화도 가져오게 되었다. 즉 태종의 갑작스런 사망 후 전통적인 북방 유목파와 혁신적인 남방 농경파의 대립과 분열이 계속된 것이다. 비록 농경파가 승리하여 즉위한 세종이 한족관료를 등용하고 한족국가체제를 갖출 정도로 비약적 발전을 하지만 반대파와의 내분이 계속되었다. 聖宗대 (983~1031) 이르러 거란족을 다스리는 북추밀원과 한족을 다스리는 남추밀원을 두는 2중적 정치체계가 확립됨으로써 정권의 안정을 얻게 된다.[31]

이와 같이 거란의 통치권이 확립되면서 고려를 비롯한 동북만주에도 큰 변혁이 일게 된다. 성종 9년 압록강유역 일대의 여진족 토벌을 완수하여 거란에 복속시킨 후 고려에 침입하게 된다. 성종 11년(고려 성종 12년)의 1차 침입, 28년(고려 현종 원년 1010)의 2차 침입, 이후 開泰로 연호를 개칭한 뒤 개태 3~4년(고려 현종 5~6년)의 3차 침입이 그것이다. 聖宗이 고려에 사신을 보낸 이후(고려 현종 10년) 요가 멸망하는 12세기 초(고려 인종 3년)까지 약 100년간 양국간에는 평화적 관계가 지속된다.[32]

---

31) 島田正郎, 앞의 책, 1978, pp.232~233.
32) 李龍範, 「高麗와 契丹과의 關係」 『東洋學』 7, 1977, pp.273~277.

(1) 무역의 형태

중세 무역의 형태는 특정한 개념없이 연구자에 따라 다양한 형태로 사용되어 왔다. 예컨대 국가간에서 행해지는 무역의 경우에는 朝貢貿易·官貿易·公貿易·國家貿易·官認貿易·公認貿易 등으로, 개인이 참여하는 무역은 附帶貿易·사신무역·사무역·민간무역 등으로 혼용되어 왔다. 이와 같이 무역의 주체에 따라 무역의 용례를 구분하여 사용하고는 있지만, 이들 용례는 국가간의 무역과 개인이 참여하는 무역 형태를 명확히 구분짓기 어려울 정도로 혼재되어 있다. 이러한 혼란을 명확하게 하기 위한 노력의 일환으로 기존 연구에서는 중세무역을 관무역·부대무역·공인민간무역·밀무역으로 구분한 견해가 있다.[33] 이와 달리 부대무역 대신에 사신무역의 용어로 대체하여 관무역·사신무역·민간무역으로 구분하기도 하였다.[34] 본고에서는 기왕의 견해대신 공무역·사행무역·사무역·밀무역의 용례를 사용하기로 하는데, 이들 용례는 다음과 같은 의미로 개념을 정리해 두고자 한다.

우선 공무역은 국가간의 조공무역에 한정하여 사용하고자 한다. 조공무역이란 책봉체제에 입각하여 군신의 예로서 조공품을 바치면, 황제는 이에 대한 답례로 회사품을 내려주는 형태이다. 따라서 조공무역은 중국적 국제정치의 질서하에서 나타나는 무역형태라 할 수 있는데, 그 토대가 되는 전형적인 책봉체제는 당제국의 출현에서 비롯되었다. 앞에서도 언급한 바 있지만 당제국이 멸망하고 송왕조가 성립되면서 조공과 회사라는 전통적인 책봉체제는 붕괴되고 있다. 물론 송의 건국 이후에도 조공무역의 외피를 입은 무역형태가 존재하고 있긴 하지만, 그 비중에 있어서 당대와는 엄연히 차이가 있다. 이와 같은 상황을 감안해 볼 때 고려전기 요와의 무역형태에서도 조공무역의 비중은 이전 시기에 비해 상대적으로 낮아진 반면 사행무역의 비중이 높아지게 된다.

---

33) 全海宗, 「中世 韓中貿易形態 小考」 『韓國과 中國』, 知識産業社, 1979, pp.128~131
34) 朴漢男, 『高麗의 代金外交政策 研究』, 성균관대학교 박사학위논문, 1994, p.161.

사행무역은 조공무역에 편승하여 외교사행에 참여한 사신들이 벌이는 무역형태이다. 사신이 송이나 거란에 파견되면 일단 왕에 대한 인사와 예물교환이 행해지게 되고, 이후에는 사신 개인의 물품을 공식적으로 거래하게 된다.[35] 이러한 예는 고려의 사신이 송이나 거란에 입조하는 경우에 한정된 것이 아니라 사헌무역의 관행에서 보듯이 외국의 사신도 마찬가지였다. 고려에 파견된 거란의 사신 高邃가 綾羅·彩段을 사헌한 것이 매우 많았다[36]는 사례가 이를 입증하고 있다. 사행무역에서 교역에 참여하는 사람은 사신 뿐 아니라 상인, 집권층의 하인이나 군인과 같은 호송배들도 교역에 열을 올렸다. 금나라의 사례에서 보면, 서하의 사신들이 입조했을 때 이들과 함께 동행한 상인들을 위해 2日場을 열어 무역하도록 배려할 정도로 이러한 상행위는 관행이었다.[37] 거란의 경우도 이와 유사했을 것임은 물론이다. 이와 같이 使命에 편승하여 행해지던 사행무역은 전형적인 책봉체제가 지배하던 상황하에서는 조공무역의 부대형태에 지나지 않았고 어디까지나 조공무역이 주된 무역형태였다. 그러나 고려전기에 이르면 거란이 송·고려·서하 등이 진상해야 할 조공품과 답례품을 국가별로 규정하고 있긴 하지만, 조공무역이 무역의 주된 기능을 담당하던 시기는 아니었다. 使命을 받들어 외국에 가는 자들이 무역의 이익을 노려 驛吏가 운반하기에 고통스러울 정도로 많은 물품을 가져갔다든지,[38] 집권층이 사행시의 무역차익을 正使 등에게 뇌물을 바쳐서까지 하인을 從人에 넣으려고 혈안이 되었던 것은[39] 이러한 상황과 무관하지 않을 것이다.

사무역은 개인이 관의 승인을 받아 합법적으로 무역하는 형태이다.[40]

---

35) 『遼史』 권51, 禮志4 賓儀 高麗使入見儀, "使副私獻入 列置殿前 宣賜衣物".
36) 『高麗史』 권10, 獻宗 원년 5월 계축.
37) 『金史』 권38, 禮志 11, 賓儀 新定夏使儀注.
38) 『高麗史』 권20, 世家 明宗 13년 8월.
39) 『高麗史』 권128, 列傳 41 鄭仲夫 附 宋有仁.
40) 민간무역이 아니라 사무역이라는 개념을 사용하는 것은 '민간'이라는 용어상의 어감 때문이다. '민간'의 용례는 통상 '관'에 대한 대비개념인 데 비하여, 이 시기 사무

사행무역시 사신이나 상인·호송배 등이 행하는 무역은 비록 개인에 의해 행해지는 무역이긴 하지만 사행에 편승하여 교역하는 형태이므로 전형적인 사무역의 범주에 들어가지 않는다. 따라서 사무역의 대표적인 형태는 국경지역에 일정한 장소를 정하여 교역을 하는 각장무역이라 할 수 있다.

밀무역은 사무역이 활성화되지 못한 경우 불법적으로 행해지는 무역의 형태이다. 사실 밀무역은 사무역의 공인과 무관하게 어떤 시기라도 존재할 수 있지만, 역시 밀무역의 역사성은 사무역의 활성과 연관시켜 이해할 때 가장 잘 드러날 수 있다.

① 사행무역

사행무역은 조공무역 체제가 변질되는 고려초부터 극성을 부려 예방하는 사신보다 무역을 위한 사신이 많다는 비판이 제기되고 있을 정도였다.[41] 외국을 예방하는 사신은 책봉체제와 관련된 정치적 사명을 수행하기 위한 것이지만, 무역을 위해 사신들이 파견되는 사례는 조공무역과 관계없이 사행무역이 주된 목적이었던 것을 시사하고 있다. 고려전기 요와의 무역에서도 조공무역은 규정되어 있지만, 이보다 사행무역이 오히려 활발했던 것으로 보인다. 이러한 것은 여요관계의 교류동기에서도 그 성격이 잘 드러나고 있다. 이를테면 고려의 거란사행은 송·금의 사행에 비해 정치적 동기보다 경제적 관계가 가장 많으며, 거란에 대한 고려의 사행이 금나라에 비해 임시사행이 많다. 또 고려사의 기록에 나타나는 외국 사행의 횟수를 보면 고려와 거란의 사행 횟수가 가장 많다.[42] 이와 같은 예들은 여요무역에서 차지하는 사행무역의 중요성을 보여주고 있다. 여요간의 사행은 고려나 거란의 국내 상황과 관련하여 그 횟수나 파견 목적 등에 차이가 날

역의 주체는 민간상인도 있겠지만 대외무역이라는 성격상 보다 포괄적인 계층이 포함되어 있기 때문이다.

41) 『高麗史』 권93, 列傳6, 崔承老.

42) 고려와 요, 송, 금과의 사신 파견 동기에 대해서는 朴漢男, 앞의 학위논문, 1994, pp.155~156의 도표 참조.

것이다. 여요무역의 전개 또한 이러한 배경과 무관하지 않을 것이다. 따라서 여요무역의 성격을 살펴보기 위해서는 다음과 같이 여요간의 사행에 대해 좀 더 구체적으로 검토해 볼 필요가 있다.

고려가 거란에 사신을 파견한 것은 성종 13년(994)부터인데, 이후 30여 종의 목적을 가진 사신이 총 232회 파견되고 있다. 麗·遼교류기 128년을 기준으로 하면 1년에 2회씩이 된다. 거란이 고려에 보낸 사신도 이와 비슷하여 239회이다. 고려가 보낸 사신 가운데 가장 횟수가 많은 것은 進方物로서 55회가 있으며, 송과의 경우에서는 볼 수 없는 14종류의 使行이 더 있는 등 종류가 다양한 것이 특징이다.[43)]

시기적인 특징을 보면, 거란과 최초로 통교를 하는 성종대는 강화조건의 일환으로 강동6주를 확보한 대신 적극적인 교류관계를 수행하였다. 즉 거란의 正朔을 사용하고 年貢과 매를 바쳤으며, 사신을 보내 거란에 청혼하고 학생을 파견하여 거란어 습득을 꾀하고 있다. 성종대의 이와 같은 노력은 다 나름대로 의미를 가지고 있지만, 연공으로 方物을 보낸 외에 매를 바치고 있는 것도 상징적인 의미가 크다. 매는 유목민족인 거란인의 생활에서 매우 중요하여 태종탄생의 瑞祥을 白鷹에 결부시킨다든지, 七鷹山·白鷹山 등 산의 명칭에도 '鷹'자를 사용하고 있을 정도로 신앙심에 가까운 존재였다. 그러나 매는 거란 국내에서는 잡히지 않아 여진 거주지역이나 한반도에서 수입해야 했다. 한반도의 매 공급은 포획과 사육에 어려움은 있었지만, 신라시대 이미 당에 수출되었을 뿐 아니라 가요나 시조에 매에 대한 어구가 자주 나타날 정도로 매의 종류도 풍부하고 매에 대한 지식도 있어 북방민족의 주목을 받아 왔다.[44)] 성종대 자진해서 이러한 매를 바친 것은 여요와의 교류에서 고려의 적극성을 반영하고 있는데, 사실 이 시기 거란의 고려사행은 5회인데 비해 고려의 거란사행은 9회로 거의 배에 이르

---

43) 이하 양국의 사신횟수는 朴漢男, 앞의 학위논문, 1994, pp.104~107 참조.
44) 李龍範, 앞의 논문, 1955, p.49~51.

고 있다. 성종대는 최초로 화폐를 주조하고, 개경에 6개의 酒店을 두는 등 적극적인 상업정책을 폈던 시기였다.[45] 거란과의 강화로 송과의 공적교류가 단절된 상황이기도 하므로 이런 상황에 힘입어 요와의 무역도 적극 장려되었다.

그러다가 목종대는 양국의 사행무역이 성종대보다 줄어 거란은 3회이고 고려는 4회에 이르고 있다. 이는 목종대 각장무역이 설치되어 사행무역의 필요성이 줄어든 탓이 아닐까 한다. 각장에서의 교역과 관련하여 여요의 사행 횟수에 차이가 난다는 양국 사행의 교류동기가 무역과 긴밀한 관련이 있음을 방증하는 예일 것이다.

한편 현종대는 고려의 사행이 45회, 거란의 사행이 41회일 정도로 여요 양국의 교류가 비약적으로 발전하고 있다. 현종대는 팔관회적인 질서가 본격적으로 자리잡아 사헌무역이 형성되는 시기였던 만큼, 여타 외국과의 무역과 함께 대요무역 역시 활황을 누렸던 것 같다. 특히 현종 원년 거란의 2차 침입으로 인해 각장에서의 교역이 폐쇄되면서 대신 사행무역은 번성했던 모양이다. 사행무역의 편리를 위해 迎賓·會仙 등 客館이 현종 2년 (1011)에 설치되었던 것은 이런 점에서 주목된다.[46]

이러한 추세는 문종대에도 이어졌다. 문종이 즉위한 이후 요와의 사이에서 문제되었던 국경 분쟁도 해소되고, 30년간 단절되었던 송과의 공적교류도 회복되게 되었다.[47] 이와 같이 변화된 대외관계를 바탕으로 이루어진 여요교류는 고려측의 사행이 37회이고, 요측의 사신 왕래는 78회로 2배를 넘고 있다.[48] 이 시기에 주목되는 것은 요가 고려에 '特使'를 보내 대장경

---

45) 자세한 것은 정용범, 「고려시대 中國錢 流通과 鑄錢策 -성종·숙종 연간을 중심으로」『지역과 역사』4, 부산경남역사연구소, 1997 참조.
46) 『高麗史』권4, 世家 顯宗 2년 4월 정묘.
47) 『高麗史』권9, 世家 文宗 32년 6월 갑신.
48) 거란은 문종을 책봉한 후 4차례의 加冊과 왕태자의 책봉을 하였고, 문종의 생일에는 한 해도 빠짐없이(35회) 사신을 파견하고 있다.

을 전하는 등 불교문화에 이바지한 점이다. 본래 요가 불교를 도입한 직접 동기는 정복지의 중국인을 거란 국내로 집단이주 시킨 후 인심을 수습하기 위해서였지만, 성종대 이후에는 중국의 유교문화에 대항하려는 정책의 일환으로 불교문화의 육성을 추진하였다. 그 결과 興宗·道宗대에는 수 많은 사찰의 건립은 물론이거니와 佛典의 편찬을 비롯 대장경이 간행되는 등 불교문화의 극성을 이루었다.49) 문종의 재위기간은 요의 흥종·도종과 같은 시기였으며 문종 또한 이들에 못지않은 독실한 불교옹호자였던 만큼 이 시기 여요 양국의 문화교류가 활발했을 것임은 주지의 일이다. 불교문화의 왕성한 교류는 사행무역의 번성도 동시에 수반했을 것이 분명하다. 문종대의 고려측 사행 37회 가운데 13회가 '進方物'로서 경제교역이었다는 점도 이를 짐작케 한다.50)

더욱이 문종 9년에는 종래의 객관이 있는 데도 불구하고 새로 우빈·淸河·朝倧 등에 다시 객관을 증설하고 있다.51) 사실 객관의 증설은 문종대가 사헌무역의 극성기였던 만큼 송상·여진·일본 등 주변 제국인의 끊이지 않는 무역 행렬을 위한 것이기도 하겠지만, 그 가운데 거란 사행도 포함되어 있을 것임은 물론이다. 고려뿐만 아니라 거란 역시 고려에 입국한 자국 사행의 무역을 돕기 위해서 문종 26년 宣義門 남쪽에 賣買院을 설치하고 있는 점이 흥미롭다. 거란이 고려측의 객관 증설에도 만족하지 않고 다시 매매원을 설치한 것은, 이 시기가 가장 전성기를 구가하고 있던 興宗·道宗대여서 그 어느 때보다도 소비의 욕구가 높았기 때문이다.

다음 숙종대는 고려시기 동안 요에 파견한 사행 횟수가 요의 26회에 비해 50회로 가장 많았던 시기이다. 숙종은 고려왕조에서는 최초로 태자의 책봉을 요구하여 요 황제의 위신을 높였을 뿐 아니라, 요에서 회사한 사행

---

49) 佐久間重男·護雅夫·三上次男, 앞의 책, 1974, p.324.
50) 이는 거란사행이 45회로 문종대보다 많은 현종대의 방물 진헌이 8회인 점과 비교될 정도로 경제교역의 발전을 보이고 있다.
51) 『高麗史』 권7, 世家 文宗 9년 2월 갑술.

에 대해서도 처음으로 回謝使를 파견하는 등 적극적인 대요 정책을 취하고 있다. 이처럼 숙종대 요에 사신 파견의 횟수가 많았던 것은 숙종의 국내 정치기반의 취약성에 기인하고 있다. 하지만 이미 종래의 책봉체제와 다른 상황속에서 단순히 정치기반이 취약하다는 것에 모든 원인을 돌릴 수 없다고 본다. 이 점에서 숙종대 왕권강화의 일환으로 시행한 貨幣유통 및 국내 상업의 활성정책이 눈에 띈다.[52] 숙종은 앞 시기의 현종, 문종대 이루어진 무역의 발달과 국내상업의 성장을 토대로 화폐유통정책을 펴게된다. 사실 이 시기 상당하나마 상업세력의 성장을 점칠 수 있는데, 이는 숙종 당시 조직된 별무반의 충원대상에 商賈가 포함되고 있는[53] 예에서도 뒷받침되고 있다.

이와 같은 국내상업의 활성은 필연적으로 대외무역과도 긴밀한 관련을 가지고 전개되었을 것이다. 이는 숙종대 귀족층의 私鑄를 막기 위해 은병을 만들었던 사례도 시사된다.[54] 왜냐하면 화폐로서 은의 기능은 소액화폐가 아니라 고가용으로 대외무역의 사치품을 지불하는 수단으로 통용되었을 가능성이 높기 때문이다. 숙종대의 대외교역은 대송무역은 물론이지만, 대요 무역을 통해서도 상당한 이익을 획득할 수 있었다. 숙종의 즉위에 결정적 역할을 한 측근세력인 邵台輔[55]가 북쪽 변방지역에 거주하고 있는 장사들 가운데 남도 주현에서 온 사람들은 정전이 멀리 있으므로, 거란의 사행무역에 편승하여 생계의 곤궁함을 해결하도록 上奏하였던 것은[56] 요와의 사행 무역에서 얻어지는 이익이 만만찮았음을 보여주고 있는 좋은 예이다.

---

52) 蔡雄錫, 「高麗前期 貨幣流通의 기반」『韓國文化』9, 1988 ; 정용범, 앞의 논문, 1997, Ⅳ장 참조.
53) 『高麗史』권81, 兵1 兵制 숙종 9년 12월. 숙종대 關津상세를 징수하게 된 배경도 이런 기반 위에서 가능하였다.
54) 『高麗史節要』권6, 肅宗 6년 6월.
55) 소태보가 숙종의 측근세력임은 南仁國, 「高麗肅宗의 卽位過程과 王權强化」『歷史敎育論集』5, 1983, pp.136~137 참조.
56) 『高麗史』권95, 列傳8 紹台輔.

숙종대의 상업정책이 조정되는 국면을 맞게되는 예종대는 고려가 37회, 요가 34회로 양국의 사신파견은 비슷한 횟수를 보이고 있다. 고려의 요에 대한 최종 사신 파견은 인종 원년(1123) 8월이긴 하지만, 실상은 이미 예종 11년(1115)을 전후로 거란의 연호사용을 중단하는 등 소원상태를 유지하게 된다. 즉 예종 11년대인 後半期의 정책은 新敎의 반포에서 나타나듯이 송과의 관계개선을 통해 송의 선진문물을 적극 받아들이는 시기였으며,57) 요의 국내사정도 이 때쯤이면 이미 쇠퇴기에 접어드는 시기였다. 고려와 요 양국의 국내상황이 변화하면서 요와의 사행무역 역시 쇠퇴의 길을 걷게 되는 것이 아닐까 한다.

② 각장무역

각장무역은 중세 동아시아사에서 나타나는 전형적인 사무역으로, 본격적 시행은 지역에 따라 대외무역의 형태를 달리한 송왕조에서였다. 즉 송왕조는 해로를 통한 남방무역에서는 일종의 세관이라 할 수 있는 市舶司를 설치하여 무역을 하였고, 이와 달리 대거란·서하 등 육로무역에는 각장을 설치하여 교역하고 있었다.58) 각장에서의 교역형태는 사무역이라 하더라도 국가에서 어느 정도 관여를 하여 일정한 규제를 가하고 있었다. 우선 무역을 거래할 때 무역 당사자간에 직거래를 하는 것이 아니라 중개를 담당하는 牙人을 두어 매매당사자로부터 중개료인 牙錢을 징수토록 하였다. 또 아무데서나 자유롭게 무역을 할 수 있는 것이 아니라 특정지역에 한해 무역장을 개설하였으며, 무역 거래시의 가격도 시장거래에 의한 것이 아니

---

57) 고려는 송으로부터 서적과 의학기술 등 문물과 예악을 대대적으로 받아들여 송과의 교류가 가장 활발한 시기였다(박종기, 「예종대 정치개혁과 정치세력의 변동」 『역사와 현실』 9, 1993, p.65).

58) 각장무역은 엄밀히 말하면 송의 정치적 목적을 수행하는 한 수단이었다. 왜냐하면 각장무역의 지속을 위해서 양국의 평화적 관계가 수반되어야 했고, 이를 통해 유목민족들이 송의 경제권으로 편입되었던 만큼 송으로서는 이들을 통제할 수 있는 무기로 삼을 수도 있었기 때문이다(井上孝範, 「北宋期, 陝西路對外貿易」 『九州公立大學紀要』 10권제2호·11권1호 합병호, p.36).

라 관에서 물품가격을 통제하였다. 뿐만 아니라 각장을 통과하는 상품에 대해서는 稅錢을 징수하였고, 심지어 香藥·犀角·象牙·茶 등과 특수품목에 대해서는 일반상인은 매매를 금지하고 관에서만 교역할 수 있도록 매매되는 교역품의 종류도 제한하고 있다.[59]

앞에서 서술한 고려와 요의 사행무역은 해로를 통한 송과의 교역에 비해 많은 제약이 있는 육상무역이었다. 육상무역은 선박을 통한 해상무역에 비해 운송할 수 있는 물품의 수량도 제한되는데다가, 중도의 위험성이 컸으므로 수수료나 주선료 등과 같은 많은 비용이 부가되었을 것이다. 그런데 각장무역은 사행무역에 비해 상대적으로 거리가 가까운 접경지역에서 교역하기 때문에 육상무역의 원거리 소요로 인한 불리함이 어느 정도 해소될 수 있는 이점이 있다.

한편 거란의 고려 침입동기가 영토적 야심 때문이긴 했지만, 실상은 영토적 야심 자체가 경제적 필요성 때문이었던 만큼 거란은 각장의 설치에 특별한 관심을 가지고 있었다. 여요 사이에 각장이 처음으로 설치된 시점은 목종 8년(1005)으로서 양국의 경제적 접촉에 획기적인 진전을 보이고 있다.[60] 각장이 설치된 지역은 保州였는데, 보주는 여요는 물론이거니와 여진과도 국경이 접하는 지역이므로[61] 이 지역이야말로 요가 중계무역을 하기에 가장 적합한 곳이었다. 그러나 이 때 설치된 각장은 현종 원년(1010) 거란의 2차침입으로 폐쇄되게 되었다. 현종대 각장이 폐쇄된 이후 꽤 오랫동안 각장이 개설되지 않은 채 여요무역은 주로 사행무역에 의존하고 있은 듯 하다. 고려와 요의 경제교역이 각장무역보다 사행무역의 형태로 이루어진 것은 고려측의 입장 때문인 것 같고, 요의 입장은 이와 정반대였던 것으로 보인다. 거란은 각장의 폐쇄이후 80년이 경과한 宣宗 3년

---

59) 烟地正憲, 앞의 논문, 1974, pp.115~118.
60) 『遼史』권60, 食貨志 下 聖宗5 23년에 "振武軍及保州 竝置榷場"이라 하고 있다.
61) 丸龜金作, 앞의 논문, 1935, p.64.

(1086) 압록강변에 다시 각장설치를 제의하고 있다.62) 그러자 고려는 즉각 각장 개설의 중지를 요구하고, 한편으로는 李顔을 보내어 비밀리에 국경 수비책을 세워 대비하였다.63) 하지만 요는 각장설치를 집요하게 요구하여 이 문제는 무려 2년이나 끌다가 선종 5년에 겨우 고려의 요구가 받아들여 지게 된다.64)

그러면 요가 이처럼 각장무역을 소원하는 데도 불구하고 고려가 각장무 역을 꺼려한 이유는 무엇일까. 우선 일차적으로 고려가 요의 군사적 위협 을 우려했던 때문이었다. 세 차례나 요의 침입을 겪은 고려 정부로서는 요 의 경제적 요구를 실현하기 위한 의도마저 군사적 위협으로 연결시킬 수밖 에 없을 정도로 예민한 문제였던 것이다. 이러한 것은 같은 북방민족이면 서도 직접 고려를 침입한 적이 없는 금과는 특별한 경우를 제외하고는 각 장무역이 활발하게 이루어졌던 사실에서도 알 수 있다.65) 따라서 고려로서 는 요와의 교역에서는 군사적 우려가 생길 수 있는 각장무역보다 국가의 통제가 훨씬 용이한 사행무역을 선호하게 되었을 것이 아닌가 한다.

이와 함께 또 지적할 수 있는 것은 고려전기 사회는 후기에 비해 상대적 으로 무역에 대한 국가의 통제기능이 강력한 시기라는 점이다. 물론 각장 무역도 일정하게나마 국가가 관여할 수 있는 요소가 다분하지만, 각장무역 의 본질은 어디까지나 개인이 무역활동의 주체가 되는 사무역이었다. 그런 데 고려전기 사회는 사무역인 각장무역이 활성화된 사회가 아니라 국가주 도의 무역이 관행인 사회였던 것이다. 단적인 예가 고려전기에 유독 자주 등장하는 사헌무역의 존재이다. 사헌무역의 경우 무역을 위해 고려에 들어 온 외국상인들이 먼저 국가에 공물을 진헌한 후 회사품을 받거나 관에서

---

62)『高麗史』권10, 世家 10, 宣宗 3년 2월 병자.
63)『高麗史』권10, 世家 宣宗 5년 2월 갑오.
64)『高麗史』권10, 世家 宣宗 5년 11월 임신 ;『高麗史』권11, 世家11 肅宗 6년 8월 을사 에도 거란의 각장 철폐가 수용되었음을 밝히고 있다.
65) 朴漢男, 앞의 학위논문, 1994, pp.184~185.

필요한 물품을 구입한 후 비로소 민간매매가 허용되는 형태이다. 즉 고려 전기 국가 통제하의 무역형태에서는 자연히 사헌무역이나 사행무역이 주 도적 기능을 가지게 되어 각장무역의 역할은 미미하게 된다.

다음으로 들 수 있는 것은 고려전기 사회의 국내 생산력과 유통경제의 발달 단계이다. 비록 고려전기 사회가 11세기 이후 상당한 정도로 상품경 제가 발달되었다 하더라도 후기 사회에 비해 완만한 수준이었다. 숙종대의 화폐유통 정책이나 關津商稅의 징수가 숙종 사후인 예종 원년에 사라지고 만 것은 숙종대의 개혁책에 대한 정치적 반발이 일차적 원인이었겠지만,[66] 다른 한편으로 전기 사회의 상품생산과 교환경제가 지닌 한계성과도 무관 하지 않을 것이다.[67]

③ 밀무역

이상에서 보았듯이 고려전기 무역정책은 사무역의 활성이 아니라 국가 의 관여도가 높은 사행무역이나 사헌무역의 형태를 유지하는 것이었다. 그 런데 정부가 사무역을 통제한다 하더라도 완만하나마 국내의 상품화폐경 제가 발달하게 되면 대외무역을 통해 이익을 얻으려는 경제적 욕구가 분출 할 수밖에 없을 것이다. 뿐만 아니라 물품의 매매를 통해 시세차익을 얻을 수 있는 주위여건이 마련되어 있는 상태에서는 더욱 그러하다. 그럼에도 불구하고 국가에서 사무역을 공인하지 않을 경우 밀무역이 나타나게 된다.

밀무역에 대한 사례를 보면 요와의 밀무역을 나타내는 직접적인 사료는 아니지만, 숙종 6년 定州長인 今男의 기사가 참조된다. 금남이 官庫에서 철 갑 4벌을 훔쳐 여진인에게 몰래 팔다가 발각된 일이 있다.[68] 금남의 경우 무역을 생활의 근거로 삼는 상인은 아니지만, 위험을 무릅쓰고라도 관의

---

66) 박종기, 앞의 논문, 1993, 참조.
67) 고려전기 사회의 수취는 代納이 공인되지 못하고 노동력의 직접수취, 현물세 징수
   가 원칙이었다(본서, Ⅳ장, 3절 참조).
68) 『高麗史』 권11, 世家 肅宗 6년 6월 신축.

물건을 훔쳐 팔 만큼 밀무역이 관행되던 예로 해석할 수 있다. 밀무역은 거란이나 여진 등 고려 물자를 필요로 하는 북방민족이 존재하는 접경지대에서는 자주 발생할 수 있는 일이었을 것이다.

밀무역의 주체는 상인이나 접경지대와 가까운 거주민 등의 비중이 높겠지만, 중앙의 권력층이나 왕실도 도외시할 수 없을 것 같다. 이런 점에서 명종 15년의 기사는 많은 시사를 준다. 명종은 서북면병마사인 李知命이 임지로 떠날 때 친히 명령을 내려 용주 紵布庫에 있는 저포로써 丹絲를 교역하여 바치도록 하였던 것이다. 주목되는 것은 이 때의 교역장소가 의주였는데, 이 당시의 의주는 호시가 금지된 곳이었으므로[69] 왕이 밀무역을 명령한 셈이다. 거란사를 구입한 의주라는 지역은 거란이 최초로 각장을 설치한 적이 있는 다름아닌 보주였다.[70] 이 지역에서 요가 멸망한 60년이 경과한 시기에도 불구하고 밀무역이 이루어지고 있었다는 것은, 비록 각장은 철폐되었지만 그 대신 이 곳이 밀무역의 중심지로 기능하고 있었음을 알려 주고 있다. 더욱이 화폐로 사용하기 위한 저포의 저장 창고가 서북면에 설치되어 있었던 것은 심지어 관에서도 암묵적으로 밀무역을 거래하는 것이 용인되어 있었던 것으로 볼 수밖에 없다.[71] 이처럼 여요무역에서 밀무역이 무시될 수 없는 상황이었던 것은, 고려전기 200년에 걸친 여요 교류기간 동안 공식적인 각장 개설기간이 5년 정도에 지나지 않아 밀무역이 그 여백을 대신하게 되었던 데 기인한다.

(2) 무역품의 종류

여요의 무역품을 살펴 볼 수 있는 대표적인 사료인 『契丹國志』에 의하면

---

69) 『高麗史』 권20, 世家20 명종 15년 1월, "辛丑 西北面兵馬使李知命 獻契丹絲五百束 知命之陛辭也 王召入內殿 親諭曰 義州雖禁兩國戶市 卿宜取龍州庫紵布 市丹絲以進 故有是獻".

70) 李龍範, 앞의 논문, 1955, pp.43~44.

71) 『高麗圖經』 권3, 貿易에 의하면 고려에서는 泉貨의 법이 없고 저포와 은병으로 가치를 헤아린다고 하고 있다.

다음과 같은 무역품이 나타나고 있다.[72)]

수출품으로는 貢物進件으로서 金器 300냥 · 金抱肚 1조 50냥 · 金紗羅 50냥 · 金鞍轡馬 1필 50냥 · 紫花綿紬 100필 · 白綿紬 500필 · 細布 1000필 · 粗布 5000 필 · 銅器 1천觔 · 法淸酒醋 100병 · 腦元茶 10근 · 藤造器物 50事 · 成形人蔘 不定數 · 無灰木刀擺 10개 · 細紙墨 不定數目, 橫進物件으로서 粳米 500석 · 糯米 500석 · 織成五彩御依 · 金不定數가 있다.

이에 대해 수입품으로는 회사물건으로서 犀玉腰帶 2조 · 細衣 2襲 · 金塗鞍轡馬 2필 · 素鞍轡馬 5필 · 散馬 10필 · 弓箭器仗 2副 · 細錦綺羅綾 200필 · 衣著絹 1000필 · 羊 200口 · 酒果子不定數, 賜奉使물건으로서 金塗銀帶 2조 · 衣 2襲 · 錦綺 30필 · 色絹 100필 · 鞍轡馬 2필 · 散馬 5필 · 弓箭器仗 2副 · 酒果不定數, 上節從人에게 하사하는 白銀帶 1조 · 의 1습 · 견 20필 · 마 1필, 下節종인에게 하사하는 의 1습 · 견 10필 · 의 1습 · 견 10필 · 紫綾大衫 1領이 있다. 이상의 물품을 참조하여 대표적인 수출품과 수입품을 살펴보면 다음과 같다.

① 수출품

고려에서 거란에 수출되던 대표적 물품으로는 금 · 은 · 동, 布帛類, 미곡류, 腦原茶, 草席, 칠기 등의 공예품, 紙墨類, 鷹이 있다.

금 · 은 · 동은 고려가 거란 뿐 아니라 송이나 여진에도 수출한 품목이었다. 금 · 은의 경우 수출대상국에 따라 다소나마 가공형태의 차이가 있는 것 같다. 이를테면 고려가 거란에 수출한 금은 金器 · 金抱肚 · 金紗羅 · 金鞍轡馬 등 위의 수출품목 용례에서 보듯이 주로 가공된 형태였다. 靖宗대 夏季問候使로 파견된 金元沖이 가져 간 품목도 金吸瓶, 銀藥瓶 등과 같은

---

72) 葉隆禮, 『契丹國志』 권21, 外國貢進禮物 新羅國貢進物件. 여기에는 고려가 보낸 일반 국신물인 공물 외에 橫進물건도 있다. 횡진물건은 요의 橫宣使가 가져온 물품에 대한 고려측의 답례품이다. 횡선사가 가져온 선물은 주로 洋이었다고 한다(朴漢男, 앞의 학위논문, 1994, p.177).

형태였다.[73] 이에 비해 송에 수출한 품목은 금 100냥, 은 1000냥의 사례[74] 와 같이 가공되지 않은 형태로 수출하고 있다. 아마도 고려가 거란에 비해 금, 은의 가공기술이 섬세하고 뛰어났기 때문이 아닌가 생각된다.[75]

금, 은과 비교해 볼 때 銅의 가공기술은 더욱 탁월했다. 동은 금·은에 비해 그 생산량이 훨씬 많았으므로, 신라시대부터 대중국의 수출품으로 중요한 품목이었으며[76] 고려전기에도 民家의 器皿을 모두 동으로 만들어 사용하고 있었다.[77] 이러한 동의 세공 기술은 본래 중국으로부터 배운 것이지만, 고려시기에 이르면 그 기술이 중국에 못지 않았던 모양이다. 예컨대 蘇軾이 고려 銅器를 구해 仇治石이라는 귀한 돌 위에 두고 감상하였다든지, 曾鞏·蔡襄向 등의 송인마저 고려 동기의 구매를 소원하였을 정도였다.[78] 아마도 고려정부에서 趙冬曦, 朴光通을 송에 파견하여 鍮銅器를 바치고 있는 예도 이와 무관하지 않을 것이다. 이 때문인지 요 역시 고려 동기 1,000 각(?)을 예물품목으로 지정하고 하고 있었다.

그러나 요의 경우 고려 동의 필요성은 단순히 완상용에만 그치지 않았을 것이다. 요는 景宗 2년(969) 국내에서도 화폐를 주조하여 宋錢과 더불어 사용하고 있었다.[79] 그런데 이 시기 중국의 송전은 동아시아·인도·중동 제국 등의 商街에서 유통될 정도로 세계화폐로서의 기능을 가지고 있었으며, 심지어 베트남과 같이 자체적으로 동전을 주조하지 못하고 자국내의 시장교역에서도 송전을 사용하고 있었다.[80] 하지만 요가 송전의 사용에 머

---

73) 『高麗史』 권6, 세가 靖宗 4년 7월 갑인.

74) 『宋史』 권487, 열전 246, 高麗傳 仁宗 10년 윤4월.

75) 朴漢男, 앞의 학위논문, 1994, p.171에서도 지적한 바 있다.

76) 日野開三郎, 「羅末三國の鼎立と對大陸海上交通貿易」 『朝鮮學報』 16·17·18·19, 1960·1961.

77) 『宋史』 권487, 外國3 高麗 大中祥符 8년. 이 밖에 『高麗圖經』 권23, 雜俗 土産에도 金銀은 적지만 동은 많다고 하고 있다.

78) 王儀, 『趙宋與王氏高麗及日本的關係』, 中華書國印行, 1980, pp.136~137.

79) 島田正郎, 앞의 책, 1978, p.267.

80) 大田由紀夫, 「12~15世紀初頭東アジアにあける銅錢流布」 『社會經濟史學』 61-2,

무르지 않고 자체적으로 화폐를 주조했던 것은, 왕성한 교역활동을 뒷받침할 정도로 중국전이 충족되지 못해서였던 만큼 고려 동의 수입이 뒤따라야 했음을 알려 주고 있다. 특히 동전은 명목화폐로서 뿐 아니라 실질 가치도 동시에 지닌 것이므로 더욱 그러했을 것이다. 이제까지의 풍부한 동 생산량에도 불구하고 고려후기에 이르면 동기 사용을 금지해야 한다는 지적이 나올 정도로[81] 동 부족을 초래했던 배경에는, 고려국내 사정과 더불어 요·금 등으로의 동 수출도 한 몫 했던 것이 아닐까 한다.

한편 銀 역시 고려의 주요 수출품이었는데, 당시 은은 송전과 함께 세계적으로 통용되는 주요한 결제수단이었다. 송전이 유통되는 지역에서도 은은 고액화폐로서 중요한 기능을 하고 있었다. 이러한 특성 때문에 10세기 후반부터 13세기까지인 250년간 은은 세계경제의 유통에 결정적인 영향을 발휘하고 있다. 왜냐하면 이 시기는 요·금·원 3대의 정복왕조가 군림하여 송왕조가 서역과 직접 교통할 수 있는 육상 교통로를 차단당했던 때였으므로, 육로를 중심으로 하는 동서교역은 '실크街道' 대신 '은街道'을 통해서만 가능했기 때문이었다.[82] 따라서 11세기 전후에는 요제국의 '은街道'가 동서교역의 심장부로 기능하고 있는데, 당시 은 유통에 결정적 영향을 끼친 것은 이슬람세계의 급격한 은 수요의 증가였다. 중국은은 이 지역과의 교역으로 인해, 또 거란·서하 등 북방민족에 대한 세폐로 인해 막대한 은이 유출되자 고려를 비롯한 동아시아와의 무역을 통해 은 부족을 보충하고 있었다.

하지만 은 부족 현상은 요가 송에 비해 훨씬 심각했을 것이다. 요의 은 생산량은 전혀 없었던 것은 아니지만 미미하였고, 요에 대한 은의 최대 공급원은 송으로부터의 세폐였다. 즉 요는 聖宗 22년(1004) 송과 전연의 화약

1995.

81)『高麗史』권82, 刑法2 恭讓王 13년 3월, "嵋銅 本土不山之物也 願自今銅鐵器 專用資本以革習俗".

82) 島田正郎, 앞의 책, 1978, p.258.

을 맺는 조건으로 은 10만냥씩을, 興宗 11년(1042)부터는 20만냥으로 증액
하여 요 멸망 직전인 天祚帝 3년(1123)까지 막대한 세폐를 받고 있다.[83] 그
럼에도 불구하고 요는 은의 소비량을 줄이고자 하는 규제를 연이어 내어놓
을 정도로 수요량이 급증되었다. 銀器를 부수지 말 것이며,[84] 특정 계층을
제외하고는 은기를 매장하지 말고[85] 송나라에 은을 팔지 못하도록[86] 하는
규제가 그것이다. 이와 같은 조처가 요의 전성시기인 성종과 홍종대 집중
적으로 취해진 점을 감안하면, 요의 안정기인 성종대 이후 거란인의 은 소
비가 심각한 수준이었음을 알 수 있다.

거란은 지배층의 경우 일찍부터 중국적 생활양식에 물들어 있었는데다
가 산업발달, 중국한인의 집단이주와 더불어 絹·茶 등 중국물자의 소비가
급증했다. 게다가 요의 경제활동은 중계무역에 절대적으로 의존하고 있던
터여서 그 결제수단으로서 은의 획득이 절실했다. 당시 동서무역로는 오르
도스 지역에서 일어난 서하가 장악한 이후 수탈에 가까울 정도의 고율의
관세가 징수되자, 서하의 통제하에 있던 실크-로드 대신 새로운 무역로의
개척이 절실해졌다. 이렇게 하여 개척된 무역로가 다름 아닌 위구르와 요
를 잇는 북방 초원로였다.[87] 그 결과 요의 수도에는 위구르인의 商社가 설
치되어 요의 서역제품 구매가 활발해졌을 것이며, 이와 더불어 요는 물품
값을 지불하기 위해 막대한 은이 요구되었다. 그런데 고려의 銀은 "銀外國
四種 新羅銀 波斯銀 林邑銀 雲南銀 竝精好"[88]이라 한 바와 같이 일찍부터
높이 평가되었다. 또 "以高麗國多産銀 遣工卽其地 相傍近民 冶以輸官"[89]에

---

83) 日野開三郎, 앞의 책, 1984, p.457.
84)『遼史』권17, 聖宗紀 太平 5년 12월 정축, "禁工匠 不得銷金銀器".
85)『遼史』권19, 興宗紀 重熙12년 6월 병오, "詔 世選宰相節度使族屬 及身爲節度使之家
　　許葬用銀器".
86)『遼史』권19, 興宗紀 重熙 11년 6월 임오, "禁齎銀鬻入宋".
87) 佐久間重男·護雅夫·三上次男, 앞의 책, 1974, pp.333~334.
88)『海東繹史』권26, 物産志一 寶藏論.
89)『元史』권15, 本紀 世祖 20년 4월 계유.

서 보듯이 元대에는 고려은의 개발을 위해 기술자를 보낼 정도로 은 생산
량도 비교적 많았던 것 같다. 이와 같은 실정을 감안해 보면 고려 은이 요
의 중요한 수입품목이었을 것으로 생각된다.

이상의 광산물 외에 압도적인 비중을 차지하고 있는 것은 직물류이다.
직물류 가운데 특히 두드러진 것이 견이다. 원래 거란인은 유목민족이었던
만큼 거란인의 전통적인 의류는 文皮라 불리던 虎・豹皮 등의 동물가죽으
로 5세기 중엽 거란이 교역을 시작했을 당시 거란의 대표적인 수출품이었
다.[90] 이들 동물 가죽은 방한의류로 우수한 반면 세탁상의 어려움으로 비
위생적이며 내의용으로는 부적합했을 것이다. 견직물은 이와 같은 단점을
보완해주는 것은 물론 촉감이나 미관상으로도 수려하여 거란인의 絹에 대
한 애호는 가히 폭발적일 정도였다.

요의 견직물은 점령지역의 한인에 의해 대릉하를 중심으로 일차적으로
공급되고 있었다. 하지만 거란지역에서 생산된 견직물로는 수요량에 태부
족이었고, 이 외에 중요한 공급로는 송으로부터의 유입이었다. 하지만 거
란지역에서 생산된 견직물로는 이 수요량에는 태부족이었다. 자연히 중요
한 공급로는 송으로부터의 유입이었다. 송으로부터의 유입 가운데 대표적
인 것은 전연의 화약 조건인 세폐견 20만필 ―홍종 11년 이후에는 30만필
로 증액―이었다. 세폐견으로도 부족한 양은[91] 송으로부터 수입해서 충당
해야 했다. 견직물의 특성상 영구적인 축적이 가능한 은과는 달리 시간이
지나면 소모되는 만큼 요의 견직물 수요는 늘상 부족할 수밖에 없었다. 이
때문에 고려로부터 견직물을 수입하는 것에도 중요한 관심을 가지게 되었
다.『契丹國志』에 紫花綿紬와 白綿紬의 품목을 규정해 두었다든지, 앞에서
살펴보았듯이 심지어 女眞이 고려에서 수입해 간 견이 다시 요에 재수출되

---

90) 李在成,『古代東蒙古史硏究』, 法仁文化社, 1996, p.139.

91) 당시 대략적인 거란인의 인구 300만이 만몽지역의 혹한을 견디기 위해서는 모피와
    병용하는 것을 감안하더라도 요에서 필요한 비단은 300만필 정도가 된다고 한다(日
    野開三郞, 앞의 논문, 1978, p.484).

고 있는 상황들이 이를 반영하고 있다.

직물류 가운데는 견직물 외에도 細布 1000필, 粗布 5000필 등과 같이 마포류도 예물품목에 지정되어 있다. 오히려 이들 포류는 견직물보다 그 액수가 훨씬 많다. 거란 지역의 포 생산은 건국 이전부터 이주해 있던 한인 사이에서 이미 시도되었고, 건국 이후에는 북중국의 기술자들이 대거 옮겨 오면서 포류가 상품으로서 시장에 판매되고 화폐로도 사용되고 있었다.[92] 그럼에도 불구하고 요가 지배층의 의류인 세포 외에 서민층의 하절기 의류도 수입하고 있는 것은, 포 생산이 충분하지 못했음을 시사하고 있다. 靖宗 대 夏季問候使로 요에 파견된 金元沖이 紗紵布와 貢平布를 가지고 갔던 것도 이를 입증하고 있다.[93] 즉 사저포는 두말할 것도 없이 지배층의 의류였지만, 평포는 서민층의 의류였던 것이다.

뿐만 아니라 요는 여진과의 각장무역을 통해서도 포류를 구입하고 있었다.[94] 여진이 거란과의 교역에서 마포류를 수출할 수 있었던 것은 여진이 유목민족이긴 하지만, 거주지역 자체가 고려의 북부지역을 비록 만주지역에 분포되어 있었으므로 마 생산에 있어서 거란에 비해 훨씬 유리한 여건을 지니고 있었던 때문일 것이다. 견직물류는 본래 중국의 특산품이었던 만큼 송으로부터의 수입량이 많았지만, 포류의 수입은 여진을 비롯하여 고려에 크게 의존하였던 것이 아닐까 한다.

사실 마포는 양잠과 더불어 우리나라에서 가장 이른 시기인 2~3세기부터 생산되었으며,[95] 통일신라기에는 촌락마다 1결의 마전이 설정되어 있을 정도로 가장 중요한 세입원이었다. 마포의 중요성은 고려의 경우도 마찬가지여서, 민이 부담하던 조·포·역의 3세 가운데 포의 중심은 마포였

---

92) 島田正郎, 앞의 책, 1978, p.262.
93) 『高麗史』 권6, 世家 靖宗 4년 7월 갑인.
94) 葉隆禮, 『契丹國志』 권10, 天祚制 紀上, 天慶 4년 "先是 州有榷場 女眞以北珠·人蔘·
　　生金·松實·白附子·蜜蠟·麻布之爲類".
95) 『三國志』 魏志 東夷傳 馬韓 "其民土著種植 知蠶桑 作綿布".

다. 또 고려시기에는 화폐경제가 확립되지 못하여 물품화폐인 마포가 가장 널리 사용되고 있었다. 즉 당시 마포는 의류용으로는 물론 공납용과 교환수단 등 다목적 수요를 지니는 직물이었기 때문에 일찍부터 마포의 생산에 진력하였다. 그 결과 예종대가 되면 민이 공물로 바치던 직물류를 포로 대납케 하는데, 이는 단시일에 가능한 것이 아니라 11세기 이전부터 포의 항상적 잉여가 있었다는 것을 반영하고 있다.

뿐만 아니라 우리나라의 마포는 그 품질도 우수하여 외국에서 호평받는 인기품이었던 것 같다. 예컨대 여송의 공적교류가 회복된 시기인 문종대 송에 보낸 직물류를 보면, 고려에서 보낸 포류는 生中布 2,000필·生平布 2,000필로서 色羅 100필·生羅 300필의 견직물에 비해 압도적인 비중을 차지하고 있다. 그러나 송에서 고려에 보낸 직물은 견직물만 있지 포류는 전혀 없다.[96] 고려후기의 예이긴 하지만 고려가 송상에게 교역의 대가로 인삼과 廣布 500필을 주었던 점도[97] 고려산 포류의 명성을 실감케 하고 있다. 고려의 포류는 송나라 뿐 아니라 금나라에도 수출하고 있었던 점을[98] 감안하면, 요의 포류 수요는 거의 고려에 의존하고 있었던 것으로 생각된다.

다음은 거란인의 식생활과 관련된 미곡류를 들 수 있다. 거란인은 목축과 어로가 생업이어서 肉類와 유제품을 주식으로 하지만, 이와 더불어 곡물도 식용으로 삼았다. 본래 유목지대는 겨울철이 되면 초목이 결핍되므로 유목민의 주요식품인 가축 乳 생산이 감소하게 되고, 스텝지역에서의 주기적인 대한발로 가축들이 斃死함으로써 식량부족을 겪게 된다. 따라서 거란으로서는 건국 이전부터 식량확보가 교역의 일차적인 동기였다.[99] 원래 거

---

96)『高麗史』권9, 世家 文宗 26년 6월 갑술에도 포류를 보내고 있지만, 문종 34년 추7월 계해에도 생중포 2000필을 보내고 있는 점으로 미루어 고려의 포류는 중요한 대외 수출품이었음을 알 수 있다.

97)『高麗史節要』권16, 高宗 18년 7월.

98) 朴漢男, 앞의 학위논문, 1994, p.172.

99) 李在成, 앞의 책, 1978, pp.139~140.

란 본토는 파종기인 4, 5월에 부는 강한 북풍으로 인해 沙土가 어린 작물을 매몰시킬 위험성을 안고 있었다. 물론 북송 시기에 이르러서는 이런 피해를 면할 수 있는 특수한 경작법을 고안하게 되었고, 또 이주 漢人의 농업기술에 의해 상당한 생산량을 올릴 수 있었다. 그럼에도 불구하고 농업사회에 비해 상대적으로 농업기술이 뒤떨어졌고 토질도 척박하여 식량확보가 필수적이었다.[100]

거란이 횡진품목 가운데 粳米와 糯米 각 500석을 포함시키고 있는 것은 이런 사정 때문이다. 또 국경지역에서는 비공식적이나마 곡류의 교역이 끊이지 않았을 것으로 보이는데, 요·금전쟁이 치열하던 시기이긴 하지만 예종 11년(1116)의 사례가 주목된다. 즉 來遠·抱州의 거란 장수가 여진의 침략을 받아 양식이 떨어지자 고려에 미곡 무역을 청했는데, 고려측에서 호시를 반대하고 무상으로 쌀 1,000석을 보내자 요의 장수는 호시 금지에 대한 불만으로 받지 않았다고 한다.[101] 식량 조달의 위기 상황에서도 식량의 무상원조보다는 미곡 무역을 원했다는 것은, 평상시에는 이들 지역에서 미곡의 교역이 활발했음을 의미하는 것이 아닌가 한다.

한편 뇌원차 10근에서 보듯이 고려의 차가 수출되고 있다. 거란인의 식생활을 살펴보면 馬·牛의 젖과 양고기가 가장 보편적인 것이었다. 양고기를 상식하는 거란인에게 차는 기호식품이기도 했지만, 소화촉진제로서 절대적이었던 건강식품이었다. 그럼에도 불구하고 차는 거란지역에서 전혀 생산되지 않아 중국으로부터의 수입에 의존하고 있었다. 주지하는 바와 같이 이 시기 해외무역에서 중국 차의 위상은 비단과 더불어 가장 대표적인 품목이었다. 사실 고려의 경우도 토산차는 쓰고 떫어 입에 넣을 수 없으므로 중국차만을 귀하게 여겼다는 점으로 미루어[102] 고려에서도 송으로부터

---

100) 島田正郎, 앞의 책, 1978, pp.253~258.
101) 『高麗史』 권14, 世家 睿宗 11년 3월 을미에 소억을 파견하여 쌀 1000석을 보내고 있다. 丸龜金作은 거란 장수가 고려가 送米를 받지 않은 이유가 호시를 금지한 때문이라고 지적하고 있다(앞의 논문, 1935, p.69).

차를 수입하고 있었음을 알 수 있다. 이러한 점은 요도 마찬가지였는데, 요의 귀족층은 맛이 사치스러워 중국에서도 귀히 여기는 小團茶를 선호하였다.[103] 아마도 고급차의 경우는 고려에 수입된 중국차가 재수출된 듯하고, 고려 토산차는 요의 서민층을 위한 용도로 수출된 것이 아닐까 한다.

이 외에도 수량을 정하지 않은 人蔘, 細紙墨이 있다.[104] 인삼은 삼국시대부터 중요한 조공품으로 등장한 이후 그 우수한 품질로 인해 한국의 가장 대표적인 수출품이었다. 중국에서는 의약학의 발전으로 인해 인삼의 수요도 일찍부터 있었겠지만, 거란의 경우는 좀 더 늦게 건국을 전후하여 인삼에 대한 인지도가 생겼을 것이 아닐까 한다. 특히 중국 한인이 이주하면서 인삼의 약효에 대해 보다 잘 알게 되었을 것으로 보인다. 요 의약학의 발달 수준을 가늠하기 힘들지만 불경을 인쇄하고 대장경을 조판한 불교문화의 수준을 감안해 볼 때, 중국 의약학에 대한 이해는 충분히 가능했을 것이다. 고려에서 보내야 할 예물품으로 인삼을 규정해 놓은 것은, 중국문화에 익숙한 지배층을 위해 약재로 인삼이 처방되었음을 시사하고 있다.

우리나라의 종이는 고대부터 대표적인 대륙무역의 수출품으로 각광을 받았으며, 그 종류도 白硾紙(白紙)·翠紙·靑磁紙 등 다양한 종류가 보이고 있다.[105] 고려시대에는 '楮市橋' 부근에 종이를 생산, 판매하는 민가가 300여 戶가 존재했을 정도로 번성하고 있었다.[106] 이러한 고려 종이는 金의 章宗이 그림 그릴 때 고려 靑磁紙를 늘 애용했다든지,[107] 몽고가 著古與를 보내 요구한 물품 가운데 "龍團墨 1,000丁, 筆 200管, 紙 10萬張"[108]이라 하

---

102) 『高麗圖經』 권32, 器皿3 茶俎.
103) 거란인의 차 음용에 대해서는 島田正郞, 앞의 책, 1978, pp.338~339 참조.
104) 細紙墨을 비롯하여 본문에서 언급하지 않은 기타의 수출품에 대해서는 丸九金作, 앞의 논문, 1935 ; 李龍範, 앞의 논문, 1955 참조.
105) 『海東繹史』 권27, 物産志2 紙條.
106) 『高麗史』 권53, 五行1 元宗 12년 2월 무신.
107) 『海東繹史』 권27, 物産誌2 書目條 "金章常書高麗靑磁紙".
108) 『高麗史』 권22, 世家 高宗 8년 8월 을미.

여 종이 10만장이 포함되어 있을 정도로 대외적으로 명성이 높았다. 종이 뿐 아니라 鼠狼尾筆, 玳瑁筆, 松烟墨, 猛州墨, 順州墨, 龍團墨 등 고려 토산의 필묵은 중국 문인들 가운데 가장 애호되던 물품이었다.[109] 요는 유목민족이긴 하지만 독자적인 문자를 만들어 사용하고 불경 번역과 인쇄에도 열을 올렸던 만큼 왕실을 비롯한 지배층 중심으로 종이와 필묵의 수요량이 상당했을 것이다. 이 때문에 고려가 보내야 할 품목에 '細紙墨不定數目'을 지정해 두었을 것이다.

② 수입품

요나라로부터 고려에 수입되던 대표적인 품목으로는 細金綺羅綾・衣著絹과 같은 직물류, 서역산 중계물품, 말・양 등의 가축류를 들 수 있다.

견직물은 여요교류에서 특히 긴밀한 관련을 지니고 있다. 본래 우리나라 양잠은 마와 더불어 2~3세기부터 행해졌을 정도로 일찍부터 국가적 차원에서 노력을 기울여, 삼국시대에 이르면 삼국 모두가 견직물 가운데 최상품인 錦을 생산할 정도의 기술을 가지게 되었다.[110] 견직물의 직조기술은 더욱 발전하여 신라통일기에는 朝霞紬・錦, 魚牙紬・錦 등의 고급견직물을 생산하여 당, 거란, 발해 등으로 수출하고 있었다.[111]

고려에서도 견직물의 재배에 각별한 신경을 써서 태조 즉위초부터 조세를 3년간 면제하고 農桑을 장려하고 있다.[112] 또 현종은 각 주현에 명하여 丁戶는 20그루씩 백정은 15그루씩 뽕나무를 강제경작케 하고 있다.[113] 이

---

109)『海東繹史』권27, 物産志2 紙條.
110) 삼국시대 錦이 생산되었던 것을 알 수 있는 명칭이 나타나고 있다. 즉 신라의 경우 錦을 짜던 직조관청으로 錦典이 있었다. 백제의 경우도 일본으로 건너간 기술자 중에 錦部定安那錦이라는 명칭이 있었다(魏恩淑,『高麗後期 農業經營에 대한 研究』1994, 부산대학교 박사학위논문, p.166 ;『高麗後期 農業經濟研究』, 혜안, 1998 재수록).
111) 日野開三郎,「國際交流上より見た滿鮮絹織物」『東洋史學論集』9, 1984, pp.334~364.
112)『高麗史』권79, 食貨2, 農桑.

처럼 고려정부가 견직물을 강제경작하고 있는 것은, 당시 견직물의 용도가 단순히 의류용만이 아니라 국가경제와 가치척도의 기준이었기 때문이다. 예컨대 의복류는 물론이지만 寢席類, 旗, 幕, 帆, 彩輿 등에도 사용되고 있다. 또 祿俸, 進上, 下賜, 賦助, 稅로서 사용되었고 국가간의 정치적 교류에서도 사여품으로 중요한 기능을 가지고 있었다.[114]

고려정부의 견직물 소요량은 우선 일반농가로부터의 징수를 들 수 있는데, 농민이 납부하는 견직물은 綿紬의 형태로 수취되고 있었다.[115] 이 외에 주·부·군·현에서 중앙에 납부하는 공물이 있는데, 이 때는 絲綿의 형태로 수취하고 있다.[116] 일반농가에서 중앙에 납부하는 견직물은 견직물의 완제품 형태인데 비해 지방군현에서 납부하는 공물은 원료 혹은 반가공 형태인 眞綿·絲로 징수되어 중앙관청에서 완제품으로 직조되었던 것 같다. 또 고려 견직물 생산으로 중요한 것은 '所'수공업을 들 수 있으니, 絲所라든가 紬所의 존재가 그것이다.[117] 소와 일반농가가 다 綿紬·絲를 생산하고 있었지만, 전업적 수공업장이었던 소에서 만든 제품의 품질이 더 우수했을 것이다. 그러나 일반농가나 소에서 생산되던 綿紬는 비단 가운데 가장 질이 낮은 제품이었고, 綾·羅·繡·錦과 같은 고급 견직물은 관청수공업을 통해 조달하고 있었다.[118]

---

113) 『高麗史』 권79, 食貨2 農桑 顯宗 19년 정월.

114) 견직물의 용도에 대한 구체적인 것은 趙孝淑, 『韓國絹織物研究 - 高麗時代를 중심으로-』, 세종대학교 박사학위논문, 1992 참조.

115) 『高麗史』 권78, 食貨1 田制 貢賦 睿宗 9년 10월, "判 貢中布一匹 折貢平布一匹五尺 貢紵布一匹 折貢平布二匹 貢綿紬一匹 折貢平布二匹".

116) 『高麗史』 권78, 食貨1 田制 租稅 靖宗 7년 정월.

117) 『新增東國輿地勝覽』 권7, 京畿道 驪州牧 古跡 登神莊條, "今按 新羅建置州郡時 其田 丁戶口 未堪爲縣者 或置鄕 或置部曲 屬于所在之邑 高麗時 又有稱所者 有金所 銀所 銅所 鐵所 絲所 紬所 紙所 瓦所 炭所 鹽所 墨所 藿所 瓷器所 魚梁所 薑所之別 而各供 其物 又有稱處者 又有稱莊者 分隸于各宮殿 寺院及內莊宅 以輸其稅 右諸所 皆有土姓 吏民焉".

118) 관리의 녹봉으로 지급된 견직물과 쌀의 折計法에서도 확인된다. 예컨대 大綾 1필(쌀 4석), 大紋羅 1필(쌀 2석 5두), 常平紋羅(쌀 1석 7두 5승), 大絹 1필(쌀 1석 7두),

이처럼 고려에서 우수하고 다양한 견직물이 생산되고 있었지만, 그 수요에 비해 충분한 양이 생산되지 못하고 있었다. 이에 대해서는 고려의 비단 직조기술은 극상품의 비단을 짤 정도이나 양잠이 서툴러 原絲는 중국으로부터 수입한다든지,[119] 羅1필 값이 은 10양에 해당될 정도로 비싸서, 많은 사람들이 마저포로 된 옷을 입는다는 내용[120]이 시사하고 있다. 즉 고려 견직물의 공급이 수요에 비해 떨어진 일차적 배경은 양잠과 제사가 서툴러 원사가 부족했던 때문이었다. 뿐만 아니라 원사를 중국에서 수입할 정도로 그 품질도 중국산에 비해 다소 떨어졌던 것 같다. 따라서 고려정부의 견직물 조달은 외국산 완제품을 수입하기도 하고, 고려의 염색술이나 직조기술은 중국에 비해 뒤떨어지지 않았던 만큼 국내산 견사나 수입 견사를 재료로 직조된 비단으로서 자가수요로 충당하기도 하고, 또 외국에 재수출도 하였다.[121]

한편 거란의 견직물은 일찍부터 漢人徙民을 통해 대릉하지역을 개발한 결과 우수한 품질을 자랑하고 있었다. 즉 고려의 직조 및 염색기술이 한 단계 높아졌던 것은 거란의 항복한 포로로부터 기술을 전수받은 때문이라 할 정도로 거란의 견직물 기술이 뛰어났다.[122] 견직물의 경우 고려의 대요 수출품이면서 동시에 수입품이었다. 대요 수출품은 『契丹國志』에 규정된 예물에 의하면 紫花綿紬 혹은 白綿紬가 주종을 이룬 것 같다. 면주의 품질이 견직물 가운데 가장 저급품이었던 점을 감안하면, 고려의 대요 수출품은 일반농가나 소수공업장의 제품이 대종을 이루었던 것으로 생각된다. 이에 비해 요에서 고려에 보낸 물품은 細錦綺羅綾 200필, 錦綺 30필, 色絹 100

中絹 1필(쌀 1석), 絲綿・小絹(쌀 7두), 綿紬(쌀 7두), 小平布(쌀 1두 2승 5합)으로 직물의 순서가 환산되고 있다(『高麗史』 권80, 食貨3 祿俸 睿宗 10년).

119) 『高麗圖經』 권23, 雜俗2 土産.
120) 『海東歷史』 권26, 物山志 紵布所引.
121) 趙孝淑, 앞의 학위논문, 1992, p.31.
122) 고려의 器服이 더욱 화려해진 것은 거란포로 가운데 정교한 기술을 가진 공장을 王府에 머무르게 한 결과였다(『高麗圖經』 권19, 民庶 工技).

필 등과 같이 고급 견직물이었음이 주목된다. 이는 요로부터의 견직물 수입이 지배층의 수요를 위한 용도로 사용되었음을 단적으로 드러낸다.

고려 지배층이 요의 견직물을 선호하고 있었던 것은 요의 직조기술이 우수하기 때문이기도 했지만, 특히 丹絲로 불리는 원사의 품질도 한 몫 했다. 고려는 늘상 견사가 부족했으므로 부족분은 수입에 의존하고 있었는데 견사는 송으로부터도 수입하고 있지만, 요의 토산물인 거란사 그에 못지 않게 수입의 중요한 비중을 차지하고 있었다. 의종 19년(1165) 내시 左右番이 駿馬를 바치자 왕이 白銀과 丹絲를 하사했다는 기사[123]는 거란사가 궁중용으로 애용되고 있었음을 짐작케 하는 중요한 사례이다. 또 명종 15년(1185)에 궁중에서 쓸 견사가 다 떨어지자, 밀무역을 해서라도 거란사를 구입해 바치도록 한 예[124]도 이런 점에서 주목할만 하다. 말하자면 왕실을 비롯한 지배층을 위한 고급 견직물의 재료로는 고려 국내산 보다 거란사가 애용되었던 것이다. 사실 閩折 지방의 송상들마저 고려행을 公憑하면서까지 몰래 요에 들어가 거란사 등의 상품을 구입하여, 고려 뿐 아니라 송에도 밀매하는 것이 관행이었을 정도로 거란사의 인기가 대단하였다.[125]

거란사와 더불어 요 국내산 모직물을 비롯하여 심지어 서역산의 毛絲, 모직물 등도 수입되었던 것 같다. 모사는 견직물과 함께 중요한 방한의류인데, 거란이 태조 5년에 처음으로 고려에 보낸 물품이 낙타와 더불어 모직물이었다.[126] 거란인이 송과의 교역에서도 대표적으로 매매했던 물품이 모직물이었던 것은, 興宗 11년에 은과 더불어 모직물 역시 入宋하여 판매

---

123) 『高麗史』 권18, 世家 毅宗 19년 4월 갑신.

124) 『高麗史』 권20, 世家 明宗 15년 1월 신축.

125) 金在滿, 앞의 논문, 1961, p.154. 김재만은 단사의 구입시기가 추운 겨울인 정월이며, 중국인들마저 거란사를 밀수할 정도로 중국에서도 쉽게 구할 수 있는 것이 아닌 점으로 보아 거란의 특산물이든지, 거란의 중계무역품일 것이므로 毛絲일 것으로 보고 있다. 이에 비해 李龍範(앞의 논문, 1955)은 견사로 파악하고 있는데, 필자도 견사로 이해하고자 한다.

126) 『高麗史』 권1, 世家 太祖 5년 2월.

하지 못하도록 규제하고 있는 데서 알 수 있다.127) 그런데 거란의 모사는 봄가을로 2번 翦毛하는데 춘모는 값이 싸며 Felt를 만들어도 좀벌레가 쪼아 버리고, 가을에 깎는 것은 좀은 먹지 않으나 麗毛만을 산출한다고 할 정도로 품질은 그다지 좋지 않았던 모양이다. 이 때문에 정작 요 국내에서는 甘肅 지방을 비롯한 중앙아시아의 모사를 매우 선호했다고 한다.128) 요에서 생산된 모직물 외에도 서역산 모사 역시 고려 지배층의 방한 의류로 수입되었던 것 같다.129) 당시 요 본토는 앞에서 언급한 바 있듯이 동서무역로의 중심이었던 만큼, 요의 上京에는 서역산을 중계무역하던 위구르 상인의 商社인 回鶻營이 설치되었을 정도로 서역산 물산의 집산지였다. 특히 여요무역에서 사행무역이 가장 번성했음을 고려하면 요 국내에 간 고려 사신들에 의해 진귀한 서역산 물품들이 수입되었을 가능성이 충분하기 때문이다.

요가 고려에 보낸 犀玉의 존재도 이를 시사하는데, 서옥은 위구르 상인에 의해 서역으로부터 거란에 수입된 물품이었다. 그리고 의약이나 종교의식으로도 사용되고 있었던 향료도 수입되었던 것 같은데, 향료는『本草綱目』에 의약적 효능은 물론 종교적 의식에서의 효능도 기재되어 있을 정도로 중국인들에게는 애용되었다.130) 이로 미루어 고려에서도 그 효능에 대해 알고 있었을 것인데, 이미 경주 불국사의 釋迦塔에서도 3包의 유향이 발견된 적이 있으므로 더욱 그렇다. 또『本草綱目』에는 硇砂가 血氣不足, 腸鳴, 去冷病, 多益陽事 등의 치료에 탁월한 효력이 있는 것으로 서술하고 있다. 중국인들은 물론이지만 거란인들도 硇砂를 수입하고 있었던 점으로 보아 고려에서도 이와 같이 다양한 약효를 지닌 硇砂에 대해 무관심했을 리

---

127)『遼史』興宗紀, 重熙 11년 6월 임오.

128) 金在滿, 앞의 논문, 1961, p.157.

129) 李龍範,「回鶻商賈와 金代의 女眞」『東洋史學硏究』2, 1967 ;『東洋史論文選集』Ⅱ, 1978, p.9.

130) 李龍範, 앞의 논문, 1978 참조.

없을 것이다. 이 외에도 瑟瑟·珠玉과 같은 보석류, 錦織·注絲·熟綾·斜
褐 등과 같은 비단실과 비단, 高級器皿 등 진귀한 서역산 물품이 수입되어
지배층의 호기심을 충족시켰을 것이다.[131)

　한편 가축류로서 말과 양이 수입되고 있다. 말은 교통의 수단인 동시에
전쟁의 수행을 위해서도 절대불가결한 물품이었다. 특히 고려는 산이 많고
도로가 험한 지형상 특징으로, 물건의 운반시 牛車나 수레로는 불편하여
말이 가장 편리한 운송수단이었다.[132) 그러나 고려의 자연환경이 목축을
하기에 유리한 여건이 아니어서 현종 16년에 牧監養馬之法을 정하는 등 한
국 馬政上 큰 발전이 있었음에도 불구하고,[133) 고려전기의 경우 국내에서
생산되는 말의 양은 별로 많지 않았다. 따라서 말의 부족분은 주로 여진으
로부터 수입하기도 하고,[134) 요의 회사품목에 포함되어 있는 것처럼 사행
무역시 요에서 수입되기도 하였다. 앞에서도 말했듯이 말은 5세기대 북위
와의 교역 당시만 해도 거란의 대표적인 교역품이었다. 그러나 요의 건국
을 전후하여 군대의 무장화가 급속화되면서 요 국내에서도 말 수요가 부족
하게 되면서 말의 수출은 이전에 비해 줄어들게 되는 것 같다. 더욱이 말은
북방 유목민족 국가인 요의 경우 교통의 수단은 물론 전쟁에서도 불가결한
수단이었으므로, 송과의 호시에서 말을 禁輸物品을 규정하여 密賣者는 사
형에 처하고 그 가족까지 連累罪를 적용할 정도로 엄격히 통제하고 있었
다.[135) 그럼에도 불구하고 고려에 대해서는 말의 유출에 대해 별다른 신경

---

131) 洪皓,『松漠紀聞』回鶻條에는 洪皓가 南宋 高宗 3년(1129)부터 15년간 金에 머물면
　　서 금의 上京에서 매매되고 있던 위구르 상인의 거래물품을 기록하고 있다. 이는
　　요가 멸망한지 4년 이후의 상황이지만, 金 초의 지극히 빈곤한 생활모습으로 미루
　　어(朴漢男, 앞의 학위논문, 1994, p.169) 요 멸망 이전의 모습이 그대로 유지되고 있
　　는 실정을 반영한 것으로 볼 수 있다.

132)『高麗圖經』권15, 車馬 牛車 및 雜載.

133) 말 수입국이던 고려가 후기에는 말이 중요한 수출품으로 바뀌고 있는 점은 주목할
　　만 하다. 이에 대해 자세한 것은 위은숙,「원간섭기 對元貿易 -『老乞大』를 중심으
　　로」『지역과 역사』4, 부산경남역사연구소, 1994 참조.

134) 金渭顯,「女眞의 馬貿易考 - 10~11세기를 중심으로-」『明文大論文集』13, 1982.

을 쓰지 않는 것 같은데, 이는 거란의 대고려 1차침입 직후부터 소손녕이 말 100필을 양 1,000마리와 함께 보낼 정도이다.[136] 아마도 고려에 대해서는 송의 경우처럼 그다지 군사적 우려를 하지 않은 때문이 아닐까 한다.

그런데 요로부터의 가축류 수입은 말보다 오히려 양의 비중이 훨씬 컸던 것 같다. 고려에 대한 요의 회사품 가운데 말은 金塗鞍轡馬 2필·素鞍轡馬 5필·散馬 10필에 지나지 않는데 비해 양은 200口가 포함되어 있다. 사실 요의 경우 가축류 가운데 가장 많은 수를 차지하고 있었던 것이 양이었으며, 馬·牛는 그 젖을 먹었고 가장 보편적으로 식용하던 육류는 양고기였다고 한다.[137] 이 때문에 태조의 后 述律이 '羊馬를 많이 소유하고 있으니, 서쪽에 머무르면서 즐길만 하다'라고 하면서 태조의 鎭州進軍을 적극 만류하고 있던 것이라든지,[138] 요 멸망시기의 天祚帝때 "時侍從 乏糧數日 以衣易羊"[139]이라 한 사례도 이를 뒷받침하고 있다. 양의 소중함은 거란인의 식생활에만 한정된 것이 아니라, 연중행사인 黑山제사를 비롯하여 전승시의 제사에도 희생양으로서 중요한 역할을 하고 있었다.[140] 뿐만 아니라 아니라 거란의 양은 중요한 대외 교역품이었다. 고려와의 접경지대인 來遠·抱州 지역에서는 요 유민들이 수백의 羊馬를 기르고 있었는데,[141] 이들 지역이 여요의 각장무역과도 밀접한 관련이 있는 지역임을 감안하면 양 사육의 목적이 주민들의 식용과 더불어 교역을 위한 동기도 포함되어 있지

---

135) 『續資治通鑑長編』 권82, 大中祥符 7년 6월, "河北緣邊安撫司言 民有自北界市馬二匹 至者 己牒送順義軍 上曰如聞 彼國每擒獲鬻馬出界人 皆戮之 遠配其家 甚可憫也".

136) 『高麗史』 권93, 列傳 徐熙, "遜寧贈以馳十首 馬百匹 羊千頭".

137) 島田正郎, 앞의 논문, 1978, pp.332~333.

138) 『五代史』 권72, 西夷附錄 第1 "我有羊馬之富 西樓足以娛樂".

139) 『遼史』 권29, 天祚本紀 保大4년 정월.

140) 양이 거란인의 제사 희생으로 사용된 것은 穆宗 2년(952)부터라고 한다(李龍範, 앞의 논문, 1955, p.54).

141) 『高麗史』 권14, 세가 睿宗 11년 4월 무인, "遙 來遠抱州二城遺民 驅羊馬數百 來投" 또 기묘일에도 요의 남여유민 20여명이 양 200마리를 바치고 있는데, 이들 역시 접경지대에 가까운 주민들이었을 것이다.

않을까 생각한다.

그러면 고려에서 수입양의 용도는 무엇이었을까. 서긍이 지적한 바[142]와 같이 왕실을 비롯한 지배층의 식용이 주된 용도인 것 같다. 이 기사는 고려전기 가장 귀한 육류가 양고기와 돼지고기임을 알려주는 좋은 사례이다. 이를테면 羊豚肉은 국왕이나 相臣이나 외국사신이 올 때 접대용으로나[143] 사용할 수 있지, 가난한 백성들은 감히 먹을 수 없는 값비싼 식품이었던 것이다. 오늘날과 달리 농경사회였던 전근대사회에서 소는 농경의 기반이었는 데다가, 고려후기의 경우만 하더라도 부유한 자가 겨우 1~2마리 소를 가지고 있을 뿐, 가난한 농민은 대부분 소가 없어 耒耕에 의존하거나 소를 빌려 농사 지을 처지였다.[144] 이런 상황에서 지배층이라 하더라도 식용육으로는 우마와 같이 중요한 용도를 가지고 있는 가축과 달리 단지 식용을 위해 기르는 양돈이 가장 중요한 식품이 될 수밖에 없었을 것이다. 따라서 요가 멸망한 이후인 의종 23년에 금나라로부터 2,000口의 양을 대량 수입하고 있는 예도 이런 점에서 주목된다.[145]

4. 대요무역의 성격

이상에서 살펴 본 고려전기 대요무역의 형태는 공무역, 사행무역, 사무역, 밀무역으로 정리할 수 있다. 이 시기에는 조공품의 진상과 회사라는 당대의 전형적인 공무역의 비중이 상당히 축소된 상황이어서, 대요무역의 주류는 사행무역이었다. 사행무역은 전형적인 조공무역 체제하에서 행해지는 공무역이나, 개인이 무역의 주체가 되는 사무역이 공인받지 못하는 시

---

142) 『高麗圖經』 권23, 雜俗 漁, "有俗有羊豚 非王公貴人不食 細民多食海品".
143) 『高麗圖經』 권23, 雜俗 屠宰, "夷政甚仁 好佛戒殺 故非國王相臣 不食羊豚 亦不善屠宰 唯使者至 則前期畜之 及期將用 ……".
144) 『高麗史』 권27, 世家 元宗 12년 3월.
145) 『高麗史』 권19, 世家 毅宗 23년 7월 병인.

기에 성행할 수 있는 대표적인 무역형태라 할 수 있다. 고려전기 공무역의 쇠퇴는 일차적으로 당제국의 몰락과 더불어 수반된 중국적 정치체제의 변질에 기인하고 있다.

그런데 고려에서는 송왕조와 거란·서하 등에서 활발하게 이루어졌던 각장무역이 부진한 이유는 무엇일까. 그 배경은 송이나 거란과 비교하여 구별되는 고려왕조의 정치, 경제상황에 기인하는 것으로 생각한다.

송왕조는 당말오대를 거치면서 국내경제의 급속한 발달이 이루어지고, 이에 수반하여 사무역이 번성하였다. 즉 송왕조는 사무역에서 얻어지는 商稅 등의 수입을 국가재정의 중요한 기반으로 삼고자 주요 海港에 세관이라 할 수 있는 市舶司를 두어 관세를 징수하는 등 사무역의 활성화에 역점을 두고 있다.

거란의 경우는 축목 외에 주된 경제기반이 대외무역이었다. 유목민은 경제가 다양하지 못하기 때문에 잉여생산물이 생겼을 경우 자기 사회내부에서는 팔기 어려운 특성을 지니고 있다. 따라서 유목민은 정주사회의 교역에서 농산물은 물론 수공업제품에도 관심을 가지게 된다. 이와 같이 유목민족과 농경세계와의 교역은 단순히 유목민이 이익을 남긴다는 차원이 아니라, 기본적인 생존수단이었다.[146] 더욱이 거란이 내부에 漢人집단과 발해민을 포섭하고, 요제국을 건설하면서는 무역이야말로 재정기반 그 자체였다. 거란이 돌궐·吐渾·党項·小藩·沙陀 등의 평정에 진력하여 천산남북로를 장악하고, 波斯·大食을 비롯한 59개나 되는 나라가 조공할 정도로 서역무역로의 중심으로 부상하고 있는 것도 이런 맥락에서 이해된다.[147] 그 결과 거란의 上京에는 특히 동서무역에서 가장 중요한 역할을 했던 위구르 상인이 상거래를 위해 商社인 回鶻營을 설치했을 정도로 중계무역이 번성하고 있었던 것이다.[148]

---

146) 하자노프 著, 金浩東 譯, 『遊牧社會의 構造』, 1990, p.280.
147) 金在滿, 앞의 논문, 1961, p.87.

이에 비해 고려왕조는 건국이후 중앙 집권화를 도모하는 것이 선결과제였다. 이를 위해서는 집권화에 걸림돌이 되는 신라하대 대외무역의 주도층인 재지세력을 그대로 방치할 수 없었다.[149] 필사적으로 고려정부가 대외무역의 주도권을 장악하면서 그에 수반하여 나타나게 된 무역형태가 사헌무역이다. 예컨대 송상, 여진, 탐라, 일본 등 고려와 대외무역을 원하는 측에서 고려국왕에게 물품을 진헌하고 그 댓가로 회사 혹은 개인적으로 무역을 하게 하는 조공무역이 등장하고 있는 것이다.[150]

사헌무역은 고려정부의 교역 주도라는 의미를 지니고 있는데, 고려정부의 무역주도가 요와의 관계에서는 사헌무역 대신 사행무역으로 나타나게 된다. 이는 고려가 요의 연호를 사용하는 등 명목상 요가 고려의 종주국이었기 때문이다. 그러나 요와의 사행무역은 해상교역에 비해 충분한 물량을 교역하는데 불편함이 있었기 때문에, 각장무역의 필요성 또한 배제할 수 없었다. 하지만 각장의 필요성에도 불구하고 이를 거부하는 고려정부의 길항작용 하에서는, 민간의 사무역이 활성화되는 고려후기에 비해 자연스레 밀무역의 비중이 높아지게 된다.

한편 요와의 무역품의 내용을 살펴 본 결과 거의 대부분이 일반백성의 수요와는 거리가 있는 사치품과 고가품이었다. 이는 요의 경제가 사치품을 교역하는 중계무역에 의존하고 있었고, 대외무역의 특성상 경제적 이익을 보다 집중적으로 취하는데 목적이 있는 만큼 지배층의 욕구와 연결된 것일 수밖에 없을 것이다. 따라서 고려전기 대외무역은 자연히 고려 국내의 물품생산과 밀접한 관련이 있다. 주지하듯이 고려전기 물품생산의 중요한 역할을 한 것은 '소'수공업 제도이다. 소에서 생산되던 금·은·동, 紬·紙·墨·瓷器·茶 등의 물품은 중요한 대요 수출품이었다는 점이 주목된다. 고

---

148) 『遼史』 권37, 地理志1 上京道 上京.
149) 蔡雄錫, 앞의 논문, 1988, pp.116~117.
150) 森克己,「日·宋と高麗との私獻貿易」『續續日宋の貿易研究』, 圖書刊行會, 1975, p.39.

려전기 세제수취의 방식이 현물중심, 노동력 중심의 특성을 지니는 것은 국내 상품생산의 발달수준과 더불어, 요를 비롯한 대외무역과도 깊은 관련이 있었던 것이다.[151]

이와 같이 대요무역이 현물중심의 수취를 규제하는 요소로 작용하고 있었지만, 한편으로는 일정하나마 경제적 변화를 초래하는 결과를 낳기도 하였을 것이다. 비록 대외무역이 피지배계층을 위한 생활용품과는 무관하게 이루어졌다 하더라도, 일반민에 끼친 영향 역시 과소평가할 수 없다. 문종대 이후 처음으로 현물중심의 수취제도에 변화가 나타나는 양상은 이런 점에서 해석될 수 있다. 현물중심의 공물생산에서 가장 먼저 절가대납이 나타나는 것은 활의 제작에 필요한 소의 皮·觔·角이었는데,[152] 하나의 활을 제작하는데 牛馬 3~4마리의 觔이 필요하였다. 이와 같은 공물이 문종대 이르러 포로 절가대납하게 된 것은, 요를 비롯하여 여진 등과의 교역품에서 충당할 수 있기 때문이 아닐까 생각한다. 요의 회사품에 弓箭器仗이 들어 있는 점으로 미루어 유목민족인 요로부터 활이라든지, 활의 재료가 수입되었을 가능성이 있을 것으로 보인다. 특히 문종대는 요는 물론이거니와 대외무역이 가장 번성한 시기였다는 점을 고려하면 이러한 추정은 무리가 아닐 것이다.

이와 관련하여 예종 9년 中布·苧布·綿紬 등을 平布로 절가대납토록 한 배경도 시사된다.[153] 면주를 비롯한 細布, 粗布 등은 일반농가나 소에서 생산하던 직물로서 직물류 가운데 가장 핵심이 되는 대요 수출품이었다. 이들 직물류를 평포로 대납토록 하고 있는 것은, 고려의 생산력이 평포로 구매할 정도로 항상적 잉여가 존재했음을 의미하고 있다. 이러한 상황이 가능하게 된 것은 물론 일반농가의 생산력의 향상에 힘입은 것이지만, 대

---

151) 蔡雄錫, 앞의 논문, 1988, 104~105쪽에서도 지적한 바 있다.
152) 『高麗史』 권78, 食貨1 貢賦 文宗 20년 6월.
153) 『高麗史』, 권78, 食貨1 貢賦 睿宗 9년 10월.

요무역 역시 촉진제 역할을 한 것이 아닐까 한다.

직물류 외에 대요 수출품으로 중요한 물품은 銀과 銅이었다. 은은 10~
13세기 세계 무역사에서 고액화폐로서 가장 중요한 지불수단이긴 하지만,
거란의 경제기반이 중계무역에 의거하고 있던 점에서 대요무역에서 특히
중요했다. 고려정부에서는 대외무역의 번성으로 인해 고액화폐인 은이 필
요했으므로 극심한 은 수탈을 자행하게 되는데, 대요무역 역시 이에 더욱
박차를 가하는 요소가 되었다. 사실 요는 송을 비롯하여 서역산 물품의 구
입을 위해 은 조달이 절실했던 처지였으며, 서역물품을 거래하는 위구르
상인 마찬가지였다. 따라서 진귀한 외국물품에 대한 고려 지배층의 호기심
은 서역물품의 집산지였던 요와의 무역을 위해 징수한 은의 착취는 銀所를
붕괴시키는 한 요소로 작용했을 것이다.

銀所 뿐 아니라 대요수출 직물을 생산하던 紬所나 絲所도 마찬가지로 고
통을 받았을 것이다. 이런 점은 동에서도 나타난다. 동은 서긍이 금·은의
고려 국내 생산량은 적지만, 동은 풍부하다고 할 정도로 생산량과 품질면
에서도 월등했다. 그러나 고려후기에 이르면 동은 국내에서 생산되는 것이
아니므로 銅器 대신 木器를 사용해야 한다는 주장이 나올 정도로 귀한 제
품이 되고 있다. 아마도 고려 국내에서의 무분별한 동 사용과 수반하여,
요·금 등의 대외수출도 동 부족의 원인으로 작용했을 것으로 본다.[154]

이상에서 살펴 본 고려 국내의 변화는 정치구조상의 변화 내지 일반민
에 의한 생산력 증대, 더 나아가 송과의 대외무역 등 다양한 배경이 작용했
을 것인데, 대요무역의 의의가 지나치게 강조된 감도 없지 않다. 그런데도
불구하고 대요무역의 의미를 살펴 본 것은, 요와의 교류가 군사적 침입이

---

154) 일본의 경우도 대외무역이 국내의 분업적 생산을 촉진시킨다는 견해와 아울러, 국
　　내산업의 발전을 제약한다는 견해도 있어 주목된다. 후자의 근거 가운데 하나는,
　　일본의 刀 수출로 인해 刀의 제조에 철이 집중됨으로서 농구생산이 제약되었다는
　　것이다(三浦圭一, 「中世における 流通と都市」『日本中世の地域社會』, 社文閣, 1993,
　　pp.182~183).

나 불교문화의 교류 외에는 별로 볼 것이 없다는 편향된 시각에 문제의 소지가 있기 때문이다. 요제국의 수립은 동서무역을 관장하던 중국중심의 무역체계 대신, 새로운 무역권이 탄생되었던 점에서 주목할 만 하다. 즉 남방의 해로를 중심으로 하는 중국중심의 교역권과, 중앙아시아의 내륙을 통과하는 요의 교역권이 형성되었던 것이다. 따라서 고려전기 대외무역의 양상은 대요무역이라 하더라도 단순히 요와의 교역에 머무르는 것이 아니라, 요를 통해 고려라는 국가가 중앙아시아의 교역권과 연결되어 이름으로 알려지게 된다는 점에서도 중요한 의미가 있다.155)

5. 맺음말

이상에서 고려전기 대요무역에 대해 살펴 본 내용을 정리하면 다음과 같다.

첫째, 고려전기 동아시아 정치체제는 당의 쇠퇴와 더불어 책봉체제를 토대로 조공과 회사라는 전형적인 조공무역 체제가 무너지고 대신 사무역이 발전하게 된다. 즉 송은 육로로는 거란·서하와 각장무역을, 해로로는 市舶司를 두어 고려·일본과 교역하고 있었다. 따라서 여요의 경제적 관계는 고려와 송, 거란과 송, 거란과 여진과의 무역과 상호관련되어 전개되고 있었다.

둘째, 중세무역 형태는 공무역, 사행무역, 사무역, 밀무역의 개념으로 정리할 수 있었다. 여요무역의 형태는 이 시기가 중국적 질서가 붕괴된 시기였으므로 종래의 공무역의 비중은 형식적인 것이었고, 실제로 가장 큰 역할을 하

---

155) 아라비아 상인이 직접 고려에 들어 온 것은 사료상으로는 한 두번에 지나지 않기 때문에, 고려라는 이름이 알려지게 된 것은 대요무역의 결과가 아닌가 한다. 채태형이 그의 논문(「10~12세기의 국내상업과 대외무역 및 화폐유통의 발전」 『력사과학론문집』 13, 1988, p.231)에서 여요무역은 "중앙아시아에 세력을 뻗치고 있던 거란을 통해 고려를 널리 세상에 알리게 한데 역사적 의의가 있다"라고 언급한 것은 음미할만한 지적이다.

고 있었던 것은 사행무역이었다. 중세 사무역의 대표적 형태인 각장무역은 요의 집요한 요구에도 불구하고 고려측의 반대로 거의 개설되지 못하였다. 각장무역이 공인되지 못하게 됨으로써 번성한 것이 밀무역으로, 그 비중은 사무역이 활성화된 후기에 비해 훨씬 높았던 것으로 생각되었다.

무역품의 내용으로 대표적인 수출품목은 金·銀·銅의 광산물, 布白類, 人蔘, 茶, 紙墨類 등이 있었다. 銀은 요가 중국산 물품과 위구르 상인에 의한 서역산 물품의 구입증대로 인해 만성적인 은부족을 겪고 있던 터여서 고려의 중요 수출품이었다. 직물류 가운데 마포는 송에도 수출되었던 고려의 대표적인 품목으로서 요가 송으로부터의 구입도 어려웠던 만큼, 비단에 비해 수출물량이 훨씬 많았다. 요의 견직물 조달은 고급비단은 중국산이나 국내산으로 충당되었던 것 같고, 고려로부터의 수입은 저급품인 綿紬가 중심을 이루고 있었다.

요로부터의 수입품은 견직물, 서역산 중계품, 말·양 등의 가축류가 있었다. 견직물은 수출품이면서 동시에 수입품이었던 점이 주목된다. 요의 견직물 기술은 고려에 영향을 끼칠 정도로 그 기술이 우수하여, 저급품의 비단이 요에 수출되는 대신 細錦·綺·羅·綾과 같은 고급 견직물은 수입되고 있었다.

셋째, 대요무역의 주류는 사행무역이었고 당시 번성하고 있던 각장무역은 무진하였다. 이는 동아시아 교역권이 연결되어 있다 하더라도 당연히 국내의 정치, 경제상황에 따라 달리 나타나게 되었음을 반영하고 있다. 대요무역의 수입품은 서민층과는 무관한 지배층의 사치품이 주류를 이루고 있었다. 이에 비해 고려의 수출품은 일반농가나 소수공업에서 생산된 제품이어서, 이들에 대한 수취는 현물중심으로 또 재생산을 위협할 정도의 과도한 수탈로 인해 소수공업의 변질을 초래하는 요소로도 작용하였다. 다른 한편으로 대요무역은 수입으로 인한 공물의 대체효과 및 수출을 위한 농민의 항상적 잉여를 부추겨 공물의 절가대납을 촉진하는 배경이 되기도 하였다.

    이상으로 본 대요무역의 의의는 고려국가가 해로를 통한 송과의 교역을 통해 남방무역과 연결되고, 육로로는 요와의 교역을 통해 서역의 중앙아시아와 연결되어 고려가 세계무대에 알려지게 된 중요한 계기가 되었다는 점이다.

찾 아 보 기

고려시대 세제의 연구

인쇄일 초판 1쇄　2000년 11월 10일
　　　　　2쇄　2018년 09월 20일
발행일 초판 1쇄　2000년 11월 15일
　　　　　2쇄　2018년 09월 23일

지은이 이 정 희
발행인 정 찬 용
발행처　국학자료원
등록일 1987.12.21, 제17-270호
서울시 강동구 성내동 447-11 현영빌딩 2층
Tel : 442-4623~4 Fax : 442-4625
www. kookhak.co.kr
E- mail : kookhak2001@hanmail.net

ISBN 978-89-8206-534-7 *93910
가 격 16,000원

•저자와의 협의 하에 인지는 생략합니다.
•잘못된 책은 구입하신 곳에서 교환하여 드립니다.